Die Regulierung der Zusammenschaltung

DRESDNER SCHRIFTEN ZUM ÖFFENTLICHEN RECHT

Herausgegeben von Jochen Rozek

Band 1

PETER LANG
Frankfurt am Main · Berlin · Bern · Bruxelles · New York · Oxford · Wien

Matthias Röhl

Die Regulierung der Zusammenschaltung

Voraussetzungen und Rechtsfolgen der Zusammenschaltungsanordnung nach §§ 35, 36, 37 Telekommunikationsgesetz durch die Regulierungsbehörde für Telekommunikation und Post

PETER LANG
Europäischer Verlag der Wissenschaften

Die Deutsche Bibliothek - CIP-Einheitsaufnahme

Röhl, Matthias:

Die Regulierung der Zusammenschaltung : Voraussetzungen und Rechtsfolgen der Zusammenschaltungsanordnung nach §§ 35, 36, 37 Telekommunikationsgesetz durch die Regulierungsbehörde für Telekommunikation und Post / Matthias Röhl. - Frankfurt am Main ; Berlin ; Bern ; Bruxelles ; New York ; Oxford ; Wien : Lang, 2002
(Dresdner Schriften zum Öffentlichen Recht ; Bd. 1)
Zugl.: Dresden, Techn. Univ., Diss., 2002
ISBN 3-631-39601-5

88
ISSN 1439-0132
ISBN 3-631-39601-5

www.peterlang.de

Vorwort

Das Telekommunikationsrecht als neue, stark europarechtlich geprägte Rechtsmaterie birgt eine Fülle innovativer Ansätze. Diese Arbeit unternimmt den Versuch, einige davon in den dogmatischen Rahmen des deutschen Verwaltungsrechts einzupassen. Sie berücksichtigt dabei die Praxis der Regulierungsbehörde und der Gerichte. Ihnen fällt die Umsetzung der europarechtlich geforderten flexiblen und effizienten Regulierung der Zusammenschaltung nicht eben leicht.

Die Arbeit wurde im Jahr 2001 von der Juristischen Fakultät der TU Dresden als Doktorarbeit angenommen. Die Idee für das Thema stammt von Professor Dr. Hans-Heinrich Trute (Hamburg), dem an dieser Stelle für ständige Förderung und Gesprächsbereitschaft herzlich gedankt sei. Zu danken habe ich auch Professor Dr. Jochen Rozek (Dresden), als dessen Assistent ich in den Genuß großherziger Unterstützung und praktizierter Forschungsfreiheit gekommen bin. Mein Dank gilt ebenfalls den Mitarbeitern seines Lehrstuhls, die mir bei meiner Arbeit sehr geholfen haben.

Die Arbeit ist auf dem Stand von Juli 2001 mit einigen aktuellen Ergänzungen vor allem der Fußnoten. Sie berücksichtigt bereits die Vorschläge für den neuen europäischen Rechtsrahmen, die inzwischen weitgehend unverändert verabschiedet worden sind.

Köln, im März 2002 — Matthias Röhl

Inhalt

Erster Teil: Grundlagen 1

Kapitel 1 Einleitung 1

I. Die Problemstellung 1

II. Gang der Darstellung 3

Kapitel 2 Tatsächliche Grundlagen 5

I. Dienste und Netze 5

1. Grundsätzliche Unterscheidung 5

2. Konvergenz 7

II. Zusammenschaltung 8

III. Wirtschaftliche Besonderheiten von Netzen 10

Kapitel 3 Europäische Fundamente 15

I. Ursachen für die Öffnung der europäischen TK-Märkte 15

II. ONP-Grundsätze als Programm zur Marktöffnung 15

1. Liberalisierung und Harmonisierung 16

2. Verlauf der Liberalisierung 17

III. ONP-Zugangsrechte als Harmonisierungsprogramm 19

1. Inhalt und Rechtsträger 20

a) Sprachtelefondienst 20

b) Zusammenschaltung 22

c) Mietleitungen 24

2. Durchsetzung und Sicherung 25

IV. Zusammenfassung: Genese der ONP-Zugangsrechte 26

1. Austausch der Verpflichteten 26

2. Inhalt und Träger der Zugangsrechte 27

3. Sicherung durch Organisation und Verfahren 27

Kapitel 4 Änderung staatlicher Aufgaben durch ONP 29

I. Funktionswandel der ONP-Grundsätze 29

II. Die Umsetzung der ONP-Grundsätze in Deutschland 31

Kapitel 5 Rechtsgrundlagen der ONP-Grundsätze 35

I. Schutz der Dienstleistungsfreiheit 35

1. Durch Liberalisierung 35

a) Liberalisierung 35

b) Telekommunikation als Dienstleistung 37

c) Inhalt der Dienstleistungsfreiheit 37

d) Schranken der Dienstleistungsfreiheit 39

e) Schranken-Schranken 41

f) Wechsel der Zugangsverpflichteten 41

2. Durch Harmonisierung 43

II. Schutz unverfälschten Wettbewerbs 46

1. Wettbewerbsschutz als zulässiges Harmonierungsziel 46

2. ONP-Grundsätze zur Monopolbekämpfung 46

III. Rechtsfolgen der ONP-Struktur 48

1. Subjektive Rechte auf Zugang 48

2. Zugangsbeschränkungen als rechtfertigungsbedürftige Ausnahme 48

IV. Zusammenfassung 49

Kapitel 6 ONP und EG-Wettbewerbsrecht 51

I. Verhältnis des allgemeinen Wettbewerbsrecht zu den ONP-Regeln 51

II. Zugangsrechte nach allgemeinem EG-Wettbewerbsrecht 52

III. Relevanter Markt 52

IV. Beherrschende Stellung auf dem gemeinsamen Markt 53

V. Mißbrauch der marktbeherrschenden Stellung ... 54
1. Wesentliche Einrichtung ... 55
2. Rechtfertigung der Zugangsverweigerung ... 56
VI. Vergleich zu ONP ... 58
1. Tatbestandsvoraussetzungen ... 58
2. Rechtsfolgen ... 59
a) Vertragsgestaltung ... 59
b) Materielle Programmierung der Zusammenschaltung ... 60
3. Ergebnis und Ausblick ... 60
Zweiter Teil: Voraussetzungen und Durchsetzung des Zusammenschaltungsrechts ... 63
Kapitel 7 Europarechtliche Vorgaben ... 63
I. Die anwendbaren Vorschriften ... 63
II. Das aktuelle europarechtliche Modell der Zusammenschaltung ... 65
1. Pflicht zur Kooperation durch Zusammenschaltung ... 65
2. Behördliche Förderung privater Problemlösung ... 67
III. Der neue Rechtsrahmen ... 68
IV. Einflüsse des GATS ... 70
1. Das amerikanische Konzept der „Regulation“ durch „Independent Agencies“ ... 72
Kapitel 8 Der normative Rahmen in Deutschland ... 77
I. Verfassungsrechtliche Determinanten ... 77
II. Die Normen des TKG und der NZV ... 79
III. Regulierung als Leitbegriff der Untersuchung ... 80
1. Definition des § 3 Nr. 13 TKG ... 80
2. Formelle Merkmale ... 81

3. Materielle Merkmale ... 82
a) Nutzerinteresse ... 83
b) Sicherstellung von Wettbewerb ... 83
4. Der Balanceakt regulierter Selbstregulierung ... 84

Kapitel 9 Voraussetzungen des Zusammenschaltungsanspruchs ... 87

I. Zusammenschaltung ... 87
1. Netzverbindung ... 87
2. Zugriff auf Dienste ... 88
II. Betrieb eines Telekommunikationsnetzes ... 89
1. Mindestzahl von Vermittlungsstellen ... 90
2. Beschränkung auf Teilnehmernetze ... 91
3. Erbringen einer Transportleistung ... 92
III. Adressaten der Zusammenschaltungspflichten ... 93
1. Verpflichtung marktbeherrschender Betreiber ... 94
a) Besonderer Marktmacht in der ZS-RL ... 94
b) Marktbeherrschung im TKG ... 96
2. Verpflichtung anderer Netzbetreiber ... 98
a) Vorgaben der ZS-RL ... 99
b) Wortlaut und Gesetzesgeschichte ... 100
3. Verhandlungspflicht auf Nachfrage ... 100

Kapitel 10 Verfassungsrechtliche Grenzen ... 103

I. Anwendungsvorrang des Europarechts ... 103
II. Grundrechtsträgerschaft der Deutschen Telekom AG ... 104
III. Konformität mit Art. 14 I 1 GG ... 106
1. Schutzbereich und Eingriff in Artikel 14 GG ... 106
2. Legitimes Ziel, Geeignetheit und Erforderlichkeit ... 107

3. Angemessenheit ... 109
a) Ausmaß der Belastung ... 109
b) Rechtfertigung für marktstarke Betreiber ... 111
c) Für andere Betreiber ... 113
IV. Art. 12 GG ... 114

Kapitel 11 Zulässige Einschränkungen des Anspruchs ... 117

I. Beschränkung des Netzzugangs ... 117
II. Anwendungsfall: Netzintegrität und Atypische Verkehre ... 118
1. Zugangsbeschränkung ... 119
2. Interoperabilität ... 120
3. Netzintegrität ... 120
4. Grundsatz der Verhältnismäßigkeit ... 122
III. Regulierung und Anspruchsvoraussetzungen ... 125

Kapitel 12 Inhalt des Zusammenschaltungsanspruchs ... 127

I. Recht auf Vertragsschluss ... 127
1. §§ 35, 36 TKG ... 127
2. Europarechtliche Vorgaben ... 128
II. Inhalt des abzuschließenden Vertrags ... 129
1. Rechtscharakter des Zusammenschaltungsvertrags ... 129
2. Inhaltliche Maßstäbe: Objektive Kriterien ... 130
a) Kostenorientierung ... 131
b) Nachvollziehbarkeit und Transparenz ... 132
c) Technische Vorgaben ... 133
3. Gewährung gleichen Zugangs ... 133
III. Vertragsinhalt für nicht marktstarke Anbieter ... 135
IV. Gestaltung der Zusammenschaltungspflichten durch den Regulierer ... 135

1. Neuer europäischer Rechtsrahmen ... 135
2. TKG ... 136
V. Regulierung und Anspruchsinhalt ... 137
Kapitel 13 Durchsetzung des Zusammenschaltungsanspruchs durch die Regulierungsbehörde ... 139
I. Überblick ... 139
II. Erste Stufe: Rahmensetzung für private Zusammenschaltungsverhandlungen ... 140
1. Verhandlungsrahmen für alle Zusammenschaltungsverträge ... 140
2. Allgemeines Vertragsangebot (Grundangebot) marktbeherrschender Betreiber ... 142
a) Antragsabhängigkeit und Umfang ... 142
b) Funktion des Grundangebots ... 143
III. Zweite Stufe: Steuerung des Verhandlungsergebnis ... 143
1. Durchsetzung von Zusammenschaltungsrechten ... 144
a) Überblick ... 144
b) Durchsetzungsinstrumente des TKG ... 144
c) Flexibler Interventionsmechanismus der ZS-RL ... 145
i Beschleunigung des Vertragsschluß ... 145
ii Festlegung des Vertragsinhalts ... 146
iii Handeln außerhalb des Vertragskontext ... 147
d) Vergleich der Durchsetzungskompetenzen ... 147
i Vorgestaltung von Zusammenschaltungsverträgen ... 147
ii Durchsetzung von Zusammenschaltungsrechten ... 149
2. Durchsetzung von Drittinteressen ... 150
a) Drittschutz in der ZS-RL ... 150
b) Drittschutz im TKG ... 152

IV. Unmittelbare Anwendbarkeit der Richtlinienbestimmungen 153
V. Regulierung und Anspruchsdurchsetzung 157

Kapitel 14 Gesetzliche Vorgaben der Zusammenschaltungsanordnung ..159

I. Kein Entschließungsermessen 159
II. Inhalt der Anordnung: Vertragsersatz und Drittschutz 160
III. Bindung an die Anrufung 162
IV. Insbesondere: Kostenorientierung 163
1. Entgeltfestsetzung in der Zusammenschaltungsanordnung 163
2. Methoden der Engeltfestsetzung 164
a) Price-Cap-Verfahren 165
b) Einzelentgeltregulierung 165
c) Entscheidungsdeterminanten der Entgeltfestsetzung 167

Kapitel 15 Die Regulierungsziele als Gestaltungsermächtigung 169

I. Letztenscheidungskompetenz 169
II. Regulierungsziele als Letztentscheidungsermächtigung 169
III. Entscheidungssituation: Prognose in § 2 II TKG 171
IV. Entscheidungsstruktur: planerisch-politischer Einschlag 173
1. Begriff des planerisch-politischen Einschlags 173
2. Regulierungsziel Wettbewerb 176
3. Regulierungsziel Schutz von Nutzerinteressen 179
4. Ergebnis: Marktgestaltung durch Zusammenschaltungsanordnung 180
V. Entscheidungsträger 182
1. Sachkunde 183
2. Unabhängigkeit und justizähnliches Verfahren 185
3. Gewichtung der Kriterien 187
VI. Zuordnung der Letztentscheidungskompetenz 190

1. Planung ... 190

2. Regulierungsermessen ... 191

Kapitel 16 Regulierungskonzept und Diskursverfahren ... 195

I. Tatbestand der Letztentscheidungsbefugnis ... 196

II. Anforderungen an das Regulierungsverfahren ... 198

1. Tatsachenermittlung ... 198

a) Erweiterter Kreis der Beteiligten am justizähnlichen Verfahren ... 199

b) Diskursmodell der Zusammenschaltungsanordnung ... 200

c) Praxis der Regulierungsbehörde ... 203

d) Einwände der Rechtsprechung ... 204

2. Begründung ... 205

III. Konzeptpflicht als Element der Selbststeuerung ... 206

1. Begriff des Konzepts ... 207

2. Erhöhte Legimitation und Systemgerechtigkeit ... 207

IV. Kontrolle des Abwägungsvorgangs ... 210

1. Konzeptfreiheit ... 210

2. Abwägung ... 210

Kapitel 17 Anwendungsbeispiele ... 213

I. Beispiel 1: Die Migrationsregel ... 213

1. Tatbestand der Ermächtigung ... 213

2. Abwägung und Begründung ... 214

II. Beispiel 2: Die Festsetzung der Zusammenschaltungsentgelte ... 215

1. Benchmarking-Verfahren ... 215

2. Analytisches Kostenmodell ... 217

III. Regulierung und Anordnung der Zusammenschaltung ... 218

Dritter Teil: Rechtsfolgen der Anordnung 221

Kapitel 18 Die angeordnete Zusammenschaltung 221

I. Öffentliches oder privates Recht 222
1. Argumente aus Wortlaut und Systematik 223
a) Richtlinie 223
b) §§ 36, 37 TKG 223
2. Allgemeine Abgrenzungslehren 225
3. Multipolares Verwaltungsrechtsverhältnis 226
4. Teilanordnung und nachträgliche Einigung 228
5. Zwischenergebnis 229
II. Verbindlicher Schlichtungsspruch oder diktierter Vertrag 229
1. Europarechtliche Vorgaben 229
2. Systematische Argumente 230
III. Regulierung und Rechtsfolgen der Zusammenschaltungsanordnung 231

Kapitel 19 Rechtsgeschäftliche Änderung 233

I. Erledigung des VA bei Anordnung 233
II. Einvernehmliche Änderung 235
1. Anordnungen zur Durchsetzung von Zusammenschaltungsrechten 235
2. Rechtsfolge der nachträglichen Einigung 237
3. Anordnungen im Nutzerinteresse 237
III. Einseitige Vertragsbeendigung oder -abänderung 238

Kapitel 20 Behördliche Aufhebung 241

I. Ausschluß der Aufhebung 241
1. Aufgrund privatrechtsgestaltender Wirkung 241
a) Anwendbarkeit von § 48 VwVfG 241
b) § 48 II 1 VwVfG 243

c) Ausschluß nach Vertrauensschutzgesichtspunkten 243
d) Widerruf nach § 49 VwVfG 245
2. Als „streitschlichtender Verwaltungsakt“ 245
3. Ergebnis 247
II. Folgen für den diktierten Vertrag 247
1. Aufschiebende Wirkung 247
2. Rücknahme oder gerichtliche Aufhebung der Anordnung 248

Kapitel 21 Rechtsschutzfragen 249

I. Recht auf Anordnung der Zusammenschaltung 249
II. Schutz gegen die Anordnung 250
1. Anfechtung durch belasteten Netzbetreiber 250
2. Anfechtung durch begünstigten Netzbetreiber 251
III. Rechte Dritter 251
1. Anfechtung durch Nutzer 251
2. Anfechtung durch andere Netzbetreiber 254
3. Ergebnis 254

Kapitel 22 Ergebnisse in Thesen 255

Schlußbemerkung 261

Verzeichnis der zitierten europäischen Quellen 263

I. Richtlinien und Dokumente der Kommission 263
II. Richtlinien des Rates und des EP 264

Erster Teil: Grundlagen

Kapitel 1 Einleitung

I. Die Problemstellung

Diese Arbeit untersucht Voraussetzungen und Rechtsfolgen der Anordnung der Zusammenschaltung von Telekommunikationsnetzen nach §§ 35 ff. TKG durch die Regulierungsbehörde für Telekommunikation und Post.

Mit den Regelungen über Zusammenschaltung hat das Telekommunikationsgesetz von 1996 neue und innovative Vorschriften über das Zusammenspiel privater Marktkräfte und behördlicher Steuerungseingriffe geschaffen. Inzwischen kristallisieren sich die Problemschwerpunkte bei der Anwendung dieser Vorschriften heraus: Was genau versteht das Gesetz unter Zusammenschaltung? Wer hat ein Recht auf Zusammenschaltung gegen wen? Wie weit reicht es? Wie fördert und erzwingt die Regulierungsbehörde die Zusammenschaltung, falls sich Anspruchssteller und Anspruchsgegner nicht einigen? Welche gesetzlichen Ziele verfolgt die Regulierungsbehörde mit welchen Mitteln, wenn sie die Zusammenschaltung anordnet? Insbesondere: Geht es nur um Effektivierung des Vertragsschlusses? Oder muß die Behörde auch Gemeinwohlziele und Interessen Dritter in die Zusammenschaltungsanordnung einflechten? Welcher Art ist der Entscheidungsspielraum, den die Regulierungsbehörde bei der Gestaltung der Zusammenschaltung unzweifelhaft hat? Welche Rechtsnatur hat die angeordnete Zusammenschaltung und nach welchen Regeln richten sich ihr Bestand und ihre Auflösung? Welchen Rechtsschutz gibt es gegen die Anordnung? Diese Arbeit unternimmt den Versuch, aus dem Kontext der europäischen Vorgaben Lösungsvorschläge für diese Kernprobleme der Zusammenschaltungsanordnung zu machen.

Als technisch geprägte Materie liegt die Zusammenschaltung jenseits der juristischen Alltagserfahrung. Ihre Erörterung kommt daher nicht ohne den Rekurs auf einige technische und wirtschaftliche Parameter aus.

Das erste und wichtigste: Telekommunikation, der technische Vorgang des Aussendens, Übermittelns und Empfangens von Nachrichten[1], ist netzgebunden. Netze transportieren Nachrichten – Zeichen, Sprache, Bilder oder Töne. Zusammenschaltungen verbinden verschiedenen Netze zum netzübergreifenden Austausch von Informationen. Sie knüpfen daraus eine – nationale oder globale – Netzinfrastruktur. Idealerweise ermöglichen sie reibungslose und weltumspannende Kommunikation: Sie bilden die Nervenbahnen eines globalen Kommunikationsraumes[2].

[1] § 3 Nr. 16 TKG.

[2] *Trute*, Öffentlich-rechtliche Rahmenbedingungen einer Informationsordnung, VVdStRL (57) 1998, 217(224).

Ohne Zusammenschaltungen kann es keinen Markt für Telekommunikation mit verschiedenen Anbietern und keinen globalen Kommunikationsraum geben. Das begründet das gesteigerte Interesse der staatlichen Gemeinschaften an Netzzusammenschaltungen. Allerdings scheint auf den ersten Blick im Zeitalter privatisierter Telekommunikationsmärkte staatliches Handeln nicht mehr vonnöten. Die von der EG lancierte europaweite Abschaffung staatlicher Fernmeldemonopole in den neunziger Jahren hat Bau und Betrieb von Telekommunikationsnetzen von staatlichen Fernmeldeverwaltungen in die Hand privatwirtschaftlich organisierter und geführter Betreiber übergehen lassen[3]. Telekommunikation hat sich von einem Gegenstand der Leistungsverwaltung in eine grundrechtlich geschützte gewinnorientierte Wirtschaftstätigkeit verwandelt. Privaten steht es frei, ihre Netze zusammenzuschalten und den Preis sowie den komplizierten Leistungsinhalt der Zusammenschaltung vertraglich auszuhandeln. Wettbewerb und Privatinitiative knüpfen das weltweite Netz, Informationen können überall hin fließen.

Könnten. Tatsächlich prägen Monopolgefahren und Marktungleichgewichte den Telekommunikationssektor. Den Inhabern größerer TK-Netze, allen voran dem ehemaligen staatlichen Monopolisten, fehlt das Interesse, Konkurrenten ihre Netze zu öffnen und Zusammenschaltungen auszuhandeln. Statt Wettbewerb zuzulassen, betrieben sie das wachsende Geschäft mit der Telekommunikation lieber ungestört selber. Das bindet der Konkurrenz die Hände. Eigene Netze zu bauen, stellt für neue Marktteilnehmer meist keine Alternative dar. Wegen wirtschaftlicher Besonderheiten von Netzen lohnt sich kein flächendeckender Neubau. Sie bleiben auf Zugang zum bestehenden Netz angewiesen.

Deshalb muß der Staat als Regisseur die Bühne wieder betreten, die er als Hauptdarsteller durch die Privatisierung gerade verlassen hatte. Damit Wettbewerb entsteht und funktioniert, muß der Staat den Zugang zum Netz des dominierenden Netzbetreibers sicherstellen und Netzzusammenschaltungen garantieren. Ohne staatliches Eingreifen blieben Zusammenschaltungen die Ausnahme, das faktische Netz- und Dienstmonopol etablierter Netzeigentümer die Regel. Das volkswirtschaftlich unabdingbare Angebot innovativer Telekommunikationsdienste verkümmerte oder verkäme zur Monokultur in der Hand des marktbeherrschenden Netzbetreibers.

Dabei ist Wettbewerb kein Wert an sich. Er stellt nur das effizienteste Mittel dar, um die Interessen derjenigen optimal zu bedienen, die Telekommunikation benötigen. Letztlich zielt alle staatlich Intervention auf die Interessen der Endkunden, seien sie Unternehmer oder Privatkunden. Der Staat tritt nicht nur als Initiator und Garant von freiem Wettbewerb auf, sondern auch als Anwalt von Nutzerinteressen in einem von Privatnützigkeit und Gewinnstreben gekennzeichneten Umfeld.

[3] Vgl. insbesondere Art. 87 f II GG; *Windhorst*, in: Sachs, GG-Kommentar, 2. Auflage 1999, Art. 87 f Rn. 1 ff.

II. Gang der Darstellung

Das rechtliche Drehbuch für den staatlichen Rollenwechsel von der Leistung zur Gewährleistung hat die europäische Gemeinschaft geschrieben mit ihrer *Richtlinie über offenen Netzzugang*[4] und dem daraus entwickelten Rechtsrahmen. Er variiert eine einfach strukturierte Grundnorm, die *Open Network Provision (Grundsätze für ein offenes Netz),* für verschiedene Anwendungsfälle der Telekommunikation, darunter die Zusammenschaltung.

Der erste Teil der Arbeit studiert das europarechtliche Drehbuch, das unerläßlich bleibt, um die Zusammenschaltungsregeln des deutschen Rechts zu verstehen: Das deutsche Telekommunikationsrecht ist in besonderem Maße europäisiertes Verwaltungsrecht[5].

Die deutsche Übersetzung des Drehbuchs für die gewandelte Rolle des Staates heißt Telekommunikationsgesetz (TKG)[6]. Das TKG muß entsprechende Regelungsansätze des europäischen Telekommunikationsrechts umsetzen[7] und sie in die Strukturen des deutschen Verwaltungsrechts einpassen. Das gelingt nicht immer reibungslos. Der zweite Teil und Schwerpunkt der Arbeit hält Original und Umsetzung nebeneinander. Er prüft, welche Umsetzungsschwächen und -defizite sich bei der Übertragung der Richtlinie in deutsches Recht eingeschlichen haben.

Die Hauptrollen im privatisierten Markt weisen Richtlinie und TKG privaten Netzbetreibern zu. Das Drehbuch sieht für sie die freie Aushandlung von Zusammenschaltungen vor. Dieses grundsätzliche Vertrauen auf ein gemeinwohlkonformes Ergebnis privaten Gewinnstrebens räumt der Steuerungsressource Eigennutz den zentralen Platz ein. Das verführt marktbeherrschende Anbieter leicht dazu, ihre überlegene Verhandlungsposition zu mißbrauchen, wettbewerbsfördernde Zusammenschaltungen zu bremsen oder sie zu Lasten Dritter durchzuführen.

Garant gegen diese Gefahr ist die unabhängige Regulierungsbehörde. Sie muß für die Einhaltung des Drehbuchs sorgen, Netzzusammenschaltungen fördern, notfalls erzwingen und sie an Nutzerinteressen ausrichten. Mit welchem Handlungsinstrumentarium sie diese Aufgabe zu erfüllen versucht, beschreibt der zweite Teil der Arbeit.

Auf Wettbewerbs- und Gemeinwohlsicherung gerichtetes staatliches Handeln im Umfeld privater, gewinnorientierter Wirtschaftstätigkeit wird oft mit der Chiffre Regulierung bezeichnet. Da das TKG auf diesen Begriff an zentraler Stelle zurückgreift, kann er der Untersuchung im zweiten Teil als Leitfaden dienen und in ihrem Verlauf am Beispiel der Zusammenschaltung schärfere Konturen gewinnen.

[4] Richtl. zur Verwirklichung des Binnenmarktes für Telekommunikationsdienste durch Einführung eines offenen Netzzugangs (ONP-Rahmen-RL), Abl. EG Nr. L 192 v. 24.7.1990, S. 1.

[5] *Hoffmann-Riem*, DVBl 1999, 125.

[6] BGBl. 1996 I, S. 1120.

[7] BeckTKG-Komm/*Schuster*, 2. Auflage 2000, § 1 Rn. 17 ff.

Kapitel 2 Tatsächliche Grundlagen

I. Dienste und Netze

1. *Grundsätzliche Unterscheidung*

Grundlegend für das Verständnis von Zusammenschaltung ist die Unterscheidung zwischen Netzen und Diensten. TK-Netze sind die technischen Einrichtungen, die Nutzinformationen übertragen[8]. Die Fähigkeit eines TK-Netzes, Informationen einer bestimmten Art zu übertragen, wird als *Dienst* bezeichnet[9]. Netz und Dienst brauchen nicht in der Hand desselben Betreibers zu liegen, Wettbewerb ist deshalb auch möglich, wenn im Wesentlichen ein Betreiber das Netz beherrscht.

Dienste lassen sich unterteilen in Basisdienste und Mehrwehrtdienste. Basisdienste beschränken sich auf den reinen Informationsweitertransport, wichtigstes Beispiel ist der Sprachtelefondienst[10]. Mehrwertdienste schaffen einen Zusatznutzen für Kunden. Sie veredeln die einfache Übertragung von Informationen durch Hinzufügen von Speicher- oder Verarbeitungsleistungen[11]. Dafür greifen sie zumeist auf das vorhandende Netz und seine Basisdienste zurück, das sie mit zusätzlichen Netzelementen aufrüsten.

TK-Netze bestehen aus Verbindungsleitungen, Netzknoten und Endeinrichtungen. Verbindungsleitungen transportieren die Nutzinformation zwischen Sender und Empfänger. An den Netzknoten geschieht die Vermittlung (Steuerung) des Transports. Am Ende der Verbindungsleitung befinden sich Endeinrichtungen. Sie werden benötigt, um die transportierten Nutzinformationen für die Nutzer tatsächlich verwendbar zu machen. Dazu wandeln sie etwa im Fall von Sprachtelefonie akustische Sprachsignale zu Transportzwecken in elektrische Signale um. Bei Erreichen des Empfängers erfolgt die Umwandlung zurück in Sprache.

Die wichtigsten für die Allgemeinheit zugänglichen Netze sind Erdkabel- und Mobilfunknetze. Neben den an Erdkabel gebundenen Festnetzen existieren in Deutschland vier Mobilfunknetze. Mobilfunk ist technisch erheblich aufwendiger und deshalb teurer als netzgebundenes Telefonieren. Er ergänzt daher Festnetze, ohne sie zu ersetzen. Zusammenschaltungsanordnungen erweisen sich derzeit vor allem bei Festnetzen als unumgänglich. Anders als bei den etwa gleichstarken Mo-

[8] *Siegmund*, Technik der Netze, 4. Auflage 1999, S. 6; vgl. § 3 Nr. 21 TKG: Gesamtheit aller technischen Einrichtungen, die zur Erbringung von TK-Dienstleistungen dient.

[9] *Siegmund* a.a.O.

[10] Vgl. § 3 Nr. 15 TKG: Die gewerbliche Bereitstellung für die Öffentlichkeit des direkten Transports und der Vermittlung von Sprache in Echtzeit von und zu Netzabschlußpunkten.

[11] *Gerpott*, Wettbewerbsstrategien im Telekommunikationsmarkt, 2. Auflage 1997, S. 11. Beispiele : Geldautomatennutzung bei fremder Bank, Video-Konferenzdienste, Reservierungssysteme etc.

bilfunkanbietern[12] verhindern dort bestehende Marktungleichgewichte eine freie Aushandlung von Zusammenschaltungen.

Netze sind in unterschiedliche Ebenen gegliedert. Grob unterscheiden lassen sich das internationale Fernsprechnetz, das nationale Fernnetz und das Ortsnetz. Das kabelgebundene Ortsnetz in Deutschland dominiert die Deutsche Telekom AG. Sie beherrscht immer noch etwa 99 Prozent aller Ortsnetzanschlüsse[13].

Flächendeckende, konkurrierende Ortsnetze mit eigenen Teilnehmeranschlußleitungen entstehen derzeit nicht in nennenswertem Umfang. Alternative Technologien wie Richtfunk, Satellitenkommunikation oder die Nutzung von Breitbandkabeln erfordern hohe Investitionen. Sie lohnen sich höchstens für Geschäftskunden in Ballungszentren und können deshalb bis auf weiteres das kabelgebundene Ortsnetz nicht vollständig ersetzen[14].

Wettbewerber können Kunden deshalb lediglich den Teilnehmeranschluß weitervermieten, den sie zuvor von der Deutschen Telekom AG gemietet haben (Zugang zum entbündelten Teilnehmeranschluß). Ein Viertel der deutschen Großstadtbevölkerung hat inzwischen die Möglichkeit, seinen Festnetzanschluß von anderen Anbietern als der Telekom zu beziehen[15]. Dabei handelt es sich aber stets um eine Zwischenmiete des Anschlusses der Deutschen Telekom AG. Damit bleibt das Ortsnetz der eigentliche „Flaschenhals" der TK-Märkte mit insgesamt unzureichender Wettbewerbsentwicklung[16].

Trotz gewachsenen Geschäftsanteils der Wettbewerber[17] bleibt schließlich auch im Fernnetzbereich der Netzvorsprung der Deutschen Telekom AG enorm[18]. Bei der Privatisierung hat ihr der Gesetzgeber das komplette Festnetz belassen. Es besteht aus mehr als 1,4 Mio. km Kupferkabel, 87.000 km Glasfaserkabel und 40 Mio. Hauptanschlüssen. Neu hinzutretende Anbieter verfügen demgegenüber nur über vergleichsweise kleine eigene Netze[19].

[12] Zur Abwesenheit von marktbeherrschenden Stellungen bei Zusammenschaltungen im Mobilfunkmarkt *RegTP*, Vfg. 21/2000, Abl. 2000, 879.

[13] *Monopolkommission*, Wettbewerb auf Telekommunikations- und Postmärkten, 2000, dazu: *Holthoff-Frank/Paulus*, MMR 2000, 187 ff.(189), *Gerpott*, MMR 2000, 191(193), *RegTP*, Jahresbericht 2000, S. 21 ff.

[14] *Holthoff-Frank/Paulus* a.a.O.

[15] *RegTP*, Halbjahresbericht 2000/I, S. 15.

[16] *RegTP*, Jahresbericht 2000, S. 2 f.; Monopolkommission, Wettbewerbsentwicklung bei Telekommunikation und Post 2001, S. 150, Rn. 224.

[17] Sie erreichten im Jahr 2000 22 Prozent des Gesamtverbindungsvolumens, *RegTP*, Jahresbericht 2000, S. 19 ff.

[18] *Holznagel/Enaux/Nienhaus*, Grundzüge des Telekommunikationsrechts, 2. Auflage 2001, S. 5.

[19] *Kloodt* u.a., Wettbewerb und Regulierung in der Telekommunikation, 1995, S. 18.

2. *Konvergenz*

Die Leistungsfähigkeit von Netzen und Diensten ist im letzten Jahrzehnt durch einen vielschichtigen Transformationsprozeß explodiert. Er wird mit Konvergenz[20] bezeichnet. Die damit beschriebenen technischen Umwälzungen haben ihrerseits weitreichende rechtliche Änderungen im TK-Sektor erzwungen. Sie werden in den folgenden Kapiteln erörtert.

Konvergenz wird gekennzeichnet durch das Zusammenwachsen von Datenverarbeitung und Nachrichtentechnik. Im Netzbereich haben sich Übertragungsmöglichkeiten spezialisiert und diversifiziert. Dadurch entstand eine Vielzahl von Spezialnetzen für spezifische Nutzerbedürfnisse, z.B. der Datenkommunikation mit unterschiedlichen Übertragungsgeschwindigkeiten, -kapazitäten und -formen. Dazu zählen Glasfaser-, Richtfunk- und Satellitentechnologie[21]. Die Einführung von neuen Universalnetzen wie ISDN[22] ermöglicht es, eine breite Palette von Diensten in einem einzigen, neutralen, d.h. diensteunabhängigen Netz anzubieten[23]. Die Einführung computergesteuerter Vermittlungsnetze hat TK-Netze zunehmend *„intelligent"*[24] gemacht. Sie können inzwischen selber Informationen speichern, verarbeiten und abrufen[25]. Das multipliziert Quantität und Qualität angebotener Netzfunktionen. Neuartige Funktionen sind beispielsweise: Televotum, Personenbezogene Rufnummern, private virtuelle Netze[26].

Die Entwicklung intelligenter Netze hat dazu geführt, daß höher entwickelte Endgeräte viele der Funktionen außerhalb des Netzes erfüllen, die zuvor nur netzintern wahrgenommen werden konnten. Diese Entwicklung verwischt die Grenzlinien zwischen Funktionen des Netzes und denen privater Endgeräte und EDV-Anlagen[27].

[20] *Grande*, in: Voigt, Abschied vom Staat - Rückkehr zum Staat?, 1993, S. 373 f.; *Scherer*, CR 2000, 35(40); *Europäische Kommission*, Grünbuch über die Entwicklung des gemeinsames Marktes für Telekommunikationsdienstleistungen und Telekommunikationsgeräte, KOM (87)280, BT-Ducks. 11/930, S. 29 ff.; *dies.*, Grünbuch der Kommission über Liberalisierung der Telekommunikationsinfrastruktur und der Kabelfernsehnetze, Teil I, KOM(94) 440, S. 3.

[21] *Grande* a.a.O., S. 374.

[22] ISDN zeichnet derzeit für die größten Zuwächse im Festnetzbereich verantwortlich. Von 1999 bis 2000 kamen in Deutschland 2 Millionen neue ISDN-Anschlüsse ans Netz, *RegTP*, Jahresbericht 2000/I, S. 17.

[23] *Kommission*, Grünbuch über die Entwicklung des gemeinsames Marktes für TK-Dienstleistungen und TK-Endgeräte, KOM (87)280, BT-Drucks. 11/930, S. 29 ff.

[24] *Siegmund*, Technik der Netze, 4. Auflage, 1999, S. 478 f.

[25] *Kommission*, Grünbuch über die Entwicklung des gemeinsames Marktes für TK-Dienstleistungen und TK-Endgeräte, KOM (87)280, BT-Drucks. 11/930, S. 29 ff.; *Grande*, in: Voigt, Abschied vom Staat – Rückkehr zum Staat?, S. 373 f.

[26] *Siegmund*, Technik der Netze, 4. Auflage 1999, S. 478 f.

[27] *Grande*, in: Voigt, Abschied vom Staat – Rückkehr zum Staat?, 1993, S. 373 f.

Fortschritte der Mikroelektronik ermöglichen intelligente, multifunktionale Endgeräte. Sie integrieren Funktionen, für die bisher gesonderte Geräte nötig waren, und fügen ihnen neue hinzu[28].

Der Einsatz von Computern schließlich ermöglicht die Digitalisierung jeglicher Information und damit die Zusammenfassung verschiedenartiger Dienste in einem Netz. Vieldiskutiertes Paradigma für diese Entwicklung ist das stark wachsende Internet als elektronische Infrastruktur für eine Fülle neuartiger TK-Dienstleistungen, das Unterschiede zwischen Sprach-, Bild- und Datenübertragungsdiensten einebnet[29].

Diese neuen technischen Möglichkeiten haben ihrerseits eine Vielzahl neuer Dienste hervorgebracht und die herkömmlichen Grenzen zwischen Basisdiensten mit reiner Transportfunktion und Mehrwehrdiensten[30] mit zusätzlichem Nutzwert, die über den reinen Informationstransport hinausgehen, verwischt.

II. Zusammenschaltung

Zusammenschaltung verbindet TK-Netze, um Dienste über die Netzgrenzen hinweg zu transportieren. Sie kann gleich- oder verschiedenartige Netze (etwa Mobil- und Festnetze) verbinden. Eine Zusammenschaltung besteht aus der sogenannten Zuführung und der Terminierung[31]. Jeder Netzbetreiber übermittelt Nachrichten (Zeichen, Sprache, Bilder oder Töne)[32] in seinem Netz bis zum Punkt der Zusammenschaltung, der die Netze physikalisch und schalttechnisch verbindet[33]. Dafür stellt er die Verbindung zwischen anrufendem Endgerät und dem Netzübergabepunkt her, das wird als Zuführung bezeichnet. Dort übernimmt der Betreiber des zusammengeschalteten Netzes die Weiterbeförderung der Nachrichten, indem er eine Verbindung zwischen Netzübergabepunkt und dem angerufenen Endgerät schaltet. Das ist die Terminierung.

Durch die Zusammenschaltung können Teilnehmer verschiedener Netze miteinander kommunizieren, sei es direkt oder auf dem Umweg über ein drittes Netz.

Daß der Netzbetreiber die Funktionsherrschaft über sein Netz behält, unterscheidet die Zusammenschaltung von anderen Formen der Mitbenutzung eines Netzes durch Dritte, dem entbündelten Teilnehmerzugang[34] und der Mietleitung[35].

[28] *Grande* a.a.O. S. 373 f.

[29] *Kommission*, Entwicklung neuer Rahmenbedingungen für elektronische Kommunikationsinfrastrukturen und zugehörige Dienste, KOM(1999)539.

[30] Etwa Geldautomaten und Homebanking.

[31] *Holznagel/Enaux/Nienhaus*, Grundzüge des Telekommunikationsrechts, 2. Auflage 2001, S. 96

[32] Vgl. § 3 Nr. 16 TKG.

[33] Vgl. § 3 Nr. 24 TKG.

[34] Der entbündelte Netzzugang verschafft dem Fremdnutzer Funktionsherrschaft über das Netz.

[35] Eine Mietleitung ist eine Standleitung. Der Netzbetreiber räumt einem Anderen für eine begrenzte Zeit die exklusive Nutzung der eigenen Leitung ein.

Zusammenschaltung ist beinahe so alt wie Telekommunikation selber. Früher verband sie nur Netze solcher Betreiber, die in örtlich, regional oder national getrennten Märkten tätig waren[36]. Staatliche Fernmeldemonopole erlaubten nur einen nationalen Betreiber öffentlich zugänglicher TK-Netze. Zusammenschaltung beschränkte sich deshalb auf grenzüberschreitende Netzverbindung zwischen monopolgeschützten und in etwa gleichstarken Betreibern. Die technisch und wirtschaftlich komplizierten Details einer Zusammenschaltungsvereinbarung handelten die Betreiber einvernehmlich aus. Entsprechende Verträge boten dafür einen ausreichend flexiblen Rahmen und bilden seit jeher die beherrschende Regelungsform für Zusammenschaltungen.

Der europäische und deutsche Rechtsrahmen für Zusammenschaltungen behalten das traditionelle vertragsbasierte Modell zur Regelung von Zusammenschaltungen bei. Sie ergänzen aber die freie Aushandlung zwischen Netzbetreibern durch ein System staatlicher Intervention und Lenkung. Es soll das aufgrund unterschiedlicher Marktpositionen bestehende Verhandlungsungleichgewicht kompensieren und Dritt- sowie Allgemeinwohlinteressen im Kontext der Zusammenschaltung schützen.

Denn die Abschaffung der staatlichen Fernmeldemonopole in den 90er Jahren hat Zusammenschaltung von einer geräusch- und problemlosen Form grenzüberschreitender Kooperation nationaler Dienstleister in ein heiß umkämpftes Schlüsselfeld der Marktöffnung verwandelt. Heute verbindet Zusammenschaltung nicht mehr gleichstarke nationale Betreiber, sondern Konkurrenten mit derzeit noch extrem ungleicher wirtschaftlicher Position und demzufolge asymmetrischer[37] Verhandlungsmacht auf dynamischen[38] Märkten.

So bleibt die Deutsche Telekom AG ihren Konkurrenten im Bereich der Festnetze wirtschaftlich turmhoch überlegen[39]. Inzwischen kennzeichnen sogar Unsicherheit und Stillstand die Wettbewerbsentwicklung auf den Märkten der Telekommunikatoin[40]. Insbesondere beherrscht die Deutsche Telekom AG weiter die Schlüsselstellung für Wettbewerber im Festnetzbereich, das Ortsnetz mit direktem Zugang zu

[36] *Arnbak*, Jens u.a., Network Interconnection in the Domain of ONP, 1994, S. 1; *Berger*, Netzzusammenschaltungen von Telekommunikationsunternehmen, 2000, S. 1.

[37] Dazu *Märkl*, Netzzusammenschaltung in der Telekommunikation, 1998, S. 52.

[38] Durch die 1998 erfolgte vollständige Freigabe für den Wettbewerb ist der deutsche TK-Markt förmlich explodiert. 150 Unternehmen bieten inzwischen Sprachtelefondienst an, seit 1997 wird sich der Festnetzverkehr praktisch verdoppelt haben, *RegTP*, Halbjahresbericht 2000/I, S. 16.

[39] Die kräftige Marktexpansion durch Liberalisierung hat den Platzhirschen im Festnetzbereich nicht wirklich gefährdet. Bei den Gesprächsminuten im Festnetz hält sie immer noch etwa 80 Prozent Marktanteile, Jahresbericht der RegTP 2000, S. 16.

[40] So der Titel des Sondergutachtens der Monopolkommission über die Wettbewerbsentwicklung bei Telekommunikation und Post 2001.

Teilnehmern[41], da bisher weniger als ein Prozent der Konkurrenten über eigene Teilnehmeranschlüsse verfügen[42]. Diese überlegene Marktstellung erweist sich bislang als weitgehend stabil. Ursache dafür sind wirtschaftliche Besonderheiten von Netzen (dazu sogleich).
Erst die Zusammenschaltung macht das flächendeckende und im Ortsnetzbereich konkurrenzlose Festnetz der Deutschen Telekom AG für konkurrierende Anbieter zugänglich[43] und öffnet so dem Wettbewerb den Zugang zu Kunden.

III. Wirtschaftliche Besonderheiten von Netzen

Die Notwendigkeit von Zusammenschaltungsrechten und ihrer behördlichen Durchsetzung ergibt sich vor allem aus der Schlüsselstellung des marktbeherrschenden Netzbetreibers im kabelgebundenen Ortsnetzbereich. Entstehung und Fortbestand des Ortsnetzmonopols ergeben sich aus besonderen wirtschaftlichen Eigenschaften kabelgebundener Netze.
Netze sind raumübergreifende, komplex verzweigte Transport- und Logistiksysteme für Güter, Personen oder, im Fall der Telekommunikation, Nachrichten[44]. Sie weisen ökonomische Besonderheiten auf, die eine Tendenz zur Größe und damit die Gefahr schädlicher Monopolstellungen bewirken. Das kann Wettbewerb in nachgelagerten Bereichen blockieren. Selbst wenn man absehbare technische und wirtschaftliche Entwicklungen mit einbezieht und eine dynamische Sicht des Marktgeschehens wählt[45], so spricht die Entwicklung des Marktes für lokale, kabelgebundene Telefongespräche nach der Liberalisierung für die Eigenschaft des Ortsnetzes als natürliches Monopol[46].
Mit diesem Begriff wird idealtypisch der Fall bezeichnet, in dem der Markt für Netzinfrastruktur nur Platz für einen einzigen Netzbetreiber bietet. Er ist in der Lage, den relevanten Markt, in diesem Fall das Bereitstellen lokaler Netzinfrastruktur, zu niedrigeren, kostendeckenden Preisen zu versorgen, als dies zwei oder mehr Unternehmen zu denselben Bedingungen möglich wäre.

[41] *Monopolkommission*, Wettbewerb auf Telekommunikations- und Postmärkten, 2000, dazu: *Holthoff-Frank/Paulus*, MMR 2000, 187 ff.(189); *Gerpott*, MMR 2000, 191(193).

[42] *RegTP*, Tätigkeitsbericht 1998/1999, S. 27 ff.

[43] In Deutschland existierten im Jahr 2000 etwa 117 Zusammenschaltungsverträge zwischen der Deutschen Telekom AG und ihren Wettbewerbern, *RegTP*, Halbjahresbericht 2000/I, S. 16.

[44] *Weizäcker*, WuW 1997, 572.

[45] Vgl. *Windisch*, Privatisierung natürlicher Monopole, 1987, S. 41.

[46] *Wichert-Nick*, Wettbewerb im lokalen Telekommunikationsmarkt, 1999, S. 31 ff.; *Arnbak* u.A, Network Interconnection in the domain of ONP, 1994, S. 54, *Fritsch/Wein/Ewers*, Marktversagen, S. 248; *Wein*, WUW 2000, 1187(1193); *Kruse*, Vertikale Integration als Wettbewerbsproblem, in: FS für Ingo Schmidt, S. 247(254).

Ursache sind die besagten Besonderheiten von Netzen. Von der Kostenseite her gesehen weisen Netze erhebliche Größen- oder Bündelungsvorteile auf[47]. Im Vordergrund steht der sogenannte Zwei-Drittel-Effekt. Die Oberfläche einer Leitung wächst etwa um zwei Drittel langsamer als das Volumen, „dicke" Leitungen sind kostengünstiger als „dünne"[48]. Mehrkosten für zusätzliche Kabel spielen praktisch keine Rolle im Vergleich zu den Kosten des Erdaushubs und des Verlegens.
Den Zwei-Drittel-Effekt verstärken Dichtevorteile, als Nachbarschaftseffekt bezeichnet[49]. Je mehr Haushalte pro Fläche am selben Netz hängen, desto geringer sind die Infrastrukturkosten, weil die Verbindungen zwischen den Haushalten in Serie geschaltet werden können. Besonders im Bereich lokaler, kabelgebundener Netze[50] kann ein Anbieter eine bestimmte Anzahl von Haushalten kostengünstiger versorgen als mehrere Anbieter[51]. Sie führen insbesondere im Ortsnetz zu erheblichen Bündelungs- oder Größenvorteilen bei der Bereitstellung netzgebundener Infrastrukturleistungen.
Sie werden vergrößert durch positive Netzwerkexternalitäten[52]: Der individuelle Nutzen, einem Netz beizutreten, bleibt hinter dem gesamtwirtschaftlichen Nutzen zurück. Je mehr Haushalte an ein Telefonnetz angeschlossen sind, umso größeren Nutzen zieht jeder Teilnehmer aus dem Besitz seines Telefonanschlusses. Niemand wechselt zu einer Telefongesellschaft, die ihn nur mit einer Handvoll anderer Haushalte verbinden kann. Ohne Zusammenschaltung mit dem bestehenden Netz müßte ein neuer Anbieter für seinen Markteintritt ein genauso großes Netz wie der etablierte Anbieter aufbauen.
Allerdings erscheint es denkbar, daß potentielle Konkurrenz die im Fall eines natürlichen Monopols mangelnde aktuelle Konkurrenz aktiver Marktteilnehmer ersetzt (Modell der angreifbaren oder wettbewerbsfähigen Märkte[53]). Der Übergang von einem nicht angreifbaren zu einem angreifbaren Netzmonopol wird dadurch fließend und läßt sich konkret meist nur im Einzelfall entscheiden[54].

47 Die Durchschnittskosten (Stückkosten) für die Erstellung eines Gutes nehmen mit steigender Produktionsmenge ab, *Fritsch/Wein/Ewers*, Marktversagen und Wirtschaftspolitik, 2. Auflage 1996, S. 179 ff.

48 *Kloodt* u.a., Wettbewerb und Regulierung in der Telekommunikation, 1995, S. 50.

49 *Knieps*, in: Windisch, Privatisierung natürlicher Monopole, 1987, S. 160 ff; *König/Theobald*: Liberalisierung und Regulierung netzgebundener Güter und Dienste, in Grupp(Hrsg.), FS Blümel 1999, 277(288).

50 *Fritsch/Wein/Ewers*, Marktversagen und Wirtschaftspolitik, 2. Auflage 1996, S. 247.

51 *Kloodt* u.a., Wettbewerb und Regulierung in der Telekommunikation, 1995, S. 51.

52 *Fritsch/Wein/Ewers*, Marktversagen und Wirtschaftspolitik, 2. Auflage 1996, S. 245.

53 *Windisch*, Privatisierung natürlicher Monopole, 1987, S. 58; *Blankart/Knieps*, Netzökonomik, 1991, S. 77; allgemein *Bunte*, in: Langen/Bunte, Kartellrecht, 9. Auflage 2001, Einführung Rn. 72.

54 *Klimisch/Lange*, WuW 1998, 15 ff.; *Theobald*, WUW 2000, 231(235).

Eine angreifbare Netzbeherrschung setzt aber voraus, daß keine Marktzutrittsschranken das jederzeitige Eintreten von Konkurrenten in den Markt verhindern[55]. Darunter fallen irreversible Kosten[56]. Sie entstehen, wenn sich die für einen Markteintritt notwendigen Investitionen beim Marktaustritt nicht wiederverwenden lassen[57]. Diese Kosten sind für den marktbeherrschenden Betreiber nicht mehr entscheidungsrelevant. Anderes gilt für die Wettbewerber: Sie schreckt der Zwang, zunächst unwiderruflich hohe Summen zu investieren, vom Markteintritt ab[58].
Den größten Teil der Kosten für Telefonkabel bilden die Montagekosten, die ihrer Natur nach irreversibel sind[59]. Bei Erdkabeln erreichen diese Kosten eine Höhe, die den entsprechenden Markt regelmäßig unangreifbar macht.
Das natürliche Monopol im kabelgebundenen Ortsnetz erscheint deswegen bis auf weiteres stabil[60]. Ein funktionsfähiger Wettbewerb hat sich in diesem Bereich noch nicht einmal ansatzweise entwickelt[61], die Marktanteile neuer Wettbewerber liegen in diesem Bereich unter drei Prozent[62]. Die Möglichkeiten, das Ortsnetz als Zugangsbarriere zum TK-Markt zu umgehen durch den Rückgriff auf neue Technologien wie Mobilfunk, Satellitenkommunikation oder die Nutzung von Breitbandkabelnetzen[63], erfordern erhebliche Investitionen. Sie können derzeit das kabelgebundene Ortsnetz nicht ersetzen[64].

[55] *Bunte*, in: Langen/Bunte, Kartellrecht, 9. Auflage 2001, Einführung Rn. 72 u. 75.

[56] Weiter nennen *Kloodt* u.a., Wettbewerb und Regulierung in der Telekommunikation, 1995, S. 36, Nachfragestruktur und Informationsasymmetrien.

[57] Vgl. *Windisch*, Privatisierung natürlicher Monopole, 1987, S.58; *Klimisch/Lange*, WuW 1998, 15(17).

[58] *Windisch* a.a.O., S. 60; *Holznagel/Enaux/Nienhaus*, Grundzüge des Telekommunikationsrechts, 2. Aufl. 2001, S. 5.

[59] *Kloodt* u.a., Wettbewerb und Regulierung in der Telekommunikation, 1995, S. 52.

[60] *Arnbak* u.A, Network Interconnection in the domain of ONP, 1994, S. 54, *Fritsch/Wein/Ewers*, Marktversagen, S. 248; *Gerpott* a.a.O.; *Kruse*, Vertikale Integration als Wettbewerbsproblem, in: *ders.*(Hrsg.), FS für Ingo Schmidt, 1997, S. 247(254).

[60] *Monopolkommission*, Zum Wettbewerb auf Telekommunikationsmärkten, 2001, S. 38 ff.; *dies*, Wettbewerb auf Telekommunikations- und Postmärkten, 2000, dazu: *Holthoff-Frank/Paulus*, MMR 2000, 187(189); *Gerpott*, MMR 2000, 191(193), RegTP, Tätigkeitsbericht 1998/1999, S. 27 ff.; *König/Theobald*, in: Grupp(Hrsg.), FS Blümel 1999, 277(287); *Holznagel/Enaux/Nienhaus*, Grundzüge des Telekommunikationsrechts, 2001, 3ff.

[61] Monopolkommission, Wettbewerb auf Telekommunikations- und Postmärkten, 2000, dazu: Holthoff-Frank/Paulus, MMR 2000, 187(189), Gerpott, MMR 2000, 191(193), *König/Theobald*, in *Grupp*(Hrsg.), FS Blümel 1999, 277(287); *Holznagel/Enaux/Nienhaus*, Grundzüge des Telekommunikationsrechts, 2001, 3ff.

[62] Vgl. RegTP, Tätigkeitsbericht 1998/1999, S. 27 ff.

[63] Vgl. *Fritsch/Wein/Ewers*, Marktversagen und Wirtschaftspolitik, 2. Auflage 1996, S. 249.

[64] *Holthoff-Frank/Paulus*, Wettbewerb auf TK- und Postmärkten, MMR 2000, 187 f.(188).

Daraus folgt die Gefahr einer Monopolausdehnung. Diese Konstellation wird als wesentliche Einrichtung (essential facility) bezeichnet[65]. Dabei kontrolliert ein Unternehmen eine Engpaßeinrichtung, die weder dupliziert noch ersetzt werden kann und gleichwohl für den Zugang zu nachgelagerten Märkten unentbehrlich ist. Durch Zugangsverweigerung kann der Engpaßbeherrscher Wettbewerb auf den nachgelagerten Märkten verhindern. Schützen können davor nur klar geregelte und effektiv durchgesetzte Zugangsrechte.

[65] *Fritsch/Wein/Ewers,* Marktversagen und Wirtschaftspolitik, 2. Auflage 1996, S. 249 ff.; *Wein,* WuW 2000, 1187(1193); *Arnbak* u.A, Network Interconnection, 1994, S. 5 f., 51 ff; *Kommission,* Wettbewerbsmitteilung, Abl. EG Nr. C 265 v. 22.8. 1998, S. 2, Rn.68; *Berger,* Netzzusammenschaltungen von Telekommunikationsunternehmen, 2000, S. 228; *Schindler,* Wettbewerb in Netzen, 1998, S. 120.

Kapitel 3 Europäische Fundamente

I. Ursachen für die Öffnung der europäischen TK-Märkte

Mit der 1989 begonnenen und heute weitgehend abgeschlossenen Marktöffnung reagierte die Gemeinschaft auf die bereits erläuterte Konvergenz[66] im Fernmeldesektor. Die mit diesem Begriff umschriebene technische Revolution lieferte zwingende Gründe zur Preisgabe des staatlichen TK-Monopols.
Zum einen verwischte sie die Abgrenzungen zwischen staatlichen und privaten Funktionen im Netz. Was früher nur staatlichen Netzbetreibern netzintern leisten konnten, vermochten zunehmend private Anbieter als eigene Dienstleistungen anzubieten. Um die staatlichen Monopole für die Erbringung von Netzdienstleistungen zu sichern, hätten sie deshalb auf immer neue Bereiche ausgedehnt werden müssen.
Zum zweiten boten die vielfältigen technischen Neuerungen ein ideales Anwendungsfeld für den Markt als Entdeckungswettbewerb. Dem entlang der Grenzen nationaler Monopole zersplitterten staatlichen Fernmeldesektor in Europa hätte es auf Dauer an Flexibilität und Ressourcen gefehlt, um die wirtschaftlichen Chancen des TK-Sektors zu nutzen[67] und der außereuropäischen Konkurrenz zu trotzen. Zumal die Monopole ihn zunächst vor stimulierendem direktem Wettbewerbsdruck schützten[68].

II. ONP-Grundsätze als Programm zur Marktöffnung

Als Antwort auf diese technischen und wirtschaftlichen Herausforderungen sahen die Organe der Gemeinschaft eine schrittweise Öffnung aller TK-Netze und -dienste für den Wettbewerb als unausweichliches[69] Ergebnis der technischen Entwicklung an[70]. In dieser Situation lieferten die sogenannten ONP-Grundsätze (**O**pen **N**etwork **P**rovision) die Blaupause für eine weitreichende Marktöffnung und

[66] Zum Begriff oben unter Kapitel 2 S. 7ff; *Grande*, in: Voigt, Abschied vom Staat – Rückkehr zum Staat?, 1993, S. 373 f.; *Scherer*, CR 2000, 35(40); *Europäische Kommission*, Grünbuch über die Entwicklung des gemeinsames Marktes für Telekommunikationsdienstleistungen und Telekommunikationsgeräte, KOM (87)280, BT-Drucks. 11/930, S. 29 ff.

[67] Ausführlich *Hallenga*, ArchivPT 1996, 239(240).

[68] *Jansen*, NJW 1991, 3062.

[69] *Kommission*, Grünbuch über die Entwicklung des Gemeinsamen Marktes für Telekommunikationsdienstleistungen und Telekommunikationsgeräte, KOM(87)290, BT-Drucks. 11/930, S. 1 ff.

[70] Vgl. *Rat*, „Zur Prüfung der Lage im Bereich der Telekommunikation und zu den notwendigen künftigen Entwicklungen in diesem Bereich", Entschließung 93/C 213/01, Abl. Nr. C 231 v. 6.8.1993, S. 1.

Rechtsangleichung des europäischen TK-Sektors[71]. Die europäischen Richtlinien bezeichnen damit Bedingungen, die den offenen und effizienten Zugang zu öffentlichen TK-Netzen, -diensten und deren effiziente Nutzung betreffen[72]. Die mit diesem Kürzel bezeichneten Grundsätze der Gemeinschaft zur Öffnung des TK-Marktes bilden die Grundnorm für ein komplexes sekundärrechtliches Subsystem der Marktöffnung[73]. Sie stehen in modifizierter Form bis heute hinter zentralen Vorschriften des TKG[74] wie denjenigen über die Zusammenschaltung[75] und bleiben für das Verständnis des deutschen TK-Rechts unentbehrlich.

1. Liberalisierung und Harmonisierung

ONP beruht in zweifacher Hinsicht auf einer weiten Auslegung der europäischen Dienstleistungsfreiheit. Durch die Einordnung der Telekommunikation als Dienstleistung konnte die Gemeinschaft einerseits die nationalen Fernmeldemonopole als Verstoß gegen die Dienstleistungsfreiheit qualifizieren und ihre schrittweise Abschaffung durchsetzen[76]. Diese Abschaffung staatlicher Ausschließlichkeits- und Sonderrechte für besondere wirtschaftliche Tätigkeiten bezeichnen die Gemeinschaftsorgane als Liberalisierung.

Ergänzend rechtfertigte die Gemeinschaft mit der Dienstleistungsfreiheit europaweit einheitliche, effektiv durchsetzbare Zugangsrechte zu TK-Netzen und -diensten. In diesen Kontext gehören Zusammenschaltungsrechte. Ohne sie hätten neue Anbieter keine Marktchancen gehabt. Diesen Vorgang weitgehender Rechtsangleichung, der in Wirklichkeit die Marktregeln komplett neu konstituierte, bezeichnete die Gemeinschaft als Harmonisierung. Entlang der beiden Achsen Liberalisierung und Harmonisierung hat die Gemeinschaft die Marktöffnung vollzogen. Die ONP-Grundsätze verklammern Harmonisierungs- und Liberalisierungrichtlinien eng miteinander. Sie ergänzen[77] sich und müssen zusammen gelesen werden. Liberalisierungsrichtlinien haben die Kommission, Harmonisierungsmaßnahmen Parlament und Rat erlassen. Der parallele Normerlaß durch unterschiedliche Normgeber führt zu komplexen Überschneidungen zwischen den kompetenzrecht-

[71] Zur EU-Gesetzgebung *Märkl*, Netzzusammenschaltung in der Telekommunikation, 1998, S. 159 f.; *Berger*, Netzzusammenschaltungen von Telekommunikationsunternehmen, 2000, S. 24 ff.; *Großkopf*, Die Vertragsfreiheit bei der Netzzusammenschaltung, 1998, S. 18 ff.; *Scherer*, CR 2000, 35 ff.; *ders./Bartsch*, in: Scherer(Hrsg.), Telecommunication Laws in Europe, Vierte Auflage 1998, S. 4 ff.

[72] Art. 2 Nr. 10 RL 90/387/EG Abl. EG Nr. L 192 v. 24.7. 1990 S. 10; dazu ausführlich *Windthorst*, Der Universaldienst im Bereich der Telekommunikation, 2000, S. 163 ff.

[73] *Koenig*, EuZW 1989, 655.

[74] Vgl. die ausdrücklichen Verweise auf die ONP-Richtlinien in §§ 33 I, 34 I und 35 II 1 TKG.

[75] Siehe § 35 I 2 TKG.

[76] Im Einzelnen unten in Kapitel 5 S. 35 ff.

[77] *Bartosch*, EuZW 1999, 421.

lich zu unterscheidenden Harmonisierungs- und Liberalisierungsrichtlinien, die teilweise sogar in unterschiedlichen Begrifflichkeiten münden[78].
Ausgangspunkt dieses zweispurigen, komplementären Vorgehens bildet die später variierte Urform der ONP-Grundsätze. Sie findet sich inhaltsgleich in der Rahmenrichtlinie zur Einführung eines offenen Netzzugangs in der Telekommunikation (Open Network Provision, ONP-Rahmen-RL) sowie in der simultan erlassenen Kommissionsrichtlinie über den Wettbewerb auf dem Markt für Telekommunikationsdienste (Wettbewerbs-RL)[79].
Beide verleihen Anbietern und Nachfragern von TK-Dienstleistungen ein Recht auf Zugang zu öffentlichen Netzen der Telekommunikation und den darüber angebotenen Diensten. Um dieses Prinzip eines allgemeinen Zugangsrechts handhabbar zu machen, ermächtigt die ONP-Rahmenrichtlinie zum Erlaß bereichspezifischer Einzelrichtlinien. Mit ihrer Hilfe und durch Änderungen der Wettbewerbsrichtlinie hat die Gemeinschaft den Zugangsanspruch schrittweise auf die gesamte TK-Infrastruktur ausgedehnt[80].

2. *Verlauf der Liberalisierung*

Das Tempo der Liberalisierung gab die Kommission durch von ihr allein erlassenen Liberalisierungsrichtlinien vor. Vom Europäischen Gerichtshof gebilligt[81] stützte sie sich auf Art. 86 III EG[82] und verpflichtete die Mitgliedstaaten unter Berufung auf die Dienstleistungs- und Wettbewerbsfreiheit zur Abschaffung der nationalen Fernmeldemonopole. Die schrittweise Beseitigung vertragswidriger rechtlicher Monopole erforderte auf dieser Rechtsgrundlage keine formelle Zustimmung der Mitgliedstaaten mehr[83]. Das machte die Kommission zum Schrittmacher der Marktöffnung der Gemeinschaft. Die von ihr betriebene Liberalisierung zwang die

78 *Koenig*, EuZW 1998, 655(656).

79 Richtlinie zur Verwirklichung des Binnenmarktes für Telekommunikationsdienste durch Einführung eines offenen Netzzugangs (Open Network Provision), Abl. EG Nr. L 192 v. 24.7.1990, S. 1 ff; Kommissionsrichtlinie vom 28.6.1990 über den Wettbewerb auf dem Markt für Telekommunikationsdienste (Wettbewerbs-RL) a.a.O., S. 10.

80 Dazu eingehend unten in Kapitel 3 S. 17 ff.

81 EuGH Rs. C-202/88 Slg. 1991, 1223 *TK-Endgeräte*, dazu *Burchardt*, EuZW 1991, 339; *Jansen*, NJW 1991, 3062; EuGH Verb. Rs. 188 bis 190/80, Urteil v. 6.7.1992, Slg. I S. 2454 (2573) Rn. 6 *Transparenzrichtlinie*; bestätigt in EuGH verb. Rs. C-271/90, C-281/90, C-289/90, Urt. v. 17.11.1992, Slg. I S. 5859(5864) *Wettbewerbsrichtlinie*; dazu *Ewenz-Sandten*, ArchivPT 1993, 69; *Märkl*, Netzzusammenschaltung in der Telekommunikation, 1998, S. 124 f.

82 Soweit sich keine inhaltlichen Abweichungen ergeben, zitiert die Arbeit den EG-Vertrag nur nach der aktuellen Fassung des Amsterdamer Vertrags und unter der offiziellen Bezeichnung als „EG".

83 *Schmidt*, Liberalisierung in Europa, 1998, S. 104; zum Verlauf der Liberalisierung *Hallenga*, ArchivPT 1996, 239 ff.; BeckTKG-Komm/*Schuster*, 2. Auflage 2000, § 1 Rn. 2 ff.; ausführlich *Trute/Spoerr/Bosch*, TKG, Kommentar, 2001, Einführung II, Rn. 3 ff.

Mitgliedstaaten zur Harmonisierung, wollten sie ihren Einfluß auf die Telekommunikation nicht vollständig einbüßen.
Die von der Kommission betriebene Liberalisierung verlief in zwei Phasen, denen unterschiedliche Inhalte und Funktionen der ONP-Grundsätze entsprechen. Die erste Phase dauerte von 1990 bis 1995. Darin verpflichtete die Gemeinschaft die Mitgliedstaaten schrittweise[84], nationale Monopole für TK-Endgeräte abzuschaffen sowie einen Teil damit erbrachter TK-Dienste dem Wettbewerb zu öffnen. Nationale Rechtsmonopole für den Betrieb öffentlicher Netze und Basisdienste, insbesondere Sprachtelefondienst, durften dagegen vorerst bestehen bleiben.
Diese schrittweise Aufteilung in einzelne Teilmärkte hatte den Vorteil, daß die politischen Widerstände in einzelnen Teilbereichen gering blieben. Durch ihr prozeßhaftes und sektorielles Vorgehen traf die Gemeinschaft bei ihrem Vorhaben, den staatlich geprägten TK-Sektor für den Wettbewerb privater Anbieter zu öffnen, auf weniger Widerstand, als sie bei einer Marktöffnung auf einen Schlag zu erwarten gehabt hätte[85].
Den Auftakt für den Liberalisierungsprozeß bildete die Abschaffung des Monopols für TK-Endgeräte durch die Richtlinie über TK-Endgeräte[86]. Technischer Fortschritt, vor allem Digitalisierung, verwandelte TK-Endgeräte von einfachen Empfangsgeräten zu möglichen Plattformen für eine ständig wachsende Anzahl innovativer TK-Dienste. Die von staatlichen Monopolisten angebotenen Endgeräte konnten mit dieser Entwicklung aufgrund der strukturellen Schwerfälligkeit staatlicher Produktbereitstellung nicht Schritt halten. Die Endgeräterichtlinie verpflichtete die Mitgliedstaaten deshalb, die freie Aus- und Einfuhr von Telekommunikationsendgeräten zuzulassen und hoheitliche und betriebliche Funktionen der Fernmeldeverwaltungen zu trennen, um Mißbrauch zu verhindern[87].
Den nächsten Schritt zur Marktöffnung bildete die Wettbewerbs-RL von 1990[88]. Sie beseitigte einen Teil des Monopols für TK-Dienste, nämlich für innovative Mehrwertdienste. Dagegen behielt sie den wirtschaftlich bedeutendsten Bereich, die Sprachtelefonie, ebenso den Fernmeldeverwaltungen vor, wie das Recht, öffentliche TK-Netze zu errichten und zu nutzen. Damit sollten den Fernmeldeverwaltungen für eine Übergangsfrist die Einnahmen aus dem lukrativen Sprachtelefondienst

[84] Endgeräte, Mehrwehrdienste, Mobilfunk, Satellitenkommunikation, Mietleitungen, Festnetze, Sprachtelefondienst.

[85] *Schmidt*, Liberalisierung in Europa, 1998, S. 104.

[86] Endgeräte-RL der Kommission, Abl. EG Nr. L 131 v. 27.05.1988, S. 73; dazu *Märkl*, Netzzusammenschaltung in der Telekommunikation, 1998, S. 162; *Hochbaum*, in: Groeben/Thiesing/Ehlermann, Kommentar zum EWG-Vertrag, 4. Auflage 1991, Art. 90 Rn. 117 ff.

[87] Art. 6 der Endgeräte-RL a.a.O.

[88] Wettbewerbs-RL der Kommission, Abs. EG Nr. L 192 v. 24.7.1990, S. 10; dazu *Hochbaum*, in: Groeben/Thiesing/Ehlermann, Kommentar zum EWG-Vertrag, 4. Auflage 1991, Art. 90 (a.F.) Rn. 126.

vorbehalten bleiben, um ihre Netze mit Blick auf die kommende Marktexpansion modernisieren zu können. Für eine Übergangsphase koexistierten damit ein dem freien Wettbewerb geöffneter und ein monopolgeschützter Bereich.
Die zweite Phase, die 1996 begann und heute abgeschlossen ist, öffnete die verbliebenen Monopolbereiche für den Wettbewerb. Sie begann mit einer Änderung der Wettbewerbsrichtlinie[89], wiederum gestützt auf die Norm des Art. 86 III EG in Verbindung mit der Dienstleistungsfreiheit.[90] Zugrunde lag die Einsicht, daß die verbliebenen Rechtfertigungen der Monopole nach Art. 86 II EG entfallen waren, weil die angestrebte Modernisierung der nationalen Netze aus Monopoleinnahmen abgeschlossen war. Die Änderung öffnete mit einer Übergangsfrist bis zum 1.1.1998 die wirtschaftlich bedeutsamsten Märkte für den Wettbewerb: Sprachtelefondienst und die Bereitstellung von TK-Netzen.
Nachfolgende Ergänzungsrichtlinien der Kommission dehnten den Anwendungsbereich der Wettbewerbsrichtlinie weiter auf satellitengestützte Dienstleistungen[91], Mobiltelefondienst[92] sowie die Nutzung von Kabelfernsehnetzen für TK-Dienstleistungen[93] aus.

III. ONP-Zugangsrechte als Harmonisierungsprogramm

Das schrittweise Liberalisierungprogramm der Kommission ließ wie gezeigt anfangs eine Anzahl ausschließlicher Rechte auf nationaler Ebene unangetastet. Die Mitgliedstaaten behielten Monopole für Sprachtelefondienst und für die Bereitstellung von Netzinfrastruktur bei[94]. Dieses Nebeneinander von Dienstleistungen, die Monopolinhabern vorbehaltenen blieben, und anderen Diensten, die freiem Wettbewerb ausgesetzt wurden, begünstigte Monopolmißbrauch. Nationale Monopolis-

[89] Richtlinie 96/19/EG der Kommission zur Änderung der Richtlinie 90/388/EWG hinsichtlich der Einführung vollständigen Wettbewerbs auf den Telekommunikationsmärkten, Abl. EG Nr. L 74 v. 22.3.1996, S. 13.

[90] *Kommission*, Grünbuch über die Liberalisierung der TK-Infrastruktur und von Kabelfernsehnetzen, Teil II, KOM(94)682, S. 61.; Erwägungsgrd. der geänderten Wettbewerbs-RL, Abl. EG Nr. L 74 v. 22.3.1996, S. 13.

[91] Richtlinie 94/46/EG der Kommission vom 13.10.1994 zur Änderung der Richtlinien 88/301/EWG und 90/387/EWG, Abl. EG Nr. L 268 v. 19.10. 1994, S. 15.

[92] Richtlinie 96/2/EG der Kommission vom 16.1.1996 zur Änderung der Richtlinie 90/388/EWG betreffend die mobile Kommunikation und Personal Communications, Abl. EG Nr. L 20 v. 26.1.1996, S. 59.

[93] Richtlinie 95/51/EG der Kommission vom 18. Oktober 1995 zur Änderung der Richtlinie 90/388/EWG hinsichtlich der Aufhebung der Einschränkungen bei der Nutzung von Kabelfernsehnetzen für die Erbringung bereits liberalisierter Telekommunikationsdienstleistungen, Abl. EG Nr. L 256 v. 26.10. 1995, S. 49.

[94] Grünbuch der Kommission über die Entwicklung des Gemeinsamen Marktes für Telekommunikationsdienstleistungen und Telekommunikationsendgeräte, KOM(8)290, BT-Drucks. 11/930, S 14.

ten nutzten ihre Exklusivrechte bei der Bereitstellung von Netzen, um mißliebige Konkurrenz vom Netz fernzuhalten oder im Netz an effektivem Wettbewerb zu hindern[95]. Sie weigerten sich, ihre Netze mit Mietleitungen von Konkurrenten zusammenzuschalten, verwehrten Diensteanbietern den Zugang zum Netz oder verlangten prohibitiv hohe Zugangsgebühren.

Als Abhilfe schufen ONP-Rahmen-RL und Wettbewerbs-RL die Ausgangsfassung der ONP-Grundsätze als Kern eines weitreichenden Harmonisierungsprogramms[96]. Sie enthalten die Verpflichtung, gleichen Zugang zum bestehenden öffentlichen Telekommunikationsnetz (eingeschlossen Mietleitungen[97]) und zu den darüber angebotenen TK-Diensten zu gewährleisten[98]. Der Zugang muß im Einklang mit dem Gemeinschaftsrecht Diskriminierungen ausschließen[99].

Die Richtlinien verstehen das Zugangsrecht als Ausprägung der Dienstleistungsfreiheit, die jede Ungleichbehandlung auf der Grundlage der Staatsangehörigkeit und darüber hinaus auch jede ungerechtfertigte Beschränkung verbietet, falls nicht einer der abschließend aufgezählten Rechtfertigungsgründe vorliegt, die eine Beschränkung der Dienstleistungsfreiheit aus nicht wirtschaftlichen Gründen des Allgemeinwohls rechtfertigen[100].

Die Mitgliedstaaten mußten Zugangsbedingungen festlegen, also technische und sonstige Nutzungsmodalitäten, insbesondere den Preis, und sich dabei ausschließlich an objektiven Kriterien orientieren, Transparenz[101] wahren sowie für geeignete Veröffentlichung sorgen. Das ONP-Konzept sah einen Netzzugang auf Vertragsbasis vor und legte damit den Grundstein für ein System staatlicher Vertragsmitgestaltung.

Inhalt und Funktion der ONP-Grundsätze haben sich im Verlauf der schrittweisen Liberalisierung erweitert und gewandelt. Das zeigt eine Untersuchung der auf der Grundlage von Art. 6 der ONP-Richtlinie sowie als Änderung der Wettbewerbsrichtlinie ergangenen Einzelrichtlinien für die drei wichtigsten Formen des Netzzugangs: Sprachtelefondienst, Zusammenschaltung und Mietleitungen.

1. *Inhalt und Rechtsträger*

a) Sprachtelefondienst

Wirtschaftlich und gesellschaftlich war Sprachtelefondienst zu Beginn der Liberalisierung der bedeutendste Dienst. Das Europarecht wollte trotz partiell weiterbeste-

[95] Erwägungsgrund 6 der Wettbewerbsrichtlinie, Abl. EG Nr. L 192 v. 24.7.1990, S. 10.
[96] Dazu ausführlich *Trute/Spoerr/Bosch, TKG, Kommentar,* 2001, Einführung II Rn. 12.
[97] Art. 4 II RL 90/388 EWG, Abl. EG Nr. L 192 v. 24.7.1990, S. 10.
[98] Art. 2 Nr. 10, Art. 3 I und II ONP-Rahmen-RL, Abl. EG Nr. L v. 24. 7. 1990, S. 1.
[99] Art. 3 I ONP-Rahmen-RL a.a.O.
[100] Ausführlich unten in Kapitel 5 S 39 ff.
[101] Dazu *Moritz*, MMR 1998, 393(395).

hender Monopole besonderen Zugang zum Sprachtelefonnetz für konkurrierende Diensteanbieter erreichen und auf diese Weise Wettbewerb eröffnen. Die gleichzeitige Sicherung allgemeinen Netzzugangs zielte auf eine Grundversorgung der Bevölkerung mit Sprachtelefondienst.

Dieses Programm verwirklichte die Harmonisierungs-Richtlinie 95/62/EG (Sprachtelefondienst-RL)[102]. In Anwendung der ONP-Grundsätze schuf sie Pflichten zur Gewährung von Zugang zum Sprachtelefonnetz – in besonderer und allgemeiner Form – zu nicht diskriminierenden Bedingungen und kostenorientierten Preisen[103].

Das Recht auf besonderen Zugang ermöglichte es Wettbewerbern, das nationale Telefonnetz zu nutzen, um zum etablierten Netzbetreiber in Konkurrenz zu treten. Das Angebot von Sprachtelefonie blieb zunächst vom Wettbewerb ausgenommen[104].

Durch das Recht auf allgemeinen Netzzugang zum Sprachtelefonnetz, also das Zugangsrecht für jedermann, garantiert die Richtlinie eine Grundversorgung mit TK-Dienstleistungen, den sogenannten Universaldienst[105]. Diese Universaldienstverpflichtung kompensiert die einsetzende Ersetzung allgemeinwohlgebundener staatlicher Leistungsverwaltung durch privatwirtschaftliche Handlungsformen im Bereich der Telekommunikation. Die Verfügbarkeit eines Universaldienstes bleibt wesentlicher Bestandteil des Rechtsrahmens[106].

Der Kreis der Verpflichteten hat sich im Verlauf der Liberalisierung verändert. Die Urfassung der Sprachtelefondienst-RL von 1995 verpflichtete Träger staatlicher Monopolrechte zum Universaldienst[107] sowie zur Gewährung allgemeinen und besonderen Netzzugangs.

Mit Fortschreiten der 1996 begonnenen zweiten Liberalisierungsphase[108] drohten diese Verpflichtungen ins Leere zu laufen, weil die Gemeinschaft aufgrund ihres Liberalisierungsfahrplans die Mitgliedstaaten gerade zur Abschaffung der anspruchsbegründenden Monopolrechte zwang. Die Richtlinie 98/10/EG über den

102 Art. 3 Richtlinie 95/62/EG des Europäischen Parlaments und des Rats vom 13.12.1995 zur Einführung des offenen Netzzugangs beim Sprachtelefondienst, Abl. EG Nr. L 321 v. 30.12.1995, S. 6.

103 Art. 3 und 10 der Sprachtelefondienst-RL, a.a.O.

104 Anbieter von Sprach- und Mobiltelefondienst haben kein Recht auf Zugang, Art. 10 I a und b Sprachtelefondienst-RL, Abl. EG Nr. L 321 v. 30.12.1995, S. 321.

105 Vgl. §§ 17 ff TKG; *Windthorst*, Der Universaldienst im Bereich der Telekommunikation, 2000.

106 Art. 3 des Vorschlags der Kommission für eine Richtlinie des Europäischen Parlaments und des Rates über den Universaldienst und Nutzerrechte bei elektronischen Kommunikationsnetzen und -diensten, KOM(2000)0183.

107 Nach Art. 2 Nr. 1 ONP-Rahmen-RL, Abl. EG Nr. L 192 v. 27.7.1990, S 9 staatliche oder private Einrichtungen, denen Gesetz oder Verwaltungsakt die Erbringung einer Dienstleistung der Telekommunikation vorbehalten.

108 Dazu oben in Kapitel 3 S. 17 ff.

Sprachtelefondienst[109] hat deshalb die Adressaten der Zugangspflichten ausgetauscht. Die Pflicht zur Gewährung von besonderem Netzzugang trifft nicht mehr Inhaber staatlich gewährter Sonderrechte, sondern private oder staatliche Organisationen mit beträchtlicher Marktmacht[110].
Für die Pflicht, allgemeinen Zugang zum Sprachtelefondienst (Universaldienst) zu gewähren, benennt die Richtlinie generelle die privaten Netzbetreiber als Adressatenkreis. Mindestens einer von ihnen muß jedem Nutzer auf Nachfrage Netzanschlüsse und Telefondienst bereitstellen, das haben die Mitgliedstaaten sicherzustellen[111].

b) Zusammenschaltung

Der zweite und für diese Arbeit entscheidende Typus der ONP-Zugangsrechte sind die Rechte auf Zusammenschaltung[112]. Zusammenschaltungsrechte und ihre Realisierung entscheiden über den Wettbewerb netzgebundener Leistungen[113].
Das erste Recht auf Zusammenschaltung verleiht die Sprachtelefondienst-RL in ihrer Ausgangsfassung von 1995[114]. Sie beschränkt es zunächst auf Träger staatlicher Monopolrechte[115] aus anderen Mitgliedstaaten sowie auf Mobilfunkbetreiber im selben Mitgliedstaat. Beide Begrenzungen schützen das fortbestehende Monopol für Sprachtelefondienst.
Diese Begrenzung beseitigt die Kommissionsrichtlinie 96/19/EG[116], eine Änderung der Wettbewerbsrichtlinie[117]. Sie beseitigt die Monopole für den Betrieb von Netzen und Sprachtelefondienst und berechtigt folgerichtig jeden privaten Netzbetreiber zur Zusammenschaltung nach ONP-Grundsätzen. Ihre Verweigerung ist nur zulässig, wenn grundlegende Anforderungen im Sinne der ONP-Grundsätze dies rechtfertigen.

[109] Richtlinie des Europäischen Parlaments und des Rates vom 26.2.1998 über die Anwendung des offenen Netzzugangs (ONP) beim Sprachtelefondienst und den Universaldienst im Telekommunikationsbereich in einem wettbewerbsorientierten Umfeld (Sprachtelefondienst-RL n.F.), Abl. EG Nr. L 101 v. 1.4.1998, S. 24.

[110] Art. 16 Sprachtelefondienst-RL n.F., Abl. EG Nr. L 101 v. 1.4.1998, S. 24.

[111] Art. 3 und 5 Sprachtelefondienst-RL n.F. a.a.O.

[112] Zum Begriff oben Kaptiel 2 S. 8 ff.

[113] a.a.O., S. 10 ff.

[114] Art. 11 Richtlinie 95/62/EG des Europäischen Parlaments und des Rates vom 13.12. 1995 zur Einführung des offenen Netzzugangs beim Sprachtelefondienst, Abl. EG Nr. L 321, S. 6.

[115] Art. 2 Nr. 1 RL 90/387 EWG, Abl. EG Nr. L 192 v. 24.7.1990, S. 10.

[116] Art. 4 a Richtlinie 96/19/EG der Kommission zur Änderung der Richtlinie 90/388/EWG, Abl. EG Nr. L 74 v. 22.3.1996, S. 13.

[117] Wettbewerbs-RL der Kommission, Abl. EG Nr. L 192 v. 24.7.1990, S. 10.

Die Harmonisierung-Richtlinie 97/33/EG[118] (im folgenden ZS-RL) modifiziert und verfeinert diese Regelungen weiter und schafft so die heute relevanten europäischen Zusammenschaltungsregeln. Sie verleiht Rechte zur Zusammenschaltung abgestuft nach dem Grad der Marktbeherrschung des Anspruchsverpflichteten. Betreiber von öffentlichen Sprachtelefon und Mobilfunknetzen müssen, wenn sie 25 Prozent Marktstärke oder mehr erreichen, jedermann Zusammenschaltung und besonderen Netzzugang gewähren. Das schließt den Zugriff auf über die über das Netz erbrachten TK-Dienste ein. Vereinbarungen über Netzzugänge der marktstarken Betreiber müssen wiederum objektive, transparente und nichtdiskriminierende Kriterien erfüllen. Diese Betreiber müssen außerdem ein ONP-Grundsätzen entsprechendes Standardangebot veröffentlichen[119].

Netzbetreiber, die nur eine schwächerer Form von Marktmacht besitzen, indem sie etwa den Zugang zu Teilnehmeranschlüssen kontrollieren, brauchen lediglich die Zusammenschaltung mit Unternehmen derselben Kategorie aushandeln[120]. Für sie gelten die ONP-Grundsätze nur in abgemilderter Form.

In Zukunft soll eine geplante Richtlinie über den Zugang zur Netzen und Zusammenschaltung die vorhandene Pflicht zur Aushandlung einer Zusammenschaltung ausdehnen und zwar auf alle Betreiber elektronischer Kommunikationsnetzwerke. Weiterreichende Pflichten wie Transparenz, Gleichbehandlung und Kostenorientierung können Inhaber beträchtlicher Marktmacht treffen. Ihren Inhalt und Umfang stellt die Richtlinie ebenso wie die Feststellung der beträchtlichen Marktmacht in das Ermessen der nationalen Regulierungsbehörde[121].

Die Vorschriften über Zusammenschaltung weisen denselben Adressatenwechsel von Zusammenschaltungspflichten auf wie die Sprachtelefondienst-RL. Richtlinie 96/19/EG richtete solche Pflichten an Träger staatlicher Monopole, die aktuelle ZS-RL setzt an ihre Stelle marktmächtige Netzbetreiber.

[118] Richtlinie 97/33/EG des Europäischen Rates und des Parlaments vom 30.6.1997 über die Zusammenschaltung in der Telekommunikation im Hinblick auf die Sicherstellung eines Universaldienstes und der Interoperabilität durch Anwendung der Grundsätze für einen offenen Netzzugang (ZS-RL), Abl. EG Nr. L 199 v. 30.6.1997, S. 32; dazu *Scherer/Bartsch*, in: Scherer (Hrsg.), Telecommunication Laws in Europe, Vierte Auflage 1998, S. 27 ff.; *Märkl*, Netzzusammenschaltung in der Telekommunikation, 1998, S. 172; *Großkopf*, Vertragsfreiheit bei der Netzzusammenschaltung, 1999, S. 30 f.; *Berger*, Netzzusammenschaltungen von Telekommunikationsunternehmen, 2000, S. 3; ausführlich im zweiten Teil der Arbeit.

[119] Art. 6, 7 und 14 ZS-RL a.a.O.

[120] Art. 4 II i.V.m. Anhang I sowie Art 4 I i.V.m. Anhang II ZS-RL, Abl. EG Nr. L 199 v. 30.6.1997, S. 32.

[121] Siehe den – inzwischen verabschiedeten- Vorschlag für eine Richtlinie des Europäischen Parlaments und des Rates über den Zugang zu elektronischen Kommunikationsnetzen und zugehörigen Einrichtungen sowie deren Zusammenschaltung, KOM(2000)384.

c) Mietleitungen

Mietleitungen sind das Angebot von Übertragungskapazität zwischen Netzabschlußpunkten als separater Dienst, also die Schaltung einer Standleitung für den ausschließlichen Gebrauch durch einen Kunden. Selber Leitungen zu verlegen, können sich viele neue Wettbewerb nicht leisten. Neben Zusammenschaltung benötigen sie daher Mietleitungen. Deshalb enthielt schon die ONP-Kernregelung eine Verpflichtung zur zügigen und angemessenen Bereitstellung von Mietleitungskapazitäten[122].

Diese Pflicht formte die Richtlinie 92/44/EWG[123] (Mietleitungs-RL) 1992 nach den ONP-Grundsätzen weiter aus. Nutzen danach Fernmeldeorganisationen als Träger staatliche gewährter Sonderrechte[124] eigene Mietleitungen, so müssen sie solche Leitungen anderen Benutzern zu denselben Bedingungen vermieten[125]. Darüber hinaus sind sie verpflichtet, ein Mindestangebot an Mietleitungen bereitzustellen. Dies sogar dann, wenn sie selber nicht darauf zurückgreifen. Damit soll gemeinschaftsweit ein harmonisiertes Angebot an Mietleitungen als Infrastrukturbasis für neue Dienstleistungen verfügbar sein. Gemäß dem ONP-Grundsatz objektiver und transparenter Zugangsregeln müssen sich die Preise für Mietleitungen an den Kosten der Bereitstellung orientieren[126]. Eingeschränkt werden darf dieser Anspruch wiederum nur gestützt auf die grundlegenden Anforderungen des ONP-Konzepts[127]. Der geplante neue Rechtsrahmen behält diese Rechte bei[128].

Das Recht auf die Bereitstellung von Mietleitungen steht Benutzern[129] zu, dazu gehören neben Anbietern von Diensten auch Endnutzer. Damit dehnt die Richtlinie den Kreis der nach ONP-Grundsätzen Berechtigten von Wettbewerbern auf alle Benutzer aus.

Die Ausgangsfassung der Mietleitungs-RL hat mit Fernmeldeorganisationen Träger staatlich verliehener Sonderrechte zu Zugangsgewährung und Mindestangebot verpflichtet. Nach Abschaffung rechtlicher Monopole durch die Richtlinien der zweiten Liberalisierungsphase hat RL 97/51/EG den Begriff der *Fernmeldeorganisationen* durch *Organisationen mit beträchtlicher Marktmacht* ersetzt. Potentiell verpflichtet die Richtlinie damit jeden Marktteilnehmer, der beträchtliche Marktstärke erreicht, ein

[122] Art. 4 II ONP-Rahmen-RL, Abl. EG Nr. L Nr. 192 v. 24.7.1990, S. 10.

[123] Richtlinie 92/44/EWG des Rates vom 5.7.1992 zur Einführung des offenen Netzzugangs bei Mietleitungen (Mietleitungs-RL), Abl. EG Nr. L 165 v. 19.6.1992, S. 27.

[124] Art. 2 I Mietleitungs-RL a.a.O. i.V.m. Art. 2 Nr. 1 ONP-Rahmen-RL, Abl. EG Nr. L 192 v. 24.7.1990, S. 1.

[125] Art. 8 II Mietleitungs-RL, Abl. EG Nr. L 165 v. 19.6.1992, S. 27.

[126] Art. 10 Mietleitungs-RL Abl. EG Nr. L 165 v. 19.6.1992, S. 27.

[127] Art. 6 III RL Mietleitungs-RL a.a.O.

[128] Art. 27 des Vorschlags für eine Richtlinie über den Universaldienst und Nutzerrechte bei elektronischen Kommunikationsnetzen und Diensten, KOM(2000)392.

[129] Art. 2 Spiegelstrich 3 der Mietleitungs-RL, Abl. EG Nr. L 165 v. 19.6.1992, S. 27.

Mietleitungsangebot bereitzustellen. Falls niemand diese Voraussetzung erfüllt, kann die Regulierungsbehörde die Pflicht allen Marktteilnehmern gemeinsam auferlegen[130].

2. *Durchsetzung und Sicherung*

Um diese weitreichenden Zugangsrechte durchzusetzen, haben die Richtlinien ein verhandlungsbegleitendes Verfahren unter Beteiligung einer nationalen Regulierungsbehörde entwickelt. Den Grundstein legte die Sprachtelefondienst-RL[131] von 1995. Spätere Richtlinien, vor allem diejenige über Zusammenschaltung von 1997, haben ihr Vorbild aufgegriffen und weiterentwickelt[132].

Als Hauptakteur in den Mittelpunkt stellt die Sprachtelefondienst-RL die unabhängige Regulierungsbehörde. Sie *stellt* den von der Richtlinie gewährten Netzzugang im Kontext privater Verhandlungen über die ONP-Rechte *sicher*[133]. Will ein anspruchsverpflichteter Netzbetreiber den Sonderzugang zum Netz verweigern, muß er die Weigerung begründen und die Zustimmung der Regulierungsbehörde einholen.

So greifen privates Tätigwerden und staatliche Aufsicht ergänzend ineinander. Grundsätzlich sollen die Anspruchsteller ihre ONP-Rechte im Rahmen kommerzieller Verhandlungen verwirklichen. Dafür vereinbaren sie mit dem Anspruchsgegner die technischen und kommerziellen Konditionen von Sonderzugang und Zusammenschaltung[134]. Die Richtlinie überläßt es also der Initiative der beteiligten Rechtssubjekte, Vereinbarungen über den Netzzugang abzuschließen. Die Regulierungsbehörde kann aber jederzeit von sich aus tätig werden, um nichtdiskriminierende, für beide Parteien gerechte und annehmbare Bedingungen festzulegen[135]. Auf Antrag eines Beteiligten muß sie handeln[136]. Die Regulierungsbehörde behält damit die Letztkontrolle über die Vereinbarungen und garantiert ihren Erfolg.

Dies zeigt eine spezifische Zweispurigkeit der Zielverfolgung. Grundsätzlich soll nach dem Regelungskonzept der Richtlinie der Wettbewerb und die Durchsetzung der ONP-Ansprüche durch Private eine gemeinwohlverträgliche Infrastruktur schaffen. Neben dieser indirekten Zielverfolgung durch Förderung von Wettbe-

[130] Art. 1, 11, 11a der Mietleitungs-RL i.d.F. der RL 97/51/EG, Abl. EG Nr. L 295 v. 29.10.1997, S. 23.

[131] Richtlinie 95/62/EG des Europäischen Parlaments und des Rates vom 13. Dezember 1995 zur Einführung des offenen Netzzugangs beim Sprachtelefondienst (Sprachtelefondienst-RL), Abl. EG Nr. L 321, S. 6.

[132] Vgl. Art. 16 der Sprachtelefondienst-RL n.F., Abl. EG Nr. L 101 v. 1.4.1998, S. 24; Art. 9 ZS-RL, Abl. EG Nr. L 199 v. 30.6. 1997, S. 32.

[133] Art. 10 I, 11 I RL der Sprachtelefondienst-RL n.F. a.a.O.

[134] Art. 10 II, 11 II S. 1 der Sprachtelefondienst-RL a.F. Abl. EG Nr. L 321 v. 30.12.1995, S. 6.

[135] Art. 10 III RL der Sprachtelefondienst-RL a.F. a.a.O.

[136] Art. 10 und 11 RL der Sprachtelefondienst-RL a.F. Abl. EG Nr. L 321 v. 30.12.1995, S. 6.

werb kann die Regulierungsbehörde direkt eingreifen und Gemeinwohlziele in privaten Vereinbarungen über Netzzugang festzuschreiben. Dazu gehören etwa größtmögliche Vorteile aller Nutzer, die Konformität mit grundlegenden Normen und hohe Verbindungsqualität. Die Durchsetzung der ONP-Zugangsrechte schützt und fördert einerseits Wettbewerb. Sie dient daneben weiteren Gemeinwohlzwecken. Die indirekte Zielverfolgung Private wird von einer direkten staatlichen Zielverfolgung abgesichert, die subsidiär und komplementär eingreift.
Die aktuelle Regelung der ZS-RL verfeinert dieses Instrumentarium zur Durchsetzung von ONP-Rechten. Danach kann die Regulierungsbehörde kommerziell auszuhandelnde Zusammenschaltungsverträge vor- oder mitgestalten und nachträglich ändern[137] sowie eine Streitschlichtung durchführen. Notfalls vermag sie die Zusammenschaltung im öffentlichen Interesse sogar außerhalb von Vertragsverhandlungen anordnen. Bei ihrem Tätigwerden hat die Regulierungsbehörde neben den Interessen der Netzbetreiber ein Bündel weiterer Regulierungsziele zu beachten, insbesondere die Interessen von Nutzern. Die genaue Analyse dieses Regulierungsmodells bleibt dem zweiten Teil der Arbeit vorbehalten.
Der geplante neue Rechtsrahmen behält die grundsätzliche Kompetenz der Regulierungsbehörde zu verbindlicher Streitschlichtung bei. Er erweitert die Regulierungsbefugnisse erheblich. Zukünftig setzt der Regulierer die Pflichten im Kontext von Zusammenschaltung und sonstigem Netzzugang nicht nur durch, sondern bestimmt teilweise ihren Inhalt[138].

IV. Zusammenfassung: Genese der ONP-Zugangsrechte

1. *Austausch der Verpflichteten*

In der ersten Phase der Liberalisierung verpflichten die ONP-Richtlinien staatliche oder staatlich kontrollierte Träger rechtlicher Monopole, nach ONP-Grundsätzen Zugang zu ihren Netzen zu gewähren. Mit vollständiger Liberalisierung treffen diese Verpflichtungen nicht mehr Träger staatlich verliehener rechtlicher Monopole, sondern statt dessen Inhaber tatsächlicher Marktmacht. Mögen sie auch mit den vorigen Inhabern staatlicher Monopole identisch sein, so macht das Kriterium der Marktmacht den Kreis der Pflichtadressaten entwicklungsoffen. Prinzipiell kann jeder Anbieter von Netzen oder Diensten Adressat des Zugangsanspruchs werden. Pflichten, die zuerst dem Staat galten, können jetzt in identischem Umfang Private

[137] Art. 9 ZS-RL, Abl. EG Nr. L 199 v. 30.6. 1997, S. 32.

[138] *Kommission*, Entwurf einer Richtlinie des Europäischen Parlaments und des Rates über den Zugang zu elektronischen Kommunikationsnetzen und zugehörigen Einrichtungen sowie deren Zusammenschaltung, KOM(2000)384, Art. 8 ff., inzwischen verabschiedet; Richtlinie des EP und des Rates über einen gemeinsamen Rechtsrahmen für elektronische Kommunikationsnetze und –dienste (neue Rahmenrichtlinie), 2000/0184 (COD), Art. 17.

treffen. Diese Übertragung von Maßstäben für staatliches Handeln auf Private zu rechtfertigen, stellt die größte Herausforderung für die kompetenzielle Verankerung der ONP-Grundsätze dar[139].

2. *Inhalt und Träger der Zugangsrechte*

Die auf der Basis der ONP-Grundsätze ergangenen Richtlinien erweitern das Recht auf Zugang schrittweise auf die gesamte TK-Infrastruktur. Sie gewähren den Zugang zu Netzen und Diensten als allgemeinen und besonderen Netzzugang. Zum für jedermann bereitzustellenden allgemeinen Netzzugang gehört der Zugriff auf das Sprachtelefonnetz sowie auf ein Mindestangebot an Mietleitungen. Wettbewerbern muß zusätzlich Zugang zu Teilen bzw. Teilfunktionen des Netzes an speziellen Netzabschlußpunkten gewährt werden, der sogenannte besondere oder entbündelte Netzzugang. Sein wichtigster Unterfall ist die Netzzusammenschaltung.
Das Recht auf Zugang richtet sich nicht nur auf das bestehende Netz, so wie es der Netzbetreiber nutzt. Für Mietleitungen und Sprachtelefondienst schaffen die entsprechenden Richtlinien das Recht auf ein gegebenenfalls neu zu erstellendes Mindestangebot.
Der Pflicht zur Gewährung von allgemeinem und besonderen Netzzugang entspricht in den Richtlinien jeweils ein Recht der Begünstigten. Anspruchsberechtigt sind alle Nutzer von TK-Dienstleistungen.

3. *Sicherung durch Organisation und Verfahren*

Indem sich die Verpflichtung zur Zugangsgewährung von Trägern rechtlicher Monopole auf Inhaber tatsächlicher Marktmacht verlagert, wächst die Bedeutung staatlicher Überwachung und Steuerung privaten Handelns für die Durchsetzung von ONP-Zugangsrechten. Im Mittelpunkt der organisatorischen und verfahrensmäßigen Sicherung der ONP-Zugangsrechte steht die von TK-Unternehmen unabhängige Regulierungsbehörde. Ihre Befugnisse werden umso größer, je mehr die ONP-Grundsätze im Bereich der Infrastrukturbereiststellung die unmittelbare Zielerreichung durch staatliches Handeln ersetzen durch zielgerichtete staatliche Steuerung des eigennützigen Handelns privater Anbieter.
Die Liberalisierung verwandelt das Angebot von Netzen und Diensten von Verwaltungshandeln in eine private Dienstleistung. Damit verlassen TK-Leistungen den Kontext direkter staatlicher Kontrolle und werden zum Gegenstand privatrechtlicher Verträge. Um in diesem Rahmen Allgemeinwohlziele sicherzustellen, erhält die Regulierungsbehörde Befugnisse zur umfassenden Steuerung und Gestaltung privatrechtlicher Verhandlungen. Ein Schwerpunkt dieser Befugnisse liegt darin, im Interesse des Wettbewerbs die ONP-Zugangsrechte wie das Zusammenschaltungsrecht durchzusetzen.

[139] Dazu in Kapitel 5 auf S. 35 ff.

Gleichzeitig wächst die Betonung der Nutzer- und anderer Allgemeininteressen, wie der Sicherung des Universaldienstes und der Grundversorgung der Bevölkerung mit TK-Diensten. Dabei nutzt das ONP-Konzept grundsätzlich die Initiative privater Wirtschaftssubjekte und versucht, sie zu steuern, wenn die Wahrung von Allgemeinwohlinteressen es erfordert.

Kapitel 4 Änderung staatlicher Aufgaben durch ONP

Die im vorangegangenen Kapitel beschriebene Entwicklung der ONP-Grundsätze zeigt einen bedeutsamen Funktionswandel der ONP-Grundsätze, dem wichtige Veränderungen von Inhalt und Erfüllung staatlicher Aufgaben entsprechen.

I. Funktionswandel der ONP-Grundsätze

Die ONP-Grundsätze wurzeln ursprünglich im Nebeneinander von Wettbewerbsmarkt für bestimmte neue Dienste und dem verbleibendem rechtlichem Monopol für Netze und Basisdienste[140]. Sie hatten zu Beginn die Funktion einer doppelten Sicherung gegen Monopolmißbrauch. Die ehemaligen staatlichen Fernmeldeverwaltungen hatten das Monopol für den Betrieb des öffentlichen Netzes und bestimmter Basisdienste behalten. Ihre Leistungen bildeten weiterhin die Basisinfrastruktur für alle Marktteilnehmer. Gleichzeitig durften sie am Wettbewerb auf den neuen Märkten für innovative TK-Dienstleistungen teilnehmen. Diese Doppelstellung als einziger Lieferant eines notwendigen Vorprodukts (Netz- und Basisdienstleistungen) und Konkurrent auf dem Markt für abgeleitete Produkte (innovative Dienstleistungen) barg die Gefahr des Monopolmißbrauchs. Deshalb zielte der ONP-Rahmen darauf ab, weiterbestehende rechtliche Monopole als Marktzutrittsbarriere zu neutralisieren und ihren Mißbrauch auszuschließen.

Mittel dazu waren die weitgefaßten Zugangsansprüche zu Netzen und Basisdiensten. Die ONP-Regeln sollten Diskriminierung neuer Wettbewerber durch die Inhaber der Infrastruktur und wettbewerbswidrige Quersubventionen der Monopolunternehmen verhindern[141]. Sie dienten als Scharnier zwischen Markt und Monopol und als Ersatz für fehlenden Wettbewerb im Netzbereich.

Hätte sich die Funktion der ONP-Grundsätze darin erschöpft, dann hätten sie mit fortschreitender Liberalisierung an Bedeutung verlieren und schließlich funktionslos werden müssen[142]. Dieser Funktionsverlust trat nicht ein. Vielmehr erfüllen die ONP-Grundsätze seitdem einen neuen Zweck. Die aufgehobenen rechtlichen Monopole existieren in erheblichem Umfang tatsächlich weiter. Weil die europäische Regelung nur die Liberalisierung vorgeschrieben hatte, nicht aber Aufteilung und Verkauf der öffentlichen Netze, bestanden und bestehen – vor allem im Ortsnetzbereich – als Folge des früheren rechtlichen Netzmonopols quasi-monopolistische Marktstellungen der ehemaligen staatlichen Fernmeldeverwaltungen fort. Sie decken sich zumindest in Teilbereichen mit natürlichen, nicht angreifbaren Monopo-

[140] *Sauter*, in: Scott (Hrsg.), The future of EC-Telecommunication Laws, 1996, S. 105 ff.

[141] *Sauter*, a.a.O.

[142] Vgl. *Hatzopoulos*, Révue trimestrielle du Droit Européen, 30(1) janvier/mars 1994, 63(67).

len[143]. Selbst nach Beseitigung rechtlicher Zugangsbarrieren kann sie nur staatlicher Zwang für den Wettbewerb öffnen.
Statt überflüssig zu werden, dienen die ONP-Grundsätze weiter als Grundgerüst für die Harmonisierung des TK-Sektors. Sie neutralisieren nicht mehr rechtliche, sondern tatsächliche Monopolstellungen. Schon eine Marktposition bestimmter Stärke verpflichtet zur Gewährung von Netzzugang.
Wettbewerber und andere Träger der Dienstleistungsfreiheit haben ihr Recht auf Zugang zur bestehenden Infrastruktur gerade im Interesse eines funktionsfähigen Wettbewerbs. Erst der Zugang zu Netz und netzgestützten Diensten als Infrastruktur nach ONP-Grundsätzen ermöglicht ihnen, mit dem Inhaber der Infrastruktur effektiv um Kunden für netzgebundene Dienstleistungen zu konkurrieren. Letztlich soll der dadurch entstehende Wettbewerb eine effiziente Nutzung und Weiterentwicklung der bestehenden Netze und Dienste hervorbringen. Die Zugangsgewährleistung für Wettbewerber verbessert dann die Infrastruktur selber. Mittelbar kann das allen ihren Nutzern zugute kommen, weil sie auf bessere und billigere Dienstleistungen zugreifen können.
Neben der mittelbaren Förderung des Angebots von Telekommunikation durch Wettbewerb gewährleisten die ONP-Grundsätze unmittelbar einen Mindestbestand an Telekommunikationsangeboten. Dazu dient die Gewährleistung des Zugangs zum Sprachtelefondienst und zu Mietleitungen nach ONP-Grundsätzen. Mit den ONP-Grundsätzen verfolgt die Gemeinschaft als *prioritäres Gemeinschaftsziel*[144] den Aufbau eines allgemein zugänglichen, europaweiten, technisch fortschrittlichen und preisgünstigen TK-Netzes mit einem Mindestangebot an TK-Dienstleistungen als wichtige Infrastruktur für Wirtschaft, Binnenmarkt und soziale Kohäsion.
Mit den weitreichenden Zugangsrechten zu TK-Netzen und -diensten untrennbar verbunden ist eine Pflicht der Mitgliedstaat, diese Rechte durch Regulierung zu sichern und durchzusetzen. Die Einrichtung einer unabhängigen Regulierungsbehörde mit weitreichenden Gestaltungsbefugnissen und verfahrensrechtlichen Absicherungen soll sicherstellen, daß Begünstigte ihre Ansprüche auf Netzzugang trotz unterlegener Marktmacht im Rahmen privater Verträge verwirklichen können. Die ONP-Grundsätze verpflichten die Regulierungsbehörde sicherzustellen, daß Netzbetreiber zur Durchsetzung der Zugangsrechte private Vereinbarungen schließen, die Allgemeinwohlinteressen nicht zuwider laufen. Statt wie in der ersten Liberalisierungsphase die Mitgliedstaaten belasten die ONP-Grundsätze nach erfolgreicher Liberalisierung Privatrechtssubjekte mit Pflichten der Infrastrukturbereitstellung. Die ONP-Grundsätze sichern diese private Bereitstellung von Infrastruktur durch staatliche Regulierung ab.

[143] Dazu oben in Kapitel 2 S. 10 ff.
[144] Grünbuch KOM(87)290, BT-Drucks. 11/930, S. 6.

Der Wandel der ONP-Grundsätze verändert somit den Bestand staatlicher Aufgaben[145]. Staatsaufgaben sind solche öffentlichen Aufgaben (verstanden als sachlich umgrenzte Zielverfolgung), auf die der Staat nach Maßgabe von Gesetz und Verfassung zugreift, die der Staat also selbst wahrnimmt. Der Unterschied zu bloß öffentlichen Aufgaben ergibt sich aus der Zuordnung des Subjekts, das die Aufgaben erfüllt. Die Entscheidung hierüber ist Angelegenheit politischer Prozesse. Ein fester, unwandelbarer Bestand an Staatsaufgaben läßt sich angesichts eines auf extrakonstitutionelle Letztbegründungen verzichtendes Staatsverständnisses nicht feststellen.
Die ONP-Grundsätze verwandeln die Bereitstellung ausreichender und leistungsfähiger TK-Infrastruktur von einer staatlichen zur einer gesellschaftlichen Aufgabe. Der Staat zieht sich aus der unmittelbaren Leistungserbringung zurück. Er beschränkt sich auf die Überwachung und Sicherung gesellschaftlicher Aufgabenerfüllung[146]. Die staatlichen Aufgaben im Bereich der Telekommunikation verschieben sich dadurch von der Leistung zur Gewährleistung. Sie reduzieren die Rolle des Staates jedoch nicht auf die eines Nachtwächters. Vielmehr können sie zu weitreichender Überformung privaten Handelns durch Gemeinwohlziele und zu erheblichen Steuerungseingriffen führen.
Das bestätigt eine erste Übersicht über die Umsetzung des Liberalisierung- und Harmonisierungsprogramms der ONP-Grundsätze in Deutschland.

II. Die Umsetzung der ONP-Grundsätze in Deutschland

Der deutsche Gesetzgeber reagierte auf die Vorgaben der ersten ONP-Phase, also die partielle Aufhebung der Monopole in der Telekommunikation[147], mit der sogenannten Postreform I[148]. Sie beseitigte das staatliche Monopol für Endgeräte[149] und gab außerdem den Mobilfunkmarkt für den Wettbewerb frei[150]. Die zu diesem Zeitpunkt wichtigsten Bereiche der Telekommunikation, der Betrieb von Fernmeldenetzen und der Sprachtelefondienst, blieben gemäß dem sektoriellen Ansatz des ONP-Konzepts privaten Anbietern zunächst weiter vorenthalten.

145 *Isensee*, HdStR III, 1988, S. 63; *Hermes*, Staatliche Infrastrukturverantwortung, S. 157; *Kaufmann*, in: Grimm (Hrsg.) Staatsaufgaben, 1994, S. 15, 19; *Schneider*, Liberalisierung der Stromwirtschaft, 1999, S. 117; *Benz/König*, in: König(Hrsg.), Privatisierung und staatl. Regulierung, 1997, S. 611 f.

146 Vgl. *Trute*, DVBl 1996, 950(953); *Grzeszick*, DVBl 1997, 878(879).

147 Zu den Phasen der Liberalisierung oben in Kapitel 3 S. 17 ff.

148 Gesetz zur Neustrukturierung des Post- und Fernmeldewesens und der deutschen Bundespost (Poststrukturgesetz) v. 8.6. 1989, BGBl. I, S. 1026; dazu *Gramlich*, VerwArch 88(1997), 598(604 ff.); *Windthorst*, Der Universaldienst im Bereich der Telekommunikation, 2000, S. 389; *Lerche*, in: Maunz/Dürig, GG-Kommentar, Art. 87 f Rn. 22 ff.

149 § 1 III FAG n.F.

150 § 2 I FAG n.F.

Die Postreform I trennte unternehmerisch-betriebliche Aufgaben im Bereich der Telekommunikation von den hoheitlich-politischen. Letztere behielt das Bundesministerium für Post und Telekommunikation[151].

Die unternehmerisch-betrieblichen Aufgaben übertrug die Reform der Post, der Postbank und der Telekom. Dabei handelte es sich um drei eigenständige Unternehmen. Sie verblieben allerdings ohne eigene Rechtspersönlichkeit im Sondervermögen des Bundes[152] und damit der Logik privatwirtschaftlichen Handelns verschlossen[153].

Die Umsetzung der vollständigen Liberalisierung der zweiten ONP-Phase erfolgte in Deutschland in einem ersten Schritt durch die Postreform II von 1994[154] auf einfachgesetzlicher und verfassungsrechtlicher[155] Ebene. Sie erweiterte die Marktöffnung gemäß den Richtlinienvorgaben[156]. Zu diesem Zweck wandelte die Postreform II die Post, die Postbank und die Telekom in privatrechtlich organisierte Aktiengesellschaften um. Sie erhielten das Eigentum an den vorherigen Sondervermögen des Bundes. Nur die hoheitlichen Aufgaben blieben im Bereich der Bundesverwaltung[157].

Durch diese formelle oder Organisationsprivatisierung verlor die Deutsche Telekom AG endgültig den Status als Teil der Leistungsverwaltung. Die Aufgabe, TK-Dienstleistungen zu erbringen, nahm sie jetzt gemäß dem Verfassungsgebot des Art. 87f II 1 GG in privatwirtschaftlicher Form wahr. In den bereits für den Wettbewerb geöffneten Marktbereichen mußte sie – zumindest von Rechts wegen – als Gleiche unter Gleichen mit anderen privaten Unternehmen konkurrieren. Diese Öffnung der Telekommunikation zugunsten gesellschaftstypischer Verhaltensweisen verwirklichte weitgehend die Forderung des Art. 87f GG nach Privatwirtschaftlichkeit. Sie bewirkte gleichzeitig eine materielle oder Aufgaben-Privatisierung[158],

[151] § 1 I 2, § 36 I, II 2 und III PostVerfG, BGBl 1989 I, 1026 (Art. 1 Poststrukturgesetz).

[152] §§ 1 II, 2, 5 PostVerfG a.a.O.

[153] Zu den verschiedenen Phasen der Marktöffnung in Deutschland: *Gramlich*, VerwArch 88(1997), 598(604 ff.); *ders.*, NJW 1994, 2785 ff.; *Oertel*, Die Unabhängigkeit der Regulierungsbehörde, 2000, S. 45 ff.; *Märkl*, Netzzusammenschaltung in der Telekommunikation, 1998, 230 ff.; *Rottmann*, ArchivPT 1994, 193(194).

[154] Gesetz zur Neuordnung des Postwesens und der Telekommunikation, BGBl. I,S. 2325; dazu *Gramlich*, VerwArch a.a.O; *Windthorst*, Der Universaldienst im Bereich der Telekommunikation, 2000, S. 394 ff.; *Lerche*, in: Maunz/Dürig, GG-Kommentar, Art. 87 f Rn. 23 ff.

[155] Art. 87f GG und 143 b GG.

[156] § 1 III FAG wurde um einen zweiten Satz dahin ergänzt, daß zu den für den Wettbewerb geöffneten Endeinrichtungen auch Funk- und Satellitenfunkanlagen gehörten.

[157] §§ 1, 3 PostUmwG = Art. 3 PTNeuOG BGBl. I, S. 2325.

[158] *Oertel*, Die Unabhängigkeit der Regulierungsbehörde, 2000, S. 64; nach Art. 87 GG (a.F.) war die Deutsche Bundespost noch in bundeseigener Verwaltung zu führen, was eine Privatisierung ausschloß.

von der indes Art. 143 b II GG die weiterbestehenden wichtigen Monopole für Netz und Sprachtelefon ausnahm.
Das Telekommunikationsgesetz von 1996[159] vollendete die europarechtlich geforderte Liberalisierung. Es beseitigte die verbliebenen staatlichen Monopole für Bau und Betrieb von Netzen sowie für das Angebot von Sprachtelefondienst bis zum 31.12.1997[160] und öffnete damit den gesamten Bereich der Telekommunikation für den Wettbewerb.
Trotz des vorläufig verbleibenden staatlichen Mehrheitseigentums an der Deutschen Telekom wandelte dieser Schritt die Erbringung von TK-Dienstleistungen vollständig von einer Aufgabe der Leistungsverwaltung zu einer privatwirtschaftlichen, gewinnorientierten Wirtschaftstätigkeit.
Das bedeutete gleichzeitig den Endpunkt der weitreichenden materiellen Privatisierung. Sie hat Art und Umfang staatlicher Aufgaben im Bereich der Telekommunikation stark verändert: Von der vollständigen eigenen Leistung zur bloßen Gewährleistung ordnungsgemäßer Aufgabenerfüllung durch Private. Für diesen Wechsel staatlicher Aufgaben enthielt in Deutschland Art. 87f GG das verfassungsrechtliche Programm. Er behält die Erbringung von TK-Dienstleistungen ausschließlich Privaten vor und verpflichtet den Staat zur Sicherstellung einer Grundversorgung im Wettbewerb. Das TKG präzisiert diesen Verfassungsauftrag durch § 1 und fächert ihn durch die Regulierungsziele des § 2 II weiter auf. Es versieht die Regulierungsbehörde mit den notwendigen hoheitlichen Steuerungsbefugnissen, um den privaten Wettbewerb zur Erfüllung des Infrastruktursicherungsauftrags lenken zu können[161].
Die neue Gewährleistungsaufgabe hat zwei Stoßrichtungen. Zum einen kompensiert das Gesetz nach ONP-Vorgaben[162] die ungleiche Ausgangspositionen der Marktteilnehmer, die tatsächliche Nachwirkungen des ehemaligen Staatsmonopols darstellen. Dazu schafft es einen abstrakt-generellen Lenkungsmechanismus[163], den es als Regulierung bezeichnet[164]. Er besteht aus sektorspezifischen Zugangsrechten zu TK-Netzen und -diensten, der Möglichkeit der Entgeltregulierung und weiteren Steuerungsinstrumenten. Durch Regulierung versucht der Staat, privatwirtschaftliche Leistungserbringung in Richtung auf Wettbewerbsoptimierung und materielle Gemeinwohlziele zu lenken. Zu diesem Zweck mobilisiert das Recht die Verwal-

[159] BGBl. I, S. 1120. Zum TKG *Kemmler*, ArchivPT 1996, 321 ff.; *Scherer*, NJW 1996, 2953 ff.; *Märkl*, Netzzusammenschaltungen in der Telekommunikation, 1998, S. 235 ff.; BeckTKG-Komm/*Schuster*, 2. Auflage, 2001, § 1 Rn. 17ff.
[160] § 100 I 3 TKG schaffte das Netzmonopol des § 1 II FAG zum 1.8. 1996 ab, § 99 I Nr. 1 b TKG ließ das Monopol für Sprachtelefondienst zum 31.12. 1997 enden.
[161] Vgl. *Grzeszick*, DVBl 1997, 878(879).
[162] Dazu ausführlich sogleich in Kapitel 2.
[163] *Windthorst*, Der Universaldienst in der Telekommunikation, 2000, S. 251.
[164] Vgl. §§ 1, 2 TKG und ausführlich im zweiten Teil.

tungsorganisation als Steuerungsressource[165], indem es die Errichtung einer unabhängigen Regulierungsbehörde mit weitreichenden Kompetenzen vorsieht. Die Behörde hat die Zugangsregeln und sonstige Verpflichtungen durchzusetzen, um Wettbewerb einzuführen und aufrecht zu erhalten.

Die materielle Aufgabenprivatisierung konnte die Gemeinwohlverantwortung im Bereich der Telekommunikation nicht derogieren[166]. Die Regulierungsbehörde muß deshalb nicht nur Wettbewerb sichern, sondern dabei und darüber hinaus im Kontext privater Erbringung von TK-Dienstleistungen Allgemeinwohlziele. Allen voran die Wahrung der Nutzerinteressen, § 2 II Nr. 1 sowie die Garantie eines Grundangebots an TK-Dienstleistungen (Universaldienst), § 2 II Nr. 3 TKG. Diese Ausrichtung der Regulierung auf Gemeinwohlerfordernisse über rein Wettbewerbsaufsicht hinaus soll den vollständigen Rückzug der Staates aus der unmittelbaren Leistungserbringung und den Übergang von der Logik der Gemein- zur Gewinnwirtschaft kompensieren. Der zweite Teils der Arbeit wird Ziel und Funktionsweise der Regulierung für die Zusammenschaltung in Einzelnen beschreiben.

165 *Oertel*, Die Unabhängigkeit der Regulierungsbehörde, 2000, S. 95 f.

166 *Windthorst*, Der Universaldienst in der Telekommunikation, 2000, S. 255.

Kapitel 5 Rechtsgrundlagen der ONP-Grundsätze

Nach dieser Entwicklungsskizze der ONP-Grundsätze sollen sie jetzt in den Zusammenhang ihrer Rechtsgrundlagen gestellt werden. Das wird weitere Rückschlüsse auf Inhalt und Struktur erlauben.

I. Schutz der Dienstleistungsfreiheit

Als zentrale Begründung für die ONP-Grundsätze führen die Erwägungsgründe der simultan erlassenen Wettbewerbs- und ONP-Rahmen-RL – auf ihnen bauen wie gezeigt alle Schritte der Harmonisierung und Liberalisierung auf – den Schutz der Dienstleistungsfreiheit des EG-Vertrages an. Aus der Dienstleistungsfreiheit ergebe sich, daß – abgesehen von den anfangs noch akzeptierten Einschränkungen durch Sonderrechte staatlicher TK-Unternehmen – die Nutzung von TK-Netzen und Diensten nicht beschränkt werden dürfte, weder durch Monopolrechte noch durch andere Zugangshindernisse[167]. Lediglich bestimmte Anforderungen des allgemeinen Interesses dürften diese Nutzung als freies Angebot von Dienstleistungen begrenzen, solange sie nicht-diskriminierend und verhältnismäßig seien[168]. Das macht die Dienstleistungsfreiheit zur tragenden Säule der ONP-Grundsätze. Diese Konstruktion gilt es im folgenden nachzuzeichnen und auf ihre Tragfähigkeit zu untersuchen.

1. *Durch Liberalisierung*

a) Liberalisierung

Die Wettbewerbs-RL basiert auf der Rechtsgrundlage des Art. 86 III i.V.m. I EG (Art. 90 III EGV a.F.)[169]. Danach dürfen Mitgliedstaaten in Bezug auf öffentliche Unternehmen und solche mit staatlich gewährten Sonderrechten keine vertragswidrigen Maßnahmen treffen oder beibehalten. Art. 86 I EG bindet staatliche Unternehmen und Träger staatlicher Monopole an die Grundfreiheiten des Vertrags. Darunter fielen bei Erlaß der ONP-Grundsätze die staatlichen Fernmeldeverwaltungen.

Anstatt sich auf repressive Aufsicht zu beschränken, hat die Kommission die Normsetzungsbefugnis des Art. 86 III EG mit dem Erlaß der ONP-Grundsätze als echte Rechtssetzungsbefugnis ausgelegt. Auf dieser Grundlage hat sie die Mitgliedstaaten verpflichtet, nach und nach sämtliche Sonderrechte im Bereich der Tele-

[167] Erwägungsgrund 3 der ONP-Rahmen-RL, Abl. EG Nr. L 192 v. 24.7. 1990, S. 1.

[168] Erwägungsgrund 8 der Wettbewerbs-RL der Kommission a.a.O., S. 10.

[169] Dazu allgemein *Geiger*, EGV/EUV, 3. Auflage 2000, Art. 86 Rn. 16 ff.

kommunikation als nicht durch Allgemeinwohlerwägungen gerechtfertigte Einschränkungen der Dienstleistungs- und der Wettbewerbsfreiheit abzuschaffen sowie durch die ONP-Grundsätze weitreichende Rechte auf Zugang zu Netzen und Diensten einzuführen[170].

Dieses Vorgehen hatten Mitgliedstaaten vor dem Europäischen Gerichtshof angefochten, weil nach dem System des Vertrages nur der Rat zur Rechtssetzung befugt sei. Der Gerichtshof wies dieses Argument mit der Begründung ab, die Schranken der Kommissionskompetenz seien nicht allgemein aus dem System des Vertrages, sondern nur aus der speziellen Kompetenznorm abzuleiten[171]. Genausowenig stehe die spezielle Kompetenz des Rates zum Richtlinienerlaß im Wettbewerbsrecht entgegen, die Norm des Art. 86 III EG habe einen speziellen, engeren Anwendungsbereich, innerhalb dessen sie als Kompetenz zu präventiver Rechtssetzung neben allgemeineren Ratskompetenzen bestehen könne[172].

Dasselbe gelte für das Verhältnis zur Ratskompetenz zur Rechtsangleichung nach Art. 95 EG[173]. Die Kommission brauche ebenfalls nicht vorrangig auf das Vertragsverletzungsverfahren nach Art. 226 EG zurückgreifen, sondern könne unmittelbar die Beseitigung von vertragswidrigen Maßnahmen verlangen[174].

Damit räumt der Europäische Gerichtshof der Kommission mit dem breiten Kompetenzrahmen beim Erlaß von Richtlinien nach Art. 86 III EG[175] eine weitgehende Gestaltungsaufgabe[176] und korrespondierende Befugnis ein, auf Kosten einer wenig trennscharfen Abgrenzung zwischen den Art. 95 und 86 III EG[177].

170 Erwägungsgründe 7 bis 13 Wettbewerbs-RL, Abl. EG Nr. L 192 v. 24.7. 1990, S. 1; ausführlich *Hochbaum*, in: Groeben/Thiesing/Ehlermann, Kommentar zum EWG-Vertrag, 4. Auflage 1991, Art. 90 (a.F.) Rn. 117 ff.

171 EuGH Verb. Rs. 188 bis 190/80, Slg. I S. 2454 (2573) Rn. 6 *Transparenzrichtlinie*; zusammenfassend *Märkl*, Netzzusammenschaltung in der Telekommunikation, 1998, S. 175 f.

172 EuGH a.a.O.; bestätigt in EuGH Rs. C-202/88 Slg. 1991, 1223, Rn. 25 *TK-Endgeräte*; dazu *Burchardt*, EuZW 1991, 339; *Jansen*, NJW 1991, 3062; *Melin-Soucramanien*, Révue du Marché Commun et de L'Union européene, N° 382, 1994, S. 601; zustimmend *Grill* in: Lenz, EGV-Kommentar, 2. Auflage 1999, Art. 86 Rn. 34.

173 EuGH Verb. Rs. 188 bis 190/80 *Transparenzrichtlinie*, Slg. I S. 2454 (2573), Rn. 6.

174 So schon EuGH Rs. C-202/88, *Französische Republik / Kommission*, Slg. 1991, 1223, Rn. 16 f.; zustimmend *Pernice*, in: Grabitz/Hilf, EGV (a.F.), Art. 90 Rn. 73.

175 EuGH Slg 1982, 2545, (2577) Rn. 18; *Burchardt*, EuZW 1991, S. 340; *Jansen*, NJW 1991, 3062; *Melin-Soucramanien*, Révue du Marché Commun et de L'Union européenne, N° 382, 1994, S. 601.

176 *Pernice*, in: Grabitz/Hilf, EGV (a.F.), Art. 90 Rn. 61.

177 *Märkl*, Netzzusammenschaltung in der Telekommunikation, 1998, S. 178.

Der Umfang dieser Kompetenz hängt von der Tragweite der sicherzustellenden Vertragsvorschriften ab[178]; für die Zugangsrechte nach den ONP-Grundsätzen somit von der Dienstleistungsfreiheit.

b) Telekommunikation als Dienstleistung

Telekommunikation ist als Dienstleistung nach Art. 50 EG einzuordnen[179]. Art. 50 EG definiert Dienstleistungen negativ als Leistungen, die regelmäßig gegen Entgelt erbracht werden und weder den Vorschriften über den freien Waren- und Kapitalverkehr noch über die Freizügigkeit der Personen unterliegen. Übertragung, Vermittlung und Verarbeitung von Information durch Telekommunikation sind solche Tätigkeiten.

Weiteres unverzichtbares Merkmal der Dienstleistung nach Art. 50 EG stellt ihr grenzüberschreitender Charakter dar. Dienstleistungserbringer, Dienstleistungsempfänger oder zumindest die Dienstleistung müssen die Grenze zu einem anderen Mitgliedstaat überschreiten[180].

TK-Dienste haben grundsätzlich grenzüberschreitenden Charakter[181]. Nationale Netze sind untereinander verbunden, die Beschränkungen des Zugangs und der Nutzung nationaler Dienste wirken sich negativ auf den zwischenstaatlichen TK-Verkehr aus. Überhöhte Tarife und fehlende Kapazität im Fernverkehr stellen ein Hindernis für den gemeinsamen Markt dar. Der grenzüberschreitende Charakter von TK-Dienstleistungen nimmt aufgrund technischer Innovation stetig zu. Die zunehmende Globalisierung führt dazu, daß TK-Kunden bestimmte Dienste europa- oder sogar weltweit nachfragen und ihre ubiquitäre Verfügbarkeit verlangen.

c) Inhalt der Dienstleistungsfreiheit

Grundsätzlich stellen die Grundfreiheiten Unterlassungsgebote dar. Sie verbieten den Mitgliedstaaten, bestimmte wirtschaftliche Betätigungen der Marktbürger zu verbieten oder einzuschränken. Zwar enthalten die Grundfreiheiten, darunter die Dienstleistungsfreiheit, im Kern insofern eine Leistungskomponente, als sie Bür-

[178] EuGH Rs. C-202/88 Slg. 1991, 1223, Rn. 16 f. *TK-Endgeräte-RL*; bestätigt in EuGH Rs. C-271/90, C-281/90, C-289/90, Slg. I S. 5859(5864), Rn. 20.; EuGH Rs. 52/79, Slg. 1980, 833(835) *Debauve*.

[179] *Bruhn*, Die Sicherstellung öffentlicher Aufgaben im Bereich der Telekommunikation, 1999, S. 15 f.; *Hochbaum*, in: Groeben/Thiesing/Ehlermann, Kommentar zum EWG-Vertrag, 4. Auflage 1991, Art. 90 (a.F.) Rn. 84.

[180] *Randelzhofer*, in: Grabitz/Hilf, EGV (a.F.), Art. 60 Rn.4; *Kluth*, in: Calliess/Ruffert (Hrsg.), EUV/EGV, 1999, Art. 50 Rn. 5 und 7.

[181] *Bruhn*, Die Sicherstellung öffentlicher Aufgaben im Bereich der Telekommunikation, 1999, S. 15 f.

gern anderer Mitgliedstaaten ein Recht auf Inländergleichbehandlung[182] verleihen. Doch genügt diese Leistungskomponente nicht, um die ONP-Grundsätze zu begründen. Die ONP-Grundsätze[183] verpflichten die Mitgliedstaaten nicht bloß, Marktbürgern anderer Mitgliedstaaten denselben Zugang zu öffentlichen TK-Netzen zu gewähren wie Inländern. Vielmehr öffnen die ONP-Grundsätze die öffentlichen TK-Netze grundsätzlich und erstmalig für alle Marktbürger unabhängig von ihrer Nationalität. Die Pflicht, entsprechenden allgemeinen Netzzugang zu gewähren, kann deshalb nicht allein als Ausformung des gemeinschaftsrechtlichen Diskriminierungsverbots verstanden werden.

Art. 49 EG verbietet nach seinem Wortlaut Beschränkungen der grenzüberschreitenden Dienstleistungsfreiheit. Der Europäische Gerichtshof hat dazu schon früh alle Beschränkungen gerechnet, die geeignet sind, die Tätigkeiten des Leistenden zu unterbinden, zu behindern[184] oder weniger attraktiv zu machen. Dies soll selbst dann gelten, wenn diese Beschränkungen unterschiedslos für einheimische wie für die Dienstleistungserbringer anderer MS gelten[185]. Denn solche Beschränkungen wirken sich auf Dienstleistungserbringer erschwerend aus, die in anderen MS ansässig sind.

Der Wortlaut des Art. 49 EG deckt diese freiheitsrechtliche Auslegung der Dienstleistungsfreiheit, da er unterschiedslos alle Beschränkungen des freien Dienstleistungsverkehrs verbietet. Art. 3 I c EG fordert ebenfalls die Beseitigung aller, nicht nur diskriminierender Hindernisse für den Dienstleistungsverkehr. Seine gewachsene wirtschaftliche Bedeutung für den Binnenmarkt spricht für ein allgemeines Beschränkungsverbot[186]. Für ein Verständnis der Dienstleistungsfreiheit als allgemeines Beschränkungsverbot streiten schließlich die Wirtschaftsgrundrechte der Gemeinschaftsbürger. Sie erfordern im Verhältnis zur Gemeinschaft und den MS für jede Einschränkung der wirtschaftlichen Betätigungsfreiheit - selbst ohne diskriminierenden Charakter – eine Rechtfertigung[187]. Die MS trifft über das Verbot der Diskriminierung hinaus aus dem System des Vertrags eine allgemeine Pflicht, den freien Dienstleistungsverkehr zu fördern[188]. Die Dienstleistungsfreiheit des EG

[182] *Kluth*, in: Calliess/Ruffert (Hrsg.), 1999, EUV/EGV, Art. 50 Rn.36; allgemein: *Kingreen*, Die Struktur der Grundfreiheiten des Europäischen Gemeinschaftsrechts, 1999.

[183] Art. 2 Wettbewerbs-RL, Abl. EG Nr. L 192 v. 24.7. 1990, S. 10 und Art. 3 ONP-Rahmen-RL a.a.O., S. 1.

[184] EuGH Rs. 33/74, Slg. 1974, 1299 Rn. 10 *Van Binsbergen*.

[185] Rs. C-272/94, Slg. 1996, I-1905 *Guiot*; vom EuGH als ständige Rechtsprechung bezeichnet: Rs. C-3/95, Slg. 1996, I-6511 Rn. 21 *Reiseüro Broede*.

[186] *Troberg*, in: Groeben/Thiesing/Ehlermann, Kommentar zum EWG-Vertrag, 4. Auflage 1991, Art. 59 (a.F.) Rn. 4.

[187] *Kluth*, in: Calliess/Ruffert (Hrsg.), EUV/EGV, 1999, Art. 50 Rn. 40.

[188] *Geiger*, EUV/EGV, 3. Auflage 2000, Art. 50 Rn. 11.

enthält neben einem Diskriminierungs- deshalb ein allgemeines Beschränkungsverbot[189].

Aus diesem allgemeinen Beschränkungsverbot lassen sich die Zugangsrechte zu TK-Netzen ableiten. TK-Dienstleistungen sind netzgebunden, Dienstleistungserbringer benötigen für ihre Tätigkeit Zugang zu einem TK-Netz. 1990, bei Erlaß von ONP-Rahmen-RL und Wettbewerbs-RL, bestand für Dienstleistungserbringer noch nicht die Alternative des Aufbaus eigener Netze, weil die Liberalisierung bis 1996 staatliche Monopole zum Netzbetrieb unangetastet ließ.

Die Richtlinien betrachten deshalb nachvollziehbar jede nicht gerechtfertigte Verweigerung des Netzzugangs als unzulässige Einschränkung der Dienstleistungsfreiheit[190] und leiten daraus die Verpflichtung der Mitgliedstaaten ab, Zugang zu staatlichen TK-Netzen zu gewähren.

Die Netzabhängigkeit von TK-Dienstleistungen verwandelt so das allgemeine Beschränkungsverbot in eine Leistungspflicht. Auf der Grundlage der Dienstleistungsfreiheit müssen die Mitgliedstaaten allen ausländischen Marktbürgern die vorhandene Netzinfrastruktur zu angemessenen Bedingungen zu Verfügung stellen. Sie verletzen das Beschränkungsverbot, wenn sie privaten Dienstanbietern den Zugang zum Netz verweigern, nur gegen überhöhte Zugangsgebühren gestatten, oder bei der Zugangsgewährung gegen das der Dienstleistungsfreiheit immanente Diskriminierungsverbot verstoßen.

d) Schranken der Dienstleistungsfreiheit

Die Grenzen der ONP-Zugangsrechte, wie sie Wettbewerbs-RL und ONP-Rahmen-RL gleichlautend ziehen, entsprechen den Schranken der Dienstleistungsfreiheit des Art. 49 EG.

Ausdrücklich erlaubt der Vertrag nach Art. 55 i. V. m. 46 EG Sonderregelungen für Ausländer, mithin diskriminierende Einschränkungen der Dienstleistungsfreiheit, nur aus Gründen der öffentlichen Sicherheit, Ordnung oder Gesundheit[191]. Für die Telekommunikation bleiben beide Einschränkungsmöglichkeiten aufgrund ihrer engen Auslegung durch den Europäischen Gerichtshof ohne Bedeutung[192].

[189] *Kluth*, in: Calliess/Ruffert (Hrsg.), EUV/EGV, 1999, Art. 50 Rn.40; *Troberg*, in: Groeben/Thiesing/Ehlermann, Kommentar zum EWG-Vertrag, 4. Auflage 1991, Art. 59 EGV (a.F.) Rn. 3 ff. insbesondere Rn. 24; *Bleckmann*, Europarecht, Rn.1679; *Kort*, JZ 1996, 132 ff(135); *Hakenberg*, in: Lenz, EGV, Art. 60 Rn. 19; *Speyer*, EuZW 1991, 588(589); für ein reines Diskriminierungsverbot dagegen: *Trautwein*, Jura 1995, 191 ff; *Jarras*, EuR 1995, 202; *Kingreen*, Die Struktur der Grundfreiheiten des europäischen Gemeinschaftsrechts, 1999, S. 61.

[190] ONP-Rahmen-RL, Erwägungsgründe 2 ff., Abl. EG Nr. L 192 v. 24.7. 1990, S. 1.

[191] Zum Begriff *Kingreen*, Die Struktur der Grundfreiheiten des europäischen Gemeinschaftsrechts, 1999, S. 156; *Matthies/von Borries*, in: Grabitz/Hilf, Art. 36 EGV (a.F.) Rn. 12 ff.

[192] Erwägungsgrund 7 Wettbewerbs-RL, Abl. EG Nr. L 192 v. 24.7. 1990, S. 10.

Neben den geschriebenen erkennt der Europäische Gerichtshof in Anlehnung[193] an seine Rechtsprechung zur Warenverkehrsfreiheit[194] ungeschriebene zwingende Gründe des Allgemeininteresses an, die eine nicht diskriminierende Einschränkung Dienstleistungsfreiheit rechtfertigen können[195].
Diese vom Europäischen Gerichtshof entwickelten Ausnahmen vom Prinzip der freien Dienstleistungserbringung dienen als Korrektiv zur ihrer extensiven Auslegung als Beschränkungsverbot. Sie sollen einen vernünftigen Ausgleich zwischen nicht wirtschaftlichen innerstaatlichen Regelungszielen und dem gemeinschaftlichen Interesse am Freihandel schaffen[196].
Abgesehen von den später abgeschafften Sonderrechten im TK-Sektor darf der ONP-Zugangsanspruch nur aus in allgemeinem Interesse liegenden Gründen *nicht wirtschaftlicher* Art eingeschränkt werden[197]. Grundsätzlich außer Betracht bleiben daher wirtschaftliche Erwägungen. Ob der Zugangswillige unbedingt auf den Zugang angewiesen ist oder eine Alternative hat, spielt keine Rolle, genauso wenig wie die ökonomischen Interessen des zur Zugangsgewährung Verpflichteten.
Art. 3 der ONP-Rahmen-RL und Art. 1 der Wettbewerbs-RL zählen die Allgemeinwohlerwägungen, mit denen Mitgliedstaaten den Netzzugang beschränken dürfen, abschließend auf. Die praktisch wichtigsten sind die Sicherheit des Netzbetriebes, die Aufrechterhaltung der Netzintegrität sowie die Interoperabililtät der Dienste. Spätere Ergänzungen haben die Liste erweitert um Datenschutz, Bauplanungs- und Raumordnungsziele, effiziente Nutzung des Frequenzspektrums sowie die Verhinderung von Störungen zwischen funkgestützten und anderen TK-Systemen.
Getreu dem allgemein Funktionsprinzip von Harmonisierungsmaßnahmen nimmt diese gemeinschaftsrechtliche Definition den Mitgliedstaaten die Kompetenz, weitere Einschränkungstatbestände zu definieren.

[193] *Harkort*, in: Lenz, EGV, 2. Auflage 1999, Art. 60 Rn. 31.

[194] EuGH, Rs. C-3/95, Slg. 1996, I-6511, Rn. 21 *Reisebüro Broede* für die Dienstleistungsfreiheit; Rs. 120/78, Slg. 1979, 649, Rn. 8 *Cassis de Dijon* für die Warenverkehrsfreiheit; zu einheitlichen Voraussetzungen zusammengefaßt von EuGH Rs. C-55/94, Slg. 1995, I S. 416 Rn. 37 *Gebhard*; dazu *Harkort*, in: Lenz, EGV, 2. Auflage 1999, Art. 60 Rn. 31; *Kluth* in: Calliess/Ruffert (Hrsg.), EUV/EGV, 1999, Art. 50 Rn.54; *Kingreen*, Die Struktur der Grundfreiheiten des europäischen Gemeinschaftsrechts, 1999, S. 164; *Herdegen*, Europarecht, 2. Auflage 1999, § 15 Rn. 382.

[195] EuGH, Rs. C-19/92, 31.3.1993, Slg. 1993, I-1663, Rn 32; Rs. C-55/94, Slg. 1995, I S. 416 Rn. 37 *Gebhard*; aus der Literatur *Kort*, JZ 1996, 135; *Kluth* in: Calliess/Ruffert (Hrsg.), EUV/EGV, 1999, Art. 50 Rn. 54 und 63; kritisch *Kingreen* a.a.O., S. 157 ff.

[196] *Bruhn*, Die Sicherstellung öffentlicher Aufgaben im Bereich der Telekommunikation, 1999, S. 22.

[197] Art. 1 I Spiegelstrich 5 Wettbewerbs-RL, Art. 1 I Nr. 6 ONP-Rahmen-RL, Abl. EG Nr. L 192 v. 24.7.1990, S. 1 u. 10.

e) Schranken-Schranken

Selbst wenn die gemeinschaftsrechtlich zulässigen Einschränkungsgründe vorliegen, dürfen sie den Netzzugang nach Art. 3 II ONP-Rahmen-RL, Art. 4 und 6 Wettbewerbs-RL nur in nicht diskriminierender und verhältnismäßiger Weise einschränken. Das entspricht der vom Europäischen Gerichtshof entwickelten einheitlichen Schrankensystematik der Grundfreiheiten[198].

Bei der Frage, ob eine staatliche Maßnahme die Grundfreiheiten des Gemeinschaftsrechts verletzt, bildet der europäische Grundsatz der Verhältnismäßigkeit den Kern der Prüfung[199]. Nach der von der Lehre anerkannten[200] Rechtsprechung des Europäischen Gerichtshofs[201] gehört der europäische Verhältnismäßigkeitsgrundsatz zu den allgemeinen Grundsätzen des Gemeinschaftsrechts. Er besteht aus den drei Teilgeboten der Geeignetheit, der Erforderlichkeit und der Angemessenheit[202] und entspricht damit nach Inhalt und Struktur seinem deutschen Pendant[203].

Der Schwerpunkt der Prüfung liegt regelmäßig auf der Erforderlichkeitsprüfung[204]. Insbesondere darf das Allgemeininteresse deshalb nicht auch durch weniger einschneidende Maßnahmen als diejenigen gewahrt werden, die der Mitgliedstaat im Einzelfall getroffen hat[205].

Einschränkungen der Zugangsrechte, die zum Schutz allgemeiner Anforderungen getroffen werden, müssen geeignet, erforderlich und im Verhältnis angemessen sein.

f) Wechsel der Zugangsverpflichteten

Der Wechsel der zur Gewährung des Netzzugangs Verpflichteten droht die bisher hergeleitete strukturelle Verknüpfung der ONP-Rechte mit der Dienstleistungsfrei-

[198] Vgl. *Kluth*, in: Calliess/Ruffert (Hrsg.), EUV/EGV, 1999, Art. 50 Rn.54; *Kingreen*, Die Struktur der Grundfreiheiten des europäischen Gemeinschaftsrechts, 1999, S. 164.

[199] *Kingreen*, Die Struktur der Grundfreiheiten des europäischen Gemeinschaftsrechts, 1999, S. 168.

[200] *Kluth*, in: Calliess/Ruffert (Hrsg.), EUV/EGV, 1999, Art. 50 Rn.54; *Herdegen*, Europarecht, 2. Auflage 1999 Rn. 172; *Oppermann*, Europarecht, 2. Auflage 1999, § 19 Rn. 1297; *Kort*, JZ 1996, 132(136).

[201] EuGH Rs. C-3/95, Slg. 1996-I, 6511 *Reisebüro Broede*; Rs. C-55/94, Slg. 1995-I, 4165 Rn. 37 *Gebhardt*; Rs. 265/87, Slg. 1989, 2237(2269) Rn. 21 *Schräder*.

[202] EuGH Rs. 265/87 *Schräder* a.a.O.

[203] Dazu etwa *Pieroth/Schlink*, Grundrechte, 16. Auflage 2000, Rn. 279 ff. u. 296.

[204] *Kingreen*, Die Struktur der Grundfreiheiten des europäischen Gemeinschaftsrechts, 1999, S. 168 ff.

[205] *Troberg*, in: Groeben/Thiesing/Ehlermann, Kommentar zum EWG-Vertrag, 4. Auflage 1991, Art. 59 (a.F.) Rn. 14; für die Warenverkehrsfreiheit auch *Geiger*, EUV/EGV, 3. Auflage 2000, Art. 30 Rn. 16.

heit zu zerreißen. Die Ausgangsfassungen der ONP-Rahmen-RL und der Wettbewerbsrichtlinie verpflichten *Fernmeldeorganisationen* zum Zugang, definiert als Träger staatlich gewährter Sonderrechte (Monopole)[206]. Dabei handelte es sich um Teil der mitgliedstaatlichen Verwaltungen oder von ihnen abhängige Unternehmen, also um Adressaten der Grundfreiheiten, Art. 86 I EG-.

Anstatt an die Privilegierung durch Sonderrechte knüpfen die neuen ONP-Vorschriften die Pflicht zur Zugangsgewährung indes an die Marktstärke der verpflichteten Unternehmen. Für die Wettbewerbs-RL, die wegen Art. 86 I EG nur die Mitgliedstaaten und von ihnen abhängige Unternehmen als Träger der Grundfreiheiten verpflichten kann, lockert dieser Austausch der Verpflichteten die Anbindung der ONP-Grundsätze an die Dienstleistungsfreiheit. Denn Art. 86 I EG erfaßt nur Unternehmen, auf deren Geschäftstätigkeit der Staat bestimmenden Einfluß ausüben kann.

Deshalb bindet die Vorschrift zum einen Unternehmen an die Vertragsregeln, denen Mitgliedstaaten besondere oder ausschließliche Rechte verleihen. Solche ausschließlichen und besonderen Rechte hat die Gemeinschaft allerdings durch die vollständige Liberalisierung des TK-Sektors abgeschafft.

Weiter gilt Art. 86 I EG für öffentliche Unternehmen. Dieser autonom europarechtlich zu bestimmende Begriff umfaßt Unternehmen, auf deren Geschäftsplanung oder Tätigkeit öffentliche Hoheitsträger über Eigentum, Beteiligungsverhältnis, Stimmrecht oder in sonstiger Weise bestimmenden Einfluß ausüben können[207]. Eine staatliche Mehrheitsbeteiligung begründet sogar bei inzwischen formell privatisierten ehemaligen Staatsunternehmen wie der deutsche Telekom AG die Vermutung eines bestimmenden Staatseinflusses[208] und bindet sie über Art. 86 I EG an die Grundfreiheiten des Vertrags. Diese Bindung setzt Art. 86 III EG für die Normsetzungsbefugnis der Kommission voraus. Derzeit wäre deshalb eine Anwendung der von ihr erlassenen Liberalisierungsrichtlinie auf die Deutsche Telekom AG noch möglich. Indes zieht die entsprechende Wettbewerbs-RL ihren Anwendungsbereich enger, indem sie ihn auf Träger von – inzwischen beseitigten – Sonderrechten beschränkt[209].

[206] Staatliche oder private Einrichtungen, denen Gesetz oder Verwaltungsakt die Erbringung einer Dienstleistung der Telekommunikation vorbehalten, Art. 2 Nr. 1 und 2 ONP-Rahmen-RL, Abl. EG Nr. L 192 v. 24.7. 1990, S. 1.

[207] Art. 2 der Transparenzrichtlinie, Abl. EG Nr. L 195/36 v. 29.7. 1980; EuGH, Rs. 188-190/80, Slg. 1982, 2545, Rn. 26; C-159/94, Slg. 1997, I-5816, Rn. 46 *Kommission/Frankreich*; *Jung*, in: Calliess/Ruffert (Hrsg.), EUV/EGV, 1999, Art. 86 Rn. 13; *Geiger*, EUV/EGV, 3. Auflage 2000, Art. 86 EGV Rn. 4.

[208] Art. 2 Nr. a der Transparenzrichtlinie a.a.O. stellt insoweit die Vermutung für einen beherrschenden Einfluß auf.

[209] Art. 4a Wettbewerbs-RL 90/388, Abl. EG Nr. L 192, S. 10 i.d.F. von Abl. EG Nr. L 74 v. 22.3.1996, S. 32 verpflichtet nur „Telekommunikationsorganisationen“, nach Art. 1 I Spielstrich 1 Träger von Sonderrechten.

Zudem sind marktstarke Unternehmen, welche die ONP-Grundsätze zur Zugangsgewährung verpflichten, nicht per se identisch mit dem ehemaligen Staatsmonopolisten. Sobald die ONP-Grundsätze daher zukünftig aufgrund einer Änderung der Marktanteile marktstarke Unternehmen ohne bestimmenden Staatseinfluß verpflichten, lockert das ihre Verknüpfung mit der Dienstleistungsfreiheit, die Art. 86 I EG nicht mehr herstellen könnte.
In dieser Konstellation hülfe selbst Art. 86 II EG nicht weiter. Er ordnet eine unmittelbare Geltung der Vertragsvorschriften für Unternehmen an, die mit Dienstleistungen von allgemeinem wirtschaftlichen Interesse betraut sind, was jedoch einen Hoheitsakt der öffentlichen Gewalt erfordert[210]. Anknüpfungspunkt der Zugangspflicht bildet bei den ONP-Grundsätzen nicht eine solche hoheitliche Betrauung mit Dienstleistungen von allgemeinem Interesse, sondern das Innehaben einer Marktstellung bestimmter Stärke.
Generell werden die ONP-Grundsätze daher zukünftig nur noch auf die ONP-Rahmen-RL und die auf ihrer Grundlage erlassenen Richtlinien gestützt[211], also auf die Harmonisierungsrichtlinien, obwohl ihre strukturell mit der Dienstleistungsfreiheit verknüpfte Form fortbesteht.

2. *Durch Harmonisierung*

Art. 86 III EG entfällt damit als Rechtsgrundlage für die ONP-Rechte[212]. Trotzdem enthält der Vertrag weiterhin eine ausreichende Kompetenz für ihren Erlaß: Den Schutz der Dienstleistungsfreiheit und eines Systems unverfälschten Wettbewerbs innerhalb des Binnenmarkts, Art. 95 EG i.V.m. Art. 3 g EG.
Art. 95 EG ermöglicht die Harmonisierung von Rechtsvorschriften, die Errichtung und Funktionieren des Binnenmarktes zum Gegenstand haben. Auf diesem Weg verknüpft die ONP-Rahmen-RL die ONP-Grundsätze mit der europäischen Dienstleistungsfreiheit.
Der Binnenmarkt umfaßt nach den Art. 3 c, 14 II EG einen Raum ohne Binnengrenzen. Ihn kennzeichnet die Beseitigung von Hindernissen für den freien Verkehr von Waren, Personen, Dienstleistungen und Kapital gemäß den Bestimmungen des Vertrages. Bei der Verwirklichung des Binnenmarkts im Sinne des Art. 95 EG steht damit die Beseitigung noch existierender Behinderungen der Grundfreiheiten im Vordergrund213. Dieser Konnex mit dem Schutzbereich der betroffenen Grundfreiheiten begrenzt den Anwendungsbereich der Vorschrift nicht sachlich, sondern nur funktional214.

[210] EuGH Rs. 66/86, Slg. 1989, 838 *Flugtarife*; *Geiger*, EUV/EGV, 3. Auflage 2000, Art. 86 EGV (n.F.) Rn. 10; *Pernice*, in: Grabitz/Hilf, EGV (a.F.), Art. 90 Rn. 29.
[211] Vgl. etwa *Europäische Kommission*, KOM(2000)393 (Entwurf der neuen Rahmenrichtlinie).
[212] Ähnlich wohl *Bartosch*, EuZW 421(425).
[213] *Langeheine*, in: Grabitz/Hilf, EGV (a.F), Art. 100a Rn. 21.
[214] *Langeheine*, EuR 1988, 235 ff.(239).

Aus der im Vergleich zum Art. 94 EG extensiveren Fassung – Art. 94 EG verlangt eine Auswirkung auf Errichtung oder Funktionieren des Binnenmarkts – folgt, daß eine substantielle und konkrete Auswirkung mittelbarer oder unmittelbarer Art genügt. Sie braucht nicht denselben Grad störender Auswirkungen zu erreichen wie nach Art. 94 EG215.
Art. 95 EG verleiht dem Gemeinschaftsgesetzgeber keine allgemeine Kompetenz zur Regelung des Binnenmarkts. Vielmehr muß eine auf der Grundlage von Art. 95 EG erlassene Maßnahme tatsächlich den Zweck haben, die Voraussetzungen für das Errichten und Funktionieren des Binnenmarktes zu verbessern216. Die Harmonisierung muß daher auf die Beseitigung spürbarer Wettbewerbsverzerrungen[217] insbesondere durch Beschränkung der Grundfreiheiten zielen.
Generell beinhaltet die Unterschiedlichkeit mitgliedstaatlicher Regelungen ein marktzugangsversperrendes oder -erschwerendes Potential[218]. Die Rechtsangleichung als genuine Gemeinschaftsgesetzgebung beseitigt solche Zugangsbarrieren, weil sie es den Mitgliedstaaten verwehrt, die Grundfreiheiten aus anderen als in der Harmonisierungsvorschrift zugelassenen Gründen einzuschränken[219].
Für die Zugangsregelungen der Mitgliedstaaten in der Telekommunikation ist das offensichtlich. Vor Erlaß der ONP-Grundsätze erschwerten diese mitgliedstaatlichen Regelungen das Tätigwerden ausländischer Dienstleistungsanbieter oder schlossen es gänzlich aus. Diese Einschränkung der Dienstleistungsfreiheit haben die ONP-Grundsätze bis auf die Ausnahmefälle der grundlegenden Anforderungen beseitigt und ihnen die Möglichkeit abgeschnitten, neue Zugangsbarrieren zu errichten.
Allerdings gleichen sie dafür keine bestehenden nationale Regelungen im Sinne der sachbezogenen Annäherung nationaler Rechtsvorschriften an einen gemeinschaftsrechtlich vorgegebenen Standard[220] an. Vielmehr haben sie ein vollständig neues Regelwerk für einen bis dahin nur ansatzweise existenten Markt geschaffen.
Art. 95 EG deckt diese weite Auslegung des Begriffs der Harmonisierung, weil er Rechtsangleichung zur *Errichtung* des Binnenmarktes zuläßt. Ein optimales Funktionieren des Binnenmarktes kann es erfordern, neue Lösungen zu schaffen, für die es keine Vorbilder in den Rechtsvorschriften der Mitgliedstaaten gibt[221].
Denn der final strukturierten Kompetenzzuweisung des Art. 3, 95 I EG fehlt diejenige Trennschärfe, welche mit einer Kompetenzabgrenzung anhand von Sachmate-

[215] *Kahl* in: Calliess/Ruffert (Hrsg.), EUV/EGV, 1999, Art. 95 Rn.10; *Langeheine*, in: Grabitz/Hilf, EGV (a.F.), Art. 100 a Rn 41; *Oppermann*, Europarecht, 2. Auflage 1999, § 17 Rn. 1214.
[216] EuGH, Rs. C-376/98 NJW 2000, 3701, Rn. 83 f. *Bundesrepublik Deutschland/Europäisches Parlament und Rat der EU*.
[217] EuGH a.a.O.
[218] *Müller-Graff*, EuR 1989, 106 ff.(119).
[219] Vgl. für die Warenverkehrsfreiheit, *Langeheine*, EuR 1988, 235 ff.(240).
[220] *Kahl*, in: Calliess/Ruffert (Hrsg.), EUV/EGV, 1999, Art. 94 Rn. 1.
[221] *Langeheine*, in: Grabitz/Hilf, EGV (a.F.), Art. 100 Rn. 13 m.w. Nw.

rien erreicht wird, wie sie etwa das Grundgesetz vornimmt[222]. Sie ist außerordentlich weit, der europarechtliche Harmonisierungsprozeß beläßt dem Gemeinschaftsgesetzgeber grundsätzlich einen weiten, nur in eindeutigen Fällen begrenzten Spielraum[223].

Art. 95 EG ermächtigt mithin zur Rechtsangleichung, wenn sich eine Harmonisierungsmaßnahme im Bereich der Grundfreiheiten konkret und substantiell auf die Errichtung oder das Funktionieren des Binnenmarktes auswirkt, indem sie spürbare Wettbewerbsverzerrungen beseitigt. Ob diese Voraussetzung vorliegt, ergibt der Rückgriff auf die einschlägigen Einzelbestimmungen des Vertrages[224].

Für die ONP-Grundsätze ist das die Dienstleistungsfreiheit des Art. 50 EG als Element des Binnenmarktes. Sie strukturiert Inhalt und Ausmaß der Harmonisierung durch die ONP-Grundsätze. Wie bereits bei der Diskussion der Liberalisierung aufgezeigt, lassen sich die ONP-Grundsätze aus der Dienstleistungsfreiheit in ihrer weiten Interpretation durch den Europäischen Gerichtshof ableiten[225]. Sie fördern die Erbringung von TK-Dienstleistungen durch Dienstanbieter ohne flächendeckendes eigenes Netz bzw. ermöglichen sie meist überhaupt erst. Damit beseitigen sie Wettbewerbsverzerrungen durch unterschiedliche Zugangsregime in den Mitgliedstaaten.

Ergänzend läßt sich ihre Basisfunktion für fast alle anderen Arten wirtschaftlichen Tätigwerdens anführen. Ein europaweiter Markt für TK-Dienstleistungen wirkt als Katalysator für die Errichtung und das Funktionieren des Binnenmarktes insgesamt. Allerdings darf dieses Argument nicht überstrapaziert werden. Wie die Art. 154 ff. EG zeigen, stellt der Aus- und Aufbau transeuropäischer Netze zwar eine Aufgabe der Gemeinschaft dar, sie besitzt jedoch nach Art. 155 EG insoweit keine Befugnis zum Erlaß von Richtlinien.

Daß nach der Privatisierung des Fernmeldesektors die ONP-Zugangsrechte nicht mehr unbedingt staatliche oder staatlich kontrollierte, sondern genauso marktstarke private Unternehmen treffen, schadet nicht. Auch ihre Verpflichtung zur Zugangsgewährung beseitigt Hindernisse für den freien Dienstleistungsverkehr, wirkt sich damit substantiell und unmittelbar auf das Funktionieren des Binnenmarktes für TK-Dienstleistungen aus und stellt deshalb eine zulässige Harmonisierungsmaßnahmen nach Art. 95 EG dar. Anders als Art. 86 III EG setzt Art. 95 EG keine unmittelbare Anwendung von Grundfreiheiten auf die verpflichteten Unternehmen voraus. Vielmehr schützt die Harmonisierung Einzelne vor der Beeinträchtigung

[222] Allgemein *Rozek*, in: Bonner Kommentar, 4. Auflage 2000, Art. 70 Rn. 4.

[223] *Müller-Graff*, EuR 1989, 107(117); vgl. *Röttinger*, in: Lenz, EGV-Kommentar, 2. Auflage 1999, Art. 100 Rn.11; *Kahl*, in: Calliess/Ruffert (Hrsg.), EUV/EGV, 1999, Art. 94 Rn.9.

[224] *Röttinger*, in: Lenz, EGV, 2. Auflage 1999, Art. 100 Rn. 12; vgl. *Langeheine*, in: Grabitz/Hilf, EGV (a.F.), Art. 100 Rn. 19.

[225] Oben in Kapitel 5 S. 37 ff.

ihrer Grundfreiheiten durch andere Private[226]. Die Grundfreiheiten wirken zu diesem Zweck zwischen privaten Rechtsträgern nur mittelbar auf dem Umweg über die Harmonisierungsmaßnahmen und ihre nationale Umsetzung. Deshalb besteht für die Harmonisierungsmaßnahmen keine Schwierigkeit, die strukturelle Verknüpfung zwischen Dienstleistungsfreiheit und ONP-Grundsätzen zu begründen.

II. Schutz unverfälschten Wettbewerbs

Neben dem Schutz der Dienstleistungsfreiheit rechtfertigt schließlich der Schutz unverfälschten Wettbewerbs den Erlaß der ONP-Grundsätze als Harmonisierungsmaßnahme.

1. *Wettbewerbsschutz als zulässiges Harmonierungsziel*

Nach dem Wortlaut von Art. 95 i.V.m. 3 c EG ist der Binnenmarkt durch die Beseitigung von Hindernissen für die Grundfreiheiten *gekennzeichnet.* Das läßt die Berücksichtigung weiterer Merkmale zu.
Nach Sinn und Zweck der Vorschrift stellt eines davon das System unverfälschten Wettbewerbs nach Art. 3 g EG dar. Ein derartiges System verlöre ohne die Grundfreiheiten weitgehend seinen Sinn, es dient gerade ihrer Wahrnehmung. Deren Schutz kann nicht isoliert vom Ziel unverfälschten Wettbewerbs verfolgt werden.
Der Rückgriff auf andere Vertragsbestimmungen zur Beschreibung des normativen Gehalts des Begriffs Binnenmarkt beschränkt sich nicht auf die ausdrücklich erwähnten Grundfreiheiten, sondern schließt den unverfälschten Wettbewerb ein[227].
Der Schutz unverfälschten Wettbewerbs tritt als Rechtfertigung für die ONP-Grundsätze neben die Dienstleistungsfreiheit.

2. *ONP-Grundsätze zur Monopolbekämpfung*

Netzgebundenheit der Telekommunikation und ihre Monopoltendenzen drohen den Wettbewerb im TK-Sektor zu verfälschen, weil aufgrund unangreifbarer Monopole vor allem im Ortsnetzbereich die Gefahr der Monopolausdehnung droht[228].
Die beste Lösung zur Beseitigung des monopolistischen Engpasses im Ortsnetzbereich wäre eine Aufteilung vertikal integrierter Unternehmen nach dem Vorbild der Aufteilung des amerikanischen Telefonunternehmens AT&T gewesen[229]. Die Über-

[226] Vgl. *Kingreen*, Struktur der Grundfreiheiten des Europäischen Gemeinschaftsrechts, 1999, S. 197 f.

[227] *Kahl*, in: Calliess/Ruffert (Hrsg.), EUV/EGV, 1999, Art. 14 Rn.20; *Langeheine*, in: Grabitz/Hilf, EGV (a.F.), Art. 100 a Rn. 20; EuGH, Rs. C-300/89, Slg. I-2867, Rn.14 *Titanoxid*; *Müller-Graf*, EuR 1989, 107(124); a.A. (sogenannte Einschränkungstheorie) *Streinz*, Europarecht, 3. Auflage 1996, Rn.914 weitere Nw. bei *Kahl*, a.a.O., Rn.8 Fn. 25.

[228] S.o. in Kapitel 2 S. 10 ff.

[229] *Kruse*, in *ders*, FS für Ingo Schmidt, 1997, S. 247 ff.(258 ff).

führung der Engpaßeinrichtungen in unabhängige Unternehmen mit staatlich regulierter Preisbildung hätte dem engpaßbeherrschenden Unternehmen die Möglichkeit zum Mißbrauch seiner marktbeherrschenden Stellung genommen.
Für diese Lösung gab es auf europäischer Ebene keine Mehrheit, weil die meisten Nationalstaaten ihre Telefongesellschaften als „global players" intakt lassen wollten. Daher hat sich die Gemeinschaft für das Konzept des offenen Netzzugangs entschlossen. Es kann netzgebundene Märkte für den Wettbewerb öffnen und Gefahren der Monopolausdehnung vermeiden. Dadurch brauchen neue Netzbetreiber keine flächendeckenden eigenen Strukturen aufzubauen. Die Zusammenschaltung schließt die Lücken ihrer Netze und läßt sie von den externen Effekten des bestehenden Netzes profitieren[230]. Auf Netzteile wie das Ortsnetz, deren konkurrierender Parallelaufbau aufgrund eines natürlichen Monopols nicht profitabel ist[231], können neue Marktteilnehmer mittels Zusammenschaltung zugreifen. Netzteile, bei denen sich ein eigenes Netz lohnt, verbleiben als Betätigungsfeld für Konkurrenz zum etablierten Marktführer.
Insgesamt neutralisieren ONP-Zugangsrechte die Marktzutrittbarrieren der positiven Netzwerkexternalitäten und versunkener Kosten. Sie öffnen so den gesamten Bereich der Netzinfrastruktur für Konkurrenz durch alternative Netze. Trotz Größenvorteilen und irreversibler Kosten im Ortsnetzbereich[232] machen sie den Markt für Netzinfrastruktur zumindest im Fernnetzbereich und für das Angebot von Dienstleistungen angreifbar. Mit dem Hebel der Zugangsrechte hält das ONP-Konzept dem Monopolbereich nachgelagerte Märkte für den Wettbewerb offen und verhindert, daß sich natürliche Monopole dorthin ausdehnen können.
Der Zugang zum Netz umfaßt nach ONP-Grundsätzen außerdem den Zugriff auf im Netz angebotene Dienste. Das verhindert die Monopolisierung einiger Schlüsseldienste, die das Angebot konkurrierender Mehrwertdienstpakete unmöglich machen würde.
Auf nationaler Ebene fehlten wirksame Regelungen, um die spezifischen Monopolgefahren der netzgebundenen TK-Infrastruktur zu bekämpfen. Ohne eine europaweit einheitliche Lösung des Netzzugangsproblems war die Entwicklung eines gemeinschaftsweiten TK-Marktes nicht möglich. Ein einheitliches europaweites Zugangsregime war deshalb im Sinne des Art. 5 EG geeignet und erforderlich, um einen europaweiten Markt für TK-Dienstleistungen zu schaffen und gegen die

[230] *Fritsch/Wein/Ewers*, Marktversagen und Wirtschaftspolitik, 2. Auflage 1996, S. 245; s.o. in Kapitel 2 S. 10 ff.
[231] Dazu *Wichert-Nick*, Wettbewerb im lokalen Telekommunikationsmarkt, 1999, S. 31 ff.; *Arnbak* u.A, Network Interconnection in the domain of ONP, 1994, S. 54; *Fritsch/Wein/Ewers*, Marktversagen und Wirtschaftspolitik, 2. Auflage 1996, S. 248; *Wein*, WUW 2000, 1187(1193); *Kruse*, Vertikale Integration als Wettbewerbsproblem, in: *ders.*, FS für Ingo Schmidt, 1997, S. 247(254).
[232] Dazu *Fritsch/Wein/Ewers* a.a.O., S. 179 ff.; *Kloodt* u.a., Wettbewerb und Regulierung in der Telekommunikation, 1995, S. 50 und oben in Kapitel 2 S. 10.

wettbewerbsverzerrende und den freien Dienstleistungsverkehr gefährdende Wirkung unterschiedlicher Zugangsregime in den Mitgliedstaaten zu schützen. Zu diesem Zweck mußten die ONP-Grundsätze über den Zeitpunkt der Abschaffung rechtlicher Monopole hinaus fortbestehen.
Daher sind die ONP-Grundsätze ein geeignetes Instrument, ein System unverfälschten Wettbewerbs im TK-Sektor im Sinnes des Art. 3 I g EG zu erreichen und einen Binnenmarkt für TK-Dienstleistungen zu schaffen. Zusammen mit der Dienstleistungsfreiheit liefern sie eine tragfähige Kompetenzgrundlage für die ONP-Zugangsrechte.

III. Rechtsfolgen der ONP-Struktur

Die ONP-Grundsätze erhalten ihre spezifische, bis heute unveränderte Struktur durch ihre Ableitung aus der europäischen Dienstleistungsfreiheit. Das Sekundärrecht hat diese Struktur fixiert, so dass es nicht mehr darauf ankommt, ob die ONP-Struktur sich angesichts iher Anwendung auf private Netzbetreiber dogmatisch noch unmittelbar aus der Dienstleistungsfreiheit folgern ließe. Daraus ergeben sich zwei allgemeine Auslegungsregeln für die ZS-RL und alle anderen Richtlinien, die sich auf die ONP-Grundsätze stützen.

1. *Subjektive Rechte auf Zugang*

Die Verknüpfung der ONP-Grundsätze mit der europäischen Dienstleistungsfreiheit führt zwingend zum Anspruchscharakter der ONP-Rechte. Die Grundfreiheiten des EG-Vertrags sind als subjektive Rechte der Marktbürger ausgestaltet[233]. Sie verleihen ihnen das Recht, die Unterlassung von Beschränkungen ihrer unter die Grundfreiheiten fallenden wirtschaftlichen Betätigung zu verlangen. Die ONP-Richtlinien leiten eine Pflicht zum Netzzugang als Kehrseite des Beschränkungsverbots aus der Dienstleistungsfreiheit ab. Der Pflicht zur Zugangsgewährung entspricht damit wegen des subjektiv-rechtlichen Charakters der Grundfreiheiten ein Recht der Träger der Dienstleistungsfreiheit auf Zugang. Anspruchsberechtigt sind nicht nur Wettbewerber, sondern alle Träger der Dienstleistungsfreiheit.

2. *Zugangsbeschränkungen als rechtfertigungsbedürftige Ausnahme*

Der freie Dienstleistungsverkehr muß als Grundpfeiler des Gemeinsamen Marktes die Regel, die Möglichkeit seiner Beschränkung aus nationalen Interessen die Ausnahme sein. Weil sie die gemeinschaftsrechtliche Dienstleistungsfreiheit verkürzen, können die grundlegenden Anforderungen der ONP-Grundsätze das Recht auf

[233] Grundlegend EuGH Rs. 26/62, Slg. 1963, 1 Rn. 9 f. *van Gen & Loos*; für die Dienstleistungsfreiheit EuGH Rs. 2/74, Slg. 1974, 631 *Reyners*; verb. Rs. 110 u. 111/78, Slg. 1979, S. 35; *Hakenberg*, in: Lenz, EGV, 2. Auflage 1999, Art. 60 Rn. 35; *Jarass*, EuR 1995, 202(209).

Zusammenschaltung nur ganz ausnahmsweise einschränken. Dieses Regel-Ausnahme-Verhältnis entspricht dem Auslegungsgrundsatz des *effet utile*. Er verlangt, aus den Grundfreiheiten resultierende Berechtigungen weit, ihre Schranken eng zu fassen[234]. Dem muß die Auslegung der grundlegenden Anforderungen Rechnung tragen. Wegen des Regel-Ausnahme-Verhältnisses zwischen Dienstleistungsfreiheit und ihren zulässigen Einschränkungen ist zudem im Zweifel zugunsten der Dienstleistungsfreiheit zu entscheiden. Die „Beweislast" für das Bestehen eines objektiven Allgemeininteresses, das eine Zugangsverweigerung rechtfertigen kann, trifft den beschränkenden Mitgliedstaat[235].

Das Gebot restriktiver Auslegung verstärkt noch der europarechtliche Grundsatz der Verhältnismäßigkeit[236]: Er erlaubt nur solche Zugangsbeschränkungen, die zum Schutz einer grundlegenden Anforderung geeignet sowie erforderlich sind und dazu in angemessenem Verhältnis stehen.

Wirtschaftliche Belange der zusammenschaltungspflichtigen Netzbetreiber gehören nicht zu den schützenswerten Erwägungen des Allgemeinwohls. Sie dürfen bei der Ermittlung des Zugangsrechts keine Rolle spielen, weil die europäische Dienstleistungsfreiheit nur aus zwingenden Gemeinwohlerwägungen nicht wirtschaftlicher Art eingeschränkt werden darf.

IV. Zusammenfassung

Wie ihre Entstehungsgeschichte und Struktur belegt, sind die ONP-Grundsätze mit der gemeinschaftsrechtlichen Dienstleistungsfreiheit verknüpft, die sie gemeinsam mit einem System unverfälschten Wettbewerbs schützen. Der Pflicht zur Zugangsgewährung entspricht wegen des subjektiv-rechtlichen Charakters der Grundfreiheiten ein subjektives Zugangsrecht der Träger der Dienstleistungsfreiheit. Die ONP-Grundsätze stellen daher insgesamt ein Bündel von Ansprüchen[237] dar.

Der Zugangsanspruch zu Netzen und Diensten entfällt nur, wenn im Einzelfall Allgemeinwohlinteressen nicht wirtschaftlicher Art eine Einschränkung rechtfertigen. Die zulässigen Einschränkungen der ONP-Ansprüche müssen ihrerseits stets den Grundsatz der Verhältnismäßigkeit und das Diskriminierungsverbot als Schranken-Schranken beachten.

[234] *Streinz*, Europarecht, 3. Auflage 1996, § 12 Rn. 664, 703.

[235] *Troberg*, in: Groeben/Thiesing/Ehlermann, Kommentar zum EWG-Vertrag, 4. Auflage 1991, Art. 59 Rn. 13.

[236] Dazu oben in Kapitel 5 S. 41 ff.

[237] Verstanden als Recht, von einem Anderen ein Tun oder Unterlassen zu verlangen, vgl. § 194 I BGB.

Kapitel 6 ONP und EG-Wettbewerbsrecht

Ein Vergleich mit den Zugangsansprüchen zu netzgebundenen Leistungen aus europäischem Wettbewerbsrecht verdeutlicht Struktur und Eigenart der ONP-Grundsätze noch weiter.

I. Verhältnis des allgemeinen Wettbewerbsrecht zu den ONP-Regeln

Als in der gesamten Gemeinschaft unmittelbar anwendbares Recht gelten die Wettbewerbsregeln des EGV auch in solchen Fällen fort, in denen andere Vertragsbestimmungen oder abgeleitetes Vertragsrecht anwendbar sind[238]. Mit dem Erlaß der ONP-Regeln als sekundärem Gemeinschaftsrecht kann die Gemeinschaft also nicht von den primären Vertragsnormen des Wettbewerbsrechts abweichen. ONP-Regeln und das primäre Wettbewerbsrecht gelten parallel[239] und ergänzen sich.

Konkurrenzfragen bei Überschneidungen müßten durch genauen Vergleich von Inhalt und Zweck der Regelungen gelöst werden. Die ONP-Regeln als Sekundärrecht dürften dem primären Wettbewerbsrecht nicht widersprechen. Im Zweifel wären sie in Übereinstimmung mit dem Wettbewerbsrecht auszulegen[240]. Diese Auslegung müßte ihrerseits die primärrechtlichen Harmonisierungsgrundlagen berücksichtigen[241].

Nach Widersprüchen zwischen ONP-Regeln und dem primären Wettbewerbsrecht sucht man aber ohnehin vergebens. Soweit die Kommission anfangs die ONP-Regeln auf der wettbewerbsrechtlichen Grundlage des Art. 86 III EG erlassen hat, konkretisieren die ONP-Grundsätze nur das primärrechtliche Wettbewerbsrecht. Das schließt eine Überschneidung der Regelungen aus.

Die als Maßnahmen der Harmonisierung erlassenen ONP-Regeln können sich gleichfalls auf den Schutz wirksamen Wettbewerbs stützen[242], zumindest zum Teil. Insoweit decken sie sich mit wettbewerbsrechtlichen Grundsätzen. Ansonsten gehen sie durch Verfolgung weiterer Ziele darüber hinaus. Den Erlaß solcher weiterreichender Regeln durch die Gemeinschaftsnormgeber schließt das primäre Wettbewerbsrecht nicht aus. Nur der Bestand der primären Wettbewerbsregeln und die von ihnen geforderten Mindestgewähr an Wettbewerbsschutz müssen gewahrt

[238] *Kommission*, Vorschlag für die ZS-RL, KOM 379(95), S. 11 sowie *dies.*, Mitteilung über die Anwendung der Wettbewerbsregeln auf Zugangsvereinbarungen im Telekommunikationsbereich v. 22.8. 1998 (Wettbewerbsmitteilung), Abl. EG Nr. C 265, S. 2, Rn. 57.; *Märkl*, Netzzusammenschaltung in der Telekommunikation, 1998, S. 180 f.; *Berger*, Netzzusammenschaltungen von Telekommunikationsunternehmen, 2000, S. 34 f.

[239] *Paulweber*, Regulierungszuständigkeiten in der Telekommunikation, 1999, S. 149.

[240] *Kommission.*, Wettbewerbsmitteilung, Abl. EG Nr. C 265, S. 2, Rn. 57.

[241] *Paulweber*, Regulierungszuständigkeiten in der Telekommunikation, 1999, S. 149.

[242] Dazu oben in Kapitel 5 S. 46 ff.

bleiben. Die anschließende Untersuchung wird zeigen, daß die ONP-Zugangsregeln geringere Voraussetzungen und sehr viel weitergehende Rechtsfolgen von Zugangsrechten aufstellen als das primäre Wettbewerbsrecht. Über das sie damit hinausgehen, ohne es zu verdrängen[243].

II. Zugangsrechte nach allgemeinem EG-Wettbewerbsrecht

Ein den ONP-Grundsätzen ähnelnder Zugangsanspruch zu Netzen kann aus dem Mißbrauchsverbot des Art. 82 EG folgen. Nutzt ein Netzbetreiber sein Netz als Sperriegel für Wettbewerber, die auf angrenzenden, nachgelagerten Märkten tätig werden wollen und dafür auf Netzzugang angewiesen sind, so kann das den Tatbestand des Art. 82 EG erfüllen. Voraussetzung ist, daß die Zugangsverweigerung den Mißbrauch einer beherrschenden Stellung auf einem wesentlichen Teil des gemeinsamen Marktes darstellt.
Um in dieser Konstellation wettbewerbsrechtliche Zugangsansprüche zu begründen, greift die Kommission auf die Theorie von der wesentlichen Einrichtung („essential facilities"-Doktrin) zurück. Als verkürzte Beschreibung von Monopolsituationen kann sie die Begründung erleichtern, warum ein Unternehmen seine marktbeherrschende Stellung mißbraucht.

III. Relevanter Markt

Das betreffende Unternehmen muß eine beherrschende Marktstellung auf dem relevanten Markt innehaben, der in sachlicher, räumlicher und zeitlicher Hinsicht abzugrenzen ist. Über die sachliche Abgrenzung entscheidet die Frage der Substituierbarkeit. Erzeugnisse gehören zu einem Markt, wenn sie bezüglich derselben Verwendung hinreichend austauschbar sind. Das hängt außer von objektiven Produktmerkmalen von Wettbewerbsbedingungen sowie Nachfrage und Angebotsstruktur ab[244].
Im TK-Bereich sind zwei relevante Märkte zu unterscheiden: Der für Dienstleistungen für Endbenutzer und ein weiterer Markt für den Zugang zu solchen Einrichtungen, die notwendig sind, um die Dienstleistungen für Endnutzer zu erbringen.

[243] *Paulweber*, Regulierungszuständigkeiten in der Telekommunikation, 1999, S. 145.

[244] Vgl. etwa *Weiß*, in: Calles/Ruffert, EUV/EGV, 1999, Art. 81 Rn.94 ff.; *Kommission*, Wettbewerbsmitteilung, Abl. EG Nr. C 265 v. 22.8.1998, S. 2, Rn.40 ff.; dazu *Riemer*, MMR 1998, S. 355 ff.; *Berger*, Netzzusammenschaltungen von Telekommunikationsunternehmen, 2000, S. 208 f.; *Märkl*, Netzzusammenschaltung in der Telekommunikation, 1998, S. 194.

Zusammenschaltungsrechte nach Wettbewerbsrecht können sich aus einer beherrschenden Position auf dem Markt für Zugangsleistungen zur erdkabelgebundenen[245] Netzinfrastruktur[246] ergeben.
Dieser Zugangsmarkt zerfällt wiederum in verschiedene Ortsnetzbereiche: Der Zugang zu einem bestimmten Ortsnetzen ist nicht austauschbar mit dem Zugang zu einem beliebigen anderen Ortsnetz[247]oder dem Fernnetzbereich. Vielmehr kommt es jeweils entscheidend auf die Zusammenschaltung mit dem Ortsnetz an, das der auf die Zusammenschaltung Angewiesene erreichen will.
Räumlich relevanter Markt ist das Gebiet, in dem die Wettbewerbsbedingungen hinreichend homogen sind. In der Telekommunikation bilden derzeit jeweils die Gebiete der Mitgliedstaaten aufgrund wirtschaftlicher Besonderheiten und der verschiedenen Landessprachen getrennte räumlich relevante Märkte[248].

IV. Beherrschende Stellung auf dem gemeinsamen Markt

Ein Unternehmen hat eine den Markt beherrschende Stellung, wenn seine Machtstellung es ihm erlaubt, die Aufrechterhaltung wirksamen Wettbewerbs auf dem relevanten Markt zu verhindern. Das ist der Fall, wenn seine Marktposition ihm die Möglichkeit verschafft, sich Konkurrenten, Abnehmern bzw. Verbrauchern gegenüber in nennenswertem Umfang unabhängig zu verhalten[249]. Diese Voraussetzung ist jedenfalls erfüllt, wenn ein Unternehmen den Marktzutritt vollständig kontrolliert[250]. Ein Unternehmen hat regelmäßig eine solche wirtschaftliche Machtstellung, wenn es Einrichtungen beherrscht, auf die Wettbewerber für ihre wirtschaftliche Tätigkeit zwingend angewiesen sind[251].
Ortsnetzinhaber üben eine Kontrolle des Marktzutritts aus, weil ohne Zugang zum Ortsnetz kein Wettbewerber den Markt für Endkunden erreichen kann. In Deutschland besitzt die deutsche Telekom AG insoweit weiterhin ein beinahe voll-

[245] Mobilfunk bildet einen getrennten Markt.

[246] *Kommission*, Wettbewerbsmitteilung, Abl. EG Nr. C 265 v. 22.8. 1998, S. 2, Rn. 45.

[247] Zumindest Anbieter, die bundesweit Sprachtelefondienst anbieten wollen, benötigen den Zugang zu jedem Ortsnetz: Wer einen Anruf von Dresden nach Chemnitz transportieren will, kann den Zugang zum Ortsnetz Chemnitz nicht mit den Zugang zum Ortsnetz Leipzig austauschen, vgl. *RegTP* BK 4e-99-042, CR 2000, 298(299).

[248] Leitlinien der Kommission für die Anwendung der EG-Wettbewerbsregeln im Telekommunikationsbereich, Abl. C 233 v. 6.9. 1991, S. 2 ff, Rn. 32.

[249] Z. B. EuGH, Slg. 1983, 3461 Rn. 30 *Michelin*; *Schindler*, Wettbewerb in Netzen, S. 64 f; *Deselaers*, EuZW 1995, 564, *Weiß*, in Callies/Ruffert, EUV/EGV, 1999, Art. 82 Rn. 5 ff.

[250] *Weiß* a.a.O. Art. 82 Rn. 14.

[251] *Deselaers*, EuZW 1995, 563(564); Kommission, Wettbewerbsmitteilung, Abl. EG Nr. C 233 v. 6.9. 1991, S. 2, Rn. 32 und 69.

ständiges Monopol. Der Marktanteil neuer Wettbewerber im Ortsnetz liegt nur bei ein bis drei Prozent[252].
Ohne Zugangsrechte erlaubt eine beherrschende Marktposition im Ortsnetzbereich dem Unternehmen, sich im nationalen Markt für kabelgebundene Orts- wie für Fernnetzinfrastrukturleistungen unabhängig von Konkurrenz zu verhalten. Dasselbe gilt für den davon abhängigen Dienstleistungsmarkt.
Als einschränkendes Tatbestandsmerkmal fordert Art. 82 EG eine beherrschende Stellung auf dem gemeinsamen Markt oder einem wesentlichen Teil davon. Aufgrund des Zieles der EG, die nationalen Grenzen zu überwinden, ist zumindest das Gebiet eines Mitgliedstaates ein wesentlicher Teil des gemeinsamen Marktes[253]. Die Kontrolle der nationalen Ortsnetze durch ehemalige Staatsmonopolisten betrifft einen wesentlichen Teil des gemeinsamen Marktes. Ihre Beherrschung des kabelgebundenen Ortsnetzes begründet eine marktbeherrschende Stellung.

V. Mißbrauch der marktbeherrschenden Stellung

Ein Unternehmen mißbraucht seine beherrschende Stellung nach Art. 82 EG, wenn der Wettbewerb wegen seiner Anwesenheit bereits geschwächt ist, es durch sein Verhalten die Struktur des Marktes beeinflussen kann und die Aufrechterhaltung oder Entwicklung noch bestehenden Wettbewerbs tatsächlich behindert. Dafür muß das Unternehmen sich solcher Maßnahmen bedienen, die von den Mitteln eines normalen Produkt- und Dienstleistungswettbewerbs auf der Grundlage der Leistungen abweichen[254].
Allerdings ist die Weigerung eines Unternehmens, eigenes Vermögen anderen Unternehmen, insbesondere Wettbewerbern, zur Verfügung zu stellen, aufgrund der Eigentums- und Wirtschaftsordnung der EU grundsätzlich legitim. Die besondere Schwierigkeit besteht in den Fällen der Zugangsverweigerung zu Schlüsselstellungen für den Markteintritt darin, legitimen von mißbräuchlichen Gebrauch dieser Schlüsselstellung abzugrenzen. Die Theorie der wesentlichen Einrichtung versucht, die Kriterien für einen solchen Mißbrauch zu präzisieren.

[252] Dazu bereits oben in Kapitel 2 S. 5 ff.; *RegTP*, Tätigkeitsbericht 1998/1999, S. 27 f.
[253] *Weiß*, in: Calliess/Ruffert (Hrsg.), EUV/EGV, 1999, Art. 82 Rn 21.
[254] EuGH, Rs. 85/76 Slg. 1979, 461 Rn. 91 *Hoffmann-LaRoche/Kommission*.

Die Voraussetzungen dieses Anspruchs werden wie folgt angegeben[255]:

1. *Wesentliche Einrichtung*

Erstens muß ein Monopolist eine wesentliche Einrichtung kontrollieren. Der Inhaber der wesentlichen Einrichtung beherrscht durch sie einen vor- oder nachgelagerten Markt und vermag dort Konkurrenz auszuschließen, indem er den Zugang sperrt oder behindert. Nur Wettbewerber haben einen Zulassungsanspruch[256].
Als wesentlich gilt eine Einrichtung, wenn Zugang zu ihr unabdingbar ist, um Wettbewerbern des Unternehmens, das sie kontrolliert, ihre Geschäftstätigkeit zu ermöglichen und/oder um Kunden zu erreichen[257]. Es muß dem Wettbewerber entweder tatsächlich oder doch praktisch vernünftigerweise gesehen unmöglich sein, die wesentliche Einrichtung zu ersetzen[258]. Die Einrichtung oder Dienstleistung muß für die Ausübung der Tätigkeit des Wettbewerbers unentbehrlich sein, es darf kein tatsächlicher oder potentieller Ersatz für die entsprechende Einrichtung oder Dienstleistung bestehen[259]. Die Feststellung einer wesentlichen Einrichtung setzt die korrekte Abgrenzung des relevanten Marktes voraus. Sie überschneidet sich mit dem Kriterium der Marktbeherrschung, die beim Bestehen einer Zugangsalternative oft fehlen wird.
Ein Schlüsselproblem des Zugangsanspruches nach Wettbewerbsrecht bildet die Frage, aus wessen Sicht das Vorliegen einer sinnvollen wirtschaftlichen Alternative zum Zugang zu beurteilen ist, das den Anspruch entfallen läßt[260].
Der Europäische Gerichtshof macht sich die „essential-facilities“-Doktrin nicht ausdrücklich zu eigen, zieht ihre tatbestandlichen Voraussetzungen gleichwohl zur Definition des Marktmachtmißbrauchs heranzieht. Er legt einen verobjektivierten Maßstab für die Duplizierbarkeit an. Der Gerichtshof beurteilt die Wesentlichkeit

[255] Schlußantrag von GA Jacobs in EuGH Rs. C-7/97, Slg. I-7791(7807) Rn. 47 *Bronner/Mediaprint*, allgemein *Märkl*, Netzzusammenschaltung in der Telekommunikation, 1998, S. 206 f; *Schindler*, Wettbewerb in Netzen, 1998, S. 34 ff. u. 74 ff.; *Markert*, WuW 1995, 561; *Koenig/Loetz*, EWS 2000, 377.

[256] *Markert*, in: Immenga, FS Mestmäcker, 1996, S. 670.

[257] Zum TK-Sektor: *Kommission*, Wettbewerbsmitteilung, Abl. EG Nr. C 265 v. 22.8. 1998, S. 2, Rn. 68; *Berger*, Netzzusammenschaltungen von Telekommunikationsunternehmen, 2000, S. 228; *Schindler*, Wettbewerb in Netzen, 1998, S. 120 ff.; *Trute*, in: Trute/Spoerr/Bosch, TKG, Kommentar, 2001, § 33 Rn. 38 f.; allgemein *Deselaers*, in: Grabitz/Hilf, EGV, Art. 82 Rn. 351 ff.

[258] Siehe die Nachweise a.a.O.

[259] Von EuGH Rs. C 7/97, Slg. I-7797(7831) Rn. 41 *Bronner* für das einzige landesweite Zeitungszustellungssytem verneint; dazu *Scherer*, MMR 1999, 315(318); *Trute, in:* Trute/Spoerr/Bosch, TKG, Kommentar, 2001, § 33 Rn. 37f.

[260] Dazu *Koenig/Loetz*, EWS 2000, 377(382); *Dreher*, DB 1999, 833(834); *Schindler*, Wettbewerb in Netzen, 1998, S. 95.

aus der Perspektive eines Wettbewerbers mit mindestens gleicher Wirtschaftskraft wie des Betreibers der wesentlichen Einrichtung[261].

Zu Recht, denn selbst wenn nur ein anderes Unternehmen die Einrichtung duplizieren kann, so schafft das potentiellen Wettbewerb, der bereits disziplinierende Wirkung haben kann. Sie darf nicht unberücksichtigt bleiben[262]. Zu weitgehende Zugangsansprüche zu fremden Infrastruktureinrichtungen können Innovation verhindern, weil Wettbewerber sich nicht mehr ausreichend um Alternativlösungen bemühen. Die kartellrechtliche Prüfung muß mit ökonomischen Überlegungen harmonieren, nach welchen der Zugang nur zu einer nicht angreifbaren Infrastruktur angeordnet werden sollte[263]. Die Frage der Wesentlichkeit kann infolge dessen immer nur einzelfallbezogen und aus objektiver Sicht beurteilt werden[264].

Damit decken sich die Anforderungen an das Vorliegen einer wesentlichen Einrichtung mit den Voraussetzungen eines natürlichen Monopols. Der Zugangsanspruch nach Wettbewerbsrecht löst ausschnittsweise dasselbe Problem wie die ONP-Zugangsrechte[265]. Mit einem folgenreichen Unterschied: Ein unangreifbares Monopol und sein Mißbrauch bilden für den Zugangsanspruch nach Wettbewerbsrecht Tatbestandsvoraussetzungen. Sie müssen aufwendig im Einzelfall nachgewiesen werden. Die ONP-Zugangsrechte verlangen dagegen nur eine marktstarke Stellung. Ein unangreifbares Monopol bildet nur ein wichtiges Indiz, keine unverzichtbare Voraussetzung der Marktbeherrschung.

2. *Rechtfertigung der Zugangsverweigerung*

Liegt eine wesentliche Einrichtung vor, so schließt die Zugangsverweigerung den Wettbewerb auf abgeleiteten Märkten vollständig aus, was grundsätzlich einen Mißbrauch im Sinne des Art. 82 EG darstellen kann[266]. Für die Telekommunikation kann dieser Mißbrauch etwa in der völlige Verhinderung des Angebots konkurrierender TK-Dienstleistungen bestehen, der zum Schaden der Verbraucher Erzeugung, Absatz und technische Entwicklung im Sinne von Art. 82 Nr. b EG einschränkt.

[261] EuGH Rs. C 7/97, Slg. I-7797(7832) Rn. 46 *Bronner*, dazu *Ehle*, EuZW 1999, 89(90). Weitergehend *Kommission*, Wettbewerbsmitteilung Abl. EG Nr. C 265 v. 22.8. 1998, S. 2, Rn. 91 a: Sicht eines durchschnittlichen Wettbewerbers; dazu *Deselaers*, in: Grabitz/Hilf, EGV, Art. 82 Rn. 353.

[262] *Dreher*, DB 1999, 833(835), zum Problem des potentiellen Wettbewerbs schon oben unter Kapitel 2 S. 10 ff.

[263] *Schindler*, Wettbewerb in Netzen, 1998, S. 93.

[264] *Schindler* a.a.O.; *Dreher*, DB 1999, 833(834); *Koenig/Loetz*, EWS 2000, 377(382); *Trute*, in: Trute/Spoerr/Bosch, TKG, Kommentar, 2001, § 33 Rn. 37 f.

[265] Dazu in Kapitel 2 S. 10 ff.

[266] *Kommission*, Wettbewerbsmitteilung, Abl. EG Nr. C 265 v. 22.8. 1998, S. 2; EuGH Rs. 311/84, Slg. 1985, 3261 *Télémarketing*, verb. Rs. 6/73 und 7/73, Slg. 1974, 223 *Commercial Solvents*.

Trotzdem begründet allein die Tatsache, daß ein Unternehmen ausschließliche Rechte an einer wesentlichen Einrichtung innehat, auf deren Nutzung seine Wettbewerber angewiesen sind, noch keinen Mißbrauch im Sinne des Art. 82 EG[267]. Gewisse Umstände können es objektiv rechtfertigen, den Zugang zu einer Infrastruktureinrichtung oder die Nutzung eines Ausschließlichkeitsrechtes unter Wahrung der Verhältnismäßigkeit zu verweigern[268]. Bei der Erörterung muß in Erinnerung bleiben, daß der mit Mißbrauchserwägungen gerechtfertigte Zugangsanspruch zugunsten von Wettbewerbern die unterlassene Förderung fremden Wettbewerbes mit einer verbotenen Wettbewerbsbeschränkung gleichsetzt[269]. Dieser Umstand stellt hohe Anforderungen an die Begründung des Anspruchs.

Die Bereitstellung des Zugangs zu einer Einrichtung muß überhaupt möglich sein, bevor die Verweigerung als Mißbrauch qualifiziert werden kann[270]. Fehlende oder nicht ausreichende Kapazitäten können prinzipiell eine Verweigerung rechtfertigen[271], was zu heiklen Kapazitätsbemessungsfragen führen kann[272].

Die Öffnung der Einrichtung für den Dritten darf ihre Funktionsfähigkeit nicht gefährden[273]. Allerdings steht damit noch nicht fest, ob der Betreiber der Anlage einer Zulassungspflicht unterliegt, wenn er durch technische oder sonstige Vorkehrungen die Möglichkeit des störungsfreien Zuganges schaffen kann[274].

Als weitere Rechtfertigungsgründe für die Zugangsverweigerung sind Technik, Betriebssicherheit und Verbraucherschutz[275] denkbar, ebenso die Erfüllung von fachlichen und technischen Anforderungen. Dazu zählen ebenfalls genuin wirtschaftliche Erwägungen wie die Kreditwürdigkeit[276] des Zugangsinteressenten sowie die nötige Amortisation von Investitionen durch den Inhaber der Einrichtung[277].

[267] Vgl. für den Fall gewerblicher Schutzrechte EuGH, Urt. v. 6.4. 1995, EuZW 1995, 339.

[268] EuGH Rs. 311/84, Slg. 1985, 3261 *Télémarkting*, verb. Rs. C-241 u. C-242/91, Slg. 1995 I, S. 743; Schlußantrag von GA Jacobs in EuGH Rs. C-7/97, Slg. I-7791(7807) Rn. 47 *Bronner*; *Kommission* Abl. C 265/2 v. 22.8. 1998, S. 1 ff, Rn. 91 ff.; *Schindler*, Wettbewerb in Netzen, 1998, S. 114 ff. m.w. Nw.; *Deselaers*, EuZW 1995, 567; *ders.*, in: Grabitz/Hilf, EGV, Art. 82 Rn. 356 ff.

[269] *Dreher*, DB 1999, 833(835).

[270] *Schindler*, Wettbewerb in Netzen, 1998, S. 114.

[271] *Deselaers*, EuZW 563(558), *Kommission*, Abl. Nr. C 265/2 v. 22.8. 1998, S. 1 ff, Rn 91 b; darin sieht *Markert*, WuW 1995, 560(564) sogar die entscheidende Besonderheit der wesentlichen Entrichtungen.

[272] Schwierig ist etwa der Fall zu beurteilen, daß mehrere Anspruchsteller vorhanden sind und die Erfüllung aller Ansprüche eine Unmöglichkeit oder Unzumutbarkeit begründen würde.

[273] Schlußantrag von GA Jacobs in EuGH Rs. C-7/97, Slg. I-7791(7807) Rn. 47 *Bronner*; *Deselaers*, EuZW 563(558).

[274] *Dreher*, DB 1999, 833(839).

[275] *Deselaers*, EuZW 563(558).

[276] *Kommission*, Abl EG 1992 Nr. L 96, S. 34 Rn. 25 *British Midland/Air Lingus*.

[277] *Kommission*, Wettbewerbsmitteilung, Abl. EG Nr. C 265 v. 22.8. 1998, S. 2, Rn. 91.

Somit entscheiden erst die Umstände des Einzelfall über eine Rechtfertigung der Zugangsverweigerung. Sie ist durch eine am Verhältnismäßigkeitsgrundsatz orientierte Abwägung zu ermitteln. In die Gesamtabwägung sind die jeweiligen wirtschaftlichen Interessen der Wettbewerber einzustellen, nachdem sie in ihrer Schutzwürdigkeit gewichtet worden sind. Die durch den Zugang erzeugten Schwierigkeiten müssen objektiv nachgewiesen und schwerwiegend genug sein, um den durch die Zugangsverweigerung entstehenden Schaden zu überwiegen[278].

VI. Vergleich zu ONP

Der Überblick über die Theorie der wesentlichen Einrichtung zeigt, daß ein daraus eventuell abzuleitender Zugangsanspruch sich von den ONP-Ansprüchen nach Voraussetzungen und Rechtsfolgen erheblich unterscheidet.

1. *Tatbestandsvoraussetzungen*

Die ONP-Ansprüche knüpfen den Zugangsanspruch nur generell an eine bestimmte Marktstärke, das Wettbewerbsrecht verlangt dagegen im Einzelfall die Feststellung einer marktbeherrschenden Stellung. Die damit verbundenen komplizierten und dogmatisch wenig abgesicherten Fragen nach der Duplizierbarkeit einer wesentlichen Einrichtung und der Rechtfertigung einer Zugangsverweigerung stellen sich für die ONP-Ansprüche nicht.
Beide Zugangsansprüche basieren auf derselben Problematik des monopolistischen Engpasses, unterscheiden sich aber auch insoweit deutlich[279]. Während das Vorliegen eines unangreifbaren (natürlichen) Monopols die conditio sine qua non des wettbewerbsrechtlichen Zugangsanspruchs bildet, liefert es im Rahmen der ONP-Zugangsrechte nur ein letztlich entbehrliches Indiz für das Vorliegen einer marktstarken Stellung. Denn die ONP-Rechte setzen anders als das Wettbewerbsrecht keinen Mißbrauch der Marktstellung und keine Einzelfallabwägung der konträren Interessen voraus. Die Einschränkungsmöglichkeiten für die ONP-Ansprüche sind enger als für den Zugangsanspruch nach Wettbewerbsrecht. Sie tragen lediglich den Gemeinwohlinteressen der Mitgliedstaaten Rechnung und ziehen die ökonomischen Interessen der Marktbürger grundsätzlich nicht in Betracht. Berechtigt sind – anders als im Fall des Art. 82 EG – nicht nur Wettbewerber, sondern alle Träger der Dienstleistungsfreiheit.

[278] *Kommission* a.a.O.

[279] Allgemein *Schindler*, Wettbewerb in Netzen, 1998, S. 153(157); *Märkl*, Netzzusammenschaltung in der Telekommunikation, 1998, S. 179.

2. *Rechtsfolgen*

a) Vertragsgestaltung

Die Rechtsfolgenseite weist ebenfalls erhebliche Unterschiede auf. Das zeigt sich zunächst beim Inhalt des Zugangsrechts. Liegen die Voraussetzungen für einen Mißbrauch nach Art. 82 EG vor, muß der Inhalt des Zugangsanspruchs erst noch genau definiert werden[280]. Geht es um den erstmaligen Zugang zu Einrichtungen wie dem Telefon-Ortsnetz, so begehrt der Wettbewerber nicht nur Zugang, sondern benötigt längerfristige Gestaltung seiner durch die Nutzung entstehenden Rechtsbeziehungen mit dem Betreiber durch einen Vertragsschluß, also einen Kontrahierungszwang. Als Regelfolge einer Gesetzesverletzung fügt sich der Kontrahierungszwang jedoch schlecht in das System des europäischen Kartellrechts. Es beruht auf dem Verbotsprinzip und ist auf die Untersagung bestimmter Verträge und Praktiken gerichtet. Die Aufgaben der Kartellbehörden sind repressiv, nicht interventionistisch. Ziel ist Wiederherstellung der Wettbewerbsfreiheit, nicht Zwang zum Wettbewerb.

Besonders deutlich wird diese Problematik beim dem Versuch, dem Verbot einer Handlung (der Abschlußverweigerung) bzw. dem Gebot, diese zu unterlassen, die konkreten Maßstäbe für positives Handeln (den Vertragsschluß) zu entnehmen, das sich nicht in der Negation der verbotenen Handlung erschöpft. Denn aus dem Verbot der Abschlußverweigerung (bzw. dem Gebot der Unterlassung) folgt spiegelbildlich nur das *Ob* einer Abschlußpflicht. Das *Wie* der Umsetzung des Kontrahierungszwangs läßt sich aus dem Verbot der Abschlußverweigerung nicht ableiten. Als einziger möglicher Anhaltspunkt für diese Gestaltung kann der Kontrahierungszwang aus dem Diskriminierungsverbot dienen. Der resultierende Anspruch auf Gleichbehandlung kann sich auf Abschluß eines bestimmten Vertrages oder eine bestimmte inhaltliche Gestaltung richten, wenn der Verpflichtete bereits mit anderen gleichartigen Unternehmen entsprechende Vertragsbeziehungen unterhält[281]. Bei der erstmaligen Öffnung einer wesentlichen Einrichtung für die Konkurrenz kann dagegen anders als beim Anspruch auf Gleichbehandlung nicht auf existierende Verträge zurückgegriffen werden. Einen Anspruch auf Leistung zu den üblichen Preisen und Bedingungen[282] kann es nicht geben.

Kartellbehörden und Gerichte müßten deshalb ohne gesetzliche Vorgaben rechtsschöpferisch Lösungen für die schwierigen Detailprobleme des Zugangs entwickeln, insbesondere angemessene Zugangsentgelte und Lieferbedingungen festle-

[280] *Schindler*, Wettbewerb in Netzen, 1998, S. 114 f.
[281] *Markert*, in: Immenga/Mestmäcker a.a.O. § 26 Rn. 301.
[282] Vgl. *Rittner*, Wettbewerbs- und Kartellrecht, 6.Auflage, 1999, S. 296.

gen[283]. Diese Schwierigkeiten stellen sich bei den ONP-Rechten nicht in denselben Ausmaß. Durch die an der Dienstleistungsfreiheit orientierte Struktur liegt der Anspruchsinhalt in groben Zügen durch die Anforderungen der Objektivität, der Nicht-Diskriminierung und Transparenz fest. Die unabhängige Regulierungsbehörde mit ihren differenzierten Steuerungsbefugnissen zur Gestaltung privater Zugangsverträge schafft einen adäquaten institutionellen Rahmen, um Zusammenschaltungsfragen in Kooperation mit den Beteiligten zu bewältigen.

b) Materielle Programmierung der Zusammenschaltung

Die ONP-Grundsätze verfolgen weiterreichende Ziele als das primär einzelfallbezogene europäische Wettbewerbsrecht[284]. Das Wettbewerbsrecht hat in erster Linie die Aufgabe, den Wettbewerb innerhalb des Gemeinsamen Marktes gegen privatautonome Wettbewerbsbeschränkungen zu sichern[285]. Welche Verteilungsergebnisse dieser Markt hervorbringt, bleibt gesellschaftlicher Selbststeuerung durch das freie Spiel der Marktkräfte überlassen. Die ONP-Regeln beschränken sich dagegen nicht auf die Bekämpfung von Machtmißbrauch durch einzelne Unternehmen. Sie sind letztlich nicht nur Recht zum Schutz, sondern zur Herstellung von Wettbewerb. Die ONP-Regeln zielen darauf ab, Wettbewerbsverfälschungen durch unterschiedliche nationale Regelungen zu beseitigen. Sie sollen als Grundlage für einen europäischen TK-Markt einen umfassenden Zugangsanspruch zu ausreichender Infrastruktur gewährleisten[286]. Falls Wettbewerb dieses Ziel verfehlt, enthalten die ONP-Regeln sogar unmittelbare Leistungspflichten, wie den Universaldienst oder ein Mindestangebot an Mietleitungen.
Erheblich weiter ziehen die ONP-Zugangsrechte zudem den Kreis der einzubeziehenden Interessen. Zwar fordert das Wettbewerbsrecht im Einzelfall, Verbraucherinteressen zu berücksichtigen, etwa in Art. 82 EG lit. b und d. Die ONP-Grundsätze verallgemeinern diese Einbeziehung von Drittinteressen. Insgesamt unterscheiden sie sich von einfacher Wettbewerbsicherung durch die Programmierung des Wettbewerbs auf materielle Gemeinwohlziele.

3. *Ergebnis und Ausblick*

Im Ergebnis unterwerfen die ONP-Ansprüche die zum Zugang verpflichteten Netz- und Dienstbetreiber weiterreichenden Gemeinwohlbindungen als das europäische Wettbewerbsrecht. Obwohl sie grundlegenden wirtschaftlichen Prämissen für die Netzöffnung folgen und Wettbewerb schützen, lassen sie sich nicht auf die

[283] Kritisch *Ehle*, EuZW 1999, 98(90); für die Entgeltfestsetzung *Märkl*, Netzzusammenschaltung in der Telekommunikation, 1998, S. 221 f.
[284] Vgl. *Trute*, in: Trute/Spoerr/Bosch, TKG, Kommentar, 2001, § 2 Rn. 23.
[285] *Rittner*, Wettbewerbs- und Kartellrecht, 6. Aufl. 1999, § 5 Rn. 59.
[286] Ähnlich *Paulweber*, Regulierungszuständigkeiten in der Telekommunikation, 1999, S. 145.

wettbewerbsrechtlichen Grundsätze der Art. 81 ff. EG reduzieren. Die ONP-Grundsätze sind in ihrer derzeitigen Form gegenüber dem wettbewerbsrechtlichen Zugangsanspruch nach Voraussetzungen und Rechtsfolgen ein aliud. Sie lassen für das allgemeine Wettbewerbsrecht nur einen schmalen Anwendungsbereich für Ausnahmefälle, in denen die sektorspezifische Regelung des TK-Sektors wettbewerbswidriges Verhalten nicht erfaßt[287].

Der neue Rechtsrahmen für die Telekommunikation stärkt die Position des allgemeinen Wettbewerbsrechts. Grundsätzlich sollen Zusammenschaltungsverpflichtungen nur noch auferlegt werden, wenn die Instrumente des nationalen und gemeinschaftlichen Wettbewerbsrechts nicht ausreichen, um konkrete Probleme zu lösen[288]. Langfristig könnten die ONP-Regeln im allgemeinen Wettbewerbsrecht aufgehen; das wäre allerdings mit einem Verlust an gemeinwohlorientierter Steuerung verbunden. Sie hebt die ONP-Regeln derzeit noch wesentlich vom allgemeinen Wettbewerbsrecht ab.

[287] Für den Vorrang der sektorspezifischen Regulierung etwa *Van Miert*, WuW 1998, 7(12); differenzierend *Märkl*, Netzzusammenschaltung in der Telekommunikation, 1998, S. 200 f.

[288] Richtlinie des Europäischen Parlaments und des Rates über einen gemeinsamen Rechtsrahmen für elektronische Kommunikationsnetze und –dienste (neue Rahmenrichtlinie), 2000/0184 (COD), Erwägungsgrund 27

Zweiter Teil: Voraussetzungen und Durchsetzung des Zusammenschaltungsrechts

Bislang wurden Entwicklung und Grundlagen des ONP-Anspruchs auf Netzzusammenschaltung aus europarechtlicher Sicht herausgearbeitet. Der zweite Teil der Arbeit behandelt die Umsetzung dieses Anspruchs im deutschen Recht. Er skizziert zunächst das Modell der europäischen Richtlinien für die Regulierung von Zusammenschaltungen. Denn das deutsche TK-Recht ist transformiertes Europarecht und kann nur im europäischen Rechtsrahmen richtig verstanden werden. Diese Skizze bezieht über das Europarecht vermittelte Impulse des GATS und der amerikanischen *regulation* in die Betrachtung mit ein.

Daran schließt sich eine Untersuchung von Voraussetzungen, Inhalt und Rechtsfolgen des Anspruchs auf Zusammenschaltung nach deutschem Recht an. Sie steht unter dem Leitbegriff der Regulierung.

Kapitel 7 Europarechtliche Vorgaben

An dieser Stelle beschränkt sich die Erörterung des europarechtlichen Zusammenschaltungsregimes auf einen modellhaften Überblick. Vor diesem Hintergrund werden anschließend die deutschen Zusammenschaltungsregeln en détail nachgezeichnet und ihre Abweichungen zum europäischen Modell verdeutlicht. Die Gegenüberstellung schärft die Konturen beider Regelungskomplexe.

I. Die anwendbaren Vorschriften

Zwei Richtlinien des ONP-Rechtsrahmens enthalten Vorgaben über die Zusammenschaltung: Es handelt sich einerseits um die modifizierte Wettbewerbs-RL RL 96/19/EG der Kommission[289] aus dem Jahr 1996 (Dienste-RL), andrerseits um die Zusammenschaltungsrichtlinie 97/33/EG (ZS-RL) des Parlaments und des Rats vom Juni 1997[290]. Diese Doppelspurigkeit spiegelt die Parallelität von Liberalisierungs- und Harmonisierungsmaßnahmen im Rahmen des ONP-Konzepts wider[291]. Sie führt indes für die Zusammenschaltung, wie allgemein nicht selten bei den

[289] Art. 4 a RL 96/19/EG, Abl. EG Nr. L 74 v. 22.3. 1996, S.1; *Märkl*, Netzzusammenschaltung in der Telekommunikation, 1998, S. 170; *Großkopf*, Vertragsfreiheit bei der Netzzusammenschaltung, 1999, S. 29 f; BeckTKG-Komm/*Piepenbrock*, 2. Auflage 2001, § 35 Rn. 27; *Wieland/Enderle*, MMR 1999, 379.

[290] Zusammenschaltungsrichtlinie RL 97/33/EG (ZS-RL), Abl. EG Nr. L 132 v. 30.6. 1997, S. 6; dazu *Märkl*, Netzzusammenschaltung in der Telekommunikation, 1998, S. 172; *Großkopf*, Vertragsfreiheit bei der Netzzusammenschaltung, S. 30 f., 1998; *Berger*, Netzzusammenschaltungen von Telekommunikationsunternehmen, 2000, S. 31.

[291] Dazu im ersten Teil in Kapitel 2 S. 15 ff.

ONP-Regeln, zu Überschneidungen und Widersprüchen[292]. Beide Richtlinien definieren den Inhalt von Zusammenschaltung und die Kompetenzen der Regulierungsbehörde unterschiedlich. Diese Divergenz wirkt sich bei der Auslegung der entsprechenden Umsetzungsvorschriften des TKG aus[293]. Sie verhindert jedoch die eindeutige Feststellung der europäischen Vorgaben nicht, weil Kompetenzgrundlage und systematischer Zusammenhang der beiden Richtlinienwerke einen eindeutigen Vorrang der ZS-RL ergeben.

Schon die Kompetenzgrundlage der Dienste-RL verhindert deren unbegrenzte Fortgeltung. Die Richtlinie wendet die Dienstleistungsfreiheit unmittelbar auf TK-Unternehmen an und setzt damit den Fortbestand „besonderer Rechte", also staatlicher Monopole, für TK-Dienste oder -netze, voraus. Mit der vollständigen Abschaffung solcher Monopole zum 1.1.1998 besteht die Kompetenz der Kommission zum Richtlinienerlaß nur noch für öffentliche Unternehmen nach 86 I EG, also für staatlich beherrschte Unternehmen. Die Dienste-RL selbst zieht den eigenen Anwendungsbereich sogar noch enger und regelt nur Zusammenschaltungen mit Trägern von Sonderrechten[294]. Aufgrund dieser Beschränkungen ihres Anwendungsbereichs kann die Dienste-RL das aktuelle Zusammenschaltungsregime nicht mehr vollständig begründen, das Zusammenschaltungspflichten allein an tatsächliche Marktpositionen und nicht an Monopolrechte knüpft.

Auch nach allgemeinen systematischen Grundsätzen, die im Verhältnis von Sekundärrechtsakten untereinander gelten[295], muß die ZS-RL vorgehen: Sie ist jüngeren Datums und aufgrund ihrer ausführlicheren Regelungen im Verhältnis zur Dienste-RL spezieller.

Art. 4 a der Dienste-RL schließlich steht einem Vorrang der ZS-RL nicht entgegen. Danach gelten die Regelungen der früheren Dienste-RL über Zusammenschaltungen „unbeschadet" einer „künftigen Harmonisierung durch das Europäische Parlament und den Rat". Die Bedeutung dieser Klausel erschließt sich aus der Gesetzgebungsgeschichte[296]. Die Kommission hatte die noch rudimentären Bestimmungen über Zusammenschaltungen und ihre Durchsetzung 1996 mit einer klaren politischen Absicht in die von ihr ohne Mitwirkung des Rates erlassene Dienste-RL aufgenommen. Sie wollte politischen Druck auf den gleichzeitig ablaufenden Gesetzgebungsprozeß für die ZS-RL aufbauen, um eine möglichst weitreichende Regelung in der Harmonisierungsebene zu erreichen. Im Falle eines Scheiterns der ZS-RL

[292] Vgl. *Koenig*, EuZW 1998, 655(656).

[293] Zur Zusammenschaltung s.u. Kapitel 9 S. 87 ff.; zu den Regulierungskompetenzen s.u. in Kapitel 13 S. 139ff.

[294] Art. 4 a RL 96/19/EG verpflichtet TK-Organisationen, nach Art. 1 Spiegelstrich 1 Träger staatlich verliehener Sonderrechte (Monopole).

[295] *Ruffert*, in: Callies/Ruffert, EGV, 1999, Art. 249 Rn. 11.

[296] *Scherer/Bartsch*, in: Scherer (Hrsg.), Telecommunication Laws in Europe, 4. Auflage 1998, S. 26 Ziffer 1.92.

hätten die Bestimmungen der Dienste-RL über Zusammenschaltungen als Auffanglinie dienen können. Wegen der 1997 erfolgten detaillierten Regelung der Zusammenschaltung in der ZS-RL entfällt diese Auffangfunktion der Dienste-RL, sie tritt hinter die ZS-RL zurück.
Somit gilt heute nur noch die ZS-RL des Rates. Der Erlaß des TKG fällt aber in die Zeit nach Inkrafttreten der Dienste-RL, als die ZS-RL erst als Entwurf existierte. Wie der Wortlaut des § 37 TKG und die Gesetzgebungsmaterialien[297] belegen, zeichnet das TKG teilweise noch Vorgaben der inzwischen von der detaillierteren ZS-RL abgelösten Dienste-RL nach. Diese Umstand erklärt Unvollkommenheiten des TKG, die sich aus Abweichungen von Text und System der ZS-RL ergeben. Das verkennen indes teilweise sogar Literatur[298] und Rechtsprechung[299], wohl weil sie sich zu einseitig an den Gesetzesmaterialien orientieren.
Daraus folgt eine gewisse Auslegungshürde. Obwohl das TKG sich zum Teil nachweisbar an der Dienste-RL orientiert, darf sie zu seiner Interpretation nur noch herangezogen werden, wenn das Ergebnis nicht der heute allein maßgeblichen ZS-RL widerspricht. Im übrigen müssen europarechtskonforme Auslegung oder unmittelbare Anwendung des aktuellen Rechtsrahmens versuchen, falsche Orientierungen des TKG am veralteten Richtlinientext auszugleichen.

II. Das aktuelle europarechtliche Modell der Zusammenschaltung

Zwei Grundlinien prägen das europarechtliche Zusammenschaltungsregime der aktuellen Zusammenschaltungs-RL[300]: Die Definition weitreichender Zusammenschaltungsrechte (1) und deren Durchsetzung durch die Berechtigten im Rahmen privater Verhandlungen (2). Nur bei Scheitern der privatautonomen Problemlösung interveniert die staatliche Regulierungsbehörde, dies indes nicht nur im Interesse des Zusammenschaltungs-Berechtigten, sondern gegebenenfalls auch im Allgemeininteresse

1. *Pflicht zur Kooperation durch Zusammenschaltung*

Die Grundlage des europäischen Zusammenschaltungsregimes bilden Rechte auf Zusammenschaltung, die Netzbetreiber zur Kooperation zwingen. Erst Zusam-

[297] Der Ausschuß für Post und Telekommunikation, BT-Drucks. 13/4864, S. 71, wollte „bei den Bestimmungen zur Zusammenschaltung vor allem Artikel Art. 4 a der kürzlich in Kraft getretenen Richtlinie 96/19 EG beachten".

[298] Vgl. BeckTKG-Komm/*Piepenbrock*, 2. Auflage 2000, § 35 Rn. 27; *Wieland/Enderle*, MMR 1999, 379; *Manssen*, in: ders., TKG-Komm, 1999, § 37 Rn. 1.

[299] *OVG Münster*, Beschluß v. 3.5.2001, 13 B 69/01, MMR 2001, 548 argumentiert hauptsächlich mit der Diensterichtlinie; entscheidend ist indes nur noch, ob die nationale Regelung die ZS-RL richtig umsetzt, vgl. EuGH Urt. v. 30.11.2000, Rs. C-384/99 *Kommission/Belgien*.

[300] ZS-RL Abl. EG Nr. L 199v. 26.7.1997, S. 32.

menschaltungen öffnen nationale netzgebundene TK-Märkte für den Wettbewerb. Diese Märkte bleiben vom faktisch nachwirkenden früheren staatlichen Netzmonopol geprägt. Es sichert dem privatisierten Staatsmonopolisten weiter eine überragende Marktstellung, weil das Netz größtenteils in seiner Hand verblieben ist[301]. In dieser Situation können nur klar definierte Rechte auf Zusammenschaltung der Konkurrenten den marktbeherrschenden Netzbetreiber zwingen, sein Netz für andere Anbieter zu öffnen und mit ihnen bei Zusammenschaltungen zu kooperieren. Gleichzeitig aktivieren als Ansprüche ausgestaltete private Rechte auf Zusammenschaltung privaten Eigennutz als Steuerungsressource für den Aufbau einer netzübergreifenden Infrastruktur durch Zusammenschaltung.

Weil die Neigung zur Kooperation mit konkurrierenden Anbietern in dem Ausmaß sinkt, indem Anbieter über flächendeckende eigene Netzstrukturen verfügen, stuft die ZS-RL den Umfang der Rechte nach dem Grad der Marktstärke des Verpflichteten ab. Marktstärke wiederum definiert sie im wesentlichen als Herrschaft über Netze oder den Zugang dazu[302]. Marktstarke Betreiber müssen grundsätzlich jedem Antrag auf Zusammenschaltung stattgeben, den Betreiber öffentlicher TK-Netze an sie stellen. Sie müssen auch allen anderen Wünschen nach besonderem Netzzugang nachkommen[303]. Die Regulierungsbehörde kann ihnen bei der Lizenzvergabe zusätzliche Pflichten auferlegen, die auch die Zusammenschaltung betreffen können[304].

Die derart begründete Pflicht zur Zusammenschaltung und damit zur Kooperation mit Konkurrenten zieht das Europarecht im Interesse von Wettbewerb und einer offenen Netzinfrastruktur sehr weit: Begrenzt werden diese Zusammenschaltungsrechte nur durch die grundlegenden Anforderungen im Sinne der ONP-Grundsätze, also nur durch Gründe nicht-wirtschaftlicher Art. Das schneidet den Verpflichteten die Berufung auf geschäftliche Interessen ab. Beschränkungen müssen zudem dem Grundsatz der Verhältnismäßigkeit entsprechen.

Die ONP-Grundsätze definieren für marktstarke Betreiber nicht nur Grenzen, sondern auch den Inhalt der zu gewährenden Zusammenschaltung. Ihre Bedingungen müssen deshalb transparent und objektiv sein, sie dürfen weiterhin nicht diskriminieren[305]. Das gilt vor allem im Vergleich zur internen Behandlung von Tochterunternehmen des marktstarken Netzbetreibers.

Insbesondere müssen sich die Preise der Zusammenschaltung an den Kosten orientieren, die sie zukünftig und langfristig gesehen tatsächlich verursachen[306]. Das nimmt marktstarken Betreibern die Möglichkeit, ihre überlegene Marktposition in

[301] Dazu im ersten Teil in Kapitel 2 S. 10 ff.

[302] Dazu ausführlich unten in Kapitel 9 S. 93 ff.

[303] Art. 4 II i.V.m. Anhang I ZS-RL, Abl. EG Nr. L 199 v. 26.7.1997, S. 32.

[304] Art. 7 c RL 97/13/EG, Abl. EG Nr. L 177 v. 10.4.1997, S. 15.

[305] Art. 6 der ZS-RL, Abl. EG Nr. L 199 v. 26.7.1997, S. 32.

[306] Art. 7 II der ZS-RL a.a.O.

überhöhte Monopolpreise umzumünzen. Zusammenschaltungsrechte ebnen so eine eventuell bestehendes Machtungleichgewicht zwischen den zur Kooperation verpflichteten Netzbetreibern ein und schaffen damit die Voraussetzungen für eine effektive privatautonome Problemlösung durch Verhandlungen.
Weniger weit reichen die Pflichten von Betreibern öffentlicher Netze ohne marktstarke Position. Sie sind nur verpflichtet, eine Zusammenschaltung auszuhandeln, wenn sie bestimmte Schlüsselpositionen im Netz dominieren, insbesondere den Zugang zu Endkunden. Diese Verpflichtung ist reziprok, ihr entspricht ein korrespondierendes Recht[307].

2. *Behördliche Förderung privater Problemlösung*

Zusammenschaltungsrechte blieben indes im dynamischen TK-Markt von begrenztem Nutzen, wenn die Begünstigten sie erst zeit- und kostenaufwendig gerichtlich durchsetzen müßten. Neben der Festlegung von Zusammenschaltungsrechten ist ihre rasche und effektive Durchsetzung der zweite wichtige Baustein des Richtlinienmodells. Die Richtlinie verpflichtet die Mitgliedstaaten, eine unabhängige nationale Regulierungsbehörde einzurichten, die über weitreichende Kompetenzen zur raschen Realisierung der Zusammenschaltungsrechte verfügen muß. Insbesondere obliegt der Behörde die Feststellung der Marktstärke, also der wichtigsten Voraussetzung der Zusammenschaltungspflichten[308]. Zur Durchsetzung der Zusammenschaltungsrechte verzahnt die Richtlinie private Verhandlungen und behördliche Intervention in einem dreistufigen Modell, das für ein ausgewogenes Verhältnis zwischen privatem und behördlichen Handeln sorgt[309].
Ausgangspunkt bildet die Einsicht in die überlegene Steuerungsfähigkeit privater Verhandlungen zur Lösung der komplexen technischen und wirtschaftlichen Sachfragen einer Zusammenschaltung. Die Richtlinie stellt private Verhandlungen in das Zentrum ihres Steuerungsansatzes. Privaten Netzbetreibern steht es frei, Zusammenschaltungsvereinbarungen kommerziell auszuhandeln, allerdings vorbehaltlich der Überwachung und des Einschreitens der Regulierungsbehörde, die den Aushandlungsprozeß vor Verzerrungen und Schieflagen schützt.
Auf einer ersten Stufe strukturiert der Regulierer diese Verhandlungen vor und reduziert ihre Komplexität, indem er einen allgemeinen Rahmen oder einzelne Bedingungen des Vertrages vorab festlegt. Eine weitere wichtige Abschichtung strittiger Punkte liefert die Pflicht marktstarker Betreiber, ein von der Behörde kontrolliertes und veröffentlichtes umfassendes Grundangebot abzugeben. Es dient als Vertragsgerüst und Grundlage der Verhandlungen.

307 Art. 4 I i.V.m. Anhang II der ZS-RL, Abl. EG Nr. L 199 v. 26.7.1997, S. 32.
308 Art. 4 III ZS-RL a.a.O.
309 Art. 9 I-V ZS-RL, Abl. EG Nr. L 199 v. 30.6.1997, S. 32; im Einzelnen s.u. in Kapitel 13 S 139 ff.

Auf der zweiten Stufe fördert der Regulierer den Vertragsschluß durch Fristsetzung oder Entscheidung über einzelne, offen gebliebene Vertragsbestandteile. Schlägt die Einigung der Netzbetreiber fehl, so entscheidet er abschließend und umfassend über die Bedingungen der Zusammenschaltung. Das ermöglicht eine flexible Reaktion auf die rechtlichen und tatsächlichen Besonderheiten der einzelnen Zusammenschaltung.

Auf der dritten Stufe kann die Regulierungsbehörde nachträglich bereits abgeschlossene Verhandlungen kontrollieren und gegebenenfalls Änderungen von Zusammenschaltungsvereinbarungen verlangen.

Diese nach Intensität und Stadium der Verhandlungen abgestuften Eingriffsbefugnisse haben eine doppelte Stoßrichtung. Zum einen neutralisieren sie die überlegene Verhandlungsmacht des marktstarken Netzbetreibers. Gleichzeitig können sie komplizierte und strittige Vertragsinhalte abschichten und damit den Prozeß des Aushandelns entlasten. Beides optimiert die Steuerungsfunktion privatautonomer Verhandlungen.

Zum anderen flechten sie Interessen Dritter in die Vereinbarung ein, die zu berücksichtigen die Vertragspartner keinen Anlaß sehen. Dabei kann es sich um Interessen von Nutzern, Wettbewerbern oder der Allgemeinheit handeln. Die Richtlinie nennt einen umfangreichen Katalog von Allgemeinwohlzielen, deren Verfolgung der Behörde obliegt, wenn sie Einfluß auf die Vereinbarungen über Zusammenschaltungen nimmt[310].

Private Verhandlungen in Kombination mit behördlichem Eingreifen verwirklichen damit nicht nur Zusammenschaltungsrechte. Sie dienen dem Regulierer gleichzeitig als Instrument zur gemeinwohlorientierten Ausrichtung des Zusammenschaltungsmarktes. Er wird nicht nur als Streitschlichter zwischen den Zusammenschaltungspartnern tätig, sondern gleichzeitig als Anwalt Dritter und des Gemeinwohls. Der Schatten der Hierachie über den Verhandlungen stellt sicher, daß sich überlegene Marktmacht des zur Zusammenschaltung Verpflichteten sich nicht in unfaire Vertragsbedingungen übersetzt und daß die Vereinbarungen nicht zu Lasten Dritter, insbesondere der Allgemeinheit, abgeschlossen werden.

III. Der neue Rechtsrahmen

Das gerade beschriebene Zusammenschaltungsregime bildet nur ein wichtiges Zwischenstadium der europarechtlichen Zusammenschaltungsregulierung. Die neue Richtlinie über den Zugang zu und die Zusammenschaltung von „elektronischen Netzwerken"[311] entwickelt die Ansätze der bislang geltenden ZS-RL weiter. Sie

[310] Art. 9 I ZS-RL, Abl. EG Nr. L 199 v. 30.6.1997, S. 32.

[311] *Kommission*, Vorschlag für eine Richtlinie des EP und des Rates über den Zugang zu elektronischen Kommunikationsnetzen und zugehörigen Einrichtungen sowie deren Zusammenschal-

baut auf den bislang geltenden Zusammenschaltungsregeln auf, die zunächst weitergelten.

Die Neuregelung der Zusammenschaltung bildet Teil eines neuen gemeinsamen Rechtsrahmens für elektronische Kommunikationsdienste und –netze[312]. Die bisherigen europäischen Vorschriften sollten in erster Linie die Umstellung vom Monopolbetrieb auf Wettbewerb steuern. Der neue Rechtsrahmen will stärker der fortschreitenden Konvergenz Rechnung tragen. Er ist deshalb auf neue, zunehmend dynamische und unvorhersehbare Märkte ausgelegt[313].

Im Zentrum steht weiterhin die kommerzielle Aushandlung der Zusammenschaltung durch Netzbetreiber[314]. Im Streitfall trifft die Regulierungsbehörde eine verbindliche Entscheidung über die Zusammenschaltung. Dabei berücksichtigt sie wie bisher einen Katalog von Drittinteressen und Gemeinwohlzielen[315].

Eine entscheidende Neuerung führt die Richtlinie bei den Kompetenzen der Regulierungsbehörde ein, die sie ändert und erheblich erweitert. Behördliche Eingriffe in den Markt sollen in Zukunft nicht mehr starren, vorab aufgestellten Regeln folgen, sondern problemorientiert und angemessen sein und nur noch so lange wie nötig in Kraft bleiben[316].

Nach der Änderung trifft jeden Betreiber öffentlicher Netze eine Pflicht, auf Nachfrage eine Zusammenschaltung auszuhandeln. Die Regulierungsbehörde vermag aber bestehende Rechte und Pflichten zur Zusammenschaltung jederzeit zu überprüfen, zu modifizieren und, abgesehen von der grundsätzlichen Aushandlungspflicht, aufzuheben. Zudem kann sie Betreibern zusätzliche Pflichten auferlegen. Die Auswahl aus dem Katalog möglicher Pflichten wie etwa solcher zu Sonderformen des Netzzugangs, Gleichbehandlung, Transparenz, Preiskontrolle oder Kostenrechnung obliegt der Regulierungsbehörde anhand konkreter Problemlagen im Einzelfall[317].

Damit macht das europäische Modell der Regulierung einen Quantensprung. Ausdrückliches Ziel der Richtlinie ist es, der Regulierungsbehörde die Anpassung der Zusammenschaltungsregeln an wechselnde Umstände zu ermöglichen. Sie löst dafür die Regeln der Zusammenschaltung aus dem starren Korsett von ex-ante Festlegungen und macht sie zur Manövriermasse des Regulierers. Er wendet keine starren Regeln mehr an, sondern schreibt sie nach Vorlage der Richtlinien größtenteils

tung, KOM(2000)384 (Entwurf der Zugangsrichtlinie); dieser Entwurf ist inzwischen unverändert als Richtlinie verabschiedet worden.

312 Richtlinie des EP und des Rates über einen gemeinsamen Rechtsrahmen für elektronische Kommunikationsnetze und –dienste (neue Rahmenrichtlinie), 2000/0184 (COD).

313 A.a.O, S. 3.

314 *Kommission*, Entwurf der Zugangsrichtlinie, KOM(2000)384, Art. 4.

315 Richtlinie des EP und des Rates über einen gemeinsamen Rechtsrahmen für elektronische Kommunikationsnetze und –dienste (neue Rahmenrichtlinie), 2000/0184 (COD), Art. 20.

316 *Kommission*, Entwurf der Zugangsrichtlinie, KOM(2000)384, S. 2 der Begründung.

317 *Kommission*, Entwurf der Zugangsrichtlinie, KOM(2000)384, Art. 8 ff.

selber. Der Regulierer bestimmt damit Art und Ausmaß der Marktsteuerung. Bildlich gesprochen überläßt die Richtlinie ihm nicht mehr nur die Feinsteuerung normativ fixierter Zusammenschaltungsregeln, sondern gibt ihm sämtliche Steuerungsinstrumente in die Hand, um passgenaue Lösungen für einzelne Problemlagen zu konstruieren.
Anknüpfungspunkt für zusätzliche Pflichten im Kontext der Zusammenschaltung bildet eine Position der beträchtlichen Marktmacht. Auch diese Festzulegung der wichtigsten Regulierungsvoraussetzung übertragt die Richtlinie der Behörde, die dazu ein Verfahren der Marktanalyse durchzuführen hat[318].
Dabei bringt die Neuordnung eine weitere wesentliche Änderung. Sie verzahnt das Handeln nationaler Regulierer mit der Aufsicht der Kommission: Bei der Marktanalyse binden und leiten den Regulierer von der Kommission festgelegte Marktdefinitionen und Leitlinien. Von diesen Vorgaben darf er nur nach Zustimmung der Kommission abweichen. Diese Einbindung der nationalen Regulierungsbehörde in einen europäischen Rahmen[319] stärkt die europäische Ebene erheblich. Sie europäisiert den nationalen Vollzug der Regeln für den TK-Sektor.
Für eine Übergangszeit leitet die geplante Neuregelung zunächst die zentralen Vorschriften der geltenden ZS-RL über Rechte und Pflichten zur Zusammenschaltung in den neuen Rechtsrahmen über[320]. Das dieser Arbeit zugrunde gelegte aktuelle Zusammenschaltungsmodell bleibt auf absehbare Zeit Grundlage des europäischen Zusammenschaltungsregimes. Die inzwischen verabschiedeten Änderungen können jedoch schon bei der Auslegung der noch einschlägigen Richtlinienbestimmungen über Zusammenschaltung helfen, indem sie deren Entwicklungstendenzen vom Ziel her verdeutlichen.

IV. Einflüsse des GATS

Ergänzende Aufschlüsse über das europäische und deutsche Modell der Zusammenschaltung erlaubt das General Agreement on Trade in Services (GATS). Es enthält Verpflichtungen der Gemeinschaft und ihrer Mitgliedstaaten im Bereich der Telekommunikation. Sie sind von Belang, weil sie weitgehend parallele, wenn auch weniger ausführliche Regeln über Netzzusammenschaltung und ihrer Sicherstellung durch Regulierungsbehörden aufstellen.
Diese Regeln finden sich in den Anlagen zum GATS, die sich mit speziellen Dienstleistungsbereichen befassen. Die Anlage über Telekommunikation (Annex on telecommunications) verpflichtet jedes Mitglied sicherzustellen, daß allen Diensteanbietern Zugang zu und Nutzung der öffentlichen Grundtelekommunika-

[318] Richtlinie des EP und des Rates über einen gemeinsamen Rechtsrahmen für elektronische Kommunikationsnetze und –dienste (Rahmenrichtlinie), 2000/0184 (COD), Art. 16.
[319] *Trute*, in: Trute/Spoerr/Bosch, TKG, Kommentar, 2001, Einführung II, Rn. 42.
[320] *Kommission*, Entwurf der Zugangsrichtlinie, KOM(2000)384, Art. 7.

tion zu nicht diskriminierenden Bedingungen gewährt wird[321]. Über diese Grundverpflichtung hinaus sind verschiedene Mitglieder der Welthandelsrunde, darunter die EU und ihre Mitgliedstaaten, zusätzliche Verpflichtungen im Bereich der Telekommunikation eingegangen[322], die einen wesentlichen Bestandteil des GATS bilden.

Nach diesen Bestimmungen muß die Zusammenschaltung mit einem marktbeherrschenden Unternehmen auf dem Markt für Basistelekommunikationsdienstleistungen an jedem technisch durchführbaren Punkt sichergestellt werden, zu nicht diskriminierenden Bedingungen und kostenorientierten Entgelten. Im Streitfall kann jeder Anbieter von Dienstleistungen, der um die Zusammenschaltung nachsucht, eine nationale Regulierungsbehörde anrufen. Sie legt die Streitigkeiten über Bedingungen und Entgelte der Zusammenschaltung in angemessener Zeit bei[323].

Die Auslegung des TKG kann diese Regelungen des GATS über Zusammenschaltung ergänzend heranziehen. Zwar gilt der völkerrechtliche Grundsatz des „pacta sunt servanda" nur für die Vertragsparteien. Sie schulden deshalb in erster Linie eine völkerrechtskonforme Ausgestaltung ihres Wirtschaftsrechts. Anders als die allgemeinen Regeln des Völkerrechts[324] kann sekundäres Völkerrecht wie das GATS mangels ausdrücklicher Verpflichtung der Vertragsparteien nicht unmittelbar angewendet werden.

Das folgt für die deutsche Rechtsordnung aus der unter dem Grundgesetz vorherrschenden dualistischen Auffassung vom Verhältnis zwischen nationalem Recht und sekundärem Völkerrecht. Letzteres bedarf zu seiner Wirksamkeit der vorherigen Umsetzung durch den nationalen Gesetzgeber[325]. Unabhängig davon scheidet eine unmittelbare Anwendung der GATS-Regeln über Zusammenschaltung aus, weil sie nach Wortlaut, Sinn und Zweck nicht aus sich heraus vollzugsfähig sind, sondern zu ihrer Durchsetzung noch innerstaatlicher Rechtsnormen bedürfen[326]. Das trifft insbesondere auf die knapp gehaltenen Bestimmungen über die Regulierungsbehörde zu.

Einen Ausschluß unmittelbarer Anwendung des sekundären Völkerrechts nimmt der Europäische Gerichtshof auch für das Verhältnis zum Gemeinschaftsrecht an.

[321] Ziffer 5 des Annex on Telecommunications. Die Anlage ist am 5.2.1998 in Kraft getreten.

[322] Viertes Protokoll vom 15. April 1997 zum Allgemeinen Übereinkommen über den Handel mit Dienstleistungen, Liste der spezifischen Verpflichtungen der EG und ihrer Mitgliedstaaten, BGBl. 1997 II, S. 1990 (2000).

[323] Ziffer 2 der zusätzlichen Verpflichtungen der EG und ihrer Mitgliedstaaten, a.a.O.; diese Verpflichtungen gelten nur gegenüber Anbietern aus Staaten, die sich denselben Bindungen unterwerfen.

[324] Vgl. Art. 25 GG.

[325] *Kimminich/Hobe*, Einführung in das Völkerrecht, 7. Auflage 2000, S. 221; *Streinz*, in: Sachs, GG-Kommentar, 2. Auflage 1999, Art. 25 Rn. 19; differenzierend *Schweitzer*, Staatrecht III, 7. Auflage 2000, S. 141 ff.

[326] Zu dieser Voraussetzung allgemein *Schweitzer*, a.a.O., S. 147.

Der Gerichtshof mißt letzteres grundsätzlich nicht an WTO-Abkommen und verweist zur Begründung vor allem auf die durch eine unmittelbare Anwendung gefährdete Gegenseitigkeit im Verhältnis der Vertragsparteien[327].
Die Ablehnung einer unmittelbarer Anwendung sekundären Völkerrechts schließt indes eine völkerrechtsfreundliche Auslegung gemeinschaftsrechtlicher und nationaler Regelungen nicht aus, solange der Wortlaut Raum dafür läßt. Denn im Zweifel ist davon auszugehen, daß der innerstaatliche Gesetzgeber seine völkerrechtlichen Verpflichtungen nicht verletzen will[328]. Auch der Europäische Gerichtshof läßt eine völkerrechtskonforme Auslegung für solche Gemeinschaftsrechtsakte zu, mit denen die Gemeinschaft eine bestimmte völkerrechtliche Verpflichtung umsetzt[329]. Die Möglichkeit der völkerrechtskonformen Auslegung öffnet somit dem GATS ein Einfallstor in die Anwendung der europäischen ONP-Regeln und ihrer Umsetzung im TKG.
Die Betrachtung des GATS erlaubt eine weitere Schlußfolgerung. Die Technik, klare Zusammenschaltungsrechte zu definieren und durch eine unabhängige Regulierungsbehörde durchzusetzen, hat das Europarecht nicht erfunden. Wie ihre Festschreibung durch das GATS im internationalen Kontext zeigt, gibt es dafür ein mögliches Vorbild: Das im angelsächsischen Raum als Instrument der Marktöffnung entstandene Konzept der *regulation.* Es soll daher kurz vorgestellt werden, um es für die Überlegungen zu den deutschen Zusammenschaltungsregeln fruchtbar zu machen.

1. Das amerikanische Konzept der „Regulation" durch „Independent Agencies"

Aufgrund der möglichen Transportfunktion des GATS für amerikanisch geprägte Vorstellungen läßt sich die These nicht völlig von der Hand weisen, die Regulierung der Zusammenschaltung in Deutschland sei eine Umsetzung der amerikani-

[327] Grundlegend jetzt *EuGH* Urt. v. 23.11.1999, Rs. C-149/96, Slg. I-8395, Rn. 34 ff.(47) *Portugal/Rat* dazu *Neugärtner/Puth*, JuS 2000, 640; für das TRIPS bestätigt von *EuGH Urt. v. 14.12.2000*, verb. Rs. C-300/98 und C-392/98, Rn. 44 *Dior* (zitiert nach http://www.curia.eu.int); aus dem Ausschluß der unmittelbaren Anwendbarkeit ergibt sich auch, daß sekundäres Völkerrecht keine Rechte begründet, auf sie sich Einzelne vor Gericht gegen die berufen können vgl. zuletzt *EuGH* Urt. v 2.5.2001, Rs. C-307/99 *OGT Fruchthandelsgesellschaft/Hauptzollamt Hamburg*, Rn. 25 (zitiert nach http://www.curia.eu.int); vorher ebenso für das GATT EuGH Slg. 1972, S. 1219 Rn. 21; Slg. 1983, S. 731 Rn. 28.; Slg. 1994 I , S. 4973 Rn. 103.

[328] *Moritz*, MMR 1998, 393, 398; allgemein *Seidl-Hohenvelden/Stein*, Völkerrecht, 10. Auflage 2000, Rn. 551; ähnlich *Geiger*, Grundgesetz und Völkerrecht, 2. Auflage 1994, S. 177.

[329] *EuGH* Urt. v. 23.11.1999, Rs. C-149/96; Slg. I-8395, Rn. 34 ff.(47) *Portugal/Rat*; EuGH Urt. v. 10.9. 1996, Slg. 1996 I-3989 *Kommission/Bundesrepublik Deutschland*; zustimmend *Neugärtner/Puth*, JuS 2000, 640(641).

schen *regulation* durch *Independant Agencies*[330]. Tatsächlich existieren gewisse Übereinstimmungen. Deshalb lohnt sich bei der Analyse ein gelegentlicher Seitenblick auf die *regulation*, um gewisse Linien deutlicher zu zeichnen, die im Kontext des deutschen Verwaltungsrechts ungewohnt erscheinen. Nicht aus dem Blick geraten dürfen dabei die grundsätzlichen Unterschiede zwischen *common law* und deutscher Verfassung. Sie setzen dem Vergleich mit und einem Erkenntnisgewinn aus dem Konzept der *regulation* für das deutsche Recht Grenzen.

Zentraler Akteur für die *regulation* in Amerika sind die *Independent Agencies*, spezielle Bundesbehörden. Sie üben als Organe der Wirtschafts- und Sozialverwaltung Aufsicht und Kontrolle über besonders gemeinwohlrelevante Märkte aus. Für die Telekommunikation zuständig sind die *Federal Communications Commission (FCC)* auf Bundesebene und entsprechende *State Commissions* auf Ebene der Bundesstaaten[331].

An der Spitze der *FCC* steht ein fünfköpfiges Gremium, das der amerikanische Präsident für eine Amtszeit von fünf Jahren ernennt. Bei der Ernennung wirkt der Präsident mit dem Senat zusammen, der die Nominierungen bestätigen muß[332]. Eine Abberufung ist nur aus wichtigem Grund zulässig. Die Kommissare müssen bestimmte Anforderungen erfüllen, um ihre Unabhängigkeit von TK-Unternehmen sicherzustellen, sie dürfen etwa keine Aktien solcher Unternehmen halten[333].

Die *FCC* entscheidet mit Hilfe des ihr untergeordneten, selbst geschaffenen Verwaltungsapparats. Ihre Verhandlungen finden auf Wunsch der Beteiligten öffentlich statt. Gestützt auf umfangreiche Entscheidungsbefugnisse können amerikanische Regulierer wie die *FCC* Marktteilnehmern Standards und Beschränkungen setzen[334] und damit sektorspezifisch und autonom auf einzelne Mißstände reagieren[335]. Insbesondere durch fast vollständige Delegation von sektorbezogenen Normsetzungsbefugnissen stattet der amerikanische Gesetzgeber die *FCC* mit einem wirksamen Instrumentarium zur Steuerung privater Markteilnehmer aus.

Im Kontext dieser Arbeit liefert die Regulierung der Zusammenschaltung durch die *FCC* und die *State Commissions* einen wichtigen Vergleichspunkt. Der 1996 neu gefaßte *Telecommunications Act* stellt insofern eine allgemeine Zusammenschaltungspflicht für alle Netzbetreiber und weiterreichende Pflichten für marktbeherrschende Netzbetreiber auf[336]. Die Details festzulegen überläßt das Gesetz der *FCC*, die Inhalt dieser Pflichten und ihre Durchsetzung in einer mehrere hundert Seiten um-

[330] *Ladeur*, K&R 1998, 479; differenzierend *Eisenblätter*, Regulierung in der Telekommunikation, 2000.

[331] Zur Kompetenzabgrenzung Märkl, Netzzusammenschaltung in der Telekommunikation, 1998, S. 204 ff.

[332] Section 4 [47 U.S.C. 154] (a) Telecommunications Act 1934.

[333] Section 4 [47 U.S.C. 154] (a)(2)(a) Telecommunications Act 1934.

[334] *Eisenblätter*, Regulierung in der Telekommunikation, 2000, S. 204.

[335] *Lepsius*, Verwaltungsrecht unter dem Common Law, 1997, S. 106.

[336] Section 251 [47 U.S.C. 251] (a)(I) und (c) Telecommunications Act 1934; *Märkl*, Netzzusammenschaltung in der Telekommunikation, 1998, S. 120 f

fassenden Verordnung in allen Einzelheiten geregelt hat[337]. Treten trotzdem noch Streitigkeiten beim Vertragsschluß über die Zusammenschaltung auf, dann entscheidet die einzelstaatlich zuständige *State Commission* verpflichtend als Schiedsrichter[338]. Dabei kann sie in bestimmten Fällen einzelne Vorschriften über Zusammenschaltung modifizieren, wenn eine Abwägung, die Verbraucherinteressen und Wettbewerbsschutz berücksichtigt, das opportun erscheinen läßt[339].

Mit solche weitreichenden Rechtssetzungs- und Rechtsdurchsetzungskompetenzen überläßt der amerikanische Gesetzgeber den *Independent Agencies* wie der *FCC* den jeweiligen sektorspezifischen Regelungsbereich weitgehend zur eigenständigen Entscheidung[340]. Dabei nehmen sie als Mischform staatlicher Gewalt neben administrativen und normsetzenden[341] in erster Instanz sogar judikative Funktionen[342] mit weiten Entscheidungsspielräumen wahr[343]. Die FCC unterliegt dabei weder präsidentiellen noch sonstigen administrativen Weisungen[344], sie muß lediglich jährlich dem Kongreß schriftlich Bericht erstatten[345]. Die Gerichte beschränken die grundsätzlich mögliche Überprüfung der Kommissionsentscheidungen auf die Einhaltung des Verfahrens, um die mittelbare demokratische Legitimation der *Independent Agencies* durch das Ernennungsverfahren zu respektieren[346]. Damit ist die *FCC* nur von der Legislative über das Haushaltsrecht und die Möglichkeit gesetzlicher Vorgaben steuerbar[347] und rechtlich weitgehend unabhängig[348].

Das macht sie im amerikanischen Rechtssystem zu einer Art „vierter Gewalt". *Independent Agencies* stehen außerhalb des traditionellen Gewaltenteilungsschemas, das sie deshalb intern durch Organisation und Verfahren reproduzieren müssen[349], ins-

337 Report No. DC96-75 Action in Docket Case, August 1st, 1996 auf der Grundlage von Section 251 [47 U.S.C. 251] (d) Telecommunications Act 1934; dazu *ausführlich Märkl* a.a.O., S. 128ff.

338 Section 252 [47 U.S.C. 252] (B) Telecommunications Act 1934.

339 Vgl. Section 251 [47 U.S.C. 251] (f) Telecommunications Act 1934: „Exemtions, Suspensions and Modifications".

340 *Lepsius*, Verwaltungsrecht unter dem Common Law, 1997, S. 106.

341 Vgl. für die FCC Section 4 [47 U.S.C. 154] (D) Telecommunications Act 1934: „The Commission may perform any and all acts, make such rules and regulations, and issue such orders... as may be necessary in the execution of its functions".

342 *Eisenblätter*, Regulierung in der Telekommunikation, 2000, S. 205.

343 Ausführlich *Lepsius* a.a.O., S. 68 ff.; *Eisenblätter*, Regulierung in der Telekommunikation, 2000, S. 201 ff.

344 *Ulmen/Gump*, CR 1997. 396(399).

345 Section 5 [47 U.S.C. 155] (D)(k) Telecommunications Act 1934.

346 *Eisenblätter*, Regulierung in der Telekommunikation, 2000, S. 240 ff, 242.

347 *Haar*, Marktöffnung in der Telekommunikation, 1995, S. 43.

348 *Eisenblätter*, Regulierung in der Telekommunikation, 2000, S. 204 ff.; *Windthorst* CR 1998, 340(342).

349 *Lepsius*, Verwaltungsrecht unter dem Common Law, 1997, S. 191 f. m.w.Nw. in Fußnote 95; *Eisenblätter*, Regulierung in der Telekommunikation, 2000, S. 205.

besondere durch angemessene Beteiligung Betroffener an der Normsetzung[350]. Gewaltenteilung bedeutet in diesem Zusammenhang statt rechtlicher eher politische Kontrolle durch Kongreß und Präsident[351]. Sie widersetzt sich als System von „checks und balances" einer klaren, funktionalen Kompetenzabgrenzung[352].
Im Staatsaufbau des deutschen Grundgesetzes kann es daher für die *Independent Agencies* keine genaue Entsprechung geben. Die Anforderungen des Grundgesetzes an die Gewaltenteilung nach Art. 92 GG, die Rechtsweggarantie des Art. 19 IV GG sowie der Parlamentsvorbehalt für wesentliche Entscheidungen[353] verhindern eine vergleichbare vollständige Übertragung rechtssetzender und –sprechender Funktionen auf eine weisungsfreie Behörde.
Das schließt freilich nicht aus, daß das Vorbild der *regulation* an mancher Stelle Pate für Bestimmungen der ZS-RL und der deutschen Zusammenschaltungsregeln gestanden hat, unmittelbar oder auf dem Umweg über das GATS. Eine in Grundzügen autonome Steuerung des Wirtschaftsbereichs der Telekommunikation durch den Regulierer nach dem Vorbild der „*regulation*" erlaubt auch das deutsche Telekommunikationsrechts. Anzeichen für einen entsprechenden Willen des Gesetzgebers lassen sich nachweisen. Darauf wird an gegebener Stelle zurück zu kommen sein.

[350] *Eisenblätter*, a.a.O., S. 243 ff.
[351] Eisenblätter a.a.O., S. 236 ff.
[352] *Lepsius*, Verwaltungsrecht unter dem Common Law, 1997, S. 195.
[353] BVerfGE 40, 237(240); *Eisenblätter*, Regulierung in der Telekommunikation, 2000, S. 257.

Kapitel 8 Der normative Rahmen in Deutschland

Das gerade erarbeitete europäische Modell der Zusammenschaltung dient als Vergleichsgrundlage und Interpretationshilfe für die anschließende Detailuntersuchung der deutschen Zusammenschaltungsregeln. Vorab muß allerdings noch deren normativer Rahmen näher bezeichnet werden.

I. Verfassungsrechtliche Determinanten

Eine erste normative Verankerung der deutschen Zusammenschaltungsregeln liefert das Grundgesetz in Art. 87 f mit seiner Forderung nach staatlicher Gewährleistung einer ausreichenden TK-Infrastruktur.

Wie im ersten Teil erläutert, hat das Europarecht die Liberalisierung der nationalen TK-Märkte schrittweise erzwungen. Postreform II und das TKG haben diese Vorgabe in Deutschland durch die Abschaffung sämtlicher staatlicher Monopolrechte und die Überleitung der Deutschen Bundespost Telekom in eine Aktiengesellschaft privaten Rechts vollzogen[354]. Heute bieten die Deutsche Telekom AG und andere private Unternehmen TK-Leistungen als Gegenstand gewinnorientierter Wirtschaftstätigkeit an.

Trotz des Rückzugs des Staates aus der unmittelbaren Leistungserbringung im TK-Sektor erfordert die Basisfunktion von TK-Dienstleistungen jedoch weiterhin bedeutsame Einbindungen im öffentlichen Interesse. Sie schließen ein reines Marktmodell aus[355]. Die ausreichende Verfügbarkeit von Telekommunikation bildet eine Grundlage des gesellschaftlichen und politischen Lebens. Individuen sind zur Verwirklichung grundrechtlicher Freiheiten und zur Partizipation am politischen Prozeß auf Information und Kommunikation angewiesen[356]. Das verbindet Telekommunikation mit Grundrechten und den verfassungsrechtlichen Strukturprinzipien von Sozialstaat und Demokratie[357].

Zum Aufgabenkatalog des Staates gehört es deshalb, eine Kommunikationsinfrastruktur vorzuhalten, welche die Entwicklung zur Informationsgesellschaft sozialverträglich gestaltet und Freiheitsvoraussetzungen erhält[358].

[354] Dazu im ersten Teil in Kapitel 4 S. 31 ff. *Gramlich*, VerwArch 88(1997), S. 598(604 ff.); *ders.*, NJW 1994, 2785 ff.; *Oertel*, Die Unabhängigkeit der Regulierungsbehörde, 2000, S. 45 ff.; *Märkl*, Netzzusammenschaltung in der Telekommunikation, 1998, 230 ff.; *Rottmann*, ArchivPT 1994, 193(194).

[355] *Lerche*, in: Maunz/Dürig, GG-Kommentar, Art. 87 f Rn. 59 ff.

[356] *Windthorst*, Der Universaldienst im Bereich der Telekommunikation, 2000, S. 248.

[357] *Windthorst* a.a.O., S. 255.

[358] *Trute*, Öffentlich-rechtliche Rahmenbedingungen einer Informationsordnung, VVdStRL (57) 1998, 217(267).

Weiterhin bildet Telekommunikation in der Informationsgesellschaft einen bedeutenden ökonomischer Faktor und die unentbehrliche Voraussetzung für wirtschaftliches Tätigwerden überhaupt[359]. Auch diese Umstände begründen ein gesteigertes Gemeinschaftsinteresse an einer ausreichenden Kommunikationsinfrastruktur. Insgesamt ist der Staat als Gemeinwesen ohne eine dem jeweiligen Stand der Technik und den Bedürfnissen der Bewohner angepaßte Kommunikationsinfrastruktur nicht funktionsfähig[360].

Aus diesen Gründen verpflichtet Art. 87 f I GG den Bund zur Gewährleistung angemessener und flächendeckender Infrastruktur im Bereich der Telekommunikation. Der staatliche Handlungsauftrag richtet sich allerdings nicht auf den Auf- und Ausbau einer optimalen Infrastruktur. Er zielt nur auf die Gewährleistung einer flächendeckenden Grundversorgung durch Sicherung der aus Benutzersicht quantitativ angemessenen und qualitativ ausreichenden Dienstleistungen[361].

Diese Grundversorgung hat vorrangig in „privatwirtschaftlicher" Form durch „private Anbieter" zu geschehen hat, wie Absatz 2 Satz 1 von Art. 87 f GG verdeutlicht. Die Vorschrift enthält die grundsätzliche Entscheidung, den Bereich der Telekommunikation dem Wettbewerb zu öffnen. Sie errichtet gleichzeitig eine negative Kompetenzschranke und verbietet jede Form direkter staatlicher Leistungsverwaltung im Bereich der Telekommunikation[362]. Stattdessen sieht sie das Angebot von TK-Dienstleistungen als Wirtschaftsgut durch private Unternehmen vor, die eigenverantwortlich und gewinnorientiert handeln[363] und unterstellt sie den Bewegungsgesetzen des Marktes[364]. Art. 87 f II 1 GG erteilt damit einen Rechtsbefehl zur Privatisierung, der Handlungs- und Organisationsform der Leistungserbringung umfaßt[365].

Seine Garantenpflicht für die Bereitstellung einer Mindestversorgung darf der Staat deshalb nur durch Einflußnahme auf private Anbieter und ihre Tätigkeit auf dem TK-Markt erfüllen[366]. Das führt zu einem arbeitsteiligen Zusammenwirken des Staates und Privater. Nach dem grundgesetzlichen Verteilungsplan liegt die Aufgabe der Bereitstellung einer ausreichenden TK-Infrastruktur beim Bürger. Der Staat zieht sich aus der Erfüllungs- auf eine Gewährleistungsverantwortung zurück[367].

[359] GATS, Annex on Telecommunications, Ziffer 1.

[360] *Windthorst*, Der Universaldienst im Bereich der Telekommunikation, 2000, S. 255.

[361] BT-Drucks. 12/7269 S. 5; *Rottmann*, ArchivPT 1994, 193(194); ausführlich *Windthorst* a.a.O., S. 262 ff.; *Lerche*, in: Maunz/Dürig, GG-Kommentar, Art. 87 f Rn. 73.

[362] BT-Drucks. a.a.O; *Rottmann* a.a.O.; *Schmidt-Bleibtreu/Klein*, GG-Kommentar, Art. 87 f Rn. 3.

[363] *Windthorst*, Der Universaldienst im Bereich der Telekommunikation, 2000, S. 199.

[364] *Spoerr*, in: Trute/Spoerr/Bosch, TKG-Kommentar 2001, Einf. V Rn. 8.

[365] *Lerche*, in: Maunz/Dürig, GG-Kommentar, Art. 87 f Rn. 54.

[366] *Windthorst*, Der Universaldienst im Bereich der Telekommunikation, 2000, S. 252.

[367] *Trute*, DVBl 1996, 950(953).

Die Sicherstellung der Grundversorgung hat im und durch den Wettbewerb zu geschehen. Hoheitliche Maßnahmen müssen ihn deshalb fördern und sichern[368]. Wichtiges Element dieser Wettbewerbssicherung bildet wegen der ökonomischen Besonderheiten von Netzen die Sicherstellung von Zusammenschaltungen durch die Regulierungsbehörde. Das verknüpft Zusammenschaltung und Universaldienst untrennbar miteinander[369].
Die Verfassung verlangt damit, das Interesse des Staates und der Allgemeinheit an der Infrastruktursicherung zugleich hoheitlich und möglichst marktkonform[370] durchzusetzen. Der Gesetzgeber muß zu diesem Zweck die Verwaltung mit einem Handlungsinstrumentarium ausstatten, das den Marktprozeß auf das Verfassungsziel der Grundversorgung ausrichten kann. Gleichzeitig hat es dem privaten Charakter der Tätigkeit von TK-Anbietern und dem einschlägigen Grundrechtsschutz aus Art. 12 und 14 GG Rechnung zu tragen[371]. Erst bei verbleibender Unterversorgung mit TK-Dienstleistungen kommt eine unmittelbare Inanspruchnahme privater Anbieter in Frage[372]. Staatliche Leistungserbringung bleibt ausgeschlossen[373].
Durch die Ausrichtung auf Gemeinwohlziele binden Verfassung und TKG Zusammenschaltung damit im öffentlichen Interesse ein; das Primat privatrechtlicher Handlungsformen strukturiert diese Einbindung und setzt ihr Grenzen.

II. Die Normen des TKG und der NZV

Den gerade beschriebenen verfassungsrechtlichen Auftrag des Art. 87 f GG soll das TKG erfüllen. Die Gesetzesbegründung hebt den Gesetzeszweck hervor, „die Versorgung mit TK-Dienstleistungen im Wettbewerb sicherzustellen" und dafür „durch regulierende Eingriffe in das Marktverhalten beherrschender Unternehmen einen funktionsfähigen Wettbewerb zu fördern"[374].
Für funktionsfähigen Wettbewerb spielen die Regelungen über Zusammenschaltung wegen der wirtschaftlichen Besonderheiten von Netzen[375] eine zentrale Rolle. Ihren Ursprung bilden die strukturell mit der europäischen Dienstleistungsfreiheit verknüpften ONP-Grundsätze. Sie begründen Zugangsansprüche und erlauben

[368] *Windthorst*, in: Sachs, GG-Kommentar, 2. Auflage 1999, Art. 87 f Rn. 15 und 25.
[369] *Windthorst*, Der Universaldienst im Bereich der Telekommunikation, 2000, S. 184.
[370] *Wieland*, Die Verwaltung 28(1995), S. 315(334).
[371] Gesetzentwurf zur Neufassung des Art. 87 f GG, BT-Drucks. 12/7269, S. 5; vgl. *Grzeszick*, DVBl 1997, 878(879).
[372] Vgl. §§ 17 ff. TKG und *Windthorst*, Der Universaldienst im Bereich der Telekommunikation, 2000, S. 262 ff.; S. 264. ff; S. 282 ff.
[373] *Windthorst* a.a.O., S. 219.
[374] Gesetzesbegründung zum Entwurf des TKG, BT-Drucks. 3609, S. 33.
[375] Dazu im ersten Teil in Kapitel 2 S. 10 ff.

eine Verweigerung des Netzzugangs nur aus nicht wirtschaftlichen Erwägungen des Allgemeinwohls unter Beachtung des Verhältnismäßigkeitsgrundsatzes[376].
Die deutschen Umsetzungsnormen für den ONP-Anspruch auf Zusammenschaltung stehen im TKG[377] in den §§ 35, 36, 37 und in der auf der Rechtsgrundlage des § 35 V ergangenen Netzugangsverordnung (NZV)[378]. Die Auslegung dieses Rechtsrahmens muß stets den Richtlinienvorgaben und im Einzelfall auch dem GATS Rechnung tragen.
Nach § 35 I 3 i.V.m. § 35 II TKG müssen marktbeherrschende Betreiber öffentlicher TK-Netze die Zusammenschaltung ihrer Netze mit öffentlichen TK-Netzen anderer Netzbetreiber nach ONP-Grundsätzen ermöglichen. § 36 TKG verpflichtet zusätzlich *jeden* Betreiber öffentlicher TK-Netze, auf Nachfrage ein Angebot auf Zusammenschaltung abzugeben. § 37 I 1 TKG, § 9 NZV geben der Regulierungsbehörde für Telekommunikation und Post die Befugnis, den ONP-Anspruch auf Zusammenschaltung durchzusetzen. Kommt eine Vereinbarung über den ONP-Anspruch auf Zusammenschaltung nicht zustande, dann ordnet die Regulierungsbehörde die Zusammenschaltung an. Dabei muß sie die Regulierungsziele des § 2 II TKG beachten.

III. Regulierung als Leitbegriff der Untersuchung

Als Leitfaden der weiteren Untersuchung des gerade bezeichneten normativen Rahmens bietet sich der Begriff der Regulierung an. Denn das TKG spricht wie die ZS-RL von „Regulierung", wenn es das Handeln der Regulierungsbehörde beschreibt. Die Vermutung liegt nahe, daß sich hinter diesem Begriff eine bestimmte Konzeption von Verwaltungshandeln verbirgt. Diese Konzeption soll induktiv aus den Erkenntnissen zu Einzelfragen der Zusammenschaltung erschlossen werden, denen sie wiederum als Ordnungskategorie dienen kann.
Vorab seien jedoch zur ersten Orientierung Ansätze zur Begriffsbestimmung erwähnt, wie sie sich in den Normen des TKG und in der juristischen Literatur losgelöst von den Einzelfragen der Zusammenschaltung finden.

1. *Definition des § 3 Nr. 13 TKG*

§ 3 Nr. 13 TKG definiert Regulierung als Maßnahmen, die zur Erreichung der Regulierungsziele getroffen werden, um das Verhalten von TK-Unternehmen zu *regeln*. Im allgemeinen Sprachgebrauch des Verwaltungsrechts steht *Regeln* im Zusammenhang mit Verwaltungsakten als Synonym für rechtsverbindliches, hoheitli-

[376] Dazu im ersten Teil in Kapitel 3 S.15 ff.
[377] Zum TKG *Kemmler*, ArchivPT 1996, 321 ff.; *Märkl*, Netzzusammenschaltungen in der Telekommunikation, 1998, S. 235 ff.; BeckTKG-Komm/*Schuster*, 2. Auflage 2000, § 1 Rn. 17 ff.
[378] Verordnung über besondere Netzzugänge (NZV) vom 23.10 1996, BGBl. I, S. 1568.

ches Handeln[379]. Über dieses enge Verständnis geht das TKG hinaus. § 3 Nr. 13 TKG faßt unter Regulierung jedes Tätigwerden der Regulierungsbehörde, soweit es den in § 2 II TKG genannten Regulierungszielen dient. Diese weite, bloß vom Ziel her bestimmte Definition umfaßt neben rechtsverbindlichem auch informelles und Handeln im Gleichordnungsverhältnis. Das Gesetz nutzt Regulierung damit als Sammelbegriff für alle ***staatlichen*** Steuerungsmechanismen und Kontrollen über die privatwirtschaftliche Leistungserbringung im TK-Sektor[380], unabhängig von ihrer Rechtsform.

2. *Formelle Merkmale*

Regulierung als Sammelbegriff für das Tätigwerden der Regulierungsbehörde sagt wenig über den Inhalt des damit bezeichneten Verwaltungshandelns aus. Allgemeine Ansätze einer Definition des Regulierungsbegriffs helfen nur bedingt weiter, liegt doch der Begriff in der allgemeinen juristischen Dogmatik alles andere als fest[381].

Ein enges Begriffsverständnis nimmt Regulierung nur an, wenn staatliche Politik zielorientiert auf den Marktprozeß einwirkt, um den Wettbewerb ganz oder teilweise durch staatliche Eingriffe auszuschalten[382]. Diese Definition trifft für das TKG nicht zu. Die TKG-Regulierung zielt umgekehrt auf Herstellung von Wettbewerb, wie schon §§ 1 und 2 II Nr. 2 TKG belegen.

Ein weiteres, hier vorzuziehendes Verständnis sieht Regulierung als Gesamtheit des wirtschaftsrechtlichen Instrumentariums zur Steuerung des Verhaltens privater Wirtschaftssubjekte durch Handlungsverbote oder -gebote, normativ oder im Einzelfall[383]. Besondere Bedeutung kommt Regulierung deshalb in privatisierten Sektoren wirtschaftlicher Tätigkeit wie der Telekommunikation zu, die vormals in staatlicher Hand lagen[384]. Dort beschreibt sie als Kurzformel geänderte verwaltungsrechtliche Handlungsformen und hängt insofern eng mit der vorherigen Privatisierung zusammen[385]. Durch Neubestimmung der Leistungstiefe im öffentlichen Sektor erfüllt die Verwaltung weniger Aufgaben selbst, sondern zieht sich auf Steuerung und Überwachung gesellschaftlicher Aufgabenerfüllung zurück[386].

[379] *Kopp/Ramsauer*, VwVfG, 7. Auflage 2000, § 35 Rn. 47 ff.
[380] *Spoerr/Deutsch*, DVBl 1997, 302.
[381] *Trute*, in: Trute/Spoerr/Bosch, TKG, Kommentar, 2001, § 1 Rn. 10.
[382] *Schmidt*, Öffentliches Wirtschaftsrecht - Allgemeiner Teil, 1990, S. 48.
[383] *Schmidt* a.a.O.
[384] *Hoffmann-Riem*, in: Hoffmann-Riem/Schmidt-Aßmann, Öffentliches Recht und Privatrecht als wechselseitige Auffangordnungen, 261 ff.(300 ff.); *Schuppert*, DÖV 1995, 761(767); *Trute*, DVBl 1996, 950(953); *Ruffert*, AöR 124(1999), 237 ff; *Schmidt-Preuß*, AöR 56(1997), 160 ff.; *Di Fabio*, AöR 56(1997), 237 ff.; *Spoerr/Deutsch*, DVBl 1997, 300(302).
[385] *Schuppert*, DÖV 1995, 761ff(767).
[386] *Trute*, DVBl 1996, 950(953); *Grzeszick*, DVBl 1997, 878(879).

Diese Aufgabenverschiebung läßt sich, wie gezeigt[387], im Bereich der Telekommunikation auf die Entwicklung des europäischen Rechtsrahmens zurückführen. Aufgrund des europarechtlich erzwungenen Rückzugs des Staates aus direkter Leistungserbringung müssen Mitgliedstaaten Gemeinwohlziele durch Überwachung und marktkonforme Steuerung von Marktzugang oder Marktverhalten privatwirtschaftlicher Unternehmen sichern.
Die Regulierung der Telekommunikation muß diese Verschiebung staatlicher Aufgaben von der Leistung zur Gewährleistung[388] ausreichender Infrastrukturversorgung bewältigen. Das Recht der regulierenden Verwaltung ist in diesem Zusammenhang Privatisierungsfolgenrecht. Es hat die Konsequenzen der Übertragung einer vormals hoheitlichen Tätigkeit auf Private aufzuarbeiten[389]. Das bedeutet einen Wandel, nicht zwingend eine Verringerung staatlicher Funktionen[390], denn an die Stelle der Verwaltung als Leistungsträger tritt die Verwaltung als Regulierungsinstanz[391].
Für das TKG läßt sich dem ein formeller Aspekt des Regulierungshandelns entnehmen: Der regulierende Staat wirkt zur Erreichung von Gemeinwohlzielen von außen auf privates Handeln ein, statt diese Ziele durch Leistungsverwaltung direkt zu verfolgen. Das verleiht der Eigenrationalität des regulierten Wirtschaftsbereichs eine stärkeres Gewicht, bedeutet also zunächst einen Freiheitsgewinn der privaten Akteure.

3. *Materielle Merkmale*

Wegen des hohen Gemeinwohlbezugs der Telekommunikation kann das TKG indes nicht bei dieser Erweiterung der privaten Freiheitssphäre stehenbleiben[392]. Gerade im monopolgeprägten TK-Sektor kann der Freiheitsgewinn von Wettbewerbern leicht auf Kosten der Konkurrenz oder der Allgemeinheit geschehen. Zudem führt Wettbewerb allein nicht stets und zwangsläufig zu gemeinwohloptimalen Ergebnissen. Das TKG formt Regulierung deshalb als Verhaltenssteuerung von Unternehmen zur Sicherung von Gemeinwohlerfordernissen, darunter insbesondere angemessenen Leistungsbedingungen bei der Bereitstellung von TK-Dienstleistungen und unverfälschtem sowie funktionsfähigem Wettbewerb aus.
Dafür programmiert das Gesetz die grundsätzlich instrumental angelegte Regulierung in §§ 1, 2 II auf materielle Ziele. Nach § 1 TKG bezweckt es, *durch Regulierung*

[387] Siehe dazu im ersten Teil das Kapitel 2 S. 26 ff.

[388] Vgl. *Eifert*, Grundversorgung mit Telekommunikationsdienstleistungen im Gewährleistungsstaat, 1998.

[389] *Ruffert*, AöR 124(1999), 237(246).

[390] *Grande*; in: Voigt (Hrsg.), Abschied vom Staat – Rückkehr zum Staat?, 1993, S. 371.

[391] *Wieland*, Die Verwaltung 28(1995), 315(334).

[392] *Spoerr/Deutsch*, DVBl 1997, 300(302) sehen Regulierung als *zwangsläufige Antwort* auf die wirtschaftliche Deregulierung an.

im Bereich der Telekommunikation den Wettbewerb zu fördern, flächendeckende, angemessene und ausreichende Dienstleistungen zu gewährleisten sowie eine Frequenzordnung festzulegen. An die Spitze der Regulierungsziele stellt das Gesetz in § 2 II TKG die Wahrung der Interessen der Nutzer (Nachfrager nach TK-Dienstleistungen, § 3 Nr. 11 TKG)[393], gefolgt von der Sicherstellung eines chancengleichen und funktionsfähigen Wettbewerbs, des Universaldienstes, der Förderung von TK-Diensten, der Sicherstellung einer geordneten Frequenznutzung sowie der Wahrung der Interessen der öffentlichen Sicherheit. Soweit die Regulierung auf die Sicherung von Wettbewerb und des Universaldienstes zielt, bezeichnet sie damit das verfassungsrechtlich geforderte marktkonforme Handlungsinstrumentarium zur Erreichung der Ziele des Art. 87 f GG[394].

a) Nutzerinteresse

Durch den Zielkatalog des § 2 II erweitert das TKG die Regulierungsziele über den verfassungsrechtlich gebotenen Mindestbestand hinaus. Besonders wichtig erscheint die Wahrung von Nutzerinteressen. Die einfachgesetzlich festgelegte Wahrung von Nutzerinteressen erschöpft sich nicht im Regulierungsziel der Sicherstellung des Universaldienstes gemäß Art. 87 f I GG. Vielmehr folgt schon aus der gesonderten Aufzählung der Wahrung von Nutzerinteressen in § 2 II Nr. 1 TKG ein eigenständiger Gehalt dieses Regulierungsziels. Es steht nicht zufällig im Gesetzestext an erster Stelle[395]. Die Wahrung der Nutzer bildet den zentralen Zweck des Gesetzes[396]. Regulierung soll unmittelbar oder mittelbar dem Verbraucher dienen[397]. Die anderen Regulierungsziele dienen als Mittel zur Erreichung dieses Hauptzwecks[398].

b) Sicherstellung von Wettbewerb

Das TKG will die verfassungsrechtlich gebotene Versorgung mit TK-Dienstleistungen im Wettbewerb sicherstellen[399]. Verfassungsrechtlich und einfachgesetzlich bevorzugtes Mittel bildet die Sicherung von Wettbewerb.
Nach Ansicht des Gesetzgebers erforderte die spezifische, monopolgeprägte Struktur des TK-Marktes besondere, sektorspezifische[400] Regeln für marktbeherrschende

393 Vgl. BeckPostG-Kommentar/Badura, 2001, § 2 Rn. 7
394 Oben unter I S. 77.
395 *Gramlich*, VerwArch 88(1997), 598(641).
396 Begründung TKG-Entwurf, BT-Drucks. 13/3609, S. 36.
397 *Eschweiler*, K&R 1998, 530, 533.
398 BeckTKG-Komm/*Schuster*, 2. Auflage 2000, § 2 Rn. 3; a.A.*Trute*, in: Trute/Spoerr/Bosch, TKG, Kommentar, 2001, § 2 Rn. 8.
399 TKG-Entwurf, BT-Drucks. 13/3609, S. 34; *Windthorst*, in: Sachs, GG-Kommentar, 2. Auflage 1999, Art. 87 f Rn. 15.
400 Dazu *Eisenblätter*, Regulierung in der Telekommunikation, 2000, S. 184.

Unternehmen[401]. Kontinuierliche Steuerungseingriffe sollen die verschiedenen Märkte der Telekommunikation gestaltend öffnen, chancengleichen Wettbewerb einführen und aufrecht erhalten[402]: Das TKG ist Wettbewerbsherstellungsrecht[403], das agiert und gestaltet[404]. Seine sektorspezifischen Regeln gehen damit über das allgemeine Wettbewerbsrecht hinaus, das bereits bestehenden Wettbewerb voraussetzt[405] und nur nachträglich durch punktuelle Intervention auf Störungen reagiert.

4. *Der Balanceakt regulierter Selbstregulierung*

Zusammenfassend beschreibt Regulierung in Kurzform einen differenzierten Steuerungsmechanismus[406], der gleichzeitig prozeß- und ergebnisorientiert ist[407]. Als Prozeß zielt er darauf, durch staatliche Eingriffe funktionsfähige Märkte zu schaffen[408]. Einen zentralen Teil dieses Mechanismus und Schwerpunkt der Untersuchung bilden die Vorschriften über die Zusammenschaltung in den §§ 35 ff TKG. Das erstrebte Ergebnis bildet die Bereitstellung ausreichender Infrastruktur im Kontext privatrechtlichen Handelns. Regulierung beinhaltet insoweit eine spezifische Überdetermination privatwirtschaftlichen Handelns mit dem Ziel, dessen Gemeinwohlverträglichkeit zu sichern[409]. Eine bekannte Formel faßt diesen Umstand griffig zusammen: Bezeichnet man die Verfolgung von Privatinteressen in Wahrnehmung grundrechtlicher Freiheiten zum legitimen Eigennutz[410] als *Selbst*regulierung[411], dann rechtfertigt die noch näher zu beschreibende enge Verzahnung und Durchmischung von privaten und behördlichem Handeln[412] bei der Zusammenschaltung die Einordnung der Telekommunikation als *regulierte* Selbstregulierung[413].

[401] TKG-Entwurf, BT-Drucks. 13/3609, S. 34 f.

[402] *Holznagel/Enaux/Nienhaus*, Grundzüge des Telekommunikationsrechts, 2. Auflage 2001, S. 5.

[403] Vgl. *Arnbak* u.a., Network Interconnection in the Domain of ONP, 1994, S. 15.

[404] Vgl. *Ruffert*, AöR 124(1999), 279.

[405] TKG-Entwurf, BT-Drucks. 13/3609, S. 43.

[406] *Windthorst*, Universaldienst, 2000, S. 251.

[407] *König/Theobald*, Liberalisierung und Regulierung netzgebundener Güter und Dienste, in: Grupp, FS Blümel 1999, 277(301).

[408] Vgl. *Leo/Schellenberg*, ZUM 1997, 188.

[409] *Trute*, in: Trute/Spoerr/Bosch, TKG, Kommentar, 2001, § 1 Rn. 10.

[410] Vgl. *Schmidt-Preuß*, VVDStRL 56(1997), 160(163).

[411] Vgl. *Hoffmann-Riem*, in: Hoffmann-Riem/Schmidt-Aßmann, Öffentliches Recht und Privatrecht als wechselseitige Auffangordnungen, S. 261 ff(300 ff.); *Di Fabio*, AöR 56(1997), 237ff; *Trute*, DVBl 1996, 951(953).

[412] Vgl. *Schmidt-Preuß*, VVDStRL 56(1997), 160(165); für das TKG *Wegmann*, Regulierte Marktöffnung in der Telekommunikation, S. 51.

[413] *Hoffmann-Riem*, DVBl 1999, 125ff, *ders./Eifert*, in: ders. (Hrsg.), Telekommunikation und Innovation, 2000, S. 32; *Wegmann*, Regulierte Marktöffnung in der Telekommunikation, 2001.

Das zur Gemeinwohlsicherung erforderliche differenzierte Steuerungsinstrumentarium kommt nicht ohne teilweise erhebliche Eingriffe aus. Es schränkt zugunsten von Gemeinwohlzielen den neugewonnenen Handlungsspielraum privater Akteure wieder ein, den sie dem Rückzug des Staates aus der unmittelbaren Leistungserbringung im TK-Sektor verdanken. Darin mag man ein Paradox sehen[414], unter dem Strich bleibt der Gewinn an Freiheit, Flexibilität und Leistungsfähigkeit enorm, solange der Balanceakt auf dem schmalen Grat zwischen Selbstregulierung und zu viel oder zu wenig an staatlicher Lenkung[415] gelingt. Dafür darf das Spannungsverhältnis zwischen die gesetzlicher Determination regulativer Eingriffsbefugnisse und das Bedürfnis nach flexiblen Steuerungsmöglichkeiten indes nicht zu groß werden.
Wie setzt das TKG diese Regulierungsaufgabe einer möglichst marktkonformen, die Selbstregulierung fördernden Steuerung von Zusammenschaltungen auf Gemeinwohlziele um? Und wie läßt sich diese Umsetzung vor dem Hintergrund behördlicher Gesetzesbindung einerseits, administrativer Handlungsspielräume sowie deren gerichtlicher Kontrolle andrerseits in das System des deutschen Verwaltungsrechts einzuordnen? Diese Fragen leiten die Untersuchung von Voraussetzungen (dazu Kapitel 9 bis 10), Inhalt (Kapitel 12), Durchsetzung (Kapitel 13ff.) sowie Rechtsfolgen des ONP-Anspruchs auf Zusammenschaltung (Dritter Teil).
Die Analyse wird den Vorwurf widerlegen, der Begriff der Regulierung entbehre generell eines eindeutigen Inhalts[416] und bliebe im TKG konturlos[417] sowie scheinpräzise[418]. Deshalb wird sie Regulierung als spezifischen Steuerungsansatz[419] beschreiben und für die Anordnung der Zusammenschaltung regulierungstypische Instrumente[420] und Verfahrensweisen nachweisen.

[414] *Wegmann* a.a.O., S. 53.
[415] *Wegmann*, Regulierte Marktöffnung in der Telekommunikation, 2001, S. 53.
[416] *Ruffert*, AöR 124(1999), 237(246).
[417] *Ladeur*, K&R 1998, 471.
[418] *Lerche*, in: Maunz/Dürig, GG-Kommentar, Art. 87 f Rn. 88 Fn. 2.
[419] *Trute*, in: Trute/Spoerr/Bosch, TKG, Kommentar, 2001, § 1 Rn. 10.
[420] Allgemein *Eisenblätter*, Regulierung in der Telekommunikation, 2000, S. 98 ff. u. 284 f.

Kapitel 9 Voraussetzungen des Zusammenschaltungsanspruchs

Wie der erste Teil der Arbeit gezeigt hat, stellt das Recht auf Zusammenschaltung einen strukturell mit der Dienstleistungsfreiheit des Europarechts verknüpften Anspruch dar. Im folgenden werden seine präzisen Voraussetzungen nach deutschem Recht vor dem Hintergrund des europäischen Rechtsrahmens erörtert.

I. Zusammenschaltung

1. *Netzverbindung*

Unter Zusammenschaltung versteht das TKG nur denjenigen Netzzugang, der TK-Netze physisch und logisch verbindet, um Nutzern Kommunikation zu ermöglichen, § 3 Nr. 24 TKG: Zusammenschaltung im TKG heißt also Netzverbindung. Sie stellt damit einen Unterfall des besonderen Netzzugangs dar und muß von anderen Spielarten des besonderen Netzzugangs unterschieden werden. Das betrifft den entbündelten Zugang zur Teilnehmeranschlussleitung nach § 33 I TKG[421] und die bloße Verbindung einer Endeinrichtung mit einem Netz (Anschaltung) nach § 3 Nr. 9 Var. 1 TKG. Bloße Anbieter von Diensten ohne eigenes Netz haben deshalb keinen Anspruch auf Zusammenschaltung.
Dieser grundlegende Unterschied zwischen Anschaltung als Verbindung von Endgerät und Netz und Zusammenschaltung als Verbindung zweiter Netze wird indes teilweise mit Verweis auf europarechtliche Grundlagen verneint. Das führt zur Einordnung jedes Netzzugangs auch von Diensteanbietern ohne Netz als Zusammenschaltung[422].
Zu Unrecht, wie ein Blick auf die ZS-RL zeigt. Die Richtlinien unterscheidet an mehreren Stellen deutlich zwischen Zusammenschaltung und sonstigem besonderem Netzzugang. Sie definiert in Art. 2 a Zusammenschaltung als physische und logische Verbindung von TK-Netzen. Zur Gewährung von Netzzugang verpflichtet Art. 4 II nur bestimmte marktstarke Anbieter, als Oberbegriff schließt dieser Netzzugang diese Zusammenschaltung ein.
Andere Netzbetreiber verpflichtet Art. 4 I nur zur Zusammenschaltung. Diese Abstufung von Pflichten nach Marktmacht verlöre durch die vollständige Gleichsetzung von Zusammenschaltung mit besonderem Netzzugang ihren Sinn.

[421] Er verleiht dem Zugangsberechtigten Kontrolle über einen Teil eines Fremdnetzes. Das unterscheidet ihn maßgeblich von der Zusammenschaltung, die jedem Netzbetreiber die Herrschaft über sein Netz beläßt.

[422] *Berger*, Netzzusammenschaltungen von Telekommunikationsunternehmen, 2000, S. 70; ähnlich *Koenig/Loetz*, K&R 1999, 298(299).

Ebenfalls kein überzeugendes Argument für eine Gleichsetzung von Anschaltung und Zusammenschaltung liefert die Dienste-RL 96/19/EG der Kommission[423]. Sie faßt jede Form des Netzzugangs unter den Begriff der Zusammenschaltung[424], ist aber nicht mehr anwendbar, weil die ZS-RL sie inzwischen verdrängt hat[425]. Nur Netzbetreiber können also Zusammenschaltung verlangen.

2. *Zugriff auf Dienste*

In europarechtskonformer Lesart umfaßt Zusammenschaltung den Zugriff auf die über das zusammenschaltete Netz transportierten Dienste. Das TKG nennt als Zweck der Zusammenschaltung nur die Netzverbindung zur Nutzerkommunikation. Die ZS-RL schließt dagegen den Zugriff auf Dienste ein, die über das Zielnetz angeboten werden, gleich ob vom Zusammenschaltungspartner oder Dritten. Diese den Zugriff auf Dienste mitumfassende Definition der Zusammenschaltung ist identisch mit der des GATS[426].

Diese Divergenz läßt sich indes durch europarechts- und völkerrechtskonforme Auslegung beseitigen, der Wortlaut des TKG läßt dafür Auslegungsspielraum. Das Gesetz nennt als Ziel der Zusammenschaltung die unmittelbare und mittelbare Kommunikation von Nutzern. Nutzer definiert das Gesetz in § 3 Nr. 11 TKG als Nachfrager nach TK-Dienstleistungen. Ein Diensteanbieter, der seine Dienste in ein fremdes TK-Netz einspeist, nutzt damit eine TK-Dienstleistung, nämlich das Angebot des Übertragungsweges durch den Netzbetreiber. Deshalb ist er Empfänger einer Dienstleistung und kann als Nutzer im Sinne des Gesetzes eingeordnet werden. Insofern dient eine Zusammenschaltung zum Zweck des Zugriffs auf Dienste der Kommunikation von Nutzern.

§ 3 Nr. 9 TKG bestätigt dieses Auslegungsergebnis. Danach kann Netzzugang zum Zweck des Zugriffs auf Dienste erfolgen. Eine Sonderform des Netzzugangs bildet die Zusammenschaltung, § 3 Nr. 24 TKG.

In europarechtskonformer Auslegung umfaßt das Zusammenschaltungsrecht damit das Recht, auf alle in den zusammengeschalteten Netzen angebotenen Dienste zuzugreifen[427]. Die Pflicht zur Zusammenschaltung erstreckt sich auf die gesamte Bandbreite elektronischer Kommunikationsformen, soweit sie über ein Netz transportiert werden. Die ZS-RL zählt beispielhaft Anbieter von Sprachtelefondienst, Telefax, Mietleitungen sowie mobiler Netze und Dienste auf[428].

[423] Rl. 96/19/EG, Abl. EG Nr. L 74 v. 22.3.1996, S. 13; a.A. BeckTKG-Komm/*Piepenbrock*, 2. Auflage 2000, § 35 Rn. 27.

[424] Art. 1 III Spiegelstrich 2: Verbindung von TV-Einrichtungen von Organisationen, die TK-Netze oder TK-Dienste bereitstellen bzw. erbringen.

[425] Dazu oben unter Kapitel 7 S. 63 ff.

[426] Viertes Protokoll zum GATS, BGBl 1997 II, S. 2000, Rn. 2.1.

[427] *Kaufmann*, CR 1998, 728.

[428] Vgl. Anhang I der ZS-RL, Abl. EG Nr. L 199 v. 26.7. 1997, S. 32.

Daher regeln Art. 4 II ZS-RL und § 35 I 2 und 3 TKG einen entwicklungsoffenen Zugangsanspruch zu allen netzgebundenen Formen elektronischer Kommunikation. Das entspricht der Ableitung des ONP-Zugangsrechts aus den ökonomischen Besonderheiten netzgebundener Infrastruktur. Das Recht auf Zusammenschaltung soll auch die Gefahren einer Bündelung von Schlüsseldiensten abwehren und muß deshalb den Zugang zu Diensten im Zielnetz umfassen.
Europarechtlich nimmt Art. 2 I Nr. d ZS-RL Rundfunk und Fernsehen vom Anwendungsbereich des Zusammenschaltungsrechts aus. Das widerspricht der Logik des ONP-Systems, das Zugangsrechte an Netzeigenschaften knüpft und nicht an – aufgrund der technischen Entwicklung überholte – begriffliche Einschränkungen der transportierten Inhalte. Die Ausnahme zugunsten von Radio und Fernsehen wird sich deshalb angesichts der fortschreitenden Konvergenz elektronischer Medien nicht halten lassen.
Die geplante Neufassung des Rechtsrahmens für Zusammenschaltungen trägt dieser Entwicklung Rechnung. Art. 4 der geplanten Richtlinie über Netzzugang und -zusammenschaltung[429] berechtigt und verpflichtet alle Inhaber „elektronischer Kommunikationsnetze" zur Zusammenschaltung. Sie gibt damit jede Differenzierung nach Inhalten auf.
Im TKG hat sich diese Einschränkung nach Inhalten ohnehin nicht niedergeschlagen. Grundsätzlich läßt sich bereits jetzt ein Zusammenschaltungsanspruch vertreten, der einen Zugriffs auf kabelgebundenes Fernsehen, Radio oder andere Datendienste umfaßt[430].

II. Betrieb eines Telekommunikationsnetzes

Als weitere Voraussetzung für den ONP-Anspruch auf Zusammenschaltung fordert das TKG, daß Anspruchsteller und Anspruchsgegner ein TK-Netz betreiben[431]. Netz definiert das Gesetz in § 3 Nr. 21 wenig hilfreich mit einer Tautologie: *Gesamtheit der technischen Einrichtungen, die erforderlich sind, um ein TK-Netz zu betreiben.* Als erläuternden Klammerzusatz nennt es *Übertragungswege, Vermittlungseinrichtungen und sonstige Einrichtungen.* Als Zweck des Netzes bezeichnet das TKG die Erbringung von TK-Dienstleistungen oder nicht gewerbliche TK-Zwecke. Aus diesem Wortlaut lassen sich verschiedene hohe Anforderungen an den Netzbegriff ableiten.

[429] Entwurf der Zugangs-RL, KOM(2000)384.
[430] *Trute*, in: Trute/Spoerr/Bosch, TKG, Kommentar, 2001, § 35 Rn. 32.
[431] § 35 I S. 2 TKG gibt gegen Netzbetreiber einen Anspruch auf Zusammenschaltung, die § 3 Nr. 24 wiederum als Verbindung von TK-Netzen definiert. Nach § 36 TKG müssen sich Netzbetreiber gegenseitig auf Nachfrage eine Angebot auf Zusammenschaltung unterbreiten.

1. *Mindestzahl von Vermittlungsstellen*

Das TKG spricht in § 3 Nr. 21 von Vermittlungseinrichtung*en* als Netzbestandteilen. Technisch gesehen setzt ein Fernmeldenetz ein Vermittlung voraus, also die Wahl zwischen verschiedenen Übertragungswegen beim Datentransport. Ein Netz benötigt mindestens drei Übertragungswege und einen Netzknoten, an dem vermittelt wird, also die Wahl zwischen verschiedenen Übertragungswegen erfolgen kann. Ohne die Möglichkeit dieser Wahl liegt nur einfacher Leitungstransport vor[432]. Andrerseits genügt ein einzelner Netzknoten, um die erforderliche Vermittlungsleistung zu erbringen. Vor diesem technischen Hintergrund muß der Nutzung des Plurals in § 3 Nr. 21 TKG nicht unbedingt das Erfordernis mehrerer Netzknoten entnommen werden. Einrichtung*en* kann auch die verschiedenen technischen Installationen eines einzelnen Netzknotens meinen.

Nur diese Auslegung entspricht der Definition der ZS-RL[433], die keine Mindestzahl von Abschlußpunkten oder Vermittlungseinrichtungen nennt. Die bei der Auslegung ebenfalls heranzuziehende Netzdefinition des GATS-TK-Annex faßt den Netzbegriff sogar noch weiter[434].

Trotzdem folgert *Berger* aus § 3 Nr. 21 TKG, von einem Netz sei erst ab einer Mindestzahl von Vermittlungsstellen auszugehen. Ein einzelner Vermittlungsrechner nebst dazugehöriger Leitungen stelle noch kein Netz dar[435]. Die Lenkung des Verkehrs über nur eine Vermittlungsstelle verursache erhebliche atypische Verkehrsströme. Durch solche atypischen Verkehrsflüsse, die nicht auf dem direkten Weg, sondern nur auf dem Umweg über die einzige Vermittlungsstelle durch das Netz laufen, gingen die Bündelungsvorteile des Netzes verloren. Netzbetreiber im Sinne des TKG müßten deshalb stets genug Vermittlungseinrichtungen installieren, um die jeweils günstigste Verkehrsführung zu nutzen und damit atypische Ströme zu vermeiden. *Berger* fordert also in der Regel mehr als zwei Vermittlungsstellen. Er will die Einschränkung der Netzdefinition offenbar weniger aus dem Wortlaut, sondern vor allem aus Sinn und Zweck des Gesetzes ableiten.

Ein solcher Gesetzeszweck, der ein Netz nur bei Erreichen der maximalen Bündelungsfunktion annimmt, läßt sich dem TKG nicht entnehmen. Vielmehr sollen die Zusammenschaltungsregeln kleinen Netzbetreibern nutzen, deren Netzleistung hinter derjenigen des marktbeherrschenden Betreibers zurückbleibt. Die Art der mit einem Netz erzeugten Verkehrsströme hat nichts mit seiner konstituierenden

432 *Siegmund*, Technik der Netze, 3. Auflage 1999, Seite 9.

433 Art. 2 Abs. 1 c) ZS-RL definiert Netze als Übertragungseinrichtungen und gegebenenfalls Vermittlungseinrichtungen sowie sonstige Betriebsmittel, mit denen Signale zwischen definierten Abschlußpunkten übertragen werden.

434 Nr. 3 lit. c : „Infrastruktur, die Telekommunikation zwischen Netzabschlußpunkten ermöglicht."

435 *Berger*, Netzzusammenschaltungen von TK-Unternehmen, 2000, S. 73 ff; *ders.*, CR 1999, 222 (226).

Eigenschaft, der Vermittlungsleistung und dem gesetzlich festgelegten Zweck, der Erbringung von TK-Dienstleistungen, zu tun. Eine Mindestzahl von Vermittlungsstellen mit Blick auf die erzeugten Verkehrsströme ist deshalb nicht Bestandteil des Netzbegriffs[436].

Die Frage des atypischen Verkehrs läßt nicht über eine Verengung der Netzdefinition lösen. Sie gehört zum Problemkreis der grundlegenden Anforderungen, deren Erfüllung den Anspruch auf Netzzugang einschränken kann[437].

2. *Beschränkung auf Teilnehmernetze*

§ 3 Nr. 24 TKG definiert Zusammenschaltung als Netzverbindung, die es an verschiedenen Netzen angeschalteten Nutzern ermöglicht zu kommunizieren. Daraus wird teilweise gefolgert, nur solche Netze fielen unter den Begriff der Zusammenschaltung, mit denen unmittelbar Nutzer verbunden seien. Nur Betreiber von Teilnehmernetzen hätten danach einen Anspruch auf Zusammenschaltung, Verbindungsnetzbetreiber ohne direkten Anschluß von Nutzern müssten aus dem Kreis der Anspruchsberechtigten ausscheiden[438].

Diese Ansicht steht vom Wortlaut des TKG her auf schwachen Füßen. Auch ein zwischengeschaltetes Verbindungsnetz ermöglicht Nutzern die Kommunikation. Mehr verlangt § 3 Nr. 24 TKG für die Netzzusammenschaltung nicht. Die Netzdefinition des § 3 Nr. 21 TKG erwähnt Endeinrichtungen überhaupt nicht.

Europarechtlich genügen für den Netzbegriff sogar die Einrichtungen, die der Signaltransport zwischen zwei Abschlußpunkten erfordert[439]. Endeinrichtungen verlangt diese Definition nicht, die Abschlußpunkte können auch in einem Verbindungsnetz liegen.

Der Gesetzestext liefert daher keine Handhabe, um Vermittlungsnetze vom Netzbegriff auszuschließen. Und selbst wenn man Endeinrichtungen für ein Netz fordert, genügt nach § 3 Nr. 3 TKG deren mittelbare, also über ein weiteres Teilnehmernetz hergestellte Verbindung mit dem Vermittlungsnetz[440].

§ 43 VI TKG sichert dieses Auslegungsergebnis ab. Danach muß jeder TK-Netzbetreiber sicherstellen, daß Nutzer einen beliebigen Verbindungsnetzbetreiber frei auswählen können. Das setzt regelmäßig die vorherige Zusammenschaltung des Verbindungsnetzbetreibers mit anderen Netzen voraus. Verbindungsnetzbetreibern muß deshalb ein Zusammenschaltungsrecht zustehen.

Hinter diesem Versuch, die Netzdefinition im Hinblick auf Zusammenschaltungspflichten einzuschränken, stehen solche Anbieter, die nur verhalten in eine eigene

[436] So auch BeckTKG-Komm/*Schütz*, 2. Auflage 2001, § 3 Rn. 24 c.

[437] Dazu ausführlich unten in Kapitel 11 S. 118 ff.

[438] So der Leiter der Abt. Regulierung bei der Deutschen Telekom AG, *Hefekäuser*, MMR aktuell 5/1998, S. VIII.

[439] Dazu *Spoerr*, in: Trute/Spoerr/Bosch, TKG, Kommentar 2001, § 3 Rn 94.

[440] *Weißhaar/Koenig*, MMR 1998, 475(477).

Infrastruktur investieren. Stattdessen bauen sie eigene Vermittlungsknoten auf, die sie mittels gemieteter Leitungen (in fremden Eigentum stehende, aber selbst beschaltete Leitungen) verbinden. Zuführungs- und Terminierungsdienste, also die Übertragung vom Vermittlungsknoten zum Endkunden, kaufen sie ein. Sie stellen für den etablierten Betreiber eine lästige Konkurrenz dar. Gerade solche will das TKG nach seinem wettbewerbsfördernden Telos – § 2 II Nr. 2 TKG – schaffen. Für ein Netz genügen daher eine Vermittlungsstelle sowie Verbindungsleitungen, die nicht zwingend in Teilnehmernetzen enden müssen[441] und nicht im Eigentum des Netzbetreibers zu stehen brauchen, solange er die Funktionsherrschaft darüber besitzt[442]. Diesen Netzbegriff legt auch die Regulierungsbehörde nach anfänglichem Zögern inzwischen richtigerweise ihren Anordnungen zugrunde[443].

3. *Erbringen einer Transportleistung*

Weil Zusammenschaltung nur Netzverbindung zur Nutzerkommunikation bedeutet, hängt der Begriff nicht von der konkreten, durch die Zusammenschaltung erzeugten Verkehrsführung ab. Ein Netzbetreiber braucht nur eine Verbindungs-, nicht unbedingt eine wesentliche Transportleistung zu erbringen, um in den Genuß eines Zusammenschaltungsrechts zu kommen. Eine im Einzelfall aufgebaute Verbindung braucht die Nutzerdaten deshalb nicht über eine bestimmte Entfernung zu transportieren, damit eine Zusammenschaltung im Sinne des Gesetzes vorliegt[444]. Es handelt sich um eine Zusammenschaltung, wenn Netze so verbunden werden, daß der Verkehr am selben Ort im Netz des einen Netzbetreibers zugeführt und terminiert wird, der andere Netzbetreiber also keine nennenswerte Transportleistung erbringt (sogenannter Rein-Raus-Verkehr). Auch dann dient die Netzverbindung der Kommunikation von Nutzern, mehr verlangt das TKG nicht. Ihre anfangs entgegenstehende Rechtsansicht hat die Regulierungsbehörde inzwischen korrigiert[445].

[441] *Weißhaar/Koenig* a.a.O.; BeckTKG-Komm/*Piepenbrock*, 2. Auflage 2000, § 36 Rn. 8 f.; *Trute*, in: Trute/Spoerr/Bosch, TKG, Kommentar, 2001, § 36 Rn. 3, *Spoerr*, a.a.O § 3 Rn. 63.

[442] *Spoerr*, a.a.O., § 3 Rn. 24.

[443] *RegTP*, Öffentliche Anhörung über die regulatorische Behandlung von Verbindungsnetzen und öffentlichen Telekommunikationsnetzen im Hinblick auf die Zusammenschaltungsvorschriften des TKG, Abl. 4/99 S. 739 ff.(752 ff.); sowie die Zusammenschaltungsanordnungen Bk 4d-98-020, S. 11 ff.; Bk 4 d-99-009, MMR 1999, 428(429).

[444] BeckTKG-Komm/*Piepenbrock*, 2. Auflage 2000, § 35 Rn. 22.

[445] *RegTP* BK 4 c-99-008/Z 25.2.99 *EconoPhone GmbH*, MMR 1999, 430 m. Anm. *Piepenbrock*; zustimmend *Trute*, in: Trute/Spoerr/Bosch, TKG, Kommentar, 2001, § 35 Rn. 32.

III. Adressaten der Zusammenschaltungspflichten

Das TKG stuft die Pflichten von Netzbetreibern nach ihrer Marktstärke ab, das entspricht seiner wettbewerbsschützenden und -fördernden Zielrichtung. Marktbeherrschende Netzbetreiber müssen nach § 35 I TKG besonderen Netzzugang ermöglichen, die Zusammenschaltung bildet einen Unterfall. Sie muß nach ONP-Grundsätzen, insbesondere kostenorientiert durchgeführt werden und darf nicht diskriminieren.

Anspruchsberechtigt sind Nutzer, also Nachfrager nach TK-Dienstleistungen, § 3 Nr. 11 TKG. Wegen der Definition von Zusammenschaltung als Netzverbindung kann sie nur von Netzbetreibern verlangt werden. Anderen Nutzern bleibt das Recht auf besonderen Netzzugang.

Nicht marktbeherrschende Netzbetreiber verpflichtet § 36 TKG, auf Anfrage ein Angebot auf Zusammenschaltung abzugeben. Sie schulden freilich keine Zusammenschaltung nach ONP-Grundsätzen. Insgesamt rechtfertigt es diese Abstufung der Pflichten, von einem Grundsatz der Asymmetrie im TKG zu sprechen[446].

Damit folgt das TKG der Systematik des Europarechts[447]. Es versteht die Zusammenschaltungspflicht als Unterfall der weiterreichenden Pflicht zur Gewährung besonderen Netzzugangs[448]. Die ZS-RL legt in Art. 4[449] den Umfang der Zusammenschaltungsrechte und -pflichten fest, die aus den ONP-Grundsätzen folgen. Die Vorschrift unterscheidet zwei Gruppen von Netzbetreibern. Einerseits sogenannte marktstarke Organisationen, die nach Art. 4 II ZS-RL nicht nur jedem Zusammenschaltungsantrag, sondern jedem begründetem Antrag auf besonderen Netzzugang stattgeben müssen. Andrerseits Unternehmen, die nicht schon generell eine marktstarke Position innehaben, sondern einen speziellen Engpaß beherrschen, von dem der Kundenzugang anderer Anbieter von TK-Dienstleistungen abhängt. Sie brauchen gemäß Art. 4 I ZS-RL nur mit anderen Unternehmen derselben Kategorie eine Zusammenschaltung auszuhandeln und haben ihnen gegenüber ihrerseits ein Zusammenschaltungsrecht.

Damit bezieht die ZS-RL eine vermittelnde Position bei der Schlüsselfrage des ONP-Konzepts, der Bestimmung von nicht angreifbaren Marktpositionen im Netzbereich (monopolistische Engpässe), deren Überwindung eine Zusammenschaltungspflicht erfordert. Sie legt abgestufte Pflichten zur Zusammenschaltung

[446] *Fuhr/Kerkhoff*, NJW 1997, 3209(3211).

[447] *Nolte*, BB 1996, S. 2629(2630).

[448] Nach Art. 4 II i.V.m. Anhang I müssen marktstarke Anbieter allen begründeten Anträgen auf Netzzugang stattgeben, schulden also besonderen Netzzugang, deren Unterfall die Zusammenschaltung bildet.

[449] Nicht mehr anwendbar ist die Regelung des Art. 4 a RL 96/19/EG, die mit ihrer Bezugnahme auf Telekommunikationsorganisationen das Fortbestehen besonderer oder ausschließlicher Rechte voraussetzt, Art. 4a RL 96/19/EG, Art. 2 Nr. 1 RL 90/387/EG. Das verkennen *Wieland/Enderle*, MMR 1999, 379.

fest. Engpaßbeherrschung spielt dafür eine maßgebliche, aber nicht allein ausschlaggebende Rolle. Durch flexible Gestaltung der Anspruchsvoraussetzungen ermöglicht es die ZS-RL, andere Faktoren zu berücksichtigen, die eine freie Aushandlung von Zusammenschaltungen verhindern können.
Der Wortlaut des TKG nimmt weniger klar Bezug auf Engpaßbeherrschung. Bei der Bestimmung von Marktstärke, die zur Zusammenschaltung verpflichtet, kann und sollte die Frage der Engpaßbeherrschung trotzdem berücksichtigt werden.

1. *Verpflichtung marktbeherrschender Betreiber*

Was die Festlegung der erforderlichen Marktposition angeht, die eine weitreichende Zusammenschaltungspflicht auslöst, weicht das TKG von der Vorgabe der ZS-RL ab. Es verweist auf die allgemeine Definition der Marktstärke in § 19 GWB und greift damit zur Bestimmung des Zusammenschaltungspflichtigen auf bestehende Kategorien des Kartellrechts zurück[450]. Das Europarecht läßt demgegenüber beträchtliche Marktstärke genügen.
Augenfällig wird der Unterschied bei der Vermutungsregel des § 19 III 1 GWB. Eine marktbeherrschende Stellung ist danach ab einem Marktanteil von einem Drittel anzunehmen. Demgegenüber vermutet die ZS-RL eine marktstarke Stellung bereits ab einem Marktanteil von 25 Prozent im Gebiet eines Mitgliedstaats.
Diese Diskrepanz kann und muß die Regulierungsbehörde durch eine europarechtskonforme Anwendung des Begriffs der Marktmacht ausräumen. Sie sollte schon ab einem Marktanteil von 25 Prozent von einer marktbeherrschenden Stellung auszugehen. Die Praxis der Regulierungsbehörde will dem anscheinend Rechnung tragen.

a) Besonderer Marktmacht in der ZS-RL

Erhebliche konzeptionelle Unterschiede zeigen sich hinsichtlich der behördlichen Feststellung der erforderlichen Marktposition. Die ZS-RL bindet die Regulierungsbehörde nicht starr an die 25-Prozent-Grenze. Vielmehr kann sie anhand weiterer Kriterien bei einem geringeren Marktanteil *festlegen*, daß ein Unternehmen die regulierungsauslösende Marktmacht besitzt, oder umgekehrt trotz dieses Marktanteils Marktmacht ausschließen. Als ausschlaggebende Gesichtpunkte nennt die ZS-RL beispielhaft die Möglichkeit, Zugang zu Endbenutzern zu kontrollieren und die Marktbedingungen zu beeinflussen[451].

[450] Vgl. *Lampert*, WuW 1998, 27(29); speziell zur Marktbeherrschung im TK-Sektor *Immenga*, MMR 2000, 196 ff.; aus Sicht des Europarechts *Kommission*, Wettbewerbsmitteilung, Abl. EG Nr. C 265 1998, S. 2; dazu *Riehmer*, MMR 1999, 355 ff.; allgemein zum Verhältnis GWB/TKG *Schroeder*, WuW 1999, 14 ff.

[451] Weitere Kriterien: Umsatz im Verhältnis zur Größe, Zugang zu Finanzmitteln, Markterfahrung.

Festlegen ist nicht deklaratorisch, sondern konstitutiv zu verstehen. Der englische Richtlinientext spricht von „*determine*", das legt eine über eine Subsumtion hinausgehende Entscheidung nahe.

Die Entstehungsgeschichte der Richtlinie weist ebenfalls in Richtung auf einen Entscheidungsspielraum der Behörde bei der Festlegung von anspruchsauslösender Marktmacht. Die Vorstudie zur Richtlinie hatte sogar vorgeschlagen, die Festlegung der Zusammenschaltungsrechte vollständig auf den Regulierer zu übertragen[452].

Schließlich zeigt Anhang II Nr. 4 der ZS-RL systematisch, daß die Regulierung europarechtlich konstitutive Entscheidungen über Zusammenschaltungsrechte beinhaltet. Danach kann die Regulierungsbehörde Zusammenschaltungsrechte im Lizenzierungsverfahren festlegen[453].

Das Europarecht stellt die konstitutive Festlegung der Marktstärke und damit der wichtigsten Voraussetzung für eine Regulierung der Zusammenschaltung in die Kompetenz der Regulierungsbehörde. Der Regulierer entscheidet unter Berücksichtigung bestimmter Kriterien über die wichtigste Voraussetzung der Regulierung, die Marktstärke. Nach Text und Systematik der Richtlinien handelt es sich nicht um eine gebundene Entscheidung. Das belegt eine Erläuterung des Regelwerks durch die Kommission, die von einem *Ermessenspielraum* des Regulierers spricht[454].

Ermessen ist in diesem Zusammenhang ein spezifisch europarechtlicher Begriff. Die besondere Marktmacht gehört in Art. 4 II der ZS-RL zum Tatbestand des Zusammenschaltungsanspruchs. Nach klassischer Lesart des deutschen Verwaltungsrechts handelt es sich dabei um einen Beurteilungsspielraum[455]. Allerdings unterscheidet das europäische Recht generell nicht zwischen Beurteilungsspielräumen auf der Tatbestands- und der Einräumung von Ermessen auf der Rechtsfolgenseite. Bei Entscheidungsfreiräumen der Verwaltung geht das Europarecht vielmehr von einem einheitlichen, weiten Gestaltungsspielraum aus[456]. Ihn meint die Bezeichnung als *Ermessenspielraum*.

[452] *Arnbak* u.a., Network Interconnection in the Domain of ONP, 1994.

[453] Vgl. Art. 2 I b, 7 I d i.V.m. Ziffer 4.6 des Anhangs der RL 97/13/EG vom 10.4.1997, Abl. EG Nr. L 117 v. 7.5.1997, S. 15.

[454] *Kommission*, Europas liberalisierter Telekommunikationsmarkt – Ein Leitfaden zu den Spielregeln, S. 12, http://europa.eu.int/ISPO/infosoc/telecompolicy/en/comm-en.htm#misc.

[455] Vgl. etwa *Maurer*, Allgemeines Verwaltungsrecht, 13. Auflage 2000, § 7 Rn. 26 ff; *Kopp/Schenke*, VwGO, 12. Auflage 2000, § 114 Rn. 33. Ausführlich dazu im Zusammenhang mit den Regulierungszielen in Kapitel 15 S. 190 ff.

[456] Dazu allgemein *Sachs*, in: Stelkens/Sachs/Bonk, VwGO, 5. Auflage 1998, § 40 Rn. 25 m.w.Nw.; *Schwarze*, Europäisches Gemeinschaftsrecht Bd. I, 1988, S. 280 ff; *Von Danwitz*, Verwaltungsrechtliches System und Europäische Integration, 1996, S. 184.

Die geplante Neufassung der Zusammenschaltungsregeln bestätigt und verstärkt die Tendenz der ZS-RL, die Regulierung der Zusammenschaltung auf der Ebene des Tatbestandes und auf der Rechtsfolgenseite zu flexibilisieren[457].

b) Marktbeherrschung im TKG

Beim Merkmal der Marktbeherrschung bleibt die Rechtslage im GWB, auf die das TKG verweist, hinter der Regelung der ZS-RL zurück. Für die Feststellung der Marktbeherrschung gilt der Amtsermittlungsgrundsatz des § 24 VwVfG. Der wettbewerbsrechtliche Begriff der Marktstärke stellt einen unbestimmten Rechtsbegriff dar[458], der aber gerichtlich voll überprüfbar bleibt[459]. Die Vermutung des § 19 III GWB enthält weder eine Darlegung- oder Beweislastregelung und ist widerlegbar. Sie greift nur, wenn nach Ausschöpfung aller Erkenntnisquellen durch die Behörde und entsprechender Würdigung der Verfahrensergebnisse eine marktbeherrschende Stellung weder auszuschließen noch zu bejahen ist[460].
Der klare Wortlaut des TKG nimmt Bezug auf die gefestigte Praxis und Rechtsprechung zum GWB. Das schließt eine abweichende Auslegung des Begriffs Marktbeherrschung aus, die etwa einen gerichtsfreien Beurteilungsspielraum einräumt[461] und damit besser den europäischen Vorgabe entspräche.
Entscheidend für die Marktbeherrschung eines Unternehmens nach TKG ist damit, ob es keinem wesentlichen Wettbewerb ausgesetzt ist, § 19 II 1 Nr. 1 GWB, oder im Verhältnis zu seinen Wettbewerbern eine überragende Marktstellung hat, § 19 II 1 Nr. 2 GWB. Ausgangspunkt zur Ermittlung der Marktbeherrschung bildet die Feststellung des relevanten Marktes nach dem Bedarfsmarktkonzept. Dem relevanten Markt sind diejenigen Produkte zuzurechnen, die aus der Sicht der Abnehmer nach Eigenschaft, Verwendungszweck und Preislage zur Deckung eines bestimmten Bedarfs austauschbar sind[462].

[457] Entwurf der Zugangsrichtlinie, KOM(2000)384, Art. 8 ff. i.V.m. Art. 14 des Entwurfs der Rahmenrichtlinie, KOM(2000)393; vgl. auch oben in Kapitel 7 S. 68 ff.

[458] So *Ingo Schmidt*, Wettbewerbspolitik und Kartellrecht, 6. Auflage, 1999, S. 169; vgl. etwa BGHZ 68, 23 ff.

[459] Allgemein *Nolte*, Beurteilungsspielräume im Kartellrecht der Europäischen Gemeinschaft und der Bundesrepublik Deutschland, 1997, S. 191 ff.; für das TKG OVG Münster, NVwZ 2000, 697(698 f.); der Sache nach jetzt wohl auch BVerwG NVwZ 2001, 1399(1402).

[460] BGH WuW/E 1749, 1754 *Klöckner-Becorit*; *Immenga*, MMR 2000, 199.

[461] Allerdings geraten hier die Fronten in Bewegung: Die Regulierungsbehörde will zukünftig die Abgrenzung von Telefonmärkten nach Leitlinien treffen, die sie im ergebnisoffenen Diskurs mit den Beteiligten aufstellen will.

[462] St. Rsp. vgl. BGH NJW 1996, 595, 596 *Backofenmarkt*; allgemein *Möschel*, in: Immenga/Mestmäcker, Kommentar zum Kartellgesetz, 2. Auflage 1992, § 22 Rn. 24 ff.; für das TKG *Salger*, in: BeckTKG-Kommentar, 2. Auflage 2001, § 32 Rn. 14 ff; *Immenga* a.a.O.; *Traugott*, WuW 1998, 929 m.w.Nw.; BVerwG NVwZ 2001, 1399(1402).

Im Bereich der Telekommunikation muß mindestens unterschieden werden zwischen dem Angebot von Dienstleistungen für Endverbraucher und dem Zugang zu Einrichtungen, welche die Erbringung von Dienstleistungen für Endkunden erst ermöglichen (sog. Vorleistungs- oder Zugangsmärkte)[463]. Zusammenschaltungsleistungen fallen meist in das Segment der Vorleistungsmärkte, obwohl § 35 I TKG prinzipiell auch Endnutzern ein Recht auf Zusammenschaltung gibt, soweit sie ein TK-Netz betreiben. Das Angebot von Zusammenschaltungsleistungen kann in weitere, nicht austauschbare Leistungstypen untergliedert werden, die getrennte Märkte bilden[464]. Den wichtigsten Leistungstyp stellt derzeit noch die Terminierung und Zuführung[465] auf Ortsnetzebene dar, weil sie Konkurrenten der Deutschen Telekom AG erst den Zugang zum Endkunden öffnet.

Ein Unternehmen beherrscht einen relevanten Markt im Sinne des § 19 GWB, wenn es einen vom Wettbewerb nicht mehr hinreichend kontrollierten Verhaltensspielraum besitzt[466]. Die Ermittlung der Marktstärke erfolgt in einer umfassenden Gesamtschau, die verschiedene Kriterien zu würdigen hat. Dazu zählen die Marktstellung des Unternehmens, die Struktur des Marktes, das Maß potentiellen Wettbewerbs und die Marktzutrittsschranken.

Geht es um die Zusammenschaltung mit TK-Netzen, so wirken sich die bereits früher beschriebenen wirtschaftlichen Eigenarten dieser Netze aus. Externe Effekte und versunkene Kosten bilden in ihrem Fall hohe Marktzutrittsschranken, die vor allem im Ortsnetz die Existenz eines natürlichen Monopols und damit einer marktbeherrschenden Stellung sogar nach § 19 II 1 Nr. 1 GWB nahelegen.

In der Regulierungspraxis ist diese Feststellung der marktbeherrschenden Stellung bisher problemlos. Die Regulierungsbehörde hat zu Recht eine marktbeherrschende Stellung der Deutschen Telekom AG für Zusammenschaltungsleistungen im Ortsnetz festgestellt[467]. Generell bleibt die Deutsche Telekom AG mit einem Marktanteil von rund 80 % auf absehbare Zeit im wirtschaftlich wichtigsten Be-

[463] *Kommission*, Wettbewerbsmitteilung, Abl. EG Nr. C 265 1998, S. 2, Rn. 44; *Immenga*, MMR 2000, 199; *Salje*, K&R 1998, 331(338); *Holznagel/Enaux/Nienhaus*, Grundzüge des Telekommunikationsrechts, 2. Auflage 2001, S. 30.

[464] Im Einzelnen *Immenga*, MMR 2000, 197 f, der vorschlägt, weiter nach Transit-, Zuführung- und Terminierungsleistungen, sowie nach der Netzebene (lokale, regionale und nationale Zuführung) zu unterscheiden.

[465] Bei der Zuführung stellt ein Anbieter die Verbindung zwischen anrufendem Endgerät und dem Netzübergabepunkt her, bei der Terminierung schaltet er eine Verbindung zwischen Netzübergabepunkt und dem angerufenen Endgerät, *Holznagel/Enaux/Nienhaus*, Grundzüge des Telekommunikationsrechts, 2. Auflage 2001, S. 96.

[466] BGH, WuW/E BGH 1533, 1536 *Erdgas Schwaben*; *Lampert*, WuW 1998, 28(31).

[467] *RegTP* BK 4e-99-042/E 15.10.99, MMR 2000, 233(236); allgemein *Monopolkommission*, Wettbewerb auf Telekommunikations- und Postmärkten, Baden-Baden 2000, dazu *Holthoff-Frank/Paulus*, MMR 2000, 187 ff.(189); *Gerpott*, MMR 2000, 191(193), *RegTP*, Tätigkeitsbericht 1998/1999, S. 27 ff.

reich der Sprachtelefonie, dem Festnetz, marktbeherrschender Anbieter[468], mit Ausnahmen bei den Auslandsgesprächen.
Einen Mißbrauch der marktbeherrschenden Stellung setzt das TKG für den Anspruch auf Zusammenschaltung nicht voraus. Für den Zusammenschaltungsanspruch nach § 35 I 3 TKG spielt die Mißbrauchsvermutung des § 19 IV GWB regelmäßig keine Rolle. Die Vorschrift versucht, die „essential facilities"-Doktrin zu kodifizieren und Wettbewerbern bei der mißbräuchlichen Verweigerung von Netzzugang einen Anspruch zu verschaffen[469]. Die „essential facilities"-Doktrin beschreibt eines spezielle Konstellation des Marktmachtmißbrauchs. Insofern unterscheidet sie sich wesentlich vom ONP-Zugangsanspruch[470]. Er ist nicht nur spezieller, sieht weiterreichende Rechtsfolgen vor, sondern das Gesetz bindet ihn auch an weniger Voraussetzungen.

2. *Verpflichtung anderer Netzbetreiber*

Weniger eindeutig und deshalb umstritten sind die Zusammenschaltungspflichten von Netzbetreibern, die nicht unter § 35 I 3 TKG fallen, weil sie keine marktbeherrschende Stellung innehaben. § 36 TKG verpflichtet *jeden* Betreiber eines öffentlichen TK-Netzes, anderen Betreibern solcher Netze auf Nachfrage ein Angebot zur Zusammenschaltung abzugeben.
Zahlreiche Stimmen in der Literatur bestreiten, daß daraus ein Zwang zur Zusammenschaltung folgt. Sie verstehen § 36 TKG nur als Pflicht zu (nicht erfolgsbezogenen) Vertragsverhandlungen[471] oder höchstens zur mittelbaren Zusammenschaltung über ein Drittnetz[472].
Beide Einschränkungen der Zusammenschaltungspflicht sind angesichts klarer Vorgaben der ZS-RL, des Wortlauts und der Gesetzgebungsgeschichte des TKG nicht haltbar.

[468] *Holznagel/Enaux/Nienhaus*, Grundzüge des Telekommunikationsrechts, 2. Auflage 2001, § 31.
[469] Dazu etwa *Dreher*, DB 1999, 833.
[470] Siehe dazu oben im ersten Teil in Kapitel 6 S. 58 ff.
[471] *Gramlich*, CR 97, 65(67); *Wieland/Enderle*, MMR 1999, 379(380); *Riehmer*, MMR 1998, 59(60); *Hefekäuser/Dreier*, CR 1997, 110(111); *Bock/Völker*, CR 1998, 473(480); unklar *Manssen* in: ders. (Hrsg.), Telekommunikations- und Medienrecht, § 36 Rn. 1 einerseits, § 37 Rn. 1 andrerseits; für Zusammenschaltungspflicht aller Betreiber *Großkopf*, Die Vertragsfreiheit nicht marktbeherrschender Unternehmen bei der Netzzusammenschaltung, 1999, S. 62 ff.(72); *Etling-Ernst*, TKG-Kommentar, 2. Auflage, § 37 Rn. 5, anders noch *dies.*, 1. Auflage 1996, § 37 Rn. 1: „Redaktionsversehen"; BeckTKG-Kommentar/*Piepenbrock*, 2. Auflage 2000, Rn. 2 ff. zu § 37; anders noch *ders.*, a.a.O, 1.Auflage, § 37 Rn. 3 unter Berufung auf BT-Drucks. 13/4864, S. 97; *Riehmer*, MMR 1998, 59(62); *Koenig/Loetz*, K&R 1999, 298(300); *Nolte*, BB 1996, S. 2629(2630).
[472] So wohl *Berger*, Netzzusammenschaltungen von Telekommunikationsunternehmen, 2000, S. 107.

a) Vorgaben der ZS-RL

Art. 4 I ZS-RL verpflichtet bestimmte Netzbetreiber, eine Vereinbarung über die Zusammenschaltung *auszuhandeln*[473]. Daraus folgt eine Zusammenschaltungspflicht[474]. Das belegt schon die amtliche Überschrift des Art. 4 ZS-RL, die „Zusammenschaltungsrechte und -pflichten" lautet.

Sinn und Zweck der Norm bestätigen diese Auslegung. Anhang II ZS-RL zählt die Unternehmen auf, die nach Art. 4 I ZS-RL das Recht und die Pflicht haben, mit anderen Unternehmen derselben Kategorie eine gegenseitige Zusammenschaltung auszuhandeln. Die Gruppe besteht aus Unternehmen, die Trägerfunktionen für Benutzer bereitstellen, von denen andere TK-Dienste abhängen[475]. Sie beherrschen einen Netzabschlußpunkt und können dadurch kontrollieren, welche TK-Dienste dem Endnutzer am Abschlußpunkt zugänglich sind[476]. Beherrschung des Zugangs nach Anhang II nimmt die Richtlinien an bei Eigentum[477] oder anderer Kontrolle über den Netzabschlußpunkt. Diese in Art. 4 I i.V.m. Anhang II ZS-RL beschriebenen Konstellationen beschreiben spezifische Monopolsituationen. Durch die Kontrolle eines Engpasses beherrscht ein Anbieter den Zugang zum nachgelagerten Markt.

Wichtigstes Beispiel liefert Nr. 1 von Anhang II, die Kontrolle von Teilnehmeranschlüssen. Ohne Zugang zum Ortsnetz können Wettbewerber, die zu den Inhabern der Engpaßbereiche in Wettbewerb stehen, Endkunden nicht erreichen und dem Engpaßbeherrscher keine Konkurrenz machen. Ähnliches gilt für Sonderrechte im Auslandstelefonverkehr, Nr. 3. Ihre ausschließliche Nutzung kann grenzüberschreitenden Dienstleistungswettbewerb verhindern.

Vor dem im ersten Teil näher ausgeführten ökonomischen Hintergrund der Zusammenschaltung muß Art. 4 I als Recht der Wettbewerber auf Zusammenschaltung gelesen werden. Nur so lassen sich diese mißbrauchsgefährdeten Engpässe neutralisieren und damit das Ziel des ONP-Konzepts erreichen.

Der Richtliniengeber wollte aus diesem Grund ein Zusammenschaltungsrecht schaffen[478], wie der Kommissionsvorschlag für die ZS-RL belegt[479]. Danach besitzen Netzwerkbetreiber und Diensteanbieter, ***welche den Zugang*** von Endbenutzern zu anderen Diensteanbietern ***kontrollieren***, privilegierten Zugriff auf knappe öffentliche

[473] S.o. in Kapitel 9 S. 98 ff.

[474] *Scherer (Hrsg.)*, Telecommunication Laws in Europe, Vierte Auflage 1998, S. 27 Zi. 1.98.

[475] Anhang II der Richtlinie 97/33 EG, Abl. EG Nr. L 199 v. 26.7.1997, S. 32.

[476] Art. 1 Spiegelstrich 4 Richtlinie 90/388 EG, Abl. EG Nr. L. 192 v. 24.7.1999: Physische Verbindungen und technische Zugangsspezifikationen, die für den Netzzugang und zur effizienten Kommunikation erforderlich sind.

[477] Das Wort „Besitz" führt in die Irre, gemeint ist Eigentum, wie die englische Fassung („ownership") zeigt.

[478] Vgl. *Arnbak*, u.a., Network Interconnection in the Domain of ONP, 1994, S. 6.

[479] KOM(95)379, S. 6.

Ressourcen, etwa auf Wegerechte (vgl. § 50 TKG). Diesen Privilegien sollen nach Vorstellung der Kommission verstärkte *Pflichten* entsprechen. Dazu zählt vor allem die *Pflicht* zur Zusammenschaltung mit Organisationen derselben Kategorie. Wer also den Zugang von Nutzern zu Diensten kontrolliert, ist zur Zusammenschaltung verpflichtet[480]. Diese Pflicht ist nicht auf mittelbare Zusammenschaltung über ein Drittnetz beschränkt, dafür liefert der Wortlaut des Art. 4 I ZS-RL keinen Anhaltspunkt[481].

b) Wortlaut und Gesetzesgeschichte

Das TKG bestätigt diesen Befund eines Rechts auf Zusammenschaltung für alle Netzbetreiber[482]. Dafür spricht der Wortlaut des § 36 TKG. Wer auf Nachfrage ein Angebot auf Zusammenschaltung abgeben muß, hat es nicht mehr in der Hand, ob der Nachfrager annimmt und dadurch einen Zusammenschaltungsvertrag abschließt. Er ist zur Zusammenschaltung verpflichtet. Eine solche weite Zusammenschaltungspflicht entspricht der Absicht des Gesetzgebers[483], der mit § 36 TKG eine Zusammenschaltungspflicht für *alle* Betreiber öffentlicher Netze schaffen wollte.

Das Europarecht knüpft Zusammenschaltungspflichten an Markt- und Engpassbeherrschung. Darüber geht § 36 TKG sogar noch hinaus und legt allen Netzbetreibern eine Pflicht zur Zusammenschaltung auf. Die Vorschrift braucht trotzdem nicht europarechtskonform eingeschränkt zu werden. Die Gewährung eines generellen Zusammenschaltungsrechts und einer korrespondierenden Pflicht durch § 36 TKG füllt lediglich europarechtlich gewährten Gestaltungsspielraum aus. Art. 4 I und II ZS-RL enthalten nur Mindestanforderungen für Zusammenschaltungspflichten. Das System der Richtlinie erlaubt weitergehende Pflichten, etwa im Rahmen der Lizenzvergabe an Netzbetreiber[484].

3. *Verhandlungspflicht auf Nachfrage*

Über die Zusammenschaltungspflicht für nicht marktstarke Betreiber hinaus enthält § 36 TKG eine weitere wichtige Aussage, die für alle Netzbetreiber gilt. Erst die Nachfrage des Anspruchsbegünstigten konkretisiert die Zusammenschaltungspflicht, indem sie zur Abgabe eines Angebot auf Zusammenschaltung verpflichtet.

[480] Bei Art 4 II i.V.m. Art. 4 III Rl. 97/33/EG bildet die Kontrolle des Zugangs zu Nutzern dagegen nur ein mögliches Kriterium, um beträchtliche Marktmacht und damit eine Zusammenschaltungspflicht festzulegen.

[481] A.A. *Berger*, Netzzusammenschaltungen von Telekommunikationsunternehmen, 2000, S. 106.

[482] Für eine Rechtspflicht auch *Trute*, in: Trute/Spoerr/Bosch, TKG, Kommentar, 2001, § 36 Rn. 17.

[483] TKG-Entwurf, BT-Drucks. 13/3609, S. 46; Plenardebatte zum Gesetzentwurf, Archiv PT 3/96, S. 275(276).

[484] Art. 4 I S. 1 i.V.m. Anhang I Nr. 4 ZS-RL, Abl. EG Nr. L 199 v. 30.6.1997, S. 32.

Tatbestandsmerkmal jedes Zusammenschaltungsanspruchs ist die Nachfrage eines Netzbetreibers. Der Zusammenschaltungsanspruch besteht in der durch die Nachfrage des Begünstigten bedingten Pflicht, erfolgsbezogen über eine Zusammenschaltung zu verhandeln. Die Pflicht zur Verhandlung[485] bildet damit den Kern jeder Zusammenschaltungspflicht.

Damit wahrt das TKG insoweit den vom Europarecht geforderten Vorrang privatautonomer Verhandlungen und die Subsidiarität behördlichen Eingreifens. Denn Erwägungsgrund 5 der ZS-RL sieht als Regelfall die freie Aushandlung von Zusammenschaltungen vor, vorbehaltlich der Überwachung und des Einschreitens der Regulierungsbehörde. Art. 9 ZS-RL stellt ebenfalls ein Primat privatautonomer Verhandlungen auf. Nur falls es die Regulierungsziele erfordern, kann die Regulierungsbehörde diese Verhandlungen mitgestalten und notfalls ersetzen[486].

Für das Merkmal *Nachfrage* hat die Regulierungspraxis eine akzeptable Formel gefunden. Sie verlangt, daß eine der Parteien ein eindeutiges und unmißverständliches Anliegen an die andere Partei herangetragen hat, ein Angebot auf Zusammenschaltung abzugeben[487]. Das Anliegen braucht noch kein annahmefähiges Angebot im Sinne des § 145 BGB zu enthalten, dafür sind Zusammenschaltungsverträge zu komplex. Es genügt ein hinreichend konkretes und ernsthaftes Verhandlungsangebot, das Grundlage für die nachfolgenden Verhandlungen über die Zusammenschaltung bilden kann[488].

[485] *Trute*, in: Trute/Spoerr/Bosch, TKG, Kommentar, 2001, § 36 Rn. 1 ff.

[486] Näher dazu bei der Erörterung der Durchsetzung des Zusammenschaltungsanspruchs in Kapitel 13 S. 139 ff.

[487] Ständige Spruchpraxis der RegTP etwa BK 4c-00-52/Z 02.11.99, S. 14; BK 4-98-019/Z 14.06.98.

[488] BeckTKG-Komm/*Piepenbrock*, 2. Auflage 2001, § 37 Rn. 1.

Kapitel 10 Verfassungsrechtliche Grenzen

Die Zusammenschaltungspflichten des TKG werfen Fragen nach ihrer Vereinbarkeit mit den Grundrechten der verpflichteten Netzbetreiber auf. Ihrer Überprüfung am Maßstab des Grundgesetzes scheint allerdings entgegenzustehen, daß die §§ 35 ff. TKG nur europäische Vorgaben umsetzen. Damit ist das ungeklärte Verhältnis von Gemeinschaftsrecht zu nationalem Verfassungsrecht angesprochen.

I. Anwendungsvorrang des Europarechts

Der EuGH nimmt einen Anwendungsvorrang des Gemeinschaftsrecht sogar gegenüber nationalen Verfassungsordnungen an. Danach stellt das Gemeinschaftsrecht aus einer autonomen Rechtsquelle fließendes Recht dar[489]. Wegen seiner Eigenständigkeit könnten ihm keine wie immer gearteten innerstaatlichen Rechtsvorschriften vorgehen, wenn es seinen Charakter als Gemeinschaftsrecht nicht verlieren solle[490]. Die Geltung einer Gemeinschaftshandlung in einem MS berühre es deshalb selbst dann nicht, wenn geltend gemacht werde, Grundrechte oder Strukturprinzipien der nationalen Verfassung seien verletzt[491].
Das Bundesverfassungsgericht akzeptiert diesen vom EuGH postulierten Anwendungsvorrang des Europarechts nicht vollständig. Es zieht der Anwendung von Europarecht verfassungsrechtliche Grenzen, deren Überprüfung es für sich in Anspruch nimmt. Dabei sieht es sich in einem Kooperationsverhältnis zum EuGH[492]. Im Ergebnis bedeutet das eine Rücknahme der Überprüfung von Rechtsakten der Gemeinschaft auf eine subsidiäre[493] Kontrolle durch das Bundesverfassungsgericht. Es übt seine Gerichtsbarkeit über die Anwendbarkeit von abgeleitetem Gemeinschaftsrecht nicht aus, solange die Gemeinschaften, insbesondere der Gerichtshof, einen wirksamen Schutz der Grundrechte gegenüber der Hoheitsgewalt der Gemeinschaften gewährleisten. Er muß dem vom Grundgesetz unabdingbar gebotenen Grundrechtsschutz im wesentlichen gleichzuachten sein[494]. Nach seiner im Maastricht-Urteil gefundenen Kompromißformel überläßt das Bundesverfassungsgericht damit den Grundrechtsschutz im Einzelfall dem EuGH und beschränkt sich auf eine generelle Gewährleistung des unabdingbaren Grundrechtsstandards[495].

[489] EuGH, Rs. 26/62, Slg. 1963, S. 1 *van Gend & Loos.*
[490] EuGH Rs. 6/64 Slg. 1964, S. 1141 *Costa/ENEL.*
[491] EuGH Rs. 11/70, Slg. 1970, S. 1125 *Internationale Handelsgesellschaft.*
[492] BVerfGE 89, 155 ff *Maastricht.*
[493] *Caspar*, DÖV 2000, 349(352); *Bleckmann/Pieper*, RIW 1993, 997; *Zuck/Lenz*, NJW 1997, 1193(1195).
[494] BVerfGE 73, 339 *Solange II.*
[495] BVerfGE 89, 155 *Maastricht* unter Verweis auf BVerfGE 73, 339 *Solange II*; Beschluß v. 7. Juni 2000, 2 BvL 1/97, EuZW 2000, 702; dazu *Mayer*, EuZW 2000, 685.

Diese Arbeit untersucht Voraussetzungen, Durchsetzung und Rechtsfolgen der Zusammenschaltung. Sie muß es deshalb vermeiden, sich in der uferlosen Diskussion über das Verhältnis von deutschem Verfassungsrecht und Gemeinschaftsrecht zu verlieren. Einen gangbaren Weg dazu weist der Beschluß des Bundesverfassungsgerichts über deutsche Umsetzungsvorschriften des europäischen Verbots der Tabakwerbung. Beruhen danach gesetzliche Pflichten auf einer vom EG-Recht unabhängigen Rechtsgrundlage des deutschen Rechts und genügen sie den Grundrechten des Grundgesetzes, dann kommt es für die Prüfung ihrer Verfassungsmäßigkeit im Ergebnis nicht darauf an, ob die EG-Richtlinie, die damit umgesetzt wird, gültig ist, welche innerstaatlichen Pflichten sie begründet und welcher grundrechtliche Maßstab auf sie anwendbar ist[496].
Ist also die Umsetzungsvorschrift verfassungsgemäß, so kann dahinstehen, ob die Richtlinie am Maßstab deutscher Grundrechte zu messen ist und ob sie gegebenenfalls deutsche Grundrechte verletzt. Im folgenden wird sich zeigen, daß die Zusammenschaltungspflichten des TKG nicht gegen das Grundgesetz verstoßen.

II. Grundrechtsträgerschaft der Deutschen Telekom AG

Die Deutsche Telekom AG ist noch nahezu 50 Prozent in Staatseigentum[497]. Trotzdem ist sie gemäß Art. 19 III GG als grundrechtsfähig anzusehen, selbst wenn man die eher restriktive Rechtsprechung des Bundesverfassungsgerichts zur Grundrechtsfähigkeit gemischt-wirtschaftlicher Unternehmen zugrunde legt. Danach sollen juristische Personen nur als Grundrechtsträger anzusehen sein, wenn ihre Bildung und Betätigung Ausdruck der freien Entfaltung der natürlichen Person ist, insbesondere wenn der Durchgriff auf die hinter ihnen stehenden Menschen es als sinnvoll und erforderlich erscheinen läßt[498]. Deshalb hänge auch die Grundrechtsfähigkeit einer juristischen Person des Privatrechts von der Funktion ab, in der sie von dem beanstandeten Akt der öffentlichen Gewalt betroffen sei. Nehme sie gesetzlich geregelte und zugewiesene Aufgabe der Daseinsvorsorge wahr, sei sie deshalb als Teil der Verwaltung im materiellen Sinne betroffen[499], so schließe das ihre Grundrechtsfähigkeit aus[500].
Gegen diese Rechtsprechung ist zu Recht Vieles eingewandt worden[501]. Die Rede vom Durchgriff auf die hinter der juristischen stehenden natürlichen Person vernachlässigt den rechtlichen Selbstand juristischer Personen. Der unklare Begriff der

[496] BVerfG DVBl 1997, 548.
[497] *Holznagel/Enaux/Nienhaus*, Grundzüge des Telekommunikationsrechts, 2. Auflage 2001, S. 12.
[498] BVerfG NJW 1990, 1783 *Stadtwerke Hameln* unter Verweis auf BVerfGE 21, 362; 61, 82; 68, 183; fortgeführt in BVerfG NJW 1996, 584.
[499] BVerfG NJW a.a.O.
[500] BVerfG NJW 1990, 1783.
[501] *Stern*, Staatsrecht III, 1988, S. 1088 m.w.Nw.; *Schmidt-Aßmann*, BB-Beilage 34, 1990, 1 ff.; *Dreier*, in; ders., GG-Kommentar, 1996, Art. 19 III Rn. 21 m.w.Nw.

Daseinsvorsorge taugt zudem wenig zur trennscharfen Feststellung der Grundrechtsträgerschaft[502]. Die Grundrechtsfähigkeit gemischt-wirtschaftlicher Unternehmen mit staatlicher Beteiligung pauschal zu verneinen bedeutet, die privaten Anteilseigner bei ihrer unternehmerischen Tätigkeit jedes Grundrechtsschutzes zu berauben.

Andrerseits stehen die Befürworter einer Grundrechtsfähigkeit gemischtwirtschaftlicher Unternehmen in der Form juristischer Personen des Privatrechts vor dem Dilemma des Alles oder Nichts. Die undifferenzierte Bejahung der Grundrechtsfähigkeit kann dem Umstand schwer Rechnung tragen, daß sie dem Staat als Anteilseigner nutzt. Eine gleitende Grundrechtsfähigkeit je nach Mehrheitsverhältnisses ist schwer zu begründen und noch weniger zu handhaben[503].

Für den Fall der Deutschen Telekom AG liefert das Grundgesetz in Art. 87 f II S. 1 einen Ausweg aus dieser festgefahrenen Debatte. Danach erbringen das aus dem Sondervermögen Deutsche Bundespost hervorgegangene Unternehmen, scil. die Deutsche Telekom AG, und *andere private* Anbieter TK-Dienstleistungen als *privatwirtschaftliche* Tätigkeiten. Der Charakter dieser Tätigkeit ist von Verfassung wegen nicht mehr staatlich[504], was eine staatliche Kompetenz zur Erbringung von TK-Dienstleistungen ausschließt[505].

Deshalb ist die Deutschte Telekom AG trotz eines weiterbestehenden Mehrheitsanteils des Bundes keineswegs Teil der Verwaltung im materiellen Sinne[506], wie es das Bundesverfassungsgericht für gemischt-wirtschaftliche Unternehmen mit Aufgaben der Daseinsvorsorge angenommen hat. Die von ihr zusammen mit anderen privaten Anbietern erfüllte Funktion der Infrastrukturbereitstellung durch das Angebot von TK-Dienstleistungen stellt vielmehr von Verfassungs wegen keine staatliche Aufgabe mehr dar. Die staatliche Aufgabe beschränkt sich vielmehr auf das mit der Chiffre Regulierung bezeichnete Ziel, die ausreichende Bereitstellung von Infrastruktur durch Private zu gewährleisten[507]. Auch der vom Verfassungsgericht geforderte Rekurs auf die von der juristischen Person erfüllten Aufgaben führt damit zur Grundrechtsfähigkeit der Deutschen Telekom AG.

Ein weiteres Argument liefert Art. 87 f II 1 GG, wenn man der parallelen Nennung des Nachfolgeunternehmens der Deutschen Bundespost und „anderer privater Betreiber" das Postulat einer Wettbewerbsgleichheit zwischen der Deutsche Tele-

[502] *Schmidt-Aßmann*, BB-Beilage 34, 1990, 1(8,14).

[503] *Dreier*, in; ders., GG-Kommentar, 1996, Art. 19 III Rn. 49.

[504] *Rottmann*, ArchivPT 1994, 193(194).

[505] BT-Drucks. 12/7269 S. 5; *Windthorst*, Der Universaldienst im Bereich der Telekommunikation, 2000, S. 219.

[506] Vgl. BVerfG NJW 1996, 584.

[507] Dazu oben in Kapitel 8 S. 77 ff.

kom AG und ihren Wettbewerb entnimmt. Eine fehlender Grundrechtsschutz der Telekom würde diese Wettbewerbsgleichheit verhindern[508].
Insgesamt kann sich die Deutsche Telekom AG in den Grenzen des Art. 19 III GG deshalb auf Grundrechte berufen[509].

III. Konformität mit Art. 14 I 1 GG

1. *Schutzbereich und Eingriff in Artikel 14 GG*

Das Eigentum an TK-Netzen fällt auch in den sachlichen Schutzbereich des Art. 14 I GG. Die gesetzliche Zusammenschaltungspflicht zwingt Netzbetreibern, anderen Betreibern die entgeltliche Mitbenutzung der eigenen Netze zu gestatten. Darin liegt ein Eingriff in den Schutzbereich von Art. 14 I GG. Ihn kennzeichnet die grundsätzliche Verfügungsbefugnis des Eigentümers über den Eigentumsgegenstand[510] und die negative Freiheit, andere von der Nutzung des Eigentumsobjekts auszuschließen[511].
Nicht in den Schutzbereich des Art. 14 I 1 GG fallen dagegen die mit dem Eigentum am Netz verknüpften Geschäftsverbindungen, der Kundenstamm und die Marktstellung des Netzbetreibers[512]. Sie gehören nicht zur verfassungsrechtlich allein geschützten Substanz des Eigentums[513], sondern stellen bloße, auf der Nutzungsmöglichkeit des Netzes basierende tatsächliche Chancen und Gewinnmöglichkeiten dar. Mangels entsprechender gesetzlicher Inhaltsbestimmung des Eigentums genießen sie keinen verfassungsrechtlichen Eigentumsschutz. Aus Art. 14 I 1 GG folgt kein übergreifender Schutz ökonomisch sinnvoller und rentabler Eigentumsnutzung[514]. Netzbetreiber können ihn entbehren, weil der Schutzbereich des Art. 14 I 1 GG das zugrundeliegende Nutzungsrecht einschließt.
Soweit der verfassungsrechtliche Eigentumsbegriff das richterrechtlich entwickelte Recht am eingerichteten und ausgeübten Gewerbebetrieb[515] überhaupt umfaßt[516],

[508] *Fehling*, AöR 121(1996), 59(91); *Von Arnauld*, DÖV 1998, 437(450); *Windthorst*, Der Universaldienst im Bereich der Telekommunikation, 2000, S. 226(230).
[509] *Stern/Dietlein*, ArchivPT 1998, 309(317); *Windthorst*, in Sachs, GG-Kommentar, 2. Auflage 1999, Art. 87 f Rn. 20, 24 und 27; *Uerpmann*, in: v. Münch/Kunig, GG- Kommentar, 3. Auflage 1996, Art. 87 f Rn. 11; OVG Münster NVwZ 2000, 697(701); zustimmend *Hellermann*, NVwZ 2000, 41(43); *Trute*, in: Trute/Spoerr/Bosch, TKG, Kommentar, 2001, § 33 Rn. 68 f.
[510] BVerfGE 24, 367(389); 26, 215(222); 31, 229(240); 37, 132(140); 42, 263(294); 52, 1(30); 79, 292(303).
[511] *Papier*, Durchleitungen und Eigentum, BB 1997, 1213(1215) für Energienetze.
[512] BVerfGE 77, 84(118); 13, 225(229 f.); 45, 142(173).
[513] BVerfGE 45, 142(173).
[514] BVerfGE 77, 84(118).
[515] Vgl. etwa BGHZ 23, 157(162 f.); 92, 34(37); BVerwG NJW 1982, 63 ff.

können darunter ebenfalls nur die einem Rechtssubjekt bereits zustehenden Rechtspositionen fallen[517]. Auch unter diesem Aspekt reduziert sich der Eigentumsschutz des Netzbetreibers auf das Eigentum am Netz und dessen Nutzungsmöglichkeit.

Die Pflicht zur Ermöglichung der Netznutzung durch Dritte bestimmt Inhalt und Schranken des Netzeigentums nach Art. 14 I 1 GG[518]. Es handelt sich damit um eine Inhalts- und Schrankenbestimmung im Sinne der Rechtsprechung des Bundesverfassungsgerichts[519], nicht um eine Enteignung. Denn die Pflicht zur Gestattung der Mitbenutzung entzieht dem Netzbetreiber keine konkrete Eigentumsposition. Erst recht liegt keine Sozialisierung vor. Sie verlangte eine strukturelle Enteignung[520], die in einer generellen Eigentumsübertragung auf öffentlich-rechtliche Träger bestehen müßte[521]. Daran fehlt es. Obwohl Zusammenschaltungspflichten die Entstehung eines zusammengeschalteten Netzes der Netze fördern und seine gemeinsame Nutzung regeln, belassen §§ 35 ff. TKG Netzbetreibern ihr Eigentum. Sie schränken lediglich dessen freie Nutzbarkeit ein.

2. *Legitimes Ziel, Geeignetheit und Erforderlichkeit*

Der Inhalt und Schranken des Eigentums bestimmende Gesetzgeber muß das verfassungsrechtliche Übermaßverbot beachten[522]. Das zur Rechtfertigung des Eingriffs in Art. 14 I GG erforderliche legitime Ziel der Zusammenschaltungspflicht ist die Schaffung einer ausreichenden TK-Infrastruktur als Grundlage für eine angemessenes TK-Angebot. Der Gesetzgeber des TKG hat eine unmittelbare Zusammenschaltungspflicht aller Netzbetreiber für nötig erachtet, um Wettbewerb zu eröffnen und den raschen Aufbau flächendeckender Infrastruktur zu fördern[523]. Dieses Ziel sichert Art. 87 f I GG im Kontext der Telekommunikation verfassungsrechtlich ab. Voraussetzung für diese Infrastruktur ist Wettbewerb, der sei-

[516] Dafür *Papier*, in: Maunz/Dürig, GG-Kommentar, Art. 14 m Rn. 95 ff. m.w.Nw.; *Bryde*, in: Von Münch/Kunig, GG-Kommentar, 5. Auflage 2000, Art. 14 Rn. 18 ff m.w.Nw.; ablehnend *Wieland*, in: Dreier(Hrsg.), GG-Kommentar, 1996, Art. 14 Rn. 43 ff.; offengelassen in BVerfGE 45, 142(173); 77, 84(118).

[517] *Papier* a.a.O., Art. 14 Rn. 100 ff.

[518] *Großkopf*, Die Vertragsfreiheit bei der Netzzusammenschaltung, 1999, S. 89 f.; zweifelnd *Stern/Dietlein*, Archiv PT 1998, 320(324 ff.). Für Durchleitungsrechte im Energiesektor *Schmidt-Preuß*, RdE 1996, 1(3); *Papier* a.a.O.

[519] *Trute*, in: Trute/Spoerr/Bosch, TKG, Kommentar, 2001, § 33 Rn. 68 für den Netzzugang; allgemein BVerfGE 58, 300ff; dazu umfassend *Rozek*, Die Unterscheidung von Eigentumsbindung und Enteignung, 1998.

[520] So die Definition von *Pieroth/Schlink*, Grundrechte, 16. Auflage 2000, Rn. 956.

[521] Zu dieser Voraussetzung *Wendt*, in: Sachs, GG-Kommentar, 2. Auflage 1999, Art. 15 Rn. 5.

[522] Vgl. etwa BVerfGE 50, 290(341); 52, 1(29); 58, 137(148).

[523] Wortprotokoll der dritten Lesung des TKG, Archiv PT 3/96, S 275(276); für § 33 TKG vgl. OVG Münster, Beschluß v. 7.2. 2000, 13 A 180/99, S. 21.

nerseits nicht ohne Zusammenschaltungen auskommt[524]. Neben der für Wettbewerb erforderlichen Überwindung von Engpässen in natürlichen Monopolbereichen liefern globale Netzwerkexternalitäten, die durch ein verbundenes Netz entstehen, ein weiteres wichtiges Argument für das ONP-Konzept der offenen Netze[525] und die daraus resultierenden Zusammenschaltungspflichten.
Anders als marktstarke Netzbetreiber dürften andere Netzbetreiber regelmäßig ein Interesse an Zusammenschaltung haben. Ihnen eine entsprechende Pflicht aufzuerlegen, ist nicht im selben Maße unerläßlich wie im Fall marktstarker Unternehmen. Jede Zusammenschaltung fördert andrerseits den Wettbewerb und die Entstehung einer weitverzweigten Infrastruktur. Die Zusammenschaltungspflicht eignet sich generell dazu, Wettbewerb und damit die Entstehung einer leistungsfähigen TK-Infrastruktur zu fördern.
Die Erforderlichkeit von Zusammenschaltungspflichten nicht marktbeherrschender Netzbetreiber verneint *Großkopf*[526]. Es hält sie für eine Verletzung von Art. 14 I 1 GG. Die Regulierungsziele Wettbewerbssicherung und Wahrung der Nutzerinteressen erforderten keine generelle Pflicht zur unmittelbaren Zusammenschaltung. Vielmehr genüge im Fall nicht marktbeherrschender Betreiber die mittelbare Zusammenschaltung auf dem Umweg über ein Drittnetz.
Diese Sicht vermag nicht zu überzeugen. Eine mittelbare Zusammenschaltung erfordert im Vergleich zu einer unmittelbaren Zusammenschaltung wegen des Umwegs über ein Drittnetz zwei weitere Zusammenschaltungen. Das erhöht die Kosten um die Vergütung für die Leistung des Drittnetzbetreibers und die Transaktionskosten der erforderlichen Verhandlungen und Vertragsschlüsse. Für den Zusammenschaltungsberechtigten ist ein Recht auf mittelbare Zusammenschaltung schon mit Blick auf das Regulierungsziel Wettbewerb kostspieliger und so weniger wirksam als ein Recht auf unmittelbare. Die Kooperationsbereitschaft des Verbindungsnetzbetreibers müßte zudem ebenfalls durch Zusammenschaltungspflichten abgesichert werden.
Eine Pflicht zur unmittelbaren Zusammenschaltung fördert die Entstehung von Netzinfrastruktur effektiver als der Zwang nur zur mittelbaren Netzverbindung. Der Gesetzgeber besitzt einen weiten Einschätzung- und Beurteilungsspielraum, wenn er die Geeignetheit und Notwendigkeit legislativer Maßnahmen beurteilt. Das muß insbesondere für die Prognose komplexer zukünftiger Entwicklungen gelten[527], wie der Entwicklung der TK-Infrastruktur durch Wettbewerbsförderung. Zur Erreichung seiner Ziele – Wettbewerb, flächendeckende Infrastruktur – hat der Gesetzgeber sie als wirksamer beurteilt als eine Pflicht zur bloß mittelbaren Zusammenschaltung. Angesicht des weiten legislatorischen Beurteilungsspielraums

[524] Siehe dazu im ersten Teil in Kapitel 2 S. 10 ff
[525] *Arnbak* u.a., Network Interconnection in the Domain of ONP, 1994, S. 7.
[526] *Großkopf*, Die Vertragsfreiheit bei der Netzzusammenschaltung, 1998, S. 85 ff., 91 ff.
[527] Speziell für Art. 14 I 1 GG *Papier*, in: Maunz/Dürig, Art. 14, Rn. 312.

läßt sich die Entscheidung für eine unmittelbare Zusammenschaltungspflicht aller Netzbetreiber nicht als offensichtlich fehlsam qualifizieren[528].

3. *Angemessenheit*

Für Art. 14 GG hat die Verhältnismäßigkeitsprüfung eine besondere Struktur und besitzt einen spezifisch eigentumsrechtlichen Gehalt[529]. Das Bundesverfassungsgericht verlangt, sie müsse einerseits der Sozialbindung des Eigentums nach Art. 14 II GG, andrerseits der grundrechtlichen Gewährleistung des Privateigentums nach Art. 14 I 1 GG Rechnung tragen[530]. Regelungen des Gesetzgebers zur Bestimmung von Inhalt und Schranken des Eigentums dürfen, gemessen am sozialen Bezug und der sozialen Bedeutung des Eigentumsobjekts sowie mit Blick auf den Regelungszweck, nicht zu einer übermäßigen Belastung führen und dürfen den Eigentümer im vermögensrechtlichen Bereich nicht unzumutbar treffen[531].

a) Ausmaß der Belastung

Das Eigentum genießt besonderen Schutz, soweit es die persönliche Freiheit des Einzelnen sichert[532]. Insofern enthält die grundrechtliche Eigentumsverbürgung Elemente des allgemeinen Persönlichkeitsrechts und der allgemeinen Handlungsfreiheit[533].

Bei der Beurteilung der Zusammenschaltungspflichten hat die Abwägung daher zu berücksichtigen, daß Netzeigentum ausschließlich juristischen Personen des Privatrechts zusteht, zumeist Aktiengesellschaften. Die auf natürliche Personen zugeschnittene Handlungsfreiheit und das Persönlichkeitsrecht können das Eigentum juristischer Personen an TK-Netzen nicht unmittelbar aufwerten. Nur mittelbar, auf dem Umweg über private Aktionäre, ist eine Anreicherung des Eigentumsrecht durch persönliche Komponenten des Freiheitsgebrauchs denkbar. Jedoch wird Anteilseigentum gesellschaftsrechtlich durch das Mitgliedschaftsrecht vermittelt und so abgeschwächt. Anders als beim Sacheigentum fallen die Freiheit zum Eigentumsgebrauch, die Entscheidung darüber und die Zurechnung der Wirkungen des Gebrauchs weitgehend nicht in der Person des Eigentümers zusammen[534]. Das schwächt den Begründungszusammenhang zwischen persönlicher Freiheit und Eigentumsgebrauch. Ganz hebt es ihn freilich nicht auf. Wollte man die Durchgriffs-

[528] A.A. *Großkopf*, Die Vertragsfreiheit bei der Netzzusammenschaltung, 1998, S. 85 ff., 91 ff.
[529] *Rozek*, Die Unterscheidung von Eigentumsbindung und Enteignung, 1998, S. 34 m.w.Nw.
[530] BVerfGE 25, 112(118); 50, 290(340); 79, 174(198).
[531] BVerfGE 58, 81(114); 58, 137(148); 72, 66(77 f.); 74, 203(214 f.); 87, 114(138); *Rozek*, Die Unterscheidung von Eigentumsbindung und Enteignung, 1998, S. 34 m.w.Nw.
[532] BVerfGE 50, 290(340) m.w.Nw.
[533] BVerfGE 97, 292(303).
[534] BVerfGE 50, 290 (342); dazu *Papier*, in: Maunz/Dürig, GG-Kommentar, Art. 14 Rn. 193 f. m.w.Nw.

rechtsprechung des Bundesverfassungsgerichts zu juristischen Personen in diese Richtung verstehen, müßte sie insoweit relativiert werden. Als Verbandspersonen können juristische Personen einen über die bloße Summierung der Einzelwillen hinausreichenden kollektiven Willen bilden. Als rechtsfähige Einheiten gewährleisten sie eine zusätzliche Beweglichkeit im freien Rechts- und Wirtschaftsverkehr. Juristische Personen des Privatrechts dienen dem Grundrechtsschutz nicht nur im Blick auf die in ihnen vereinigten Individuen, sie sind selbst Elemente einer freiheitlichen Ordnung[535].

Deshalb gewinnt der geschwächte Zusammenhang des Netzeigentums mit individueller Freiheit an Bedeutung, wenn der Gesetzgeber die Zusammenschaltung regelt[536]. Die Regelungsbefugnis reicht entsprechend weiter. Andrerseits verlangt der Selbststand[537] der privatrechtsförmigen Personen auf dem Gebiete des Grundrechtsschutzes eine Mindestbeachtung.

Das Bundesverfassungsgericht erkennt als besonderen Schutzgrund für die Eigentümerposition die eigene Leistung des Eigentümers an[538], die ihm zur Sicherung seiner persönlichen Freiheit dient. Im Umkehrschluß ergibt sich daraus für das Netzeigentum der Deutschen Telekom AG eine weitere Abschwächung ihrer abwägungsrelevanten grundrechtlichen Position. Sie hat ihr heutiges Netzeigentum nicht unter Marktbedingungen selbst erwirtschaftet, sondern aus dem Sondervermögen Deutsche Bundespost Telekom im Wege der Umwandlung erhalten, Art. 143 b I GG. Das Netz ist im Schutz des Staatsmonopols mit Hilfe öffentlicher Mittel und der Nutzergebühren entstanden. Die EG hat nationalen TK-Unternehmen nur deshalb die grundsätzlich als vertragswidrig angesehenen Monopolrechte für eine Übergangszeit belassen, um im Schutz des Monopols eine Netzmodernisierung im Allgemeininteresse zu ermöglichen. Daraus folgt eine erhöhte Allgemeinwohlbindung der im Schutz des Monopols gewachsenen Netze.

Der geschwächte Zusammenhang mit individuellem Freiheitsgebrauch und der Monopolschutz bei der Netzentstehung schließen einen Grundrechtsschutz der Deutschen Telekom AG für ihr Netzeigentum freilich nicht völlig aus[539]. Hieraus resultiert jedoch eine erhöhte Sozialpflichtigkeit im Vergleich zu Netzeigentum, das im freien Wettbewerb entsteht[540].

535 *Schmidt-Aßmann*, BB-Beilage 34, S. 1(8).

536 BVerfGE 50, 290(364).

537 *Schmidt-Aßmann*, BB-Beilage 34, S. 1(8).

538 BVerfGE 1, 264(277 f.); 4, 219(242); 14, 288(293); 22, 241(253); 24, 220(226); 31, 229(240 f.); 50, 290(340).

539 Für völligen Wegfall der Grundrechtsberechtigung von Netzbetreibern *Hermes*, Staatliche Infrastrukturverantwortung, 1998, insb. S. 380 f.; ähnlich *Theobald/Zenke*, WuW 2001, 19(26).

540 BVerwG NVwZ 2001, 1405; *Fuhr/Kerkhoff*, MMR 1998, 6(11); *Hellermann*, NVWBl. 2000, 41(43); vgl. Bundeskartellamt, BEWAG-Beschluß, B 8-40100-T-99/99, S. 17; a.A. *Stern/Dietlein*, Rechtsgutachten für die Deutsche Telekom AG, Archiv PT 1999, 1(5), aufgegriffen von OVG Münster NVwZ 2000, 697(701).

Für die Angemessenheit einer Inhalts- und Schrankenbestimmung kommt es darauf an, in welchem Ausmaß die Regelung in das Eigentumsgrundrecht eingreift. Das erfordert die Feststellung, welche Modalität der Grundrechtsausübung der Eingriff beschneidet und wie wichtig diese Ausübungsmodalität für den Grundrechtsgebrauch ist[541].
Es gehört zu den zentralen Eigentümerbefugnissen, über die Nutzung seines Eigentums frei zu bestimmen, insbesondere Dritte davon auszuschließen[542]. Besondere Bedeutung hat dieses Nutzungsbestimmungsrecht für Netzbetreiber, die gleichzeitig TK-Dienste jenseits reiner Transportdienste anbieten Die Zusammenschaltungspflicht betrifft in ihrem Fall das wirtschaftlich entscheidende Recht des Eigentümers. Es liegt in seiner Befugnis, das Netz als Transportmedium zu verwenden und mit seiner Hilfe Dienste gegen Entgelt zum Kunden zu transportieren. Dieses Nutzungsrecht hebt die Zusammenschaltungspflicht nicht auf. Sie beseitigt aber den wirtschaftlich bedeutendsten Aspekt des Bestimmungsrechts über die Netznutzung, indem sie den Netzeigentümer verpflichtet, auch Dienste Dritter zu transportieren. Das zwingt den Netzeigentümer, sich Konkurrenz in sein Netz zu holen. Wenn es auch begrifflich verfehlt ist, von einer Sozialisierung der Netznutzung zu sprechen[543], so bedeutet diese Pflicht eine weitreichende Einschränkung der wichtigsten Eigentümerbefugnis über das Netz.

b) Rechtfertigung für marktstarke Betreiber

Für die Rechtfertigung einer Belastung durch eigentumsbeschränkendes Gesetz gilt allgemein: Die Befugnis des Gesetzgebers zur Inhalts- und Schrankenbestimmung geht um so weiter, je mehr das Eigentumsobjekt in einem sozialen Bezug und einer sozialen Funktion steht[544], weil Nutzung und Verfügung die Belange anderer Rechtsgenossen berühren, die auf die Nutzung des Eigentumsobjekts angewiesen sind.
Der soziale Bezug von TK-Netzen ist eminent hoch. Der gesamtwirtschaftliche Nutzen von Netzen geht weit über den Einzelnutzen des Netzbetreibers hinaus. Eine ausreichende TK-Infrastruktur bildet als unverzichtbare Nervenbahn der Informationsgesellschaft ein Gut, auf das fast alle angewiesen sind. Art. 87 f I GG verleiht diesem Gut mit der Forderung nach angemessener und ausreichender TK-Dienstleistungen Verfassungsrang und sichert dieses Verfassungsziel einer ausreichenden TK-Infrastruktur mit einem Auftrag an den Gesetzgeber ab. Er muß den

[541] *Wendt*, in: Sachs, GG-Kommentar, 2. Auflage 1999, Art. 14 Rn. 101.
[542] BVerfGE 24, 367(389); 26, 215(222); 31, 229(240); 37, 132(140); 42, 263(294); 52, 1(30); 79, 292(303).
[543] S.o. unter Kapitel 10 S. 103.
[544] BVerfGE 50, 290(340 f.); 51, 1(32); 53, 257(292); 58, 137(148); 70 191(201); 79, 292(302); 84, 382(385); 95, 64(84 f.); *Wendt*, in: Sachs, GG-Kommentar, 2. Auflage 1999, Art. 14 Rn. 111 f.; *Papier*, in: Maunz/Dürig, GG-Kommentar, Art. 14 Rn. 304 ff.

Zugang von Wirtschaft und Verbrauchern zu modernen, preiswerten und leistungsfähigen Netzen und Dienstleistungen durch offenen und fairen Wettbewerb gewährleisten[545].

Es stellt eine zulässige Inhalts- und Schrankenbestimmung des Unternehmenseigentums dar, wenn der Gesetzgeber die normativen Grundbedingungen für einen funktionsfähigen Wettbewerbsprozeß schafft[546]. Dem Staat obliegt insofern ein legislatorischer Schutz gegen Funktionsstörungen des Wettbewerbs[547]. Dafür ist ein Recht auf Netzzugang unverzichtbar. Netze haben oft die Eigenschaft nicht oder nur schwer angreifbarer Monopole. Konkurrenten markbeherrschender Netzbetreiber sind unabweislich auf den Netzzugang angewiesen. Diese besondere, verfassungsrechtlich abgesicherte Sozialpflichtigkeit von TK-Netzen marktbeherrschender Betreiber rechtfertigt weitreichende Einschränkungen des Eigentums an solchen Netzen. Sie reichen freilich nicht bis zum pauschalen Ausschluß jeglicher Grundrechtsberechtigung von Netzbetreibern[548].

Andrerseits mindern mehrere Umstände die Belastung marktbeherrschender Netzeigentümer. Marktbeherrschende Netzbetreiber können trotz der Zusammenschaltungspflicht ihre Netze weiter für eigene Zwecke nutzen. Anders als im Fall des entbündelten[549] Netzzugangs bleibt der Transport fremder Daten, die durch eine Zusammenschaltung in ihr Netz gelangen, unter ihrer Kontrolle. Ihre Pflicht, Zugang zu gewähren, reduziert sich daher auf eine Gestattung der Mitbenutzung gegen Entgelt[550]. Für die aufgezwungene Fremdnutzung erhalten sie ein kostendeckendes Entgelt. Diese Zahlung erhält den Nutzwert ihres Eigentums. Die Pflicht zur Zugangsgewährung schmälert damit nur die Verfügungsbefugnis über die Nutzung. Bestand und Funktionsfähigkeit ihres Eigentums bleiben gewahrt. Denn die ONP-Grundsätze gestatten es, die Zusammenschaltung zu verweigern, wenn andernfalls die Netzintegrität gefährdet würde[551].

Da die Zusammenschaltungspflicht ein überragendes, von der Verfassung anerkanntes Gemeinwohlziel verfolgt, verstößt sie für marktbeherrschende Anbieter nicht gegen Art. 14 I 1 GG[552]. Das gilt jedenfalls solange, wie der Netzeigentümer sein Netz trotz der gleichzeitigen Mitnutzung durch andere weiter selber nutzen kann. Er braucht indes seine Nutzung nicht vollständig zugunsten einer erzwunge-

[545] TKG-Entwurf, BT-Drucks. 80/96, S. 34; *Windthorst*, in: Sachs, GG-Kommentar, 2. Auflage 1999, Art. 87 f Rn. 25 f.

[546] *Papier*, in: Maunz/Dürig, GG-Kommentar, Art. 14 Rn. 507; *Papier*, BB 1997, 1213(1215) für Energienetze.

[547] *Breuer*, HStR VI, 1988, § 127 im Zusammenhang mit der Berufsfreiheit.

[548] So aber *Hermes*, Staatliche Infrastrukturverantwortung, 1998, S. 380 f.

[549] Dazu etwa *Stern/Dietlein*, ArchivPT 1998, 309(325 ff.); OVG Münster NVwZ 2000, 697.

[550] OVG Münster a.a.O., 702.

[551] Näher dazu unten Kapitel 11 S. 117 ff.

[552] OVG Münster NVwZ 2000, 697; für § 33 *Trute*, in: Trute/Spoerr/Bosch, TKG, Kommentar, 2001, § 33 Rn. 70.

nen Fremdnutzung aufzugeben. Dann bliebe von seinem Eigentumsrecht praktisch nichts mehr übrig, weil es seiner wesentlichen Funktion beraubt wäre. Darin läge eine unverhältnismäßige Einschränkung des Grundrechts aus Art. 14 I 1 GG.
Im Fall der Rivalität von Nutzungen gleicht nur eine gleichrangige Befriedigung rivalisierender Nutzungsansprüche die widerstreitenden Interessen noch gerecht aus. Auch dann braucht das Nutzungsrecht des marktbeherrschenden Betreibers nicht hinter die Nutzungswünsche anderer Netzbetreiber zurückzutreten.
Schließlich kann sich das tatsächliche Problem ergeben, daß eine Fremdnutzung durch Dritte das bestehende Netz überlastet, also zu einer Nutzungsrivalität führt, diese Überlastung durch Netzerweiterungen des marktbeherrschenden Betreibers unterhalb der Schwelle eines völligen Neubaus aber vermieden werden kann. Soweit die Zusammenschaltungsregeln des TKG in dieser Konstellation den marktbeherrschenden Betreiber verpflichten, sein Netz gegen Kostenerstattung aufzurüsten[553], steht Art. 14 I 1 GG dem ebenfalls nicht entgegen. Angesichts der hohen verfassungsrechtlichen Wertigkeit des Zusammenschaltungsrechts schließt es der grundgesetzlich garantierte Eigentumsschutz nicht aus, daß der grundsätzlich zur Gewährung einer Fremdnutzung Verpflichtete sein Eigentum umgestalten muß, um eine Fremdnutzung ohne Nutzungseinschränkung zu ermöglichen. Erst eine Pflicht zu wesentlicher Erweiterung des vorhandenen Eigentums wäre mit Art. 14 I 1 GG unvereinbar.

c) Für andere Betreiber

Weniger eindeutig ist die Rechtslage für nicht marktbeherrschende Netzbetreiber, die das TKG ebenfalls zur Zusammenschaltung verpflichtet. Der soziale Bezug ihrer Netze ist weniger hoch, weil Konkurrenten nicht in gleichem Maß auf Zugang angewiesen sind wie im Fall marktbeherrschender Anbieter.
Das TKG kompensiert den Eingriff in ihre Nutzungsbefugnis indes auf zwei Arten. Erstens entspricht ihr stets ein Recht des Verpflichteten, seinerseits von allen Netzbetreibern Zusammenschaltung zu verlangen. Zweitens erhält er für die Zusammenschaltung ein Entgelt, das nicht kostenorientiert zu sein braucht. Erweist sich eine unmittelbare Zusammenschaltung als aufwendig und teuer, spiegelt sich das im Preis für die Zusammenschaltungsleistungen wider. Ihn muß der zur Zusammenschaltung Berechtigte tragen. Nicht stichhaltig ist deshalb das Argument, jede unmittelbare Zusammenschaltung könne den Verpflichteten im Wettbewerb benachteiligen, weil der verursachte administrative und technische Aufwand den damit verbundenen Nutzen übersteigen könne[554]. Über den Preis trägt diesen Nachteil der Zusammenschaltungsberechtigte. Schließlich internalisiert jede Zu-

[553] Ausführlich in Kapitel 11 S. 122 ff.
[554] BeckTKG-Kommentar/*Piepenbrock*, 2. Auflage 2000, § 37 Rn. 6.

sammenschaltung positive externe Effekte und erhöht damit den gesamtwirtschaftlichen Nutzen der zusammengeschalteten Netze[555].
Wegen des hohen Gemeinwohlbezugs von TK-Netzen, der Gegenseitigkeit der Zusammenschaltungspflicht sowie ihrer Vergütung schränkt die Pflicht das Eigentum nicht marktbeherrschender Netzbetreiber nicht unverhältnismäßig ein[556].

IV. Art. 12 GG

Die Zusammenschaltungspflicht fällt ebenfalls in den Schutzbereich der Berufsfreiheit, die neben der Eigentumsfreiheit anwendbar ist[557]. Die Zusammenschaltungspflicht regelt die Berufsausübung. Diese umfaßt die gesamte berufliche einschließlich gewerblicher Tätigkeit. Darunter fallen Form, Mittel sowie die Bestimmung des Umfangs und des Inhalts der Betätigung[558].
Ein Eingriff in diesen Aspekt der Berufsfreiheit liegt vor, wenn die grundrechtlich geschützte Tätigkeit aufgrund staatlicher Maßnahmen nicht mehr wie gewünscht ausgeübt werden kann.
Teilweise wird der Schutzbereich von Art. 12 I GG noch in weitere Teilfreiheiten wie Unternehmer-, Organisations- und Wettbewerbsfreiheit[559] ausdifferenziert[560]. Da das den Schutzbereich des Art. 12 I 1 GG nur anders umschreibt und nicht erweitert, erscheint diese Aufgliederung entbehrlich.
Die Zusammenschaltungspflicht regelt die Berufsausübung, indem sie Netzbetreiber zum Angebot der zu Erwerbszwecken erbrachten Leistung (Zusammenschaltung) zu bestimmten Konditionen an bestimmte Kunden zwingt. Damit schreibt sie einen genauen Inhalt der beruflichen Betätigung vor.
Nicht betroffen wird dagegen die Berufswahl[561]. Die §§ 35 ff. TKG machen die Aufnahme der Tätigkeit eines Netzbetreibers weder von der Erfüllung subjektiver Anforderungen wie Eigenschaften, Kenntnissen oder Fähigkeiten[562] abhängig noch

555 *Arnbak*, u.a., Network Interconnection in the Domain of ONP, 1994, S. 37.
556 A.A. *Großkopf*, Die Vertragsfreiheit bei der Netzzusammenschaltung, S. 89.
557 BVerfGE 8, 71(79 ff.); 21, 150; 50, 290(361 f.); *Tettinger*, in: Sachs, GG-Kommentar, 2. Auflage 1999, Art. 12 Rn. 165; *Wendt* a.a.O., Art. 14 Rn. 186; *Gubelt*, in: v. Münch/Kunig, 5. Auflage 2000, Art. 12 Rn. 98.
558 Grundlegend BVerfGE 7, 377; 13, 97(104); dazu *Pieroth/Schlink*, Grundrechte, 16. Auflage 2000, Rn. 809 ff m.w. Nw.; *Gubelt* a.a.O., Rn. 3.
559 Str., vgl. *Stern/Dietlein*, Archiv PT 1998, 309(320 ff.); *Breuer*, in: Isensee/Kirchhoff, HStR VI, 1988, § 127 Nr. 63 ff.
560 *Breuer* a.a.O.; speziell für die Deutsche Telekom AG *Stern/Dietlein*, Archiv PT 1998, 309(320 ff.).
561 So aber *Stern/Dietlein*, a.a.O.; wie hier *Großkopf*, Die Vertragsfreiheit bei der Netzzusammenschaltung, 1998, S. 81.
562 BVerfGE 9, 238(345).

von objektiven Kriterien wie Kapazitätsgrenzen. Sie regeln nur den Inhalt der Tätigkeit.
Zur Rechtfertigung von Berufsausübungsregeln läßt das Bundesverfassungsgericht vernünftige Erwägungen des Allgemeinwohls genügen[563], berücksichtigt aber gleichwohl die konkrete Betroffenheit der regelungsunterworfenen Individuen[564]. Ihre wirtschaftlichen Wirkungen können eine Berufsausübungsregelung derjenigen der Berufswahl annähern. Diese Rücksichtnahme auf die Eingriffsintensität läßt die verschiedenen Eingriffsstufen ineinander verschwimmen[565]. Die Dreistufenlehre liefert insofern als strikte Anwendung des Verhältnismäßigkeitsgrundsatzes nur das Grundraster[566] für eine notwendige differenzierte Überprüfung.
Die Auferlegung der Zusammenschaltungspflichten regelt die Berufsausübung, greift aber gleichwohl intensiv in die Berufsfreiheit ein[567]. Denn sie zwingt den marktbeherrschenden Netzbetreiber, berufliche Konkurrenz durch andere Anbieter überhaupt erst zu ermöglichen und zu fördern. Die Wertigkeit der mit der Regelung verfolgten Ziele muß daher mindestens denen gleichkommen, die eine subjektive Berufszulassungsschranke rechtfertigen, also dem Schutz wichtiger Gemeinschaftsgüter dienen[568].
Die Zusammenschaltungspflicht erfüllt diese verschärften Rechtfertigungsanforderungen und verletzt deshalb Art. 12 I GG nicht. Die Regelung verfolgt eine legitimes Ziel mit geeigneten und notwendigen Mitteln. Gewahrt ist ebenfalls die Angemessenheit. Den Zwang zur Erbringung von Zusammenschaltungsleistungen mildert deren Entgeltpflichtigkeit für Konkurrenten. Die hohe Bedeutung eines offenen Netzzugangs sowie Angewiesensein von Wettbewerbern und Allgemeinheit auf Zusammenschaltungen rechtfertigen den Eingriff ebenso wie denjenigen in Art. 14 I 1 GG.
Art. 12 I und 14 I GG sind zudem funktionell aufeinander bezogen. Fällt eine Maßnahme in den Schutzbereich beider Grundrechte, dann muß die Beurteilung ihrer verfassungsrechtlichen Zulässigkeit anhand beider Grundrechte im Prinzip gleich ausfallen[569].
Unverhältnismäßig wäre eine Zusammenschaltungspflicht vor dem Hintergrund des Art. 12 I 1 GG erst dann, wenn sie den Verpflichteten letztlich zur Aufgabe des gewählten Berufs zwänge, weil seine Tätigkeit durch die erzwungene Konkurrenz gänzlich unrentabel würde.

[563] BVerfGE 7, 377(405 f.); 65, 116(125); 70,1(28); 78, 155(162).
[564] BVerfGE 16, 143(163 ff.); 30, 292(313 f.); 77, 84(106); *Scholz*, in: Maunz/Dürig, GG-Kommentar, Art. 12 Rn. 14.
[565] *Pieroth/Schlink*, Grundrechte, 16. Auflage 2000, § 21 Rn. 852.
[566] *Wieland*, in: Dreier, Grundgesetz Kommentar, 1996, Art. 12 Rn. 101 ff.
[567] Für Eingriff in Berufswahlfreiheit *Stern/Dietlein*, Archiv PT 1998, 309(320 f.).
[568] BVerfGE 14, 97(197); 19, 330(337); 25, 236(247).
[569] BVerfGE 50, 290(365) für die Unternehmensmitbestimmung.

Im Ergebnis verpflichten §§ 35 I 3, 36 TKG alle Netzbetreiber in verfassungsrechtlich unbedenklicher Art zur Zusammenschaltung. Wie nicht selten im Wirtschaftsverwaltungsrecht tritt die Steuerungskraft der Grundrechte insoweit hinter einen weiten Gestaltungsspielraum des Gesetzgebers zurück[570].

[570] *Ruffert*, AöR 124(199). 183.

Kapitel 11 Zulässige Einschränkungen des Anspruchs

Nach dem europarechtlichen Konzept legen die ONP-Grundsätze abschließend die zulässigen Einschränkungen des Zusammenschaltungsanspruchs fest. Der Netzzugang darf nur aus Allgemeinwohlerwägungen nicht wirtschaftlicher Art beschränkt werden[571].

Für die ZS-RL definiert Art. 10 die zulässigen Einschränkungsgründe für die Zusammenschaltung abschließend als: Sicherheit des Netzbetriebs, Aufrechterhaltung der Netzintegrität, Interoperabilität von Diensten, Datenschutz, Umweltschutz, Bauplanungs- und Raumordnungsziele[572].

Selbst ihr Vorliegen erlaubt keine grundsätzliche Weigerung, eine Zusammenschaltung auszuhandeln. Vielmehr kann der betroffene Netzbetreiber nach Art. 10 ZS-RL nur verlangen, daß die Zusammenschaltungsvereinbarung diese Gründen berücksichtigt. Die Richtlinie schreibt vor, daß entsprechende Zugangsbeschränkungen auf vorher festgelegten objektiven Bedingungen beruhen und den Grundsatz der Verhältnismäßigkeit wahren[573].

Das TKG trägt dem in § 35 II 2 Rechnung und erlaubt eine Einschränkung der Zusammenschaltung nur aus den in Art. 3 II ONP-Rahmen-RL[574] genannten Gründen. Die grundlegenden Anforderungen im Sinne der ONP-Grundsätze bilden damit negative Tatbestandsmerkmale des Anspruchs auf Zusammenschaltung.

I. Beschränkung des Netzzugangs

Die ONP-Grundsätze rechtfertigen nur in Ausnahmefällen eine Einschränkung des Rechts auf Netzzugang. Beschränkt deshalb eine Maßnahme den Netzzugang, unterliegt sie den hohen Rechtfertigungsanforderungen an eine Beschränkung der europäischen Dienstleistungsfreiheit[575]. Deshalb müssen Beschränkungen des Netzzugangs, die das *Ob* des Zugangs betreffen und Regelungen der Zugangsmodalitäten, die nur das *Wie* des Zugangs berühren, sorgfältig abgegrenzt werden.

Jedenfalls die vollständige Zugangsverweigerung beschränkt den Netzzugang. Schwieriger zu beurteilen sind die Konstellationen, in denen der Zugang Begehrende diesen zwar erhält, aber nicht zu genau den Konditionen, die er angestrebt hat. Verträge über Zusammenschaltung behandeln eine Fülle technischer und wirt-

[571] Art. 3 II ONP-Rahmen-RL, Art 10 ZS-RL.

[572] Eine ähnliche Definition liefert Art. 13 III RL 98/10/EG (Sprachtelefondienst-RL) für den sonstigen Zugang zum öffentlichen Telefonnetz, dazu BeckTKG-Komm/*Piepenbrock*, 2. Auflage 2000, § 33 Rn. 71 f.

[573] Allgemein EuGH Rs. C-3/95, Slg. 1996-I, S. 6511 *Reisebüro Broede*; Rs. C-55/94, Slg. 1995-I, S. 4165 Rn. 37 *Gebhardt*; ausführlich *Kingreen*, Die Struktur der Grundfreiheiten des Europäischen Gemeinschaftsrechts, 1999, S. 168; *Kort*, JZ 1996, 132(196).

[574] Abl. EG Nr. L 192 v. 24. 7. 1990, S. 1.

[575] Dazu ausführlich im ersten Teil in Kapitel 5 S. 48 ff.

schaftlicher Details wie Preis, Abrechnungsmodi, Lage der Zusammenschaltungspunkte, Netzmanagement[576]. Sie auszuhandeln überläßt das TKG in der Linie des Europarechts zunächst den Zusammenschaltungspartnern[577]. Nur im Streitfall interveniert die Regulierungsbehörde.

Diese Verhandlungen zielen auf einen fairen Ausgleich der beteiligten Interessen ab[578], nicht auf eine einseitige Bevorzugung des zur Zusammenschaltung Berechtigten. Nicht jede für ihn ungünstige oder unerwünschte Vertragsklausel beschränkt seinen Netzzugang. Es kommt entscheidend darauf an, ob der Umfang des Netzzugangs eingeschränkt und nicht nur seine Art und Weise geregelt wird. Eine bloße Regelung der Zugangsmodalitäten beschränkt den Zugang nicht, mag sie den Zugangsberechtigten auch belasten[579].

Bei einem weiteren Verständnis der Zugangsbeschränkung müßten alle vertraglichen Konflikte zwischen den Zusammenschaltungspartnern auf der Grundlage der grundlegenden Anforderungen gelöst werden. Als Maßstab zur Herstellung vertraglicher Äquivalenz eignen sich die grundlegenden Anforderungen des Europarechts indes nicht. Ein Vertragsschluß balanciert die wirtschaftlichen Interessen der Kontrahenten aus. Für die Zusammenschaltung überlagert das ONP-System diese zivilrechtliche Äquivalenz teilweise, der marktstarke Netzbetreiber darf den Vertragsschluß gerade nicht aus wirtschaftlichen Erwägungen verweigern. Das System der Grundfreiheiten ist auf die Begrenzung staatlichen Handelns zugeschnitten, es handelt nicht vom Ausgleich wirtschaftlicher Interessen Privater. Der Versuch, die Lösung von Interessenkonflikten der Netzbetreiber bei den Modalitäten der Zusammenschaltung in den Begrifflichkeiten des ONP-Anspruchs zu finden, wäre zum Scheitern verurteilt. Das erzwingt eine enge Auffassung vom Begriff der Zugangsbeschränkung.

II. Anwendungsfall: Netzintegrität und Atypische Verkehre

Einen praktisch höchst relevanten Anwendungsfall der grundlegenden Anforderungen bildet der Streit um die Behandlung der sogenannten „atypischen Verkehrsströme". Dabei geht es im Kern um die Frage, wer die für zusätzlichen Verkehr im Netz erforderlichen Kapazitäten schaffen muß: Der marktbeherrschende Netzbetreiber oder der Inhaber des Zusammenschaltungsanspruchs.

Das bundesweite Festnetz des Exmonopolisten ist nur auf den Transport von Verkehr aus seinen eigenen Ortsnetzen, nicht auf die Aufnahme anders strukturierten Verkehrs seiner Wettbewerber ausgerichtet. Diese Konkurrenten besitzen nur kleine Netze. Sie speisen deshalb ihre Verkehrszuführungen nur an wenigen Zusam-

576 Für eine Liste der möglichen Vertragspunkte vgl. die Anlage zu § 5 II NZV.

577 Vgl. Art 4 I ZS-RL Abl. EG Nr. L 199 v. 26.7.1999, S. 32 und § 36 TKG.

578 Vgl. Art. 9 V ZS-RL a.a.O.

579 A.A. VG Köln CR 2000, 108; offengelassen von OVG Münster NVwZ 2000, 706.

menschaltungspunkten in das Netz der Deutschen Telekom AG ein. Der zusätzliche Verkehr konzentriert sich an wenigen Punkten. Er verursacht deshalb auf der Grundlage der Netzstruktur des marktbeherrschenden Netzbetreibers sogenannte "atypischen Verkehre". Ihre Beförderung kann die vorhandene Netzstruktur überlasten, wenn nicht andere Funktionen zurückgestellt werden[580]. Folge kann eine verminderte Durchlaßwahrscheinlichkeit und ein Anstieg der Fälle sein, in denen eine Verbindung nicht zustande kommt (sogenannte Besetztfälle)[581].

Um diese Überlastung zu verhindern, muß die Zahl der Zusammenschaltungspunkte erhöht werden. Dazu muß entweder der marktstarke Betreiber sein bestehendes Netz mit weiteren Zusammenschaltungspunkten aufrüsten. Oder der kleinere Zusammenschaltungspartner hat seine Verkehrszuführung anzupassen, indem er sein Netz um weitere Zusammenschaltungspunkte ausbaut. Die Deutsche Telekom AG gibt ihren Zusammenschaltungspartnern die zweite Lösung vor. Sie fordert von ihnen, zusätzliche Zusammenschaltungspunkte anzubieten, also ihr Netz auszubauen (sogenannte Migrationsregel), sobald das Aufkommen durch den zugeführten Verkehr einen bestimmten Schwellenwert überschreitet (48,8 Erlang). Dieser Wert liegt der internen Planung der Deutschen Telekom AG für die eigenen Verkehre in ihrem Netz zugrunde. Die Streitfrage ist von hoher praktischer Relevanz, weil die Verteilung der Investitionslast für Netzbaumaßnahmen ein entscheidender Wettbewerbsfaktor ist.

1. *Zugangsbeschränkung*

Der in der Migrationsregel enthaltene Zwang, von einer gewissen Verkehrsmenge eine Mindestzahl von Zusammenschaltungspunkten einzurichten, beschränkt den Zugang im Sinne der ONP-Grundsätze[582].

Zwar erhalten konkurrierende Netzbetreiber trotz dieser Regel bis zu einer gewissen Verkehrsmenge ohne weiteres Netzzugang. Überschreiten sie aber diese Verkehrsmenge, dann müssen sie weitere Zusammenschaltungspunkte anbieten. Andernfalls verweigert ihnen die Deutsche Telekom AG den Netzzugang. Die Pflicht, weitere Zusammenschaltungspunkte anzubieten zwingt die Inhaber konkurrierender Netze dazu, ihr Netz auszubauen. Für ihr vorhandenes Netz bedeutet die Migrationsregel daher die Auferlegung einer Höchstverkehrsmenge[583]. Die Zu-

[580] Dazu *Badura/Schneider*, RTkom 1999, 161(166 f.).

[581] Vgl. *RegTP*, BK 4 c-99-008/Z 25.2.99 *EconoPhone GmbH*, MMR 1999, 430 m. Anm. *Piepenbrock; RegTP*, Öffentliche Anhörung über die regulatorische Behandlung von Verbindungsnetzen und öffentlichen Telekommunikationsnetzen im Hinblick auf die Zusammenschaltungsvorschriften des TKG, Abl. 4/99, S. 739 ff(752 ff.).

[582] *Piepenbrock* MMR 1999, 430(438); *ders.* in: BeckTKG-Komm, 2. Auflage 2000, § 37 Rn. 26 und § 33 Rn. 78 ff; *Müller/Schuster*, MMR 1999, 507(512); VG Köln, CR 2000, 108; OVG Münster NVwZ 2000, 706.

[583] BeckTKG-Komm/*Piepenbrock.*, 2. Auflage 2000, § 37 Rn. 26 und § 33 Rn. 78 ff.

sammenschaltung des existierenden Netzes wird für den kleinen Netzbetreiber damit quantitativ eingeschränkt. Diese Beschränkung des Netzzugangs kann nur durch grundlegende Anforderungen des ONP-Konzepts gerechtfertigt werden[584].

2. *Interoperabilität*

Entgegen einer vereinzelt geäußerten Ansicht in der Rechtsprechung läßt sich die Zugangsbeschränkung durch die Migrationsregel nicht mit der grundlegenden Anforderung der Interoperabilität rechtfertigen[585]. Der Begriff Interoperabilität bezeichnet die Möglichkeit der Kommunikation zwischen Diensten aufgrund der Einhaltung gemeinsamer Standards[586]. Die Qualität der tatsächlichen Verbindung, die sich durch eine bestimmte Netzbelastung ergibt, hat damit nichts zu tun. Interoperabilität bedeutet deshalb nicht uneingeschränkte Weitergabe von Sprach- und Datendiensten im Netz, die nur bei wartezeitfreier oder sonstiger störungsloser Weiterleitung des Verkehrs zu bejahen wäre[587].

3. *Netzintegrität*

Die Wortlautinterpretation von *Netzintegrität* führt ins Europarecht, weil das TKG für den Begriff in § 35 II 2 unmittelbar auf die ONP-Grundsätze der ONP-Richtlinie verweist. Allgemein verlangen der Ausnahmecharakter der ONP-Grundsätze als Schranke der Dienstleistungsfreiheit und der Auslegungsgrundsatz des *effet utile*, den Begriff der Netzintegrität restriktiv zu interpretieren.
Eine Definition von Netzintegrität ergibt sich aus ZS-RL und TKG. Nach Sinn und Zweck versteht das Europarecht unter Netzintegrität mindestens den Schutz vor dauerhaften Bedrohungen des physischen Bestandes durch technische Inkompabilitäten und divergierende Standards.
Zur Netzintegrität gehört außerdem die Funktion des Netzes. Die ZS-RL zielt gemäß Art. 1 ZS-RL auf eine effiziente Zusammenschaltung öffentlicher TK-Netze. Sie soll größtmöglichen Nutzen für den Endverbraucher erbringen, insbesondere eine zufriedenstellende Kommunikation von Nutzer zu Nutzer, Art. 9 ZS-RL. Damit ist eine effiziente Nutzung der begrenzten Ressource Netz angesprochen.
Erwägungsgrund 9 der Wettbewerbs-RL definiert den Zweck von Netzintegrität deshalb dahin, das normale Funktionieren des öffentlichen Netzes zu gewährleis-

584 Wie hier *Piepenbrock* a.a.O.; *Müller/Schuster*, MMR 1999, 512; VG Köln, CR 2000, 108; a.A. die RegTP, Az. BK 4c-99-051/Z 22.10.99, S. 25; Az. BK 4c-00-048/Z 22.10.99, S. 27; BK 4c-99-052/Z 2.11.99, S. 17 f.; offengelassen von OVG Münster NVwZ 2000, 706.

585 A.A. OVG Münster a.a.O.

586 Vgl. Art. 13 Abs. 2 lit. c Sprachtelefondienst-RL 98/10/EG, Abl. EG Nr. L 1010 v. 4.1.1998, S. 24: Keine weiteren Nutzungsbeschränkungen für Endgeräte, soweit sie europäisch festgelegte Standards einhalten; BeckTKG-Komm/*Piepenbrock*, 2. Auflage 2000, § 33 Rn. 81.

587 OVG Münster NVwZ 2000, 706(707).

ten[588]. Vermieden werden soll, daß Zusammenschaltungen die Funktionsfähigkeit des Netzes oder die Qualität der über das Netz abgewickelten TK-Verbindungen beeinträchtigten[589]. Verschlechtert oder verhindert deshalb eine Zusammenschaltung die sinnvolle und zufriedenstellende Funktion des bestehenden Netzes, dann gefährdet sie die Netzintegrität[590].

§ 36 TKG schreibt den an der Zusammenschaltung Beteiligten vor, die Verbesserung der Kommunikation der Nutzer anzustreben. Nach der Zielsetzung von Richtlinie und TKG sollen Zusammenschaltungen Netznutzung und Nutzerkommunikation verbessern. Auch danach muß Bewahrung der Netzintegrität als Schutz von Bestand *und* Funktion des vorhandenen Netzes ausgelegt werden. Zusätzliche Verkehrsströme können eine solche Funktionsstörung hervorrufen[591], wenn sie die jederzeitige Funktionsfähigkeit des Netzes hinsichtlich einer reibungslosen, wartezeitfreien Ende-zu-Ende Kommunikation beeinträchtigen[592].

Die Regulierungsbehörde hat allerdings im Ergebnis eine Gefährdung der Netzintegrität durch atypischen Verkehr nicht feststellen können, weil der Maßstab für die Funktionsfähigkeit des Netzes letztlich von subjektiven Festlegungen des Netzbetreibers abhänge[593]. Diese Sicht ist in doppelter Hinsicht zu kritisieren. § 9 IV NZV etwa erinnert daran, daß jeder Netzbetreiber die – von Art. 14 GG grundrechtlich geschützte – unternehmerische Freiheit besitzt, sein Netz nach seinen Bedürfnissen zu gestalten. In den Grenzen verbindlicher technischer Normierungen und dem ONP-Grundsatz der Verhältnismäßigkeit und Gleichbehandlung muß der Netzbetreiber sein Netz nach eigenen Standards aufbauen und betreiben können. Seine Festlegungen sind insoweit zu akzeptieren und können nicht als subjektiv abgetan werden.

Nach ihrem Ansatz hätte die Regulierungsbehörde die Migrationsregel streichen müssen, weil sie eine Gefährdung der Netzintegrität als nicht erwiesen ansieht[594]. Demgegenüber dürften die von atypischen Verkehren hervorgerufenen Funktionsstörungen tatsächlich die Netzintegrität gefährden[595].

[588] Urfassung der ONP-Rahmen-RL, Abl. EG Nr. L 192 v. 24.7. 1990, S. 10.

[589] RegTP Az. BK 4 c-99-008/Z 25.2.99 *EconoPhone GmbH*, MMR 1999, 430(433). m. Anm. *Piepenbrock*.

[590] OVG Münster NVwZ 2000, 706; vgl. die französische Definition von grundlegenden Anforderungen in Art 99-7 des Dekrets vom 3. März 1997: „Bon fonctionnement du réseau".

[591] Vgl. die Ansicht des britischen Regulierers OFTEl, Guidelines on special Network access, www.oftel.gov.uk//isp/snaguide.htm, 8 III: "Protection of the network against malfunctions or failure caused by ... **traffic loads**".

[592] OVG Münster NVwZ 2000, 706.

[593] RegTP BK 4c-99-008/Z 25.02.99 *EconoPhone*, MMR 1999, 430(433).

[594] *Piepenbrock*, MMR 1999, 435(438); BeckTKG-Komm, 2. Auflage 2000, § 33 Rn. 81 ff.; VG Köln CR 2000, 108.

[595] OVG Münster NVwZ 2000, 706.

Doch selbst eine nachgewiesene Gefährdung der Netzintegrität berechtigt nicht generell dazu, die Aushandlung der Zusammenschaltung zu verweigern. Beschränkungen des Netzzugangs zum Schutz grundlegender Anforderungen müssen vielmehr ihrerseits verhältnismäßig sein und auf objektiven, nicht diskriminierenden Bedingungen beruhen. § 35 II 2 TKG verweist für Zugangsbeschränkungen auf die ONP-Grundsätze, dazu gehört der Grundsatz der Verhältnismäßigkeit, Art. 10 b ZS-RL. Seine Anforderungen wahrt die Migrationsregel nicht, sie verstößt deshalb gegen das TKG.

Zwar stellt die Migrationsregel ein brauchbares Mittel zur Erreichung des angestrebten Zweckes dar[596]. Sie eignet sich deshalb, um die Gefährdung der Netzintegrität zu vermeiden. Die Regel schränkt aber die Dienstleistungsfreiheit mehr als notwendig ein, weil sie über das hinausgeht, was zum Schutz der Netzintegrität erforderlich[597] ist. Die Netzaufrüstung durch den marktstarken Anbieter auf Kosten des Zusammenschaltungsberechtigten schützt die Netzintegrität genauso wirksam, ohne ähnlich intensiv in die Dienstleistungsfreiheit einzugreifen. Sie ist genauso wirksam, weil eine Erweiterung der Netzkapazitäten eine Netzüberlastung genauso gut oder besser verhindert wie eine Beschränkung des zugeführten Verkehrs. Eine Aufrüstung des bestehenden Netzes schränkt die Dienstleistungsfreiheit weniger intensiv ein als eine Verkehrsbeschränkung. Die wirtschaftlichen Logik des natürlichen Monopols macht es kostengünstiger, das bestehende Netz aufzurüsten, als höhere Kosten im Neubau eines Netzes zu versenken.

Nur diese Auslegung des Verhältnismäßigkeitsgrundsatzes entspricht Sinn und Zweck der Zusammenschaltungspflicht. Das Netz des marktbeherrschenden Betreibers ist nur darauf ausgelegt, den eigenen Verkehr störungsfrei zu bewältigen. Zusätzliche Verkehre durch Zusammenschaltung führen zwangsläufig zu Kapazitätsengpässen. Könnte dieser Umstand immer eine Zugangsverweigerung rechtfertigen, so könnte das Volumen des TK-Verkehrs insgesamt durch Zusammenschaltungen kaum nennenswert gesteigert werden. Dieses Ergebnis läuft dem Ziel des ONP-Konzepts offensichtlich zuwider, das in der besseren Nutzung des vorhandenen TK-Netzes besteht. Anders als bei Eisenbahn- oder Stromnetzen läßt sich die Kapazität eines bestehenden TK-Netzes durch zusätzliche Schalt- und Übertragungstechnik in gewissen Grenzen erhöhen. Diese Aufrüstung des bestehenden Netzes vermeidet die hohen versunkenen oder Einmalkosten für den völligen Neubau anderer Netze, wie sie z.B. durch das Ausheben von Gräben und das Ver-

[596] Zu Geeignetheit EuGH, Slg. 1994, S. 4249(4247) *Houtwipper*, *Kingreen*, Die Struktur der Grundfreiheiten des Europäischen Gemeinschaftsrechts, 1999, S. 168.

[597] Allgemein EuGH Rs. C-3/95, Slg. 1996-I, S. 6511 Rn. 28 *Reisebüro Broede*; Rs. C-55/94, Slg. 1995-I, S. 4165 Rn. 37 *Gebhardt*; *Kingreen*, Die Struktur der Grundfreiheiten des Europäischen Gemeinschaftsrechts, 1999, S. 169.

legen von Kabeln entstehen. Eben diese Einmalkosten machen die TK-Netze ganz oder teilweise zu natürlichen Monopolen[598]. Dürfte der marktbeherrschende Netzbetreiber die Netzaufrüstung verweigern, dann würde das die Zusammenschaltungswilligen zum Neubau oder zur Erweiterung eigener Netze und damit zu den unrentablen Einmalkosten eines Netzneubaus zwingen. Wegen der Eigenschaften des natürlichen Monopols unterbliebe der Netzneubau ebenso wie die gewünschte Konkurrenz. Das würde die Marktbeherrschung des Netzbetreibers zementieren, statt sie, wie von ONP angestrebt, zu neutralisieren. Wirtschaftlich ist die Aufrüstung des bestehenden Netzes gegenüber einem völligen Neubau vorzugswürdig. Sie stellt insofern aus der Sicht der Zugangsberechtigten ein milderes Mittel zur Bekämpfung atypischer Verkehre dar. Deshalb ist sie nach dem Grundgedanken des ONP-Konzepts gewollt. Sie vermeidet ökonomisch sinnlose Verdoppelungen der Netzstruktur und sorgt für eine volkswirtschaftlich erstrebenswerte bessere Nutzung der knappen Ressource Netz. Damit entsteht Wettbewerb durch das mögliche Nebeneinander verschiedener Nutzungen. Das verhindert den Mißbrauch des monopolistischen Netzengpasses.

Dagegen läßt sich nicht einwenden, die Abmilderung der Belastung für den Berechtigten zur Zusammenschaltung werde durch eine Belastung des marktstarken Betreibers erreicht, weshalb keine mildere Maßnahme vorliege. Unter der Prämisse, daß der marktstarke Anbieter kein Kostenrisiko trägt, also nur der Nachfrager die Aufrüstung des bestehenden Netzes bezahlt, belastet die Kapazitätserweiterung den marktstarken Betreiber nicht. Im Gegenteil, sie verschafft ihm zusätzliches Geschäft. Der ONP-Anspruchsverpflichtete schuldet damit wegen des Verhältnismäßigkeitsgrundsatzes mehr als nur den Zugang zum existierenden Netz. Er muß den Zugangsberechtigten Netzkapazitäten einräumen, um dessen neu generierten Verkehr abzuwickeln und dafür unter Umständen das eigene Netz aufrüsten. Die Kosten dafür kann er vom Zusammenschaltungsberechtigten verlangen. Dieser muß auch das Investitionsrisiko tragen, etwa durch langfristige Verträge und entsprechende Sicherheiten[599].

Der Rückgriff auf Sinn und Zweck des ONP-Konzepts zeigt gleichzeitig, wann die Pflicht zur Bereitstellung zusätzlicher Kapazitäten endet – wenn die Kapazitätserweiterung einem Neubau des Netzes gleichkommt oder ähnlich hohen Aufwand erfordert. Dann liegt kein milderes Mittel mehr vor. Ein Zusammenschaltungsberechtigter kann deshalb nicht die Neuverlegung von Kabeln fordern, um etwa Teilnehmer in einer bisher nicht erschlossenen Gegend zu erreichen. Der Zusammenschaltungsanspruch umfaßt dagegen den Ausbau von Kapazitäten innerhalb des bestehenden Netzes. Dazu gehört die Einrichtung zusätzlicher Zusammenschaltungspunkte, um die störungsfreie Mitbenutzung durch Dritte zu ermöglichen.

[598] Ausführlich dazu im ersten Teil in Kapitel 2 S. 5 ff.

[599] Vgl. *Piepenbrock*, MMR 1999, 435 ff.

Auch nach den Verpflichtungen der EG und der Mitgliedstaaten aus dem GATS besteht diese Netzausbaupflicht. Dem Wortlaut des GATS läßt sich entnehmen, daß ein marktstarker Betreiber seine Einrichtungen gegen Kostenerstattung ausbauen muß, um die Zusammenschaltung zu bewältigen. Danach muß die Zusammenschaltung an jedem technisch durchführbaren Punkt im Netz sichergestellt werden, zu Entgelten, die Kosten für die Bereitstellung notwendiger zusätzlicher Einrichtungen widerspiegeln[600]. Technisch durchführbar ist eine Zusammenschaltung an wenigen Zusammenschaltungspunkten, wenn eine gleichzeitige Kapazitätserweiterung Störungen vermeidet. Die Kapazitätserweiterung stellt eine notwendige zusätzliche Einrichtung dar.

Die Ausbaupflicht ist verfassungsgemäß. Einer Pflicht des marktstarken Netzbetreibers, sein Eigentum für die Nutzung durch Dritte einzurichten, stehen seine Grundrechte nicht entgegen, solange die eigene Möglichkeit zur Grundrechtsbetätigung gewahrt bleibt[601].

Die Migrationsregel verstößt also insgesamt gegen den Verhältnismäßigkeitsgrundsatz der ZS-RL, weil eine Kapazitätserweiterung eine mildere, gleich wirksame Maßnahme darstellt.

Das verkennt die Regulierungsbehörde, wenn sie die Anordnung der Migrationsregel damit begründet, es handele sich um eine verhältnismäßige Maßnahme zur Vermeidung von Investitionskosten des marktstarken Betreibers[602]. Die Netzstruktur begrenze die Pflicht, die Zusammenschaltung zu ermöglichen[603]. Dem liegt ein falsches Verständnis des Verhältnismäßigkeitsgrundsatzes zugrunde. Nach dem ONP-Konzept schützt er nicht den marktstarken Netzbetreiber, sondern verpflichtet ihn.

Deshalb überzeugt der zur Migrationsregel ergangene Beschluß des OVG Münster ebenfalls nicht. Das Gericht nimmt zu Unrecht an, der Zugang Begehrende habe das vorhandene Netz so zu nehmen, wie es ist, und brauche nicht durch Netzverstärkungen in Vorleistung zu treten, um Beeinträchtigungen durch zusätzliche Netznutzung zu vermeiden[604].

[600] Ziffer 2.2 lit. a und c, BGBl. 1997 II, 2000(2001).

[601] Siehe oben in Kapitel 10 S. 111 f.

[602] *RegTP* MMR 1999, 433.

[603] *RegTP* BK 4-98-019/Z 14.8.98, S. 8.; zustimmend *Trute*, in: Trute/Spoerr/Bosch, TKG, Kommentar, 2001, § 33 Rn. 54; ablehnend *Rickert*, NVwZ 2000, 639(640).

[604] OVG Münster, NVwZ 2000, 706(707); für Stromnetze *Papier*, BB 1997, 1213(1219); *Schmidt-Preuß*, RdE 1996, 1(5).

III. Regulierung und Anspruchsvoraussetzungen

Die Betrachtung der Voraussetzungen des Zusammenschaltungsanspruchs ermöglicht erste Schlüsse auf den Begriff der Regulierung.

Das TKG verleiht einen Anspruch auf Zusammenschaltung gegen marktbeherrschende und, weniger weitreichend, gegen alle Betreiber öffentlicher TK-Netze. Das Gesetz definiert Anspruchsvoraussetzungen und -grenzen eindeutig und abschließend.

Der Abgleich mit der ZS-RL zeigt einen bedeutsamen Unterschied auf. Das Europarecht stellt die zentrale Anspruchsvoraussetzung des Zusammenschaltungsanspruchs, das Tatbestandsmerkmal der Marktbeherrschung, teilweise zur Disposition der Regulierungsbehörde. Regulierung setzt damit europarechtlich schon auf der Ebene des Tatbestandes an, weil sie der Regulierungsbehörde die Definitionsmacht für Voraussetzungen des Zusammenschaltungs-anspruchs verleiht.

Das TKG greift diese Vorgabe nicht auf, sondern stützt sich für das Tatbestandsmerkmal der marktbeherrschenden Stellung auf kartellrechtliche Begrifflichkeiten, die gerichtlich voll überprüfbar bleiben. Allerdings geraten die Fronten hier offenbar in Bewegung, zukünftig will der Regulierer die Marktabgrenzungen im ergebnisoffenen Dialog mit den Marktteilnehmern festlegen[605].

Im Unterschied zum Europarecht unterscheidet sich Regulierung der Zusammenschaltung im TKG auf der Tatbestandsseite derzeit wenig vom herkömmlichem Gesetzesvollzug durch Verwaltungsbehörden. Ihre Besonderheit liegt nur im Wirkungsfeld, den Rechtsbeziehungen privater Netzbetreiber. Solche Aufsicht über privatrechtliches Handeln kennen aber auch andere Bereiche des Wirtschaftsverwaltungsrechts, etwa das allgemeine Wettbewerbsrecht.

Ihre spezifische Funktion gewinnt die Regulierung vielmehr bei der Bestimmung der Rechtsfolgen des Zusammenschaltungsanspruchs. Sie werden vom TKG nur in groben Umrissen vorskizziert (dazu sogleich). Die Konturen des Anspruchsinhalts schärfer zu zeichnen, überlassen Europarecht und TKG primär den Vertragsverhandlungen der Parteien. Der normative Rahmen stellt dabei die Regulierungsbehörde in eine Reservestellung für den Fall, daß die Verhandlungen scheitern oder im Hinblick auf Gemeinwohlziele suboptimale Ergebnisse erbringen. Dieses Zusammenspiel privater Verhandlungen und behördlicher Intervention zu steuern, bildet die Hauptaufgabe der Regulierung, die es anschließend zu beschreiben gilt.

[605] Vgl. Associated Press, Meldung vom 20.2. 2001, „Eckpunkte über Marktabgrenzung bis Spätsommer"; sowie die Eckpunkte für ein Konzept zur künftigen sachlichen und räumlichen Abgrenzung von Märkten und den Aufruf zur Kommentierung in http://www.regtp.de/.

Kapitel 12 Inhalt des Zusammenschaltungsanspruchs

Die Voraussetzungen und Grenzen des Anspruchs auf Zusammenschaltung stehen somit fest, als nächstes gilt es, den Anspruchsinhalt näher zu beschreiben. Wie bereits festgestellt wurde, bedeutet Zusammenschaltung Netzverbindung[606]. Das TKG gestaltet das Zusammenschaltungsrecht als Kontrahierungszwang aus.

I. Recht auf Vertragsschluss

Europarecht und TKG geben mit dem Recht auf Zusammenschaltung einen Anspruch auf Abschluß eines Vertrags über Zusammenschaltung und dessen Vollzug. §§ 35 I 3, 36 TKG enthalten also einen Kontrahierungszwang. Das folgt aus Wortlaut sowie Sinn und Zweck der Zusammenschaltungsregeln.

1. *§§ 35, 36 TKG*

Für ein Recht auf Abschluß eines Vertrages über Zusammenschaltung streitet der Wortlaut des TKG. Für marktstarke Netzbetreiber geht § 35 II 1 TKG davon aus, daß sie ihre Pflicht zur Zusammenschaltung und zur Gewährung besonderen Netzzugangs durch den Abschluß von *Vereinbarungen* erfüllen. Nach § 36 TKG trifft alle übrigen Netzbetreiber die Pflicht, auf Nachfrage ein *Angebot* auf Zusammenschaltung abzugeben. Das entspricht der herkömmlichen Struktur eines gesetzlichen Kontrahierungszwangs als „verhaltener Anspruch"[607], der in seiner konkreten Form erst entsteht, wenn ein Begünstigter ihn geltend macht.
Andere gesetzliche Vorschriften formulieren den Zwang zum Vertragsschluß als Pflicht, ein Angebot des Begünstigten anzunehmen[608]. Davon weicht das TKG mit der Pflicht zum Angebot auf Vertragsschluß an den Begünstigten nur in der Formulierung, nicht in der Sache ab. Ob der zum Vertragsschluß Verpflichtete ein Angebot bestimmten Inhalts annehmen oder abgeben muß, ändert nichts daran, daß nicht er, sondern sein Kontrahent über den Vertragsschluß entscheidet.
Allerdings könnte Zusammenschaltung hier lediglich als technischer Vorgang verstanden werden, das Angebot auf Zusammenschaltung sich mithin nur auf reale Leistungsbewirkung beziehen[609]. § 3 Nr. 24 TKG definiert Zusammenschaltung als die physische und logische Verbindung zweier TK-Netze. Technisch gesehen bedeutet Zusammenschaltung nur Netzverbindung, verbinden können zwei Betreiber ihre Netze auch ohne vertragliche Vereinbarung. Trotzdem deutet bereits die Verwendung des aus Vertragszusammenhängen stammenden Worts *Angebot* darauf hin, daß Zusammenschaltung in § 36 TKG mehr als den technischen Vorgang der

[606] Dazu oben in Kapitel 9 S. 87 ff.
[607] Vgl. *Loeber*, Der hoheitlich gestaltete Vertrag, 1969, S. 103.
[608] Vgl. § 5 I, III, IV PflVG.
[609] Zu Theorie der realen Leistungsbewirkung vgl. *Bydlinski*, AcP 180(1980), 1(15 f.)

Netzverbindung meint, nämlich den Abschluss eines Zusammenschaltungsvertrags. Wirtschaftlich geschieht die technische Netzverbindung zum Zweck des dauerhaften Leistungsaustauschs und bedarf einer vertraglichen Grundlage, die Ansprüche und Pflichten regelt. Schon deshalb muß Zusammenschaltung neben der Durchführung der Netzverbindung auch Vertragsschluß darüber bedeuten. Der (zwangsweise) Abschluß eines Vertrags schafft dafür eine verläßliche Grundlage und die wünschenswerte Klarheit für die Zukunft[610].

§ 37 TKG bestätigt das Verständnis von § 36 TKG als Pflicht zum Vertragsschluß. Die Vorschrift verleiht der Behörde Anordnungsbefugnis für den Fall, daß eine *Vereinbarung* über die Zusammenschaltung nach § 36 TKG nicht zustandekommt. Die Vorschrift setzt voraus, daß Netzbetreiber ihrer Zusammenschaltungspflicht regelmäßig nachkommen, indem sie nach § 36 TKG über die vertragliche Regelung einer Zusammenschaltung verhandeln und einen Vertrag abschließen.

Der Vergleich mit dem Wortlaut ähnlich gelagerter Zugangsansprüche zu anderen netzgebundenen Leistungen bestätigt diese Sicht. § 6 I EnWG verwirklicht die europarechtliche Vorgabe des verhandelten Netzzugangs[611]. Er verlangt vom Stromnetzbetreiber, das Versorgungsnetz für Durchleitungen zur Verfügung zu stellen, zu denselben Bedingungen wie für Leistungen innerhalb des eigenen Unternehmens. Wie ihr zweiter Satz zeigt, geht die Bestimmung ebenfalls vom einer Pflicht zum Vertragsschluss aus[612]. Er ermächtigt die Bundesregierung zum Verordnungserlaß über die Gestaltung der *Verträge* nach Absatz 1.

§ 14 I AEG gewährt das Recht auf diskriminierungsfreie Benutzung der Eisenbahninfrastruktur. Wie Absatz vier der Vorschrift, sind darüber *Verträge* abzuschließen. Beide Parallelvorschriften zu §§ 35 I 3, 36, 37 TKG drücken die Pflicht zum Vertragsschluss als Verpflichtung aus, die begehrte Leistung bereitzustellen. Deshalb kann eine identische Bedeutung der parallelen Formulierungen im TKG angenommen werden.

2. *Europarechtliche Vorgaben*

Der Blick in die ZS-RL untermauert die Pflicht zum Vertragsschluß. Der Wortlaut zeigt das gleich mehrfach. Art 4 I ZS-RL verpflichtet Engpaßbeherrscher dazu, die Zusammenschaltung *auszuhandeln*. Die Grenzen der Ansprüche gegen Netzbetreiber formuliert Art. 10 als Gründe, die bei der *Aushandlung* von Zusammenschaltungsverhandlungen zu berücksichtigen sind. Art 4 II ZS-RL verpflichtet marktstarke Unternehmen, begründeten *Anträgen* auf Netzzugang stattzugeben. Den Begriff *beantragen* benutzt die Richtlinie ebenfalls in Art. 4 I.

610 *Bydlinski* a.a.O.

611 Art. 14 der Richtlinie 98/30/EG des Europäischen Parlaments und des Rates vom 22.6.1998 betreffend gemeinsame Vorschriften für den Erdgasbinnenmarkt, Abl. EG Nr. L 204, S. 1.

612 Weitergehend *Theobald/Zenke*, WuW 2000, 19(24 f.), die ein gesetzliches Schuldverhältnis annehmen.

Bleiben die Verhandlungen über Zusammenschaltungsverträge erfolglos, führt die Behörde eine *Vereinbarung*[613] herbei, legt den Streit um Zugangsstreitigkeiten im Streben nach gleichwertigen Zugangs*vereinbarungen* bei[614] oder ordnet die Zusammenschaltung unter Festsetzung der Zusammenschaltungs*bedingungen*, gemeint sind Vertragsbedingungen, an.
Nach dem Richtlinienmodell der Regulierung handeln Netzbetreiber Zusammenschaltungsvereinbarungen kommerziell aus. Die nationale Regulierungsbehörde überwacht diese Aushandlung und schreitet gegebenenfalls ein, um adäquate Zusammenschaltung sicherzustellen[615]. Die Regulierungsbehörde handelt stets im Kontext privater Vertragsverhandlungen. Die Systematik bestätigt damit den Befund eines Rechts auf Vertragsschluß.
Angebot auf Zusammenschaltung nach § 36 TKG bedeutet demzufolge Angebot auf Abschluss und Durchführung eines zivilrechtlichen Zusammenschaltungsvertrags. § 35 II 3[616] und § 36[617] TKG enthalten einen Kontrahierungszwang[618].

II. Inhalt des abzuschließenden Vertrags

1. *Rechtscharakter des Zusammenschaltungsvertrags*

Typologisch läßt sich der Zusammenschaltungsvertrag als Dauerschuldverhältnis klassifizieren. Grundlage bildet die Realisierung einer physikalischen und logischen Verbindung zweier Netze an einem oder mehreren Zusammenschaltungspunkten. Die durch Zusammenschaltung verbundenen Netzbetreiber schulden sich gegenseitig die vereinbarten Zusammenschaltungsleistungen. Im Kern ist das der Transport von im Netz eines Betreibers generierten Informationen (Telefongesprächen oder anderen Daten) bis zur Grenze dieses Netzes am Zusammenschaltungspunkt (Zuführung) oder andersherum der Weitertransport an anderer Stelle generierter Daten in diesem Netz, entweder zu einem direkt angeschlossenen Teilnehmer (Terminierung) oder bis zum Zusammenschaltungspunkt mit einem Drittnetz. Einfacher gesagt, der Netzbetreiber sorgt dafür, daß der ihm vom Zusammenschaltungspartner zugeführte Anruf an die richtige Stelle gelangt. Das kann der Endanschluß eines Kunden oder ein weiteres Netz sein. Für diese Leistung erhält der

[613] Art. 9 III ZS-RL, Abl. EG Nr. L 199 v. 26.7.1997, S. 32.
[614] Art. 9 V i.V.m. Spiegelstrich 5 ZS-RL, Abl. EG Nr. L 199 v. 26.7. 1997, S. 32.
[615] Erwägungsgrund 5 RL 97/33/EG a.a.O.
[616] BeckTKG-Kommentar, *Piepenbrock*, 1. Auflage 1998, § 37 Rn. 3, *Gramlich*, CR 1997, 65(67); *Wieland/Enderle*, MMR 1999, 397(380).
[617] *Busche*, Privatautononmie und Kontrahierungszwang, 1999, S. 622; *Nolte*, BB 96, 2629, Palandt/*Heinrichs*, 59. Auflage 2000, Rn. 8 vor § 145.
[618] *Ullrich*, in: Hoffmann-Riem, Innovation und Telekommunikation, 2000, S. 84; enger BeckTKG-Komm/*Piepenbrock*, 2. Auflage 2000, § 37 Rn. 3; differenzierend *Trute*, in: Trute/Spoerr/Bosch, TKG, Kommentar, 2001, § 36 Rn. 7.

ausführende Netzbetreiber ein Zusammenschaltungsentgelt. Es ist erfolgsbezogen. Der Zusammenschaltungsvertrag enthält daher jedenfalls werkvertragliche Elemente. Dazu können, je nach konkreter Vertragsgestaltung, Elemente des Dienstvertrages oder der entgeltlichen Geschäftsbesorgung kommen, etwa, wenn ein Netzbetreiber für den anderen das Inkasso miterledigt. Insgesamt handelt es sich um ein komplexes, typengemischtes Dauerschuldverhältnis sui generis, das eine Einordnung unter einen einzelnen Vertragstyp nicht zuläßt[619].

2. *Inhaltliche Maßstäbe: Objektive Kriterien*

Wie es die ZS-RL in Art. 6, 7 und 10 fordert, muß nach dem TKG die Zusammenschaltung ONP-Grundsätzen entsprechen. Um die spezielle Ausprägung der ONP-Grundsätze im TKG wiederzufinden, bedarf es an mehreren Stellen einer richtlinienkonformen Auslegung.

Das TKG übernimmt in § 35 II 1 teilweise wörtlich die Ausgangsfassung der ONP-Rahmen-RL[620]. Zusammenschaltungsvereinbarungen marktbeherrschender Netzbetreiber müssen daher auf objektiven Maßstäben beruhen und gleichwertigen Zugang gewähren. Anstatt wie die ZS-RL von Transparenz spricht das TKG von Nachvollziehbarkeit. In der Sache macht das keinen Unterschied, vielmehr übernimmt das TKG die ONP-Grundsätze maßstabsgetreu.

Das Kriterium der Objektivität spiegelt die ursprüngliche Staatsgerichtetheit der ONP-Grundsätze wider, deren Ausgangsfassung auf staatliche Fernmeldeverwaltungen gemünzt war. Es verdeutlicht die strukturelle Verknüpfung der ONP-Grundsätze mit der Dienstleistungsfreiheit des EG-Vertrages, deren Einschränkung stets nur zur Erreichung legitimer Zwecke geschehen darf. Objektivität bedeutet deshalb die Bindung des – zunächst nur mitgliedstaatlichen, inzwischen auch privaten – Handelns an sachliche Kriterien, also das Gegenteil von Willkür. Diese Anforderung überschneidet sich größtenteils mit dem ONP-Kriterium der Gleichbehandlung[621]. Ihr eigenständiger Inhalt besteht darin, daß Objektivität nicht nur ungerechtfertigte Besser- oder Schlechterstellung relativ zu anderen Zusammenschaltungsinteressenten verbietet, sondern jede nicht sachlich veranlaßte[622] Gestaltung von Vertragsinhalten. Objektive Maßstäbe müssen sich unabhängig von den Beteiligten anhand der normativen Lage und der faktischen Situation rechtfertigen

619 BeckTKG-Komm/*Salger/Traugott*, § 39 Rn. 10; *Gramlich*, CR 1997, 68; ausführlich *Märkl*, Netzzusammenschaltung in der Telekommunikation, 1998, S. 304 ff.

620 Etwa Art. 1 ONP-Rahmen-RL, Abl. EG Nr. L 192 v. 24.7.1990, S. 1: Bedingungen, die auf objektiven Kriterien beruhen, transparent und in geeigneter Form veröffentlicht sind und Diskriminierungen ausschließen.

621 Für Identität BeckTKG-Komm/*Piepenbrock*, 2. Auflage, § 35 Rn. 31; zustimmend *Trute*, in: Trute/Spoerr/Bosch, TKG, Kommentar, § 35 Rn. 41.

622 Nach *Etling-Ernst*, TKG-Kommentar, 2. Auflage, § 35 Rn. 41 dürfen die Zusammenschaltungsbedingungen nicht auf subjektiven Erwägungen beruhen oder einzelfallbezogen sein.

lassen[623]. Sie garantieren somit, daß der zur Zusammenschaltung verpflichtete Betreiber seine aufgrund seiner Marktmacht bestehende überlegende Verhandlungsposition nicht ausnutzt, um den Zusammenschaltungsvertrag einseitig zum eigenen Vorteil zu gestalten.
Trotz der nicht unerheblichen Unterschiede zwischen den ONP-Zugangsrechten und der wettbewerbsrechtlichen „essential facilities"-Doktrin[624] unterstreicht das Postulat der Objektivität die gedankliche Verwandtschaft beider Rechtsinstitute. Europarechtlich muß das verpflichtete Unternehmen auch im Rahmen des rein wettbewerblichen Zugangsanspruch nach objektiven und transparenten Kriterien wie eine *unabhängige Behörde*[625] über den Zugang entscheiden[626].
Der Grundsatz der Objektivität läßt sich in einzelne Ausprägungen untergliedern. Den wichtigsten bildet das Postulat, die Entgelte für eine Zusammenschaltungen an den tatsächlich entstehenden, langfristigen Zusatzkosten auszurichten.

a) Kostenorientierung

Das TKG schreibt die Kostenorientierung marktbeherrschenden Anbietern in §§ 24 ff. vor (vgl. Art. 7 ZS-RL). Ihre Zusammenschaltungsentgelte müssen sich an den Kosten effizienter Leistungsbereitstellung orientieren. Sie unterliegen der Genehmigung durch die Regulierungsbehörde.
Ein Unternehmen beherrscht einen Markt, wenn es einen vom Wettbewerb nicht mehr hinreichend kontrollierten Verhaltensspielraum besitzt[627]. Die Orientierung an den Kosten effizienter Leistungsbereitstellung soll die kontrollierende Funktion wirksamer Konkurrenz simulieren. Sähe sich ein Netzbetreiber wirksamer Konkurrenz ausgesetzt, so könnte er keine Monopolpreise erheben, sondern wäre zu Kostenpreisen gezwungen.
Soweit das TKG die Geltung der ONP-Grundsätze in vollem Umfang für nicht marktbeherrschende Netzbetreiber anordnet, muß der Verweis in § 37 III 3 TKG freilich teleologisch reduziert werden. Die Zusammenschaltungsanordnung setzt Pflichten zur Zusammenschaltung durch, deren Umfang sich nach den ONP-Grundsätzen richtet. Sie folgen dem Prinzip der Asymmetrie, indem sie für marktbeherrschende Netzbetreiber weitergehende Pflichten festlegen als für andere Netzbetreiber.
Diesem System der ONP-Grundsätze widerspräche ihre vollständige Geltung für nicht marktbeherrschende Betreiber im Rahmen einer Zusammenschaltungsanord-

[623] *Trute*, in: Trute/Spoerr/Bosch, TKG, Kommentar, 2001, § 35 Rn. 41.
[624] Dazu oben in Kapitel 6 S. 53 ff.
[625] KOME 94/19, Sealink II, Abl. 1994 L 15/8, S. 17; KOME IV/34174, Sealink I, 5, CMRL 255(266).
[626] *Deselaers*, in: Grabitz/Hilf, EGV, Art. 82 Rn. 359.
[627] BGH WuW/E BGH 1533, 1536 *Erdgas Schwaben*; *Lampert*, WuW 1998, 31; ausführlich in Kapitel 9 S. 94 ff.

nung. Dem kann die Auslegung des TKG Rechnung tragen. Das korrigiert die andernfalls erfolgende systemwidrige Ausdehnung der ONP-Grundsätze auf nicht marktbeherrschende Netzbetreiber.
Den wichtigsten Anwendungsfall bildet die Kostenorientierung. Die ZS-RL fordert in Art. 7 II die Kostenorientierung der Zusammenschaltung nur für marktstarke Netzbetreiber. Für andere Netzbetreiber gelten weder das Gebot der Gleichheit von externer und interner Behandlung noch die Orientierung an den Kosten effizienter Leistungsbereitstellung.
§ 39 TKG ordnet für alle Zusammenschaltungen die *entsprechende* Geltung der Vorschriften über die Entgeltregulierung an, §§ 24 ff. TKG. Dieser Wortlaut läßt es zu, entsprechend dem System und dem Wortlaut der ZS-RL eine bloße Rechtsgrundverweisung anzunehmen. Nur marktbeherrschende Anbieter unterliegen deshalb nach § 24 ff. TKG bei angeordneter Zusammenschaltung der Kostenorientierung nach ONP-Grundsätzen[628].

b) Nachvollziehbarkeit und Transparenz

Das Gebot der Nachvollziehbarkeit entspricht dem ONP-Grundsatz der Transparenz. Er stammt aus dem Kontext des GATS. Nach Ziffer drei des *Annex on Telecommunikcations* [629] müssen MS sämtliche Bedingungen von Zugang zu und Nutzung von öffentlichen TK-Netzen öffentlich zugängig machen, vor allem Tarife und technische Standards. Anders können insbesondere ausländische Nachfrager nicht von der Öffnung des Dienstleistungsmarktes profitieren. Dafür müssen sie nämlich die nationalen Regeln kennen, die für ihre beabsichtigte Tätigkeit gelten. Die ONP-Grundsätze haben dieses primär für staatliche Normsetzung geltende Gebot entsprechend ihrer generellen Tendenz in Art. 6 b, c und 7 II ZS-RL auf die Tätigkeit marktbeherrschender Anbieter ausgeweitet. Das ONP-System sichert die Pflicht zum Vertragsschluß damit durch Informations- und Veröffentlichungspflichten ab. Zu ihrer Erfüllung wirkt der marktbeherrschende Betreiber mit der Regulierungsbehörde zusammen.
Dem trägt das TKG ausreichend Rechnung. Für den Inhalt von Zusammenschaltungsvereinbarungen schreibt es in § 35 II Nachvollziehbarkeit[630] vor. Steht der Abschluß einer Zusammenschaltungsvereinbarung in Frage, dann müssen marktbeherrschende Betreiber Nutzern vorab alle dafür nötigen Informationen liefern, § 4 NZV. Für die Regulierung der Zusammenschaltungsentgelte müssen marktbeherrschende Netzbetreiber umfangreiche Kostennachweise führen, § 2 TEntGV, und geschlossene Zusammenschaltungsvereinbarungen der Regulierungsbehörde

[628] *Fuhr/Kerkhoff*, NJW 1997, 3209(3211); *Koenig/Neumann*, RTkom 2000, 27; *Esser-Wellié*, CR 2000, 301(302); a.A BeckTKG-Komm/*Piepenbrock*, 2. Auflage, § 39 Rn. 11; *Riehmer*, MMR 1998, 59(63).
[629] BGBl 1997 II, 2000(2001).
[630] Dazu *Trute*, in: Trute/Spoerr/Bosch, TKG, Kommentar, 2001, § 35 Rn. 42.

vorlegen. Sie gewährt Nutzern Einsicht, soweit der Schutz der Geschäfts- und Betriebsgeheimnisse das zuläßt, § 6 I und IV NZV. Steht zu erwarten, daß eine Vertragsklausel Bestandteil einer Vielzahl von Vereinbarungen wird, veröffentlicht die Regulierungsbehörde sie in ihrem Amtsblatt. Der marktbeherrschende Anbieter muß dieses Grundangebot in seine AGB aufnehmen, § 6 V NZV. Allein diese Umsetzung der Pflicht zum Standardangebot (vom TKG Grundangebot genannt) erscheint kritikwürdig. Die Richtlinie sieht vor, daß die Regulierungsbehörde ex-ante ein vollständiges Zusammenschaltungsangebot des marktbeherrschenden Betreibers festlegt, das TKG erlaubt nur eine fallabhängige ex-post Bestimmung. Diese Frage zusammen mit den Durchsetzungskompetenzen der Behörde näher untersucht[631].

c) Technische Vorgaben

Weitere Vorgaben für den Vertragsinhalt lassen sich aus dem Grundsatz der Objektivität kaum ableiten. Zusammenschaltung ist ein komplexer technischer Vorgang mit einer großen Bandbreite von Realisierungsmöglichkeiten[632]. Eine wichtige Rolle spielen Standort und Anzahl der Zusammenschaltungspunkte. Ihre Festlegung bestimmt, welchen Teil des fremden Netzes der Zusammenschaltungsberechtigte mitnutzen darf und bezahlen muß. Andere Beispiel für wichtige technische Parameter sind die erforderliche Kapazität und die gewünschte Qualität der Zusammenschaltungsleistungen.

Das TKG ermächtigt in § 35 V zum Erlaß einer Verordnung, die regeln soll, wie die Zusammenschaltung zu ermöglichen ist. Die nach § 35 V TKG erlassene Netzzugangsverordnung (NZV) beschränkt sich allerdings darauf, wichtige Parameter im Anhang zu § 5 NZV exemplarisch zu Soll-Bestandteilen von Zusammenschaltungsvereinbarungen zu erklären[633], ohne sie näher festzulegen[634].

3. *Gewährung gleichen Zugangs*

Neben der Objektivität verpflichten die ONP-Grundsätze zur Gewährung gleichen, nicht diskriminierenden Zugangs[635]. Die ZS-RL verschärft diesen Gleichheitssatz noch und verpflichtet in Art. 6 a marktstarke Betreiber dazu, Zusammenschaltungsleistungen und Informationen für andere Netzbetreiber zu denselben Bedingungen und derselben Qualität bereit zu stellen, die sie eigenen Diensten,

[631] Ausführlich in Kapitel 13 S. 127 ff.

[632] Zu Einzelheiten *Märkl*, Netzzusammenschaltung in der Telekommunikation, 1998, S. 51 ff.

[633] Vgl. *Berger*, Netzzusammenschaltungen von Telekommunikationsunternehmen, 2000, S. 111 ff., BeckTKG-Komm/*Salger/Traugott*, 2. Auflage 2000, S. 713 ff.

[634] *Etling-Ernst*, TKG-Kommentar, 2. Auflage 1999, § 35 Rn. 13.

[635] Art. 3 I Spiegelstrich 2 ONP-Rahmen-RL Abl. EG Nr. L 192 v. 24.7. 1990, S. 10.

Tochtergesellschaften oder Partnern gewähren. Die interne Behandlung muß mit der externen Behandlung übereinstimmen[636].

Gleichbehandlung bezieht sich somit einerseits auf alle Netzbetreiber, die Zusammenschaltung nachfragen sowie andrerseits auf das Verhältnis zum marktstarken Netzbetreiber und seinen Tochterunternehmen. Dieser qualifizierte Gleichbehandlungsgrundsatz bezweckt, interne Quersubventionierung des marktbeherrschenden Anbieters zu verhindern. Andernfalls könnte er mit überhöhten Preisen im Monopolbereich, etwa im Ortsnetz, seine wirtschaftlichen Aktivitäten in anderen Bereichen subventionieren und damit seine beherrschende Stellung ausdehnen. Weitere wichtige Anwendungsbereiche sind die Bereitstellung von Zusammenschaltungskapazitäten und -einrichtungen sowie die gleiche Erreichbarkeit aller konkurrierenden Anbieter durch Endnutzer[637].

Diese Vorgaben setzt das TKG in § 35 II 1 um. Er verpflichtet marktbeherrschende Netzbetreiber, gleichwertigen Zugang zu gewähren. Gleichwertigkeit bedeutet europarechtskonform sowohl die Gleichbehandlung verschiedener Zusammenschaltungspartner, als auch die Gleichheit externer und interner Behandlung.

Obwohl § 33 I 1 TKG die Gleichheit von interner mit externer Behandlung fordert, setzt diese Vorschrift den ONP-Grundsatzes der qualifizierten Gleichbehandlung dagegen nicht um. Das liegt am Tatbestandsmerkmal *wesentliche Leistungen* in § 33 I TKG. Überwiegend und zu Recht wird das Kriterium der Wesentlichkeit als Ausprägung der schon früher erläuterten „essential facililties"-Doktrin gelesen[638]. Damit wirkt es anspruchsbeschränkend, weil es den Nachweis einer unangreifbaren Monopolstellung im Einzelfall verlangt. Wesentlich sind nur solche Leistungen, auf die ein Wettbewerber unbedingt angewiesen ist, ohne sie mit vertretbarem Aufwand selber erbringen oder sich anders beschaffen zu können[639]. § 33 TKG enthält somit eine einfachgesetzliche Normierung der „essential facilities"-Doktrin. Sie stellt aber im Vergleich zu den ONP-Grundsätzen nach Voraussetzungen und Rechtsfolgen ein aliud dar[640]. Insbesondere setzt der ONP-Anspruch auf Zusammenschaltung nur eine Position beträchtlicher Marktmacht, keine Beherrschung einer wesentlichen Einrichtung voraus. Deshalb kann § 33 TKG nicht als Umsetzung der ONP-Grundsätze und insbesondere ihres qualifizierten Gleichbehandlungsgrundsatzes verstanden werden. Vielmehr stellt § 33 I TKG diesen Grundsatz als allgemeines wettbewerbsrechtliches Prinzip bei Engpaßbeherrschungen unabhängig und zusätzlich zu den ONP-Grundsätzen auf. Der grundsätzliche Unter-

[636] Vgl. *Trute*, in: Trute/Spoerr/Bosch, TKG, Kommentar, 2001, § 33 Rn. 41.

[637] *Arnbak*, Jens u.a., Network Interconnection in the Domain of ONP 1994, S. 37.

[638] BeckTKG-Komm/*Piepenbrock*, 2. Auflage 2000, § 33 Rn. 39; *Trute*, in: Trute/Spoerr/Bosch, TKG, Kommentar, 2001, § 33 Rn. 24 ff.; zu dieser Problematik allgemein im ersten Teil in Kapitel 4 S. 29 ff.

[639] Vertiefend *Piepenbrock* a.a.O.

[640] Dazu ausführlich im ersten Teil in Kapitel 6 S. 58 ff.

schied zwischen ONP und „essential facilities"-Doktrin verbietet es, § 33 I TKG als Generalklausel zu den §§ 35f. TKG anzusehen[641].

III. Vertragsinhalt für nicht marktstarke Anbieter

Für nicht marktbeherrschende Anbieter gelten die ONP-Grundsätze grundsätzlich nicht. Das zeigen der Umkehrschluß aus § 35 II 1 TKG und das System der ZS-RL, die nur Unternehmen mit beträchtlicher Marktmacht in ihren Art. 6 und 7 weitergehenden Anforderungen unterwirft. Obwohl auch nicht marktbeherrschende Netzbetreiber grundsätzlich einer Kontrahierungspflicht unterliegen, sind sie bei der Gestaltung der Zusammenschaltung freier. Insbesondere brauchen sich ihre Zusammenschaltungsentgelte nicht an den Kosten effizienter Leistungsbereitsstellung zu orientieren.
Nur der von den Soll-Vertragsbestandteilen der NZV gezogene Rahmen gilt für Zusammenschaltungsverhandlungen solcher Netzbetreiber. Sie sind damit insgesamt nur zum Vertragsschluß zu üblichen Bedingungen verpflichtet. Außer allgemeiner Billigkeit (Vertragsgerechtigkeit) nach § 315 BGB[642] lassen sich keine allgemeinen Maßstäbe für den Vertragsinhalt benennen.

IV. Gestaltung der Zusammenschaltungspflichten durch den Regulierer

1. *Neuer europäischer Rechtsrahmen*

Bisher wurde nur der Mindestbestand der Zusammenschaltungspflichten beschrieben, wie er sich aus dem deutschen und europäischen Rechtsrahmen ergibt. Die ZS-RL erlaubt darüber hinaus, das System der Zusammenschaltungspflichten noch weiter abzustufen. Wie die Zusammenschau mit der Richtlinie 97/13/EG über Genehmigungen für TK-Dienste[643] ergibt, bilden die Zusammenschaltungspflichten der ZS-RL für marktstarke Unternehmen nur das Mindestniveau, das die ZS-RL zur Marktöffnung für erforderlich hält. Darüber hinaus können MS bei der Vergabe der von der Richtlinie als „Genehmigung", vom TKG als „Lizenz" bezeichneten Kontrollerlaubnis zum Betrieb eines TK-Netzes den Netzbetreibern besondere Verpflichtungen auferlegen. Vor allem Unternehmen mit besonderer

[641] So aber VG *Köln*, MMR 1998, 102; OVG *Münster* MMR 1998, 98 f.; VG *Köln* MMR 1999, 113 zustimmend *Tschentscher/Neumann*, BB 1996, 2437(2445); *Hellermann*, NWVBl 2000, 41(44), BeckTKG-Komm/*Piepenbrock*, 2. Auflage 2000, § 35 Rn. 1; *Nolte*, BB 1996, 2629(2632); Holzhäuser, MMR 2000, 466 ff.; differenzierend *Trute*, TKG-Komm, 2001, § 33 Rn. 3 f.; a.A. *Engel/Knieps*, Die Vorschriften des TKG über den Zugang zu wesentlichen Leistungen (Rechtsgutachten für die Deutsche Telekom AG), 1998, S. 57; *Wieland/Enderle*, MMR 1999, 379(382).
[642] Vgl. *Esser-Wellié*, CR 2000, 301(301).
[643] RL 97/13/EG über einen gemeinsamen Rahmen für Allgemein- und Einzelgenehmigungen für Telekommunikationsdienste, Abl. EG Nr. L 117 v. 7.5.1997, S. 15.

Marktmacht dürfen sie solchen Verpflichtungen unterwerfen[644]. Die zusätzlichen Pflichten können Umfang und Inhalt der Zusammenschaltungspflichten betreffen[645].
Damit vermag die Regulierungsbehörde einzelnen Unternehmen ein maßgeschneidertes Pflichtenkostüm anzupassen, das ihre Pflichten konkretisiert und ausformt. Dadurch erhalten die Regulierungsbehörden ein flexibles Steuerungsinstrument für den nationalen TK-Markt, mit dem sie einen Teil der Spielregeln selber schreiben können.
Die geplante Neuregelung des europäischen Rechtsrahmens für Zusammenschaltungen[646] bestätigt und verstärkt die Tendenz der heutigen ZS-RL, Voraussetzungen und Inhalt der Zusammenschaltungspflichten teilweise zur Disposition der Behörde zu stellen. Nach Art. 8 der vorgesehenen Neuregelung der Zusammenschaltung[647] kann die Regulierungsbehörde für alle marktstarken Betreiber zwischen verschiedenen, nur allgemein vorstrukturierten Rechtsfolgen wählen, um sie dem jeweils zu lösenden Problem anzupassen. Damit soll zukünftig die einzelfallangepaßte Flexibilisierung der Zusammenschaltungspflichten von einer Option bei der Lizenzvergabe zum allgemeinen Funktionsprinzip der Zusammenschaltungsregulierung werden.

2. *TKG*

Die Regulierung in Deutschland sieht dieses maßgeschneiderte Pflichtenkostüm für Zusammenschaltungspflichtige nicht vor. Der Wortlaut des TKG erweist sich freilich insofern nicht als unüberwindbares Hindernis. §§ 8 II 2 TKG erlaubt Auflagen zur Sicherung der Regulierungsziele, die gebundene Lizenzentscheidung steht damit unter Ausgestaltungsvorbehalt[648]. Wegen des Zusammenhangs der Zusammenschaltung mit den Regulierungszielen Wettbewerb und Universaldienst könnten die Lizenzen nach § 8 TKG in europarechtsfreundlicher Auslegung spezifische Ausformungen der Zusammenschaltungspflichten festlegen. Diese Möglichkeit nutzt die Regulierungspraxis indes bislang nicht.

[644] Erwägungsgrund 14 und Art. 7 I d RL 97/13/EG a.a.O.
[645] Nach Art. 7 I c RL 97/13/EG, Abl. EG Nr. L 117 v. 7.5.1997, S. 15. dürfen Einzelgenehmigungen Verpflichtungen im Rahmen der ONP-Vorschriften enthalten. Art. 7 III und Anhang II Nr. 4 ZS-RL gestatten unterschiedliche Bedingungen für Zusammenschaltungen, wenn nationale Lizenzen das rechtfertigen.
[646] Ausführlich oben unter Kapitel 7 S. 68 ff.
[647] *Kommission*, Entwurf der Zugangs-RL, KOM(2000)384.
[648] Ausführlich *Spoerr*, in: Trute/Spoerr/Bosch, TKG, Kommentar 2001, § 8 Rn. 58ff.

V. Regulierung und Anspruchsinhalt

Der Inhalt des Zusammenschaltungsanspruchs weist einen ersten bedeutsamen Unterschied zwischen dem europäischen Regulierungsmodell und seiner deutschen Umsetzung auf. Die Regulierungspraxis in Deutschland behandelt die Zusammenschaltungspflichten für marktstarke Netzbetreiber grundsätzlich als gesetzlich abschließend definiert.

Dagegen erlauben der europarechtliche Rahmen sowie in richtlinienkonformer Auslegung das TKG, das Pflichtenkostüm marktstarker Betreiber bei der Lizenzvergabe maßzuschneidern. Darin spiegeln sich zwei unterschiedliche Konzeptionen von Verwaltung wider. Die deutsche Regulierung der Zusammenschaltung folgt der Vorstellung von strikt normgebundenen Gesetzesvollzug. Das europäische Modell bewegt sich dagegen in Richtung auf flexible, rein zielorientierte Steuerung, die im Einzelfall sogar normativ wirken kann. Damit nähert sie sich inhaltlich der amerikanischen ***regulation*** an. Wenn die geplante Neuregelung des europäischen Rechtsrahmens wie vorgeschlagen in Kraft treten sollten, wird die Regulierungsbehörde bei der Rezeption des europäischen Modells Farbe bekennen müssen.

Kapitel 13 Durchsetzung des Zusammenschaltungsanspruchs durch die Regulierungsbehörde

I. Überblick

Nach der Untersuchung von Voraussetzungen und Inhalt des Anspruchs auf Zusammenschaltung nach ONP-Grundsätzen interessiert jetzt seine Durchsetzung durch die Regulierungsbehörde. Ihre Untersuchung bildet einen Schwerpunkt der Arbeit, weil das Europarecht dem deutschen Verwaltungsrecht hier weitreichende Innovationen aufzwingt.

Im Regulierungsmodell von Richtlinie und TKG bilden Verhandlungen privater Netzbetreiber den Ausgangspunkt und den Kern von Zusammenschaltungen. Idealiter handeln die Parteien eine Zusammenschaltung privatautonom aus. Nur subsidiär schreitet der Regulierer zum Ausgleich unterschiedlicher Verhandlungsmacht und zum Schutz von Drittinteressen ein[649]. Dafür steuert und überformt er die Verhandlungen ausgerichtet auf die Regulierungsziele.

Der normative Rahmen für diese Regulierung der Zusammenschaltung ist mehrstufig aufgebaut. Auf der ersten Stufe ermöglicht er Vorabfestlegungen für die Vertragsverhandlungen, die nur die Detailregelung der Aushandlung überlassen (II). Auf der zweiten Stufe unterstützt und beschleunigt der Regulierer den Aushandlungsprozeß verhandlungsbegleitend, was bis zur Gestaltung der Zusammenschaltungsvereinbarung nach ONP-Grundsätzen reichen kann (III). Die dritte Stufe eröffnet eine nachträgliche Vertragskontrolle.

Die ZS-RL gewichtet und verteilt die behördlichen Steuerungsmöglichkeiten privater Verhandlungen anders als das TKG. Sie stattet den Regulierer mit einem Handlungsinstrumentarium aus, das primär auf verhandlungsbegleitende Steuerung zielt. Elemente vorgestaltender, verhandlungsbegleitender und konsenserzwingender oder –ersetzender Intervention halten sich darin die Waage.

Das TKG nimmt dieses Modell der Richtlinie nur ansatzweise auf und reduziert damit dessen Beweglichkeit und Gestaltungsfreiheit. Das Gesetz überträgt wichtige Elemente der Vertragsvorgestaltung auf den Verordnungsgeber anstelle der Regulierungsbehörde. Es verlagert den Schwerpunkt behördlichen Handelns von der Verhandlungsvorgestaltung und -begleitung auf nachträgliche Intervention nach Scheitern der Verhandlungen.

[649] Vgl. Erwägungsgrund 4 und Art. 9 der ZS-RL, Abl. EG Nr. L 192 v. 26.7. 1997, S. 32 u. § 36 TKG.

II. Erste Stufe: Rahmensetzung für private Zusammenschaltungsverhandlungen

An zwei Stellen zieht das TKG einen Rahmen für die privaten Verhandlungen über Zusammenschaltungen: Durch die Liste von Soll-Bestandteilen eines Zusammenschaltungsvertrags in § 5 II NZV und durch die Bestimmungen über das Grundangebot für marktstarke Anbieter, § 6 NZV.

1. *Verhandlungsrahmen für alle Zusammenschaltungsverträge*

§ 5 II NZV liefert einen thematischen Verhandlungsrahmen. Er nennt Vertragsgegenstände, die Partner einer Zusammenschaltung regeln sollen, wie Standort und Lage der Zusammenschaltungspunkte und Verfahren zur Qualitätssicherung[650]. Diese Aufzählung liefert den Kontrahenten eines Zusammenschaltungsvertrags nur eine Groborientierung, die sie nicht verpflichtet. Diese Rahmenregelung des Verordnungsgebers bleibt weit hinter dem flexibler ausgestalteten Vorbild der ZS-RL zurück und wird zu Recht als defizitär bezeichnet[651]. Der deutschen Regulierungsbehörde fehlt die Kompetenz, den sehr allgemein gehaltenen Vertragsrahmen in § 5 II NZV vorab weiter zu konkretisieren, um den Verhandlungsparteien ein handhabbares Gerüst von Vorgaben zu liefern.
Die ZS-RL schreibt dagegen dem Handeln der Regulierungsbehörde im Vorfeld der Vertragsverhandlungen eine stärker verhandlungsfördernde und Transaktionskosten senkende Funktion zu. Deshalb verpflichtet Art. 9 I ZS-RL den Regulierer, adäquate Zusammenschaltungen zu fördern. Die ZS-RL verlangt für die Regulierungsbehörde die Kompetenz, vor Beginn der Zusammenschaltungsvereinbarungen aus einem inhaltlich mit § 5 II NZV übereinstimmenden Katalog allgemeine „Bedingungen" für Zusammenschaltungsvereinbarungen festzulegen und zu veröffentlichen[652]. Bedingungen meint Vertragsbestandteile, wie der Vergleich mit dem englischen und französischen Richtlinientext zeigt[653]. Die Richtlinie komplettiert diese Befugnis zur allgemeinen Rahmensetzung mit einer Kompetenz, den konkreten Verhandlungsrahmen für einzelne Verträge vorab festzusetzen. Dafür kann sie den Verhandlungsparteien vorgeben, welche Punkte ihre Vereinbarung abdecken muß[654]. Diese Kompetenz zur Rahmengestaltung steht europarechtlich im Ermessen der Behörde, auf Antrag einer Partei muß sie jedoch tätig werden.

650 Ausführlich dazu Berger, Netzzusammenschaltungen von Telekommunikationsunternehmen, 2000, 109 ff.; BeckTKG-Komm/*Salger*/*Traugott*, 2. Auflage 2000, Anhang zu § 39.

651 *Trute*, in: Trute/Spoerr/Bosch, TKG, Kommentar, 2001, § 37 Rn. 22.

652 Art. 9 II i.V.m. Anhang VII ZS-RL, Abl. EG Nr. L 199 v. 26.7. 1997, S. 32.

653 Engl. *conditions*, frz. *conditions*, was sich am besten mit Vertragsklauseln übersetzen läßt.

654 Art. 9 III ZS-RL, Abl. EG Nr. L 199 v. 26.7. 1997, S. 32.

Dieser Rahmen für Zusammenschaltungsverhandlungen soll den Kontrahenten das Aushandeln der Zusammenschaltung durch Vordefinition einzelner Vertragsklauseln erleichtern. Die Regulierungsbehörde schichtet so Teile der komplexen Problemlösung ab. Sie überläßt es den privaten Akteuren, diese Vorgaben in ihren autonom gestalteten Interessenausgleich einzuarbeiten und damit für die nötige Fein- und Nachsteuerung[655] zu sorgen.

Das gilt insbesondere, nicht ausschließlich, für Netzbetreiber, die verpflichtet sind, auf Nachfrage Zusammenschaltungsverträge auszuhandeln. Ihre Aushandlungen kann ein detaillierter, von der Regulierungsbehörde geschaffener Verhandlungsrahmen effektiver fördern, als die bloß stichpunktartige Erwähnung regelungsbedürftiger Punkte in § 5 II NZV.

Die Befugnis zur Rahmensetzung bezweckt aber noch mehr als die Erleichterung des Interessenausgleichs zwischen den Zusammenschaltungskontrahenten. Laut Begründung des Kommissionsvorschlags kann der Regulierer Vorabfestlegungen im öffentlichen Interesse treffen[656]. Übt die Behörde ihre Gestaltungsbefugnisse in dieser Stoßrichtung aus, dann entzieht der Verhandlungsrahmen gewisse Allgemeinwohlbelange der Regelungsmacht privater Akteure. Die Behörde artikuliert[657] dann in privatrechtlichen Verhandlungen Gemeinwohlbelange, die sonst unberücksichtigt zu bleiben drohen.

Diese Vorabfestlegungen im öffentlichen Interesse kann die Regulierungsbehörde im TKG naturgemäß nicht treffen, da sie generell keine Befugnis zur Vorabfestlegung für nicht marktstarke Betreiber besitzt.

Nach dem Richtlinienmodell kann der behördlich festgelegte Verhandlungsrahmen die technisch und kommerziell aufwendigen Zusammenschaltungsvereinbarungen beschleunigen, vereinfachen und gleichzeitig den Schutz öffentlicher Interessen sicherstellen. Das senkt Transaktionskosten, die bei schwieriger privater Verständigung entstünden und läßt Raum für private Feinsteuerung. Er erfüllt eine Vorklärungsfunktion und verzahnt privates und behördliches Tätigwerden eng miteinander, so daß die spezifischen Handlungsrationalitäten beider Rechtsbereiche sich ergänzen können. Diese Ziele verfehlt § 5 II NZV wegen der fehlenden Konkretisierungsbefugnis der Regulierungsbehörde und dürfte daher europarechtswidrig sein.

655 Allgemein *Schmidt-Aßmann,* in: Hoffmann-Riem/Schmidt-Aßmann, Öffentliches Recht und Privatrecht als wechselseitige Auffangordnungen, 1996, S. 27.

656 Der Vorschlag für die RL 97/33/EG, KOM(95)379, S. 6 nennt etwa die Sicherung grundlegender Anforderungen, einer durchgehenden Dienstequalität oder der fairen Zuteilung und Nutzung knapper Numerierungsressourcen.

657 Allgemein *Schmidt-Aßmann,* in: Hoffmann-Riem/Schmidt-Aßmann, Öffentliches Recht und Privatrecht als wechselseitige Auffangordnungen, S. 26.

a) Antragsabhängigkeit und Umfang

Wie gezeigt läßt das TKG richtlinienwidrig eine Kompetenz der Regulierungsbehörde vermissen, vorab einen allgemeinen Verhandlungsrahmen für Zusammenschaltungsverträge zu definieren. Dagegen ermöglicht das Gesetz der Regulierungsbehörde mit dem Instrument des Grundangebots, zumindest Zusammenschaltungsverträge marktbeherrschender Anbieter vorzustrukturieren. Sie müssen nach § 6 V 2 NZV ein Grundangebot, das die Regulierungsbehörde festlegt, in ihre AGB aufnehmen.

Die Regulierungsbehörde kann dieses Grundangebot freilich nur auf Umwegen gestalten. Netzzugangsvereinbarungen marktbeherrschender Anbieter müssen der Behörde unverzüglich nach ihrem Abschluß vorgelegt werden, § 6 I NZV. Ist von Vertragsbestandteilen einer Zusammenschaltungsvereinbarung zu erwarten, daß sie Bestandteil einer Vielzahl ähnlicher Vereinbarungen werden können, dann veröffentlicht die Behörde sie in ihrem Amtsblatt, § 6 V 1 NZV. Insoweit bestimmen die Parteien gemeinsam den Inhalt des Grundangebots, ohne ihren Konsens gelangt über ausgehandelte Verträge keine Klausel in das Grundangebot.

Aktiv kann die Regulierungsbehörde das Grundangebot nur indirekt gestalten, indem sie von ihr angeordnete Zusammenschaltungsbedingungen zum Grundangebot erklärt, sozusagen als Nebenprodukt[658] der Zusammenschaltungsanordnung.

Eine Zusammenschaltungsanordnung setzt jedoch immer die Anrufung eines Netzbetreibers voraus, § 37 I TKG. Das erschwert im TKG die Vorabgestaltung des Grundangebots. Insbesondere Vertragskonstellationen, die ausschließlich zu Lasten Nichtbeteiligter gehen, bleiben außerhalb seiner Reichweite.

Damit setzt das TKG die Vorgaben der ZS-RL nicht ausreichend um, wie die Kommission bereits kritisiert hat[659]. Nach der ZS-RL kann der Regulierer das Standardangebot vorab, vollständig und antragsunabhängig festlegen. Marktstarke Netzbetreiber müssen unabhängig von konkreten Zusammenschaltungsvereinbarungen ein Standardangebot abgeben, das die Behörde kontrollieren und ändern kann. Das Standardangebot der Richtlinie umfaßt somit alle wesentlichen Vertragsbestandteile und bildet ein vollständiges Angebot für den Abschluß eines Zusammenschaltungsvertrags durch den marktbeherrschenden Betreiber[660].

[658] *Gramlich*, CR 1997, S. 65(68).

[659] Vgl. *Kommission*, 5. Mitteilung über die Umsetzung des Reformpakets für den Telekommunikationssektor, http://www.ispo.cec.be/infosoc/telecompolicy/5R_ANN3.pdf.

[660] Dazu in Kapitel 12 S. 129 ff.

b) Funktion des Grundangebots

Nach dem Richtlinienkonzept beschneidet das Standardangebot Verhandlungsfreiheit und –macht der marktstarken Anbieter erheblich, indem es sie zum Abschluß vorgegebener Zusammenschaltungsverträge verpflichtet. Über eine detaillierte Vorabkontrolle des Angebots, den Preis eingeschlossen, kann die Behörde den Vertragsrahmen jedes marktstarken Netzbetreiber bestimmen. Das nimmt ihm die Möglichkeit, durch seine Marktmacht Verhandlungen über Netzvereinbarungen einseitig zu bestimmen und Vertragsklauseln zu seinen Gunsten festzulegen. Der strukturierende Rahmen ebnet bestehende Machtungleichgewichte beim Vertragsschluß ein[661].

Diese Ausgleichsfunktion schützt den zentralen Steuerungsmechanismus des europäischen Regulierungsmodells, die privatautonome Aushandlung von Zusammenschaltungsverträgen, davor, durch Marktmacht verzerrt und seiner optimierenden Funktion beraubt zu werden. Das ermöglicht die Durchsetzung von Zusammenschaltungsrechten auf dem Verhandlungsweg auch gegen die Interessen des marktstarken Betreibers. Zudem erlaubt die Gestaltungsbefugnis dem Regulierer, den Schutz von Drittinteressen im Grundangebot festzuschreiben.

Die Umsetzung der Pflicht zum Standardangebot im TKG weist demgegenüber mit seiner Beschränkung auf nachträgliche und punktuelle Gestaltung die erwähnten Defizite auf. Die Konkurrenten der marktbeherrschenden Deutsche Telekom AG zeigen sich freilich streitlustig. Sie haben der Regulierungsbehörde durch eine Vielzahl von Anrufungen die Chance gegeben, ein umfassendes Grundangebot zu gestalten. Im Verhältnis zwischen den Parteien von Zusammenschaltungsvereinbarungen wirkt sich das Umsetzungsdefizit des TKG deshalb nicht gravierend aus. Die Regelung des TKG stellt aber den präventiven Schutz öffentlicher und solcher schützenswerter Drittinteressen im Grundangebot nicht sicher, die sich in Zusammenschaltungsvereinbarungen nicht zu artikulieren vermögen.

III. Zweite Stufe: Steuerung des Verhandlungsergebnis

Auf der zweiten Stufe der Zusammenschaltungsregulierung geht es um die Steuerung der Vertragsverhandlungen und die Gestaltung des Verhandlungsergebnisses durch Intervention bei laufenden oder gescheiterten Verhandlungen.

[661] Vgl. *Hoffmann-Riem*, in: ders./Schmidt-Aßmann, Öffentliches Recht und Privatrecht als wechselseitige Auffangordnungen, 1996, S. 290.

1. *Durchsetzung von Zusammenschaltungsrechten*

a) Überblick

Zusammenschaltungsrechte nach ONP-Grundsätzen durchzusetzen stellt eine zentrale Aufgabe der Regulierungsbehörde dar[662]. Nach dem Konzept der ZS-RL setzt der Regulierer diese Rechte im Kontext privater Vertragsverhandlungen durch. Netzbetreiber handeln Zusammenschaltungen nach dem Leitbild der ZS-RL aus eigener Initiative kommerziell aus, die Regulierungsbehörde bleibt in Reserve. Sie überwacht diese Verhandlungen und schreitet nur ein, wenn Anlaß dafür besteht[663].

Das TKG folgt im Prinzip dieser Aufgabenverteilung zwischen privater und öffentlich-rechtlicher Teilrechtsordnung, allerdings weniger ausgewogen. § 36 TKG verpflichtet jeden Netzbetreiber auf Nachfrage zu einem Angebot auf Zusammenschaltung, das den Auftakt zu Verhandlungen über die Zusammenschaltung bildet. Einigen sich die Netzbetreiber nicht, dann ordnet die Regulierungsbehörde die Zusammenschaltung auf Antrag eines der Beteiligten an, § 37 I 1 TKG.

b) Durchsetzungsinstrumente des TKG

Als zweite Option zur Vertragsherbeiführung enthält das TKG das Schlichtungsverfahren des § 8 NZV. Die Vorschrift sieht im Rahmen von Verhandlungen über besondere Netzzugänge[664], an denen ein marktbeherrschender Betreiber nach § 35 I TKG beteiligt ist, ein Schlichtungsverfahren vor. Die Regulierungsbehörde entscheidet unter Berücksichtigung der Interessen beider Parteien. § 8 NZV setzt die gemeinschaftsrechtlichen Vorgaben indes kaum um[665]. Anders als vom Gemeinschaftsrecht vorgesehen[666], schlichtet sie nur, wenn beide Seiten das Verfahren beantragen. Weil jeder Betreiber eine Schlichtung einseitig verhindern kann, spielt das Verfahren in der Praxis bisher keine Rolle.

Dominierendes Instrument, um das Recht auf Zusammenschaltung durchzusetzen, bildet die Anordnung der Zusammenschaltung nach § 37 I 1 TKG. Anders als die ZS-RL trennt das TKG nicht zwischen einer Phase verhandlungsbegleitender Vertragsgestaltung und der Durchsetzung der Zusammenschaltungsrechte bei Vertragsschluß. Es ermächtigt die Regulierungsbehörde erst zum Einschreiten, wenn die Vertragsverhandlungen gescheitert sind. Auf Antrag eines Netzbetreibers

[662] Art. 9 ZS-RL, Abl. EG Nr. L 199 v. 26.7.1997, S. 32; §§ 35 ff. TKG.
[663] Erwägungsgrund 6 der ZS-RL a.a.O.
[664] Dazu gehört nach dem System des TKG die Zusammenschaltung, § 35 I 3 TKG.
[665] *Trute*, in: Trute/Spoerr/Bosch, TKG, Kommentar, 2001, § 37 Rn. 12.
[666] Zu recht kritisch Berger, Netzzusammenschaltungen von Telekommunikationsunternehmen, 2000, S. 174.

ordnet die Behörde die Zusammenschaltung an, wenn sechs Wochen[667] nach ihrer Anrufung keine Zusammenschaltung zustandegekommen ist.

Diese Regelung ist wesentlich undifferenzierter als das von der ZS-RL geforderte System verhandlungsbegleitender Vertragsgestaltung (dazu sogleich). Pate gestanden bei dieser Regelung hat nicht die ZS-RL, sondern die frühere Dienste-RL 96/19/EG. Wie Gesetzgebungsmaterialien[668] und Wortlautähnlichkeit[669] belegen, zeichnet § 37 I 1 TKG deren Art. 4 a nach. Darin standen zum Zeitpunkt des TKG-Erlasses die gültigen Vorschriften über Zusammenschaltungen. Die Umsetzung der neueren Regelung der ZS-RL hat der Gesetzgeber weitgehend versäumt.

c) Flexibler Interventionsmechanismus der ZS-RL

Dieser gesetzgeberische Frühschuß verfehlt wesentliche Inhalte des gemeinschaftsrechtlichen Konzepts der Verhandlungsbegleitung[670]. Die Anordnungsbefugnis nach dem TKG unterscheidet sich erheblich vom ausbalancierten System, das die ZS-RL für die behördliche Vertragsgestaltung vorsieht.

Die Richtlinie stattet die Regulierungsbehörde mit zwei Instrumenten aus, um das Verhandlungsergebnis zu steuern und in diesem Rahmen Zusammenschaltungsrechte durchzusetzen. In einem weniger formalisierten Verfahren kann die Behörde eine Verzögerung des Vertragsschluß verhindern (i), streiten die Parteien grundsätzlichen über den Vertragsinhalt, hat der Regulierer eine umfassende Kompetenz zur Streitbeilegung (ii).

Unabhängig von Zusammenschaltungsrechten ermächtigt die Richtlinie den Regulierer, Netzbetreiber zur Zusammenschaltung zu verpflichten, um wesentliche öffentliche Interessen zu schützen (iii).

i Beschleunigung des Vertragsschluß

Die Behörde kann von Amts wegen oder auf Antrag der Parteien eine Frist für den erfolgreichen Abschluß der Verhandlungen setzen. Nach Fristablauf ermächtigt Art. 9 III 3 ZS-RL den Regulierer, die Vereinbarung *herbeizuführen*. Das Verfahren legt die Behörde selbst fest und macht es interessierten Parteien zugänglich.

[667] Die Frist kann um längstens vier Wochen verlängert werden, § 37 I S. 2 TKG.

[668] Der Ausschuß für Post und Telekommunikation, BT-Drucks. 13/4864, S. 71 wollte „bei den Bestimmungen zur Zusammenschaltung vor allem Artikel 1 Nr. 6 (Art. 4 a) der Richtlinie 96/19 EG" beachten.

[669] Art. 4 a RL 96/19/EG lautet: „Führen kommerzielle Verhandlungen danach innerhalb eines angemessenen Zeitraums nicht zum Erfolg, so erlassen die MS auf Ersuchen einer der Parteien binnen einer angemessenen Frist ein mit Gründen versehen Entscheidung. Sie legt die notwendigen finanziellen und betrieblichen Bedingungen und Anforderungen für eine solche Zusammenschaltung fest".

[670] Ausführliche Kritik bei *Trute*, in: Trute/Spoerr/Bosch, TKG, Kommentar, 2001, § 36 Rn. 13 ff.

Im Fall gleichstarker Anbieter, die keine gesetzliche Zusammenschaltungspflicht trifft, dürften Anlässe für solche Interventionen des Regulierers selten bleiben. Effiziente Vertragsschlüsse erzeugt dann der funktionierende Markt- und Vertragsmechanismus als ideale Form der Selbststeuerung.
Dagegen kann ein Anbieter mit starker Marktstellung, der zur Zusammenschaltung verpflichtet ist, Interesse haben, die Erfüllung seiner Pflicht zu verschleppen und möglichst zu umgehen, um seine Marktstellung zu schützen. Die komplexen Vertragsverhandlungen liefern dafür genug Vorwände, wie Liberalisierungserfahrungen anderer Länder zeigen[671]. Der Regulierer muß diese Verzögerungstaktik durchkreuzen und den Vertragsschluß notfalls erzwingen können. Die Richtlinie präzisiert diese Kompetenz, den Vertragsabschluß herbeizuführen, freilich nicht weiter. Sie läßt den MS damit weiten Spielraum, um Beschleunigung und Erzwingung des Vertragsschlusses zu regeln.

ii Festlegung des Vertragsinhalts

Das Herzstück der Befugnisse bildet nach dem Richtlinienmodell eine Kompetenz der Regulierungsbehörde zur Streitbeilegung nach Art. 9 V. Danach unternimmt die Behörde bei Zusammenschaltungsstreitigkeiten zwischen Anbietern Schritte, um den Streit innerhalb von sechs Monaten beizulegen, wenn eine Partei sie darum ersucht. Die Streitbeilegung muß die Interessen beider Seiten fair ausgleichen. Als Leitlinien für diesen Interessenausgleich nennt die Richtlinie beispielhaft die Art des Antrags auf Abschluß eines Zusammenschaltungsvertrags im Vergleich zu den verfügbaren Mitteln, die relative Marktstellung der Parteien, die Förderung des Wettbewerbs und die Verfügbarkeit von Alternativen zur Zusammenschaltung.
Diese Kompetenz vervollständigt erst Zusammenschaltungsrechte und -pflichten. Der Richtlinienentwurf der Kommission nennt sie deshalb an erster Stelle der Zuständigkeiten der Regulierungsbehörde[672]. Alle ihre Vor- und Mitgestaltungsbefugnisse verpuffen wirkungslos, wenn die Parteien keinen Vertrag über die Zusammenschaltung abschließen, der die Vorgaben anwendet. Deshalb hat die Streitbeilegung – entgegen ihrer irreführenden, an Schlichtung erinnernden Bezeichnung – einseitig-verbindlichen Charakter.
Dieses verbindliche Schlichtungsverfahren, das Drittinteressen berücksichtigt, soll ebenfalls das Herzstück des neuen europäischen Rechtsrahmens für die Telekommunikation bilden. Er verallgemeinert die heutige Lösung der ZS-RL und sieht das Schlichtungsverfahren sogar für alle Streitigkeiten zwischen TK-Unternehmen vor[673]. Das belegt, daß es sich bei dem Schlichtungsverfahren um den Kern der Zusammenschaltungsregulierung handelt.

[671] *Etling-Ernst*, TKG-Kommentar, 2.Auflage 1999, Rn. 55 zur NZV.
[672] KOM(95)379, S.3.
[673] Kommission, Entwurf der Rahmen-RL, Art. 17, KOM(2000)393.

Das von der Richtlinie vorgeschriebene Verfahren der Streitbeilegung entspricht teilweise wortgenau dem Modell des 4. GATS-Protokolls[674]. Es verlangt für den Anbieter von Dienstleistungen, der eine Zusammenschaltung beantragt, die Möglichkeit, eine unabhängige nationale Stelle anzurufen. Sie muß mit der Kompetenz ausgestattet sein, die Streitigkeit über Bedingungen und Entgelte der Zusammenschaltung innerhalb angemessener Zeit beizulegen.

Im TKG trägt nur das Schlichtungsverfahren des § 8 NZV Züge des Art. 9 V ZS-RL, es setzt die Richtlinie indes nicht vollständig um. § 8 NZV greift nur, wenn beide Netzbetreiber die Schlichtung beantragen. Dieses Schlichtungsverfahren kann keine Zusammenschaltungsrechte gegen den Willen des Verpflichteten durchsetzen.

iii Handeln außerhalb des Vertragskontext

Unabhängig von der Durchsetzung konkreter Zusammenschaltungsrechte räumt der letzte Absatz der Vorschrift, Art. 9 VI ZS-RL, dem Regulierer die Möglichkeit ein, Netzbetreiber von Amts wegen im Nutzerinteresse oder zum Schutz wesentlicher öffentlicher Interessen zur Zusammenschaltung zu verpflichten. Nicht nur marktmächtige, sondern jeder Netzbetreiber kann im öffentlichen Interesse Adressat einer Zusammenschaltungsanordnung nach Art. 9 VI ZS-RL sein.

Art. 9 VI ZS-RL bildet damit eine Notkompetenz der Regulierungsbehörde, um, wie Art. 9 VI ausdrücklich festlegt, „als letztes Mittel" eine Zusammenschaltung im öffentlichen Interesse herbeizuführen. Diese Anordnungsbefugnis steht nicht im Kontext von Vertragsverhandlungen und hängt nicht von einem Antrag ab. Sie dient nicht dazu, Zusammenschaltungsrechte durchzusetzen, sondern dem Schutz von Drittinteressen. Denn Art. 9 VI ZS-RL erlaubt eine Anordnung nur zum Schutz wesentlicher öffentlichen Interessen, die keine Voraussetzungen von Zusammenschaltungsrechten nach Art. 4 I, II ZS-RL darstellen.

d) Vergleich der Durchsetzungskompetenzen

i Vorgestaltung von Zusammenschaltungsverträgen

Das abgestufte Richtlinienmodell zur Förderung und Gestaltung von Vertragsschlüssen fehlt im TKG. Die Befugnis zur generellen Vorabgestaltung, zur punktuellen Mitgestaltung des Zusammenschaltungsvertrags am Verhandlungstisch[675] gewährt das TKG ebensowenig wie die Möglichkeit, einzelne Vertragspunkte während der Verhandlungen festzulegen. Die Sollfestlegung von Vertragsbestandteilen durch die Bundesregierung in § 5 II NZV ersetzt diese Möglichkeit mangels Flexibilität und Verbindlichkeit nicht.

[674] Ziffer 2.5 4. Protokoll GATS, BGBl 1997 II, 2000(2001).
[675] *Gramlich*, CR 1997, S. 65(68).

Der Regulierungsbehörde fehlt vor allem eine nach dem Richtlinienmodell vorgesehene Rechtssetzungskompetenz, um Zusammenschaltungsverträge vorzustrukturieren. § 37 III 1 TKG ermächtigt stattdessen nur die Bundesregierung, die erforderlichen Einzelheiten der Zusammenschaltungsanordnung zu regeln. Das zerreißt den europarechtlich vorgesehenen Zusammenhang zwischen Regulierungsinstanz und Rechtssetzung und schwächt die Verordnungsgebung als Steuerungsmittel. Dieses Manko könnte nur eine gesetzgeberische Nachbesserung beheben. Die Bundesregierung könnte ihre Verordnungsbefugnis derzeit nicht auf die Regulierungsbehörde übertragen, dafür fehlt die von Art. 80 I 4 GG geforderte gesetzliche Befugnis zur Weiterdelegation. Die Praxis könnte sich bis zu einer Erteilung dieser Befugnis de lege ferenda mit einer engen Kooperation zwischen der Bundesregierung als Verordnungsgeberin und der Regulierungsbehörde als Autor von spezifischen Verordnungsvorlagen behelfen. Diese Möglichkeit bleibt aber bislang ungenutzt.

Das TKG beschränkt die Regulierungsbehörde somit für Zusammenschaltungen auf nachträgliche Anordnungen und erlaubt ihr nur ein Tätigwerden auf Antrag. Die fehlende Möglichkeit, im Rahmen der Zusammenschaltungsregulierung präventiv und einzelfallübergreifend tätig zu werden, hat die Kommission deshalb ausdrücklich gerügt[676].

Ursache für dieses Umsetzungsdefizit ist hauptsächlich die heute verfehlte Orientierung an Art. 4 a der Dienste-RL 96/19/EG. Zudem dürfte das Richtlinienmodell dem Vorbild der amerikanischen *Independent Agencies* nacheifern, soweit es abstrakt-generelle Vorabfestlegungen durch die Regulierungsbehörde fordert, etwa eines allgemeinen Vertragsrahmens für Zusammenschaltungen. Die *Independent Agencies* genießen jedoch aufgrund der Unbestimmtheit amerikanischer Gesetze und einer weitgehender Delegation von Normsetzungskompetenz einen Bewegungsspielraum, der deutschen Verwaltungsbehörden aufgrund des Wesentlichkeits- und Bestimmtheitsgrundsatz sowie der Gewaltenteilung verwehrt bleiben muß[677].

Immerhin könnte die Regulierungsbehörde zumindest allgemeine Verwaltungsgrundsätze für Zusammenschaltungsvereinbarungen vorab festlegen. Sie würden zwar Netzbetreiber zunächst nicht binden, könnten aber als antizipierte Verwaltungspraxis Orientierungen zur Entscheidungspraxis liefern. Um Verbindlichkeit zu erreichen, könnte die Regulierungsbehörde der Bundesregierung Vorlagen für Verordnungen nach § 35 V TKG liefern, in denen das allgemeine Gerüst für Zusammenschaltungen zu regeln wäre.

[676] *Kommission*, Sechster Bericht über die Umsetzung des Reformpakets für den Telekommunikationssektor, KOM(2000)814, S. 15(18 ff.)

[677] *Eisenblätter*, Regulierung in der Telekommunikation, 2000, S. 256 ff.: ausführlich oben in Kapitel 7 S. 70.

Im Lichte der europäischen Vorgaben schöpft die Behörde ihren Handlungsspielraum noch nicht genügend aus. Auch deshalb bildet sie einen Teil des europäischen Regulierungsmodells nur ungenügend ab[678].

ii Durchsetzung von Zusammenschaltungsrechten

Eine zentrale Funktion des Richtlinienmodells erfüllen die Regelungen des TKG über Zusammenschaltungen. Die Richtlinien-Bestimmungen über eine Herbeiführung des Vertragsschlusses bilden das notwendige Korrelat zur Gewährung von Zusammenschaltungsrechten. Sie vervollständigen die Möglichkeit, Verträge marktstarker Anbieter vorzugestalten. Ohne einen definitiven Vertragsschluß blieben Zusammenschaltungsrechte und behördliche Befugnis zur Vorgestaltung wirkungslos. Zwar sieht die Richtlinie mit den Elementen der Fristsetzung, der Herbeiführung des Vertragsschluß, der Streitschlichtung und der ausnahmsweisen Anordnung der Zusammenschaltung ein flexibleres Instrumentarium als das TKG vor. Deren Zweck erfüllen cum grano salis aber auch die weniger ausdifferenzierten Regeln der §§ 36, 37 TKG und der NZV. Nur im Fall fehlender Einigung muß die Regulierungsbehörde eine Zusammenschaltung erzwingen. Wie die ZS-RL setzt das TKG nicht einseitig auf behördlichen Zwang, sondern auf seine Kombination mit Eigennutz als spezifischer Steuerungsressource des Privatrechts.
Beide Regelungen vertrauen zur Durchsetzung von Zusammenschaltungsrechten darauf, daß zur Zusammenschaltung Berechtigte ihre Rechte den Verpflichteten gegenüber geltend machen. Die Reservestellung der Regulierungsbehörde verändert lediglich die Rahmenbedingungen der privatautonomen Problemlösung durch Zusammenschaltungsvereinbarungen[679]. Die zur Zusammenschaltung berechtigten Netzbetreiber können ihre Rechte im Verhandlungswege leichter durchsetzen, weil sie beim Scheitern der Verhandlungen auf die in Reserve gehaltene Regelungsmöglichkeit durch die Regulierungsbehörde vertrauen können. Bereits die Drohfunktion der möglichen behördlichen Intervention baut Droh- und Tauschmacht[680] für die zur Zusammenschaltung Berechtigten auf. Die bloße Existenz der Reserveregelung gleicht die gestörte Verhandlungsparität aus, die durch eine Position der Marktbeherrschung entsteht.
Die Reservestellung der Behörde schwächt somit die Verhandlungsmacht des zur Zusammenschaltung Verpflichteten ab. Sie sichert damit prozedural den ONP-Grundsatz der Objektivität ab, der materiell eine Ausnutzung der überlegenen Verhandlungsposition zur Erzwingung unangemessener Vertragsinhalte verbietet und

678 A.A. *Berger*, Netzzusammenschaltungen von Telekommunikationsunternehmen, 2000, S. 182.
679 Dazu *Hoffmann-Riem*, in: *ders.*/Schmidt-Aßmann, Öffentliches Recht und Privatrecht als wechselseitige Auffangordnungen, 1996, S. 315; *ders.*/*Eifert*, in: Hoffmann/Riem, Innovation und Telekommunikation, 2000, S. 22.
680 Vergleich *Schmidt-Aßmann* a.a.O., S. 27.

verhindern soll[681]. Trotzdem belastet ihn diese Abschwächung seiner Verhandlungsmacht zunächst weniger, als es die in Reserve gehaltene Regelung durch die Regulierungsbehörde, die Erzwingung des Vertragsschluß und Gestaltung des Vertrages, täte. Der Vorteil der Reserveregelung, also des nur bedingten Einschreitens der Regulierungsbehörde, liegt in der größeren Flexibilität durch den Einbau privater Verhandlungen in die Steuerung der Zusammenschaltung. Einzelfallabhängige Fragen technischer, organisatorischer oder kundenspezifischer Natur kann die Regulierungsbehörde mangels Information meist nicht lösen und muß sie dem Aushandlungsprozeß überlassen[682]. Die durch die Reserveregelung zur gleichberechtigten Kooperation gezwungenen Zusammenschaltungspartner können ihre Interessen privatautonom besser abstimmen, als es die staatliche Ersatzregelung vermag.

2. *Durchsetzung von Drittinteressen*

Trotzdem enthält die Regelung des TKG über die Anordnung von Zusammenschaltungen einen entscheidenden Schwachpunkt. Europarechtlich darf die behördliche Vertragsgestaltung nicht allein unter dem Gesichtspunkt der Zusammenschaltungsrechte gesehen werden, sondern muß zusätzlich den Schutz von Drittinteressen sicherstellen (a). Diese drittschützende Komponente kommt im TKG ebenso wie bei der Vorstrukturierung von Zusammenschaltungsverträgen[683] zu kurz (b).

a) Drittschutz in der ZS-RL

Die Regulierungsbehörden können nach Art. 9 III jederzeit von Amts wegen in laufende Zusammenschaltungsverhandlungen eingreifen, um den Verhandlungspartnern einzelne Vertragspunkte vorzugeben. Thematisch können diese Vorgaben den in Art. 9 I ZS-RL aufgestellten Aufgabenkatalog der Behörde abdecken. Dazu gehört die Förderung von Nutzerkommunikation, Dienstequalität, Wettbewerb, der Aufbau transeuropäischer Netze und der Umweltschutz. Die Intervention der Behörde dient Interessen von nicht an den Verhandlungen beteiligten Dritten (Nutzern, Wettbewerbern) und Allgemeininteressen.
Das setzt sich in Art. 9 V ZS-RL fort. Die Entscheidung über Zusammenschaltungsstreitigkeiten hat nicht nur die Interessen privater Netzbetreiber auszugleichen. Sie trägt vielmehr gemäß Art. 9 V 2 ZS-RL den Interessen der Nutzer, der Öffentlichkeit, sowie den grundlegenden ONP-Anforderungen Rechnung. Diese Mehrdimensionalität und Drittgerichtetheit unterscheidet die Streibeilegung von einem gewöhnlichen bipolaren Verwaltungsverfahren.
Die Gestaltungsbefugnisse der Behörde nach der ZS-RL komplettieren Art. 9 III und IV. Danach kann die Behörde bereits abgeschlossene Vereinbarungen über-

[681] Dazu oben in Kapitel 12 Seite 130 f.
[682] Arnbak, Jens u.a., Network Interconnection in the Domain of ONP, 1994, S. 116.
[683] Dazu oben in Kapitel 13 S. 140 f.

prüfen und in Ausnahmefällen eine Änderung bereits geschlossener Verträge verlangen. Zwei Regulierungsziele rechtfertigen diese nachträgliche Steuerung des Vertragsinhalts: Sicherstellung von wirksamen Wettbewerb und Interoperabilität von Diensten für Benutzer. Damit sind die wichtigsten Drittinteressen nicht am Vertrag beteiligter Wettbewerber und Nutzer angesprochen. Sie beanspruchen auch bei der nachträglichen Korrektur des Verhandlungsergebnis durch die Behörde Berücksichtigung.

Diese von der Richtlinie geforderte Mitgestaltungsbefugnis erzeugt einen Dualismus von privatem und behördlichem Handeln. Die Vertragspartner handeln die Zusammenschaltung frei aus, die Behörde kann sich mit ihrer umfassenden Gestaltungsbefugnis aber jederzeit zur eigentlichen Herrin über den Vertrag aufschwingen. Im Extremfall legt sie dessen gesamtem Inhalt fest.

Die Behörde kann ihre Mitgestaltungsbefugnis mit zwei unterschiedlichen Stoßrichtungen ausüben. Im Interesse eines Kontrahenten, insbesondere um Zusammenschaltungsrechte durchzusetzen[684], also letztlich zum Ausgleich der ungleichen Verhandlungsmacht zwischen den Vertragspartner. Andrerseits in einer Art Treuhänderschaft[685] zum Schutz von Gemeinwohlinteressen[686], insbesondere für die an der Aushandlung nicht beteiligten Nutzer.

Die Richtlinie knüpft somit ein Auffangnetz[687] (der Richtlinienvorschlag spricht ausdrücklich von Schutzmechanismen[688]) für private Verhandlungen. Auffangnetze fädeln Interessen von nicht an den Verhandlungen Beteiligten in das Aushandeln ein[689], im Fall der Richtlinie solche von Nutzern und dritten Wettbewerbern. Das Handeln der Regulierungsbehörde und damit die öffentlich-rechtliche Teilordnung stehen zurück, solange die privaten Zusammenschaltungsverhandlungen den Interessen der Beteiligten, insbesondere ihren Zusammenschaltungsrechten, sowie Interessen von Nutzern und nicht an der Vereinbarung beteiligten Wettbewerbern, hinreichend Rechnung tragen. Mißlingt aber der adäquate Interessenausgleich auf der Stufe privaten Handelns, dann kompensiert die Vertragsgestaltung durch die Regulierungsbehörde das Unvermögen einzelner oder mehrerer der genannten

684 Vgl. Art. 9 III ZS-RL, Abl. EG Nr. L 199 v. 26.7. 1997, S. 32: Sicherstellung wirksamen Wettbewerbs.

685 *Trute*, in: Hoffmann-Riem/Schmidt-Aßmann, Öffentliches Recht und Privatrecht als wechselseitige Auffangordnungen, 1996, S. 199.

686 Die ZS-RL a.a.O., nennt in Art. 9 III Bedingungen zur Einhaltung relevanter Normen und grundlegender Anforderungen, darunter Umweltschutz und Dienstequalität.

687 *Hoffmann-Riem*, in: ders./Schmidt-Aßmann, Öffentliches Recht und Privatrecht als wechselseitige Auffangordnungen, 1996, S. 276; *ders./Eifert*, in: Hoffmann-Riem, Innovation und Telekommunikation, 2000, S. 22.

688 KOM(95)379, S. 3.

689 *Hoffmann-Riem*, in: ders./Schmidt-Aßmann, Öffentliches Recht und Privatrecht als wechselseitige Auffangordnungen, 1996, S. 315.

Marktteilnehmer, ihre eigenen Interessen wahrzunehmen[690]. Das öffentliche Recht übernimmt dann die Funktion, diese nicht berücksichtigten Interessen zu artikulieren[691] und in den vertraglichen Regelungen abzubilden.

b) Drittschutz im TKG

Während die Auffangfunktion des TKG zur Durchsetzung von Zusammenschaltungsrechten ausreicht, schützt es Interessen Dritter und öffentliche Interessen nicht hinreichend. Das Gesetz sieht keine Möglichkeit der Regulierungsbehörde vor, private Vereinbarungen im öffentlichen und/oder Drittinteresse umzugestalten. § 9 IV NZV erwähnt lediglich unspezifisch, daß die Zusammenschaltungsanordnung die Interessen der Nutzer berücksichtigen muß. Der Verweis auf weitere öffentliche Interessen fehlt. Immerhin ließe dieser Wortlaut des TKG in Verbindung mit der NZV einzelne Festlegungen im Drittinteresse zu. Die Regulierungsbehörde nimmt davon aber in ihrer Praxis bisher keine Notiz, sondern geht davon aus, daß die Festlegungen ihrer Anordnungen mindestens im Interesse einer der beteiligten Parteien liegen muß[692]. Festsetzungen im Drittinteresse existieren deshalb bislang nicht.

Auch ein Tätigwerden der Behörde von Amts wegen zum Schutz von Drittinteressen lassen §§ 36, 37 TKG nicht zu, weil sie die Anordnung nur nach Anrufung ermöglichen. Diese Abweichung vom Europarecht läßt sich nicht durch unmittelbare Anwendung der Richtlinienbestimmungen beseitigen. Sie ginge zu Lasten Privater, das ist nach ständiger Rechtsprechung des EuGH ausgeschlossen (genauer sogleich unter IV).

Lediglich die im TKG enthaltenen Kompetenzen zur nachträglichen Vertragskontrolle erlauben eine Berücksichtigung von Drittinteressen. Nach § 38 TKG sind Verträge über Netzzugang und Netzzusammenschaltung mit marktbeherrschenden Netzanbietern unwirksam, wenn sie geeignet sind, Wettbewerbsmöglichkeiten anderer Unternehmen auf einem Markt für TK-Dienstleistungen ohne sachlichen Grund zu beeinträchtigten. § 33 II TKG ermöglicht es im Rahmen der allgemeinen Mißbrauchsaufsicht, Verträge marktbeherrschender Anbieter für unwirksam zu erklären, wenn sie gegen das Gebot der Gleichbehandlung von Wettbewerbern nach § 33 I TKG verstoßen und einen Mißbrauch der marktbeherrschenden Stellung darstellen.

Damit verwirklicht das TKG zumindest den von der Richtlinie verlangten Wettbewerbsschutz bei Zusammenschaltungsvereinbarungen. Allerdings beschränkt es die Regulierungskompetenz auf die Nichtigerklärung. Das Gesetz verweigert dem Re-

[690] *Hoffmann-Riem* a.a.O., S. 334.

[691] Zu dieser Artikulationsfunktion vgl. *Schmidt-Aßmann*, in: Hoffmann-Riem/Schmidt-Aßmann, Öffentliches Recht und Privatrecht als wechselseitige Auffangordnungen, 1996, S. 26.

[692] *RegTP* BK 4-98-011/Z 2.7.98; BK 4-98-026/Z 23.09.98; BK 4 d-00-008/Z 1.3.99; zustimmend *Trute*, in: Trute/Spoerr/Bosch, TKG, Kommentar, 2001, § 37 Rn. 17.

gulierer die von der Richtlinie vorgesehene positive Gestaltungsbefugnis. Ganz außen vor bleiben wieder die Interessen von Nutzern, deren Schutz keine Kompetenz zur nachträglichen Vertragskontrolle begründet. Denn § 33 II TKG sanktioniert nur die Verletzung von Pflichten Verhaltenspflichten gegenüber Wettbewerbern. Insgesamt weist das TKG im Vergleich zur Richtlinie ein erhebliches Drittschutzdefizit insbesondere bei der Vertragsgestaltung durch die Behörde auf.

IV. Unmittelbare Anwendbarkeit der Richtlinienbestimmungen

Die ZS-RL fordert in Art. 9 II bis VI ein System verhandlungsbegleitender Vertragsgestaltung. Dahinter bleibt die nachträgliche Anordnungskompetenz des § 37 I 1 TKG erheblich zurück, § 8 NZV verschafft keinen adäquaten Ersatz. Dadurch ist insbesondere der vom Europarecht geforderte Schutz von Drittinteressen nicht gewährleistet. Eine Lösung für dieses Umsetzungsdefizit könnte eine unmittelbare Anwendung der Richtlinienbestimmungen des Art. 9 II bis V ZS-RL bieten. Es bestehen aber bereits erhebliche Zweifel, ob die genannten Richtlinienbestimmungen hinreichend genau und bestimmt genug für eine unmittelbare Anwendung sind. Jedenfalls erlaubt das Europarecht keine unmittelbare Richtlinienwirkung zu Lasten Einzelner, weder zwischen Staat und Marktbürger noch in Dreieckskonstellationen[693]. Das schließt eine unmittelbare Anwendung von Art 9 II bis V ZS-RL aus.

Um unmittelbar verbindliche Rechte und Pflichten in den Mitgliedstaaten zu schaffen, gibt der EG-Vertrag in Art. 249 S. 2 der Gemeinschaft das Instrument der Verordnung an die Hand. Systematisch streng davon zu unterscheiden sind Richtlinien. Sie bilden Teil eines zweistufigen Rechtsetzungsverfahrens und richten sich nach Art. 249 S. 3 EG ausschließlich an die MS. Erst ihre Umsetzung in nationales Recht verpflichtet und berechtigt Einzelne.

Der Europäische Gerichtshof erlaubt im Wege einer inzwischen fest etablierten Rechtsfortentwicklung eine bedeutsame Ausnahme von dieser systematischen Regel. Danach sind Richtlinien unmittelbar anwendbar, wenn sie Gemeinschaftsbürger begünstigen, inhaltlich unbedingt und genau genug sind und die Umsetzungsfrist ergebnislos verstrichen ist. In diesem Fall kann sich der Begünstigte gegenüber dem Mitgliedstaaten auf die Bestimmungen der Richtlinie berufen[694].

[693] Für belastende Drittwirkung offengelassen von BVerwGE 100, 238(242).

[694] EuGH 41/74, Slg. 1979, 1337 *van Duyn*; EuGH Rs. 148/78, Slg. 1979, 1629 *Ratti*; Rs. 152/84, Slg. 1982, 53, 723 *Marshall*; Rs. 8/81, Slg. 1986 *Becker*; Rs. 70/83, Slg. 1994, 1075 *Kloppenburg*; zustimmend BVerfGE 75, 223 ff.; EuGH Rs. 190/87, Slg. 1988, 4689 *Moormann*; Rs. 31/87, Slg. 1988, 4653, Rn. 40 *Gebroeders Beentjes BV*; Rs. C-208/90, Slg. 1991, S. I-4269 *Emmott;* aus der Lehre *Ruffert*, in: Callies/Ruffert, EUV/EGV, 1999, Art. 249 Rn. 73 ff m. w. Nw.; *Pieper*, DVBl 1990, 684; *Haneklaus*, DVBl 1993, 129(132); *Papier*, DVBl 1993, 809; *Scherzberg*, Jura 1993, 225 ff.

Bereits das Erfordernis, eine Richtlinienbestimmung müsse hinreichend genau sein, wirft bei einem Teil der Durchsetzungskompetenzen der Art. 9 II bis VI ZS-RL Zweifel auf. Eine Richtlinie ist nicht inhaltlich unbedingt, wenn ihre Umsetzung von einer gestaltenden Entscheidung der MS abhängt[695]. An einer hinreichenden Genauigkeit fehlt es, wenn in den betreffenden Richtlinienbestimmungen den Mitgliedstaaten ein Entscheidungsspielraum hinsichtlich der Ausgestaltung der Regelung eingeräumt wird[696]. Nach Art. 9 III führt die Regulierungsbehörde einen Vertrag nach einem von ihr festgelegten Verfahren herbei, nach Art. 9 V unternimmt sie Schritte zur Streitbeilegung. Zumindest diese beiden zentralen Kompetenzen eröffnen einen Spielraum zur Ausgestaltung der regulierungsbehördlichen Befugnisse. Sie können schon deswegen nicht als unmittelbar anwendbar betrachtet werden.

Eine unmittelbare Anwendbarkeit der Durchsetzungskompetenzen der Art. 9 II bis VI ZS-RL scheitert unabhängig davon, weil sie zu Lasten Dritter ginge. Das ergibt sich zwingend aus den dogmatischen Grundlagen der unmittelbaren Richtlinienwirkung. Zur Begründung seiner Rechtsfortbildung dienen dem Europäischen Gerichtshof zwei Argumentationsstränge. Erstens wäre die praktische Wirksamkeit von Richtlinien abgeschwächt, könnte sich der Einzelne nicht vor nationalen Gerichten darauf berufen[697]. Zweitens dürften die Mitgliedstaaten Einzelnen nicht ihre Umsetzungssäumnis entgegenhalten. Sie müßten daher nach Fristablauf aus sich heraus anwendbares Richtlinienrecht gegen sich gelten lassen (Grundsatz von Treu und Glauben)[698]. Als entsprechende normative Grundlage hat der EuGH die allgemeine Pflicht zur Gemeinschaftstreue aus Art. 10 EG benannt[699].

Diese dogmatische Herleitung rechtfertigt nur eine Richtlinienwirkung *gegen* den Hoheitsträger. Sie kann für Einzelne keine Verpflichtungen begründen[700]. Weder der Staat noch ein privater Dritter[701] können die Bestimmungen einer Richtlinie gegen einen Privaten in Anspruch nehmen. So wie der Europäische Gerichtshof die unmittelbare Richtlinienwirkung begründet, ist seine Einschränkung auf begünstigende Wirkungen für Gemeinschaftsbürger folgerichtig. Als Ausnahme zu

695 EuGH Rs. 41/74, Slg. 1974, S. 1337(1349) *van Duyn*.

696 EuGH Rs. 28/87, Slg. 1968, S. 215 *Molkereizentrale*; Rs. 51/76, Slg. 1977, S. 113(127) *Nederlandse Ondernemingen*.

697 Siehe etwa EuGH Rs. 41/74, Slg. 1974, S. 1337(1349) *van Duyn*; Slg. 1977, S. 113(127) *Nederlandse Ondernemingen*; Rs. 8/81, Slg. 1986 S. 53 Rn. 23 f. *Becker* ; Rs. C-188/89, Slg. 1990, I-3313(3347) *Foster*.

698 EuGH Rs. *Becker* a.a.O.; Rs. 152/84 Slg. 1986, S. 723 Rn. 46 *Marshall*; *Ruffert*, in: Callies/Ruffert, EUV/EGV, 1999, Art. 249 Rn. 70 m.w.Nw.

699 EuGH Rs. 190/87, Slg. 1988, S. 4689 *Moormann*.

700 EuGH Rs. 152/84, Slg. 1986, S. 723 *Marshall*; Rs. 14/86, Slg. 1987, S. 2454 Rn. 19 *Pretore di Salò/X*; Rs. 80/86, Slg. 1987, S. 3969 Rn. 8 *Kolpinghuis Nijmwegen*.

701 EuGH, Rs. C-91/92, Slg. 1994, I-3225, Rn. 23 f. *Paola Faccini Dori/Recreb*.

Art. 249 S. 3 EG läßt der Gerichtshof die unmittelbare Wirkung als Sanktion[702] für die Umsetzungssäumnis der Mitgliedstaaten und zur Verbesserung der praktischen Wirksamkeit für den Einzelnen zu. Eine Anwendung zu Lasten privater Gemeinschaftsbürger verkehrt diese Argumentation ins Gegenteil, der säumige Mitgliedstaat zöge Vorteile aus der Verletzung seiner Umsetzungspflichten. Sie scheidet deshalb aus[703].

Trotzdem vertreten Teile der Literatur, überwiegend im Umweltrecht, eine unmittelbare Richtlinienwirkung zu Lasten von Gemeinschaftsbürgern. Sie soll sich in Dreiecksverhältnissen ergeben können, in denen die Rechtspositionen Privater durch staatliches Handeln vermittelt werden und die Schaffung dieser Rechtspositionen Dritte belastet. In Dreieckskonstellationen gehe es nur um eine mittelbare oder sogar bloß faktische Benachteiligung, weil der Hoheitsträger nicht unmittelbar gegenüber dem Belasteten handele, sondern durch unmittelbare Anwendung einen anderen Marktbürger begünstige. Die Belastung trete nur mittelbar als Folge der von der Richtlinie gewollten Begünstigung ein[704].

Doch bereits der Begriff der mittelbaren Benachteiligung enthält eine Scheinargument. Es täuscht eine geringere Intensität und damit eine andere Qualität der Belastung vor, weil sie auf dem Umweg über eine Begünstigung eines Dritten geschieht. Generell überzeugt die künstliche Aufspaltung des Dreiecksverhältnis in zwei separate Rechtsverhältnisse zwischen Mitgliedstaat und Belastetem einerseits und Begünstigtem andrerseits nicht. Für einen Marktbürger macht es keinen Unterschied, ob sich für ihn Pflichten und damit rechtliche Nachteile ergeben, weil ein Hoheitsträger zu seinen Lasten eine Richtlinie in einem bipolaren Verhältnis unmittelbar anwendet, oder ob er rechtliche Nachteile tragen muß, weil ein anderen Marktbürger durch eine unmittelbare Anwendung begünstigt wird[705]. In beiden Konstellationen nimmt der MS die Bestimmungen der Richtlinie gegen einen Einzelnen in Anspruch, was die Rechtsprechung des EuGH gerade verbietet. Die kehrseitige rechtliche Begünstigung eines anderen Marktbürgers wiegt seinen Nachteil nicht auf. Sie rechtfertigt keine belastende vertikale Wirkung[706].

Insbesondere ersetzt sie nicht die fehlende Rechtsgrundlage und Begründung für eine unmittelbare Anwendung zu Lasten Einzelner. Dagegen sprechen in Dreieckskonstellationen dieselben Argumente wie im Fall, daß sich nur Mitgliedstaat und der belastete Bürger gegenüber stehen. Könnte eine staatliche Behörde - gleich ob

[702] Ausdrücklich BVerfGE 75, 223 ff.; *Scherzberg* Jura 1993, 225.

[703] *Haneklaus*, DVBl 1993, 129(132); *Papier*, DVBl 1993, 809; *Claasen* EuZW 1993, 83(84). *Ruffert*, in: Callies/Ruffert, EUV/EGV, 1999, Art. 249 EGV Rn. 85 Fußnote 252 m.w.Nw.

[704] *Schink*, NVwZ 1995, 953(957) zur UVP-Richtlinie; ähnlich *Ruffert* a.a.O. Rn. 83; *Schmitz*, ZUR 1996, 12(16); *Krämer*, WiVerw 1990, 138(152).

[705] Ähnlich *Scherzberg*, Jura 1993, 225(227).

[706] A.A. *Schink*, NVwZ 1995, 953(957) zur UVP-Richtlinie; *Schmitz*, ZUR 1996; *Ruffert*, in: Callies/Ruffert, EUV/EGV, 1999, Art. 249 EGV Fußnote 249 zu Rn. 85 m.w.Nw. zum Streitstand.

im Dreiecks- oder im vertikalen Verhältnis - aus Richtlinienbestimmungen unmittelbar Pflichten gegen einen Marktbürger ableiten, zöge der Mitgliedstaat einen Vorteil aus der versäumten Umsetzung. Die Sanktion verwandelte sich in eine Begünstigung. Weder der Sanktionsgedanke noch das Prinzip von Treu und Glauben greifen jedoch gegenüber dem belasteten Marktbürger als dogmatische Grundlage Platz[707].

Eine unmittelbare Anwendung zu Lasten Einzelner hat schließlich zur Folge, daß eine Richtlinie ähnlich einer Verordnung wirkt[708]. Das unterläuft das System der Handlungsformen des EG-Vertrags[709].

Allein das schon kompetenziell nicht unproblematische Argument[710] der Wirksamkeit des Gemeinschaftsrechts genügt nicht, um eine so weitreichende Systemverschiebung zu rechtfertigen. Genau besehen spricht es sogar genausogut gegen eine unmittelbare Anwendung zu Lasten Dritter. Als Teil eines zweistufigen Rechtssetzungsverfahrens zielen Richtlinien auf Veranlassung, nicht auf Ersetzung der nationalen Gesetzgebung. Sie wird in dem Maße gefördert, in dem sich die Rechtslage nach Fristablauf zum Nachteil des Mitgliedstaats verändert. Dem liefe es zuwider, wenn der Mitgliedstaat den Bürger unmittelbar aus der Richtlinie in die Pflicht nehmen könnte. Damit entfiele ein wichtiger Anreiz, die versäumte Umsetzung nachzuholen[711].

Gegen die unmittelbare Drittwirkung spricht in solchen Fällen weiter das Argument der Rechtssicherheit[712]. Aufgrund des zweistufigen Rechtssetzungsverfahrens der Richtlinie kann der Marktbürger darauf vertrauen, erst durch die nationale Umsetzungsmaßnahme in Anspruch genommen zu werden, nicht schon vorher durch eine unmittelbare Anwendung der Richtlinie.

Das Großkrotzenburg-Urteil[713] des Europäischen Gerichtshof stützt die Ausweitung der unmittelbaren Anwendung auf Dreiecksverhältnisse ebenfalls nicht[714]. Der EuGH bejaht darin die unmittelbare Anwendbarkeit von Richtlinienbestimmungen über die Umweltverträglichkeitsprüfung durch deutsche Behörden. Sie führt im Ergebnis zu einer Genehmigungspflicht zu Lasten Privater. Trotzdem belegt das Urteil Großkrotzenburg nicht die Annahme der horizontalen Drittwirkung durch den EuGH. Es erging in einem Vertragsverletzungsverfahren auf Antrag der Kommission nach Art. 226 EG und muß zuvörderst als richterliches Machtwort in einem politischen Streit zwischen der Bundesrepublik und der Kommission gelesen

[707] *Scherzberg*, Jura 1993, 225(227); *Papier*, DVBl 1993, 809(811).

[708] So *Krämer*, WiVerw 1990,138(152), der eine unmittelbare Anwendbarkeit zu Lasten Dritter bejaht.

[709] *Scherzberg*, Jura 1993, 225(227); *Classen*, EuZW 1993, 83(84).

[710] Vgl. BVerfGE 89, 155(210).

[711] *Scherzberg*, Jura 1993, 225(227).

[712] *Haneklaus*, DVBl 1993, S. 129(133 f.); *Papier*, DVBl. 1993, S. 809(811 f.).

[713] EuGH, Rs. C-431/92, Slg. 1995, I-2189, Rn. 26; dazu *Callies*, NVwZ 1996, 340.

[714] *Ruffert*, in: Callies/Ruffert, EUV/EGV, 1999, Art. 249 EGV Rn. 84 ff.

werden[715]. Die Belastung Dritter durch eine Genehmigungspflicht ergibt sich daraus nur implizit, die Entscheidung erwähnt sie nicht. Offenbar hat der Europäische Gerichtshof dieses Folgeproblem nicht gesehen, jedenfalls nicht dogmatisch verarbeitet. Hätte der Gerichtshof von seiner ständigen Rechtsprechung abweichen wollen, die eine horizontale Drittwirkung ausschließt, müßte das Urteil diese fundamentale Rechtsprechungsänderung wohl ansprechen. In einer späteren Entscheidung hält das Gericht am Ausschluß belastender Drittwirkung fest, ohne mit einer Silbe auf das Urteil Großkrotzenburg einzugehen[716].

Somit muß es beim Ausschluß der horizontalen Drittwirkung bleiben. Die Kompetenzen der Art. 9 II bis V ZS-RL können nicht unmittelbar angewendet werden, um die Umsetzungsdefizite des TKG auszugleichen[717].

V. Regulierung und Anspruchsdurchsetzung

Ein Wesensmerkmal der mit der Chiffre Regulierung zusammengefaßten verwaltungsrechtlichen Handlungsformen bildet ihre Verortung an der Schnittstelle zwischen der konkurrenzwirtschaftlichen Betätigung Privater und dem Regime des öffentlichen Rechts. Die Regulierung der Zusammenschaltung steht vor der Aufgabe, eine ausgewogene Balance zu finden zwischen der Mobilisierung privaten Eigennutzes als wichtiger Steuerungsressource für Zusammenschaltungsverträge und seiner Überformung durch Steuerungsziele, die sich am Schutz des Gemeinwohls und Drittinteressen orientieren.

Für die Zusammenschaltung schichtet das TKG privatautonomes Handeln und behördliche Intervention anders ab als die ZS-RL. Das beginnt mit seinen Rahmenvorgaben, die das TKG nur auf die Bundesregierung delegiert, anstatt sie der Regulierungsbehörde zuzuweisen. Da die Regulierungsbehörde zudem insoweit nicht einmal den begrenzten Handlungsspielraum des TKG voll ausschöpft, wird die Vorabgestaltung der Zusammenschaltungsbedingungen als wichtige Komponente des europäischen Regulierungsmodells nicht ausreichend abgebildet.

Das TKG sieht keine selbstständige Festlegung eines Grundangebots durch die Regulierungsbehörde vor. Vollständig fehlen die im Richtlinientext vorgesehenen Möglichkeiten der flexiblen und punktuellen Steuerung einzelner Vertragsbestandteile.

Die Kompetenzen zur unabhängigen Durchsetzung von Gemeinwohlinteressen bildet das TKG im Vergleich zu den Richtlinienvorgaben nur unzureichend aus. Eine Vertragsgestaltung ausschließlich zum Schutz von Drittinteressen läßt sich dem Wortlaut des TKG zwar entnehmen, jedenfalls macht die derzeitige Regulie-

[715] Ähnlich *Callies*, NVwZ 1996, 340.

[716] EuGH Verb. Rs. C-71-73-/94, Slg. 1996, I-3607, Rn. 26 *Eurim-Pharm.*

[717] A.A. *Trute*, in: Trute/Spoerr/Bosch, TKG, Kommentar 2001, § 36 Rn. 18, § 37 Rn. 14; *Wieland/Enderle*, MMR 1999, 373(381).

rungspraxis davon keinen Gebrauch. Dieses Manko verstärkt der Umstand, daß die Regulierungsbehörde bei der Vertragssteuerung nur im nachhinein auf Antrag, nicht von Amts wegen tätig werden kann[718] und für ihre nachträgliche Kontrolle abgeschlossener Verträge keine positive Gestaltungsbefugnis besitzt, sondern auf Nichtigerklärung beschränkt bleibt.

Insgesamt erscheinen die Regelungen von TKG und NZV über die Regulierung der Zusammenschaltung unvollständig. Das TKG knüpft ein weitmaschigeres Auffangnetz für privatautonome Verhandlungen, als das Europarecht, weil ein Teil der flexiblen, präventiv einsetzbaren Handlungsinstrumente der Richtlinie fehlt. Zudem verlagert die Dominanz der nachträglichen Zusammenschaltungsanordnung im TKG den Schwerpunkt auf eingreifendes Verwaltungshandeln, verzichtet auf vertragsbegleitende Intervention und vernachlässigt den Drittschutz.

Unmittelbare Ursache ist die Orientierung an den vom EG-Normgebungsprozeß überholten Zusammenschaltungsregeln der Dienste-RL. Die ZS-RL hat diese eingriffszentrierten Regeln kurz nach In-Kraft-Treten des TKG durch Schaffung verhandlungsstrukturierender und verhandlungsbegleitender Befugnisse zur Vertragsgestaltung wesentlich verfeinert, was der deutsche Gesetzgeber bisher ignoriert. Mittelbar dürfte eine Rolle spielen, daß das TKG bei aller Fortschrittlichkeit teilweise im Denken klassischer Eingriffsverwaltung verhaftet bleibt, wie etwa die Beschränkung der nachträglichen Vertragskontrolle auf Nichtigerklärung zeigt.

Die Regulierung im TKG erfüllt im Großen und Ganzen ihren Zweck, Zusammenschaltungsrechte schnell und effizient durchzusetzen. Gegenüber dem innovativen Verständnis der ZS-RL bleibt sie aber, mit Blick auf die flexible Kombination von öffentlichem und privatem Handeln und dem weitreichendem Schutz von Drittinteressen, auf halbem Wege stecken. Insofern hat das TKG offenbar Probleme, den europarechtlich vorgegebenen Inhalt von Regulierung vollständig und richtig zu rezipieren und in die Handlungsformen des deutschen Verwaltungsrechts zu übertragen.

[718] Mitteilung der Kommission, Fünfter Bericht über die Umsetzung des Reformpakts für den Telekommunikationssektor, http://www.ispo.cec.be/infosoc/telecompolicy/5R_ANN3.pdf, Annex 3, S. 6.

Kapitel 14 Gesetzliche Vorgaben der Zusammenschaltungsanordnung

Nach der Erörterung des Steuerungsmodells im vorangegangenen Kapitel sollen jetzt die gesetzlichen Maßstäbe für die Zusammenschaltungsanordnung herausgearbeitet werden. Im Mittelpunkt steht die Frage, wie weit das TKG die Entscheidung der Regulierungsbehörde determiniert und wie viel Entscheidungsspielraum es der Behörde einräumt.

Diese Untersuchung muß an die Aufgaben und Stellung der Behörde im Regulierungsmodell anknüpfen. Sie wird grundsätzlich aktiv, um Zusammenschaltungsansprüche durchzusetzen. Das Recht auf Zusammenschaltung muß insofern ein Recht auf effektive Durchsetzung enthalten, sonst bleibt das Regulierungsmodell wirkungslos (dazu sogleich unter I).

Hinsichtlich des möglichen Inhalts der Anordnung überschneiden sich verschiedene Rollen des Regulierers. Einerseits die des Streitschlichters, der Vertragsverhandlungen als Steuerungsmechanismus schützt. Zum Ausgleich von Verhandlungsasymmetrien muß er verhindern, daß ein marktmächtiger Zusammenschaltungspartner seinen Kontrahenten übervorteilt, etwa durch überhöhte Preise. Die Reduktion von Komplexität technisch und wirtschaftlich aufwendiger Zusammenschaltungsverhandlungen kann ebenfalls Festlegungen erfordern.

Dazu tritt der Regulierer als Anwalt von Drittinteressen und des Allgemeinwohls auf. Damit beeinflussen eine Reihe weiterer Gesichtspunkte den Inhalt der Entscheidung. Aus dem Zusammenspiel dieser verschiedenen Aufgaben folgt eine Gestaltungsbefugnis der Regulierungsbehörde, deren Umfang und Grenzen Themen des folgenden Kapitels sind.

Als Grundlage gilt es zunächst, die verschiedenen Entscheidungsebenen bei der Zusammenschaltungsanordnung abzuschichten.

I. Kein Entschließungsermessen

Am Anfang der Zusammenschaltungsanordnung steht eine gebundene Entscheidung über das *Ob* der Anordnung. Bereits die ONP-Grundsätze, die das TKG umsetzen muß, schließen insoweit einen Ermessenspielraum der Regulierungsbehörde aus[719]. Durch ihre strukturelle Verknüpfung mit der gemeinschaftsrechtlichen Dienstleistungsfreiheit verleihen sie einen Anspruch auf Zusammenschaltung, der von keiner Entscheidung des Regulierers abhängen darf. Mit der Anordnung der Zusammenschaltung nach § 37 I TKG setzt die Regulierungsbehörde diesen Anspruch durch.

[719] A.A. für nicht marktbeherrschende Betreiber *Spoerr*, MMR 2000, 675(677).

Die wichtigste Voraussetzung dieser Befugnis wurde bereits erörtert: Der Anspruch auf Zusammenschaltung. Ihn löst die Nachfrage des Berechtigten nach § 36 TKG aus. Nach der Konzeption des TKG besteht zunächst ein absolutes Primat privatautonomer Verhandlungen, in Abweichung vom mehr vertragsbegleitenden Steuerungsmodell der Richtlinie. Erst wenn innerhalb von sechs Wochen keine Vereinbarung zustande kommt, tritt die Behörde auf Anrufung eines der Beteiligten auf den Plan.
Weitere Voraussetzung ihres Einschreitens bildet neben den Tatbestandsmerkmalen des Zusammenschaltungsanspruchs somit das Scheitern der Vertragsverhandlungen. Damit Zusammenschaltungspflichtige Netzbetreiber die Entstehung von Wettbewerb nicht verzögern oder verhindern, indem sie Vertragsverhandlungen verschleppen, stellt die Regulierungsbehörde an das Scheitern der Verhandlungen keine hohen Anforderungen[720]. Führt mindestens eine Seiten die Verhandlungen ernsthaft und ergebnisorientiert, dann genügt es, wenn nach Fristlauf keine Einigung vorliegt. Ein schuldhaftes Verhalten setzt die Behörde in Übereinstimmung mit dem Gesetzeswortlaut nicht voraus. Nach Scheitern der Verhandlungen ordnet die Behörde gemäß § 37 I 1 TKG binnen sechs Wochen eine Zusammenschaltung an.
Ein bereits bestehender Vertrag, dessen Änderung einer oder beide Kontrahenten anstreben, schließt eine Anordnung nicht aus. Mit ihrer Hilfe kann deswegen auch eine Vertragsänderung erreicht werden[721]. Die Verhandlungs- und Abschlußpflicht des § 36 TKG erschöpft sich nicht in einem einmaligen Vertragsschluß. Dafür gibt es im Wortlaut keine Anhaltspunkte. Eine andere Sicht würde die optimierende Funktion privater Verhandlungen ihrer vollen Wirksamkeit berauben. Art. 9 III ZS-RL bestätigt diese Anordnungskompetenz der Regulierungsbehörde zur Vertragsänderung[722].

II. Inhalt der Anordnung: Vertragsersatz und Drittschutz

Den Inhalt, das *Wie* der Anordnung, legt das TKG nur in Umrissen fest. Darüber trifft die Behörde keine gebundene Entscheidung.
Das ergibt sich erstens aus der Rolle der Behörde als Streitschlichter. Die Pflicht zur Zusammenschaltung bildet nur den Auftakt zu einem komplizierten Verhandlungsprozeß zwischen den Zusammenschaltungspartnern über ein umfangreiches und komplexes Vertragswerk[723]. Sie müssen sich unter anderem über den Standort der ZS-Punkte, die Art der erbrachten Leistungen, Qualitätsanforderungen, Ver-

[720] Ausdrücklich BK 4c-00-52/Z 02.11.99, S. 14.
[721] A.A. BeckTKG-Komm/*Piepenbrock*, 2. Auflage 2000, § 37 Rn. 9; *Koenig/Loetz*, K&R 1999, 298(302).
[722] Danach kann die Behörde auf Antrag nach Vertragsschluß Vertragsbedingungen ändern.
[723] Vgl. RegTP BK 4c-00-052/Z 02.11.99, S. 15.

tragsdauer und Preis einigen[724]. Für diese Vertragsinhalte kann das Gesetz zunächst nur Eckpunkte benennen[725] und muß die konkrete Ausgestaltung der Zusammenschaltungsvereinbarung den Parteien überlassen.

Scheitert die Einigung, dann wird sie von der Regulierungsbehörde ersetzt. Das Anordnungsverfahren tritt an die Stelle der Vertragsverhandlungen, die Anordnung erfüllt Vertragsfunktion. Die denkbare Variationsbreite der zu ersetzenden vertraglichen Arrangements ist groß. Schon daraus folgt ein Gestaltungsspielraum der Regulierungsbehörde bei der Festsetzung des Vertragsinhalts[726].

Für den Inhalt der Zusammenschaltungsanordnung stecken die Richtlinien- und Gesetzesvorgaben daher nur einen weiten Rahmen. Art. 9 V ZS-RL verlangt einen fairen Ausgleich der berechtigten Interessen beider Parteien und verweist damit auf einen allgemeinen Maßstab von Vertragsgerechtigkeit, auf die Herstellung vertraglicher Äquivalenz[727]. Dafür existieren viele mögliche und gleichwertige Wege[728]. Die Regulierungsbehörde beschreibt den Inhalt ihrer Anordnungen sehr allgemein so, daß er alle Elemente der Zusammenschaltung enthalten kann und dabei Wille und Interessen der Parteien berücksichtigt[729].

Nach § 35 V TKG soll eine Rechtsverordnung regeln, in welcher Weise eine Zusammenschaltung zu ermöglichen ist. Diesen Anspruchs löst die Netzzugangsverordnung[730] höchstens ansatzweise ein. Als Gerüst bietet die Anlage zu § 5 II NZV lediglich einen Katalog von Sollbestandteilen. § 9 IV NZV nennt als inhaltlichen Maßstab die unternehmerische Freiheit der Netzbetreiber und die Interessen der Nutzer.

Der Gesichtspunkt der unternehmerischen Freiheit von Betreibern zur Gestaltung ihrer Netze führt nicht weit. Als untergesetzliches Recht kann die NZV den Inhalt der Zusammenschaltungsrechte im TKG nicht modifizieren. Ihr § 9 IV muß als genereller und letztlich entbehrlicher Hinweis auf die Grundrechtsrelevanz der Anordnung verstanden werden, der wenig anwendbare Maßstäbe liefert. Letztlich verlangt § 9 IV NZV die Herstellung praktischer Konkordanz von Freiheitssphären und damit wiederum einen vertragsartigen Interessenausgleich. Ihn prägen weitgehend die ONP-Grundsätze.

Der Verweis auf Nutzerinteressen in § 9 IV NZV öffnet die Anordnung für Gemeinwohlerwägungen: Sie muß öffentlichen und schützenswerten Drittinteressen Rechnung tragen. Mit der Erwähnung der Nutzerinteressen nimmt § 9 IV NZV

[724] Näher bei *Badura/Schneider*, RegTkom 1999, 162 ff.; BeckTKG-Komm/*Salger/Traugott*, 2. Auflage 2000, Anlage zu Anh. § 39 Rn. 1 ff.

[725] Vgl. die Anlage zu § 5 II NZV.

[726] RegTP BK 4 98-006/Z 10.06.98 S. 12; BK 4a-00-018/Z 30.06.00, S. 25.

[727] Vgl. *österreichische Telekom-Control-Kommission*, Zusammenschaltungs-Bescheid Z 4/98-62, Ziffer 4.3, www.tkc.at.

[728] Vgl. Palandt/*Heinrichs*, 59. Auflage 2000, § 315 BGB Rn. 10.

[729] RegTP BK 4 98-006/Z 10.06.98, S. 12.

[730] Verordnung über besondere Netzzugänge, BGBL 1996 I, S. 1568.

das Regulierungsziel des § 2 II Nr. 1 TKG auf, das die Wahrung der Nutzerinteressen fordert. Daraus ergeben sich weitreichende Konsequenzen für den Entscheidungsspielraum der Regulierungsbehörde. Sie werden im Zusammenhang mit dem Einfluß der Regulierungsziele auf die Anordnung erörtert[731]. Jedenfalls spricht die Rolle der Behörde als Anwalt von Nutzer- und Gemeinwohlinteressen ebenso für einen Gestaltungsspielraum wie die Funktion der Anordnung als Vertragsersatz.

III. Bindung an die Anrufung

Die Anrufung durch einen oder beide Netzbetreiber begrenzt den Spielraum bei der inhaltlichen Gestaltung nicht. § 37 I 1 TKG setzt für die Anordnung eine Anrufung durch einen Netzbetreiber voraus, also einen Antrag an die Regulierungsbehörde. Der Netzbetreiber muß nach § 9 II NZV schriftlich darlegen, wann und wie er die Zusammenschaltung nachgefragt hat und worüber die Einigung fehlgeschlagen ist. § 9 III NZV fordert von der Regulierungsbehörde lediglich, die Anrufungsgründe zu *beachten*. Beachten bedeutet schon vom Wortsinn her weniger als Gebundensein. Dem Verordnungswortlaut läßt sich keine Antragsbindung der Regulierungsbehörde entnehmen.

Sie ergibt sich auch nicht aus allgemeinen Grundsätzen. Das Verwaltungsverfahrensrecht stellt kein dem § 88 VwGO entsprechendes Prinzip strikter Antragsbindung auf. Trotzdem wird überwiegend angenommen, daß bei Antragsverfahren der Antrag ähnlich wie im gerichtlichen Verfahren den Verfahrensgegenstand begrenzt[732].

Zumindest auf die Zusammenschaltungsanordnung trifft das nicht zu. Das TKG spricht nicht von einem Antrag, sondern von einer Anrufung. Das verdeutlicht, daß es sich bei der Anrufung zur Herstellung eines umfassenden Interessenausgleichs um etwas anderes handelt als bei einem herkömmlichen Antrag im Verwaltungsverfahren, der sich meist auf ein bipolares Verhältnis zwischen Behörde und Antragsteller bezieht.

Die Funktion der Zusammenschaltungsanordnung bestätigt diese Wortlautauslegung. Sie ersetzt eine vertragliche Einigung der Zusammenschaltungspartnern und stellt vertragliche Äquivalenz her. Dieser Interessenausgleich kann nicht einseitig verlaufen, der Zusammenschaltungsberechtigte nicht nur erhalten, was er beantragt. Er muß unter Umständen seinerseits Belastungen in Kauf nehmen. Eine strikte Antragsbindung der Behörde, die ihr eine Belastung des Antragenden verwehrt, macht einen fairen Interessenausgleich unmöglich.

Deshalb vermag die Ansicht nicht zu überzeugen, § 36 TKG lege den Vorrang der vertraglichen Vereinbarung fest und der Zusammenschaltungswillige könne mit

[731] Ausführlich in Kapitel 15 S. 169 ff.

[732] *Kopp/Ramsauer*, VwVfG, 7. Auflage 2000, § 9 Rn. 24 und § 22 Rn. 24 m.w.Nw.; *Clausen*, in: Knack, VwVfG, 7. Auflage 2000, § 22 Rn. 12.

seinem Antrag nach dem Grundsatz der Vertragsfreiheit den Umfang der Zusammenschaltungsanordnung festlegen[733]. Es gibt kein Meistbegünstigungsprinzip für den Antragsteller[734]. Der Vorrang der vertraglichen Einigung gilt nur für Konsens der Zusammenschaltungspartner, nicht für den einseitigen Willen des Zusammenschaltungsberechtigten. Will er eine Vereinbarung, muß er seinen Willen in den Konsens einordnen. Ersetzt die behördliche Anordnung den Konsens, gilt dasselbe für das Verhältnis zur Anordnung.

Eine strenge Antragsbindung wäre überdies europarechtswidrig. Die ZS-RL sieht antragsunabhängige Festlegungen im öffentlichen Interesse vor. Der Schutz von Nutzerinteressen darf deshalb im TKG nicht vom Antrag des Zusammenschaltungsberechtigten abhängen.

IV. Insbesondere: Kostenorientierung

Wichtige Entscheidungsparameter für die Zusammenschaltungsanordnung liefern die ONP-Grundsätze: Jede Zusammenschaltungsanordnung muß auf objektiven Maßstäben beruhen, nachvollziehbar sein und einen gleichwertigen Zugang gewähren, §§ 37 III S. 3, 35 II TKG.

Besonders Bedeutung für den behördlichen Entscheidungsfreiraum hat der ONP-Grundsatz der Kostenorientierung. Der Preis für die angeordneten Leistungen ist ein wichtiges Parameter, das mit über die Herstellung vertragsähnlicher Äquivalenz entscheidet[735]. Für marktbeherrschende Anbieter gilt das Prinzip der Kostenorientierung[736], das den ONP-Grundsatz der Objektivität näher ausformt.

1. *Entgeltfestsetzung in der Zusammenschaltungsanordnung*

Das TKG verknüpft die Zusammenschaltungsanordnung über § 39 mit den Vorschriften der Entgeltregulierung. Danach gelten für die Regulierung der Entgelte *für die Durchführung* einer angeordneten Zusammenschaltung die § 24 ff. TKG *entsprechend.*

Aus diesem Wortlaut folgern indes das VG Köln und das OVG Münster, die Regulierungsbehörde habe keine Kompetenz, im Verfahren der Zusammenschaltungsanordnung Entgelte festzusetzen[737], vielmehr nur gesondert im förmlichen Verfahren nach § 28 TKG, also auf Antrag des marktbeherrschenden Unternehmens. Die

[733] *Müller/Schuster*, MMR 1999, 507(512); BeckTKG-Komm/*Piepenbrock*, 2. Auflage 2000, § 36 Rn. 2.

[734] So aber *Piepenbrock*, MMR 1999, 431(444).

[735] Die Zusammenschaltungskosten stellen mit 40 bis 60 % der Gesamtkosten den größten Kostenblock eines alternativen Netzbetreibers dar, vgl. *Märkl*, Netzzusammenschaltung in der Telekommunikation, 1998, S. 54.

[736] Art. 7 II ZS-RL, Abl. EG Nr. L 199 v. 27.7.1997, S. 32.

[737] VG Köln, Urt. v. 18.12.2000, 1 L 2484/00; bestätigt von OVG Münster, MMR 2001, 548.

Zusammenschaltungsanordnung müsse notfalls ohne Entgelte ergehen, die nachträglich festzulegen seien.
Diese Ansicht überzeugt nicht[738]. Nach § 37 I 1 TKG ordnet der Regulierer die Zusammenschaltung an. Damit ersetzt er den Vertrag, den der zur Zusammenschaltung Verpflichtete abschließen muß. Wesentlicher Vertragsbestandteil ist der Preis, der deshalb selbstverständlich Inhalt einer Zusammenschaltungsanordnung sein kann[739]. Davon ging der Gesetzgeber[740] getreu den europäischen Vorgaben[741] aus. § 39 I TKG ordnet eine entsprechende Geltung der §§ 24 TKG an und verweist damit nur auf die materiellen Maßstäbe der Entgeltregulierung, nicht auf das Verfahren[742].
Die Regulierungsbehörde hat entgegen der Ansicht der Rechtsprechung die Wahl: Sie kann Regulierungsentgelte gesondert in einer Zusammenschaltungsentscheidung oder vorab in einem separaten Verfahren der Entgeltregulierung nach § 24 ff. TKG festsetzen, auf das einzelne Zusammenschaltungsanordnungen dann Bezug nehmen[743]. Die Regulierungsbehörde hat zunächst die zweite Variante der allgemeinen Entgeltregulierung gewählt[744]. Später hat sie eine neue Entgeltstruktur in einer Zusammenschaltungsanordnung festgesetzt[745].

2. *Methoden der Engeltfestsetzung*

Die Entgelte für die Zusammenschaltung müssen sich an den effizienten Kosten der Leistungsbereitsstellung orientieren, § 24 I TKG. Zur Bestimmung dieser Kosten stellt § 27 TKG der Regulierungsbehörde grundsätzlich zwei Methoden zur Verfügung. Sie kann die Kosten effizienter Leistungsbereitstellung ermitteln, die auf die einzelne Dienstleistung entfallen, deren Entgelt zur Genehmigung ansteht, § 27 I Nr. 1 TKG i.V.m. §§ 2, 3 TEntGV. Oder sie kann ihrer Genehmigung die durchschnittlichen Änderungsraten zugrunde legen, die ein Korb von zusammengefaßten Dienstleistungen aufweist und die sie an einer Reihe von Maßgrößen ausrichtet, § 27 I Nr. 2 TKG i.V.m. §§ 4, 5 TEntGV (Price-Cap-Verfahren).

738 Überzeugende Kritik bei *Koenig/Braun*, MMR 2001, 563.

739 *Spoerr*, MMR 2000, 674(677); RegTP BK 4c-99-008/Z 25.02.99 *EconoPhone GmbH*, MMR 1999, 430(434).

740 Nach den Erläuterungen zum Gesetzentwurf, BT-Drucks. 13/3609, S. 47, kann die Regulierungsbehörde u.a. wirtschaftliche Bedingungen der Zusammenschaltung regeln.

741 Art. 9 III und VI ZS-RL, Abl. EG Nr. L v. 26.7. 1997, S. 32.

742 *Spoerr*, Zusammenschaltung und Telekommunikations-Entgeltregulierung inder Krise?, K&R 2000, 213.

743 *Riehmer*, MMR 1998, 59(63).

744 Vgl. die Festsetzung der Netzzusammenschaltungsentgelte 2000, *RegTP*, BK 4e-99-042/E 15.10.99, MMR 2000, 233 ff. m. Anm. *Piepenbrock*.

745 RegTP BK 4a-00-018/Z 30.06.00.

a) Price-Cap-Verfahren

Das Price-Cap-Verfahren bildet nach § 1 II TEntGV den Regelfall der Entgeltregulierung. Im Zuge dieses Verfahrens werden bestimmte TK-Dienstleistungen in sogenannten Körben zusammengefaßt und anhand von betriebs- und volkswirtschaftlichen Parametern gewichtet. Auf dieser Grundlage bestimmt die Behörde den zulässigen Preis[746]. Dieses Verfahren bezweckt eine Regulierung von Änderungsraten des gesamten Warenkorbs anstelle individueller Preisniveaus. Mit dem Price-Cap-Verfahren setzt der Regulierer dem marktbeherrschenden Betreiber Preisobergrenzen für Bereiche mit schwachem Wettbewerb. Das nähert die regulierten Preise denjenigen an, die das Unternehmen in einem wettbewerblichen Umfeld verlangen könnte. Innerhalb der Preisobergrenze kann das regulierte Unternehmen die Preise der erfassten Dienstleistungen variieren, solange der Durchschnitt der Änderungen die Obergrenze nicht überschreitet[747]. Damit soll mißbräuchlichem Verhalten des Marktbeherrschers vorgebeugt werden, ohne seine Flexibilität allzusehr einzuschränken.

Zu den Parametern, welche die Gewichtung der im Korb zusammengefassten Dienstleistungen und damit den Preis bestimmen, gehören nach § 4 II TEntGV neben der gesamtwirtschaftlichen Steigerungsrate die zu erwartende Produktivitätsfortschrittsrate des regulierten Unternehmens. Die entsprechenden Raten auf vergleichbaren Märkten sind zu berücksichtigen. Die Behörde bestimmt, wie lange Korbzusammensetzung und Maßgrößen unverändert bleiben und unter welchen Voraussetzungen sie geändert werden.

b) Einzelentgeltregulierung

Die zweite Methode der Preisfestlegung bildet die Feststellung der effizienten Kosten einer einzelnen Dienstleistung. Sie findet nur Anwendung, wenn das Price-Cap-Verfahren ausscheidet, weil die fragliche Dienstleistung nicht mit einer Mehrzahl von Dienstleistungen in einem Korb zusammengefaßt werden kann. Diese Ausnahme trifft derzeit auf Netzzusammenschaltung noch zu, weil für sie als neuartigen Markt noch keine vergleichbaren Dienstleistungen existieren[748].

Um die Kosten effizienter Leistungsbereitstellung für die einzelne Dienstleistung gesondert zu ermitteln, existieren wiederum zwei Wege[749]. Auf dem ersten kann die Regulierungsbehörde versuchen, die tatsächlichen langfristigen Zusatzkosten für

[746] Näher zu diesem Verfahren BeckTKG-Komm/*Schuster/Stürmer*, 2. Auflage 2000, § 27 Anhang Rn. 1 ff.; *Großkopf/Ritgen*, CR 1998, 86(92 f.); *Ladeur*, K&R 1998, 479(483); *Becker*, K&R 1999, 112.

[747] *Becker*, K&R 1999, 112 f.

[748] Vgl. § 7 II TEntG.

[749] BeckTKG-Komm/*Schuster/Stürmer*, 2. Auflage 2000, § 27 Anhang Rn. 1 ff. und § 3 TEntGV Rn. 5 ff.; *Großkopf/Ritgen*, CR 1998, 86(92 f.); *Ladeur*, K&R 1998, 479(483).

die Leistungsbereitstellung zu berechnen. Die Berechnungsgrundlage liefern die Kostenangaben des regulierten Unternehmens. Sie werden wegen des fehlenden oder ungenügenden Wettbewerbs zumeist über den effizienten Kosten liegen. Die Berechnung der effizienten Kosten darf also die tatsächlichen Kosten nicht unkritisch übernehmen, sondern nur in Anlehnung daran erfolgen[750].
Die Bedeutung dieses Ansatzes wird deutlich, wenn man die tatsächliche Situation eines marktstarken Unternehmens – weitgehendes Fehlen wirksamer Konkurrenz – mit der Lage vergleicht, in der dasselbe Unternehmen wäre, wenn effektiver Wettbewerb herrschte. Es könnte dann seinen Preisen nicht die in der Vergangenheit getätigten Investitionen zugrunde legen und sie zu amortisieren versuchen. Wettbewerb zwänge das Unternehmen vielmehr dazu, zukunftsrelevant zu kalkulieren, um ein Unterbieten durch die Konkurrenz zu vermeiden. In einer tatsächlichen Wettbewerbssituation orientieren sich die Preise eng an den wirtschaftlichen Kosten, die mit einer Steigerung der Produktion verbunden sind[751]. Die Entgeltregulierung auf der Grundlage langfristiger Zusatzkosten versucht, diese Wirkungen effektiven Wettbewerbs zu simulieren[752]. Diese Art der Entgeltregulierung schafft einen „als-ob-Wettbewerb“, damit Kosten und Entgelte wettbewerblichen Bedingungen entsprechen[753].
Um die Kosten effizienter im Vergleich zu den bekannten Kosten tatsächlicher Leistungsbereitstellung zu bestimmen, muß die Regulierungsbehörde Rückschlüsse von externen Vergleichszahlen ziehen[754]. Nach § 3 III TEntGV soll sie bei der Feststellung von Kosten effizienter Leistungsbereitstellung als Vergleichsbasis Preise und Kosten von Unternehmen in vergleichbaren (ausländischen) Märkten heranziehen. Diese Methode empfiehlt die Kommission den Mitgliedstaaten[755]. Je nach dem Grad des dort herrschenden Wettbewerbs können diese Vergleichsdaten Hinweise auf die Situation unter Wettbewerbsbedingungen geben, denen die Preise möglichst angenähert werden sollen.
Besonders wichtig wird der Rückgriff auf Vergleichsmärkte, wenn sich die tatsächlichen langfristigen Zusatzkosten des marktstarken Unternehmens nicht ermitteln lassen, weil es keine oder nur unzureichende Kostennachweise vorlegt. Nach § 2 III TEntGV kann det Regulierer bei unzureichenden Kostennachweisen einen

[750] *Becker*, K&R 1999, 112(114).
[751] *Kommission*, Empfehlung 98/195/EG zur Zusammenschaltung in einem liberalisierten Telekommunikationsmarkt, Teil I - Zusammenschaltungsentgelte, Abl. EG Nr. L 73 vom 12.3. 1998, S. 42.
[752] *Hoffmann-Riem/Eifert*, in: Hoffmann-Riem, Innovation und Telekommunikation, 2000, S. 35.
[753] *Schütz/Müller*, MMR 1999, 128(133); *RegTP* BK 4a-00-018/Z 30.06.00, S. 27; vgl. *Becker*, K&R 1999, 112(114).
[754] *Becker* a.a.O.
[755] *Kommission*, Empfehlung 98/195/EG zur Zusammenschaltung in einem liberalisierten Telekommunikationsmarkt, Teil I – Zusammenschaltungsentgelte, Abl. EG Nr. L 73 vom 12.3. 1998, S. 42.; *dies.*, Empfehlung 98/511/EG, Abl. EG Nr. L 228 v. 15.8. 1998, S. 30.

Antrag auf Entgeltregulierung ablehnen, er muß es aber nicht. Er muß notfalls ohne Kostennachweise entscheiden können. Um eine Blockadetaktik des marktbeherrschenden Unternehmens zu verhindern, kann der Rückgriff auf Vergleichsmärkte dann die einzige Grundlage für die Kostenfestlegung sein[756].
Als Alternative oder Ergänzung zum Rückgriff auf Vergleichsmärkte können die Kosten effizienter Leistungsbereitstellung mit Hilfe eines analytischen Modells ermittelt werden, dem sogenannten „Ingenieursansatz". Dafür untersucht der Regulierer Aufbau und Betrieb eines hypothetischen TK-Netzes und berechnet dann „bottom up" die Kosten für die Zusammenschaltung auf der Grundlage dieses idealen Netzes[757].

c) Entscheidungsdeterminanten der Entgeltfestsetzung

Weder Price-Cap-Verfahren noch die Ermittlung der Kosten effizienter Leistungsbereitstellung stellen gebundene Entscheidungen dar. Die jeweiligen normativen Merkmale zeichnen sich vielmehr durch ihre Offenheit und das Erfordernis wertender Prognose aus.
Für das Price-Cap-Verfahren verdeutlicht das die Maßgröße des zu erwartenden Produktivitätsfortschritts des regulierten Unternehmens. Je höher der Regulierer sie ansetzt, desto tiefer der Preis der Zusammenschaltung, umso höher umgekehrt der Effizienzdruck auf das betroffene Unternehmen. Die Regulierungsbehörde kann dafür sorgen, daß sich ihre eigene Prophezeihung erfüllt, indem sie über die Bestimmung der Produktivität die zukünftige Effizienz des Unternehmens steuert.
Eine wertende Entscheidung erfordert ebenfalls die Ermittlung der Kosten effizienter Leistungsbereitstellung. Bereits die Kostenaufschlüsselung stellt einen wertenden Vorgang dar, da der Kostenbegriff normativ ist[758]. Er benutzt den Anschein der Objektivität, kann ihm aber nur gerecht werden, wenn der Markt bereits ein bestimmtes Gleichgewicht erzeugt hat. Denn der Kostenbegriff steht immer im Verhältnis zum Nutzen. Auf einem monopolisierten Markt wird mangels Alternativen aber fast jeder Preis für eine Leistung gezahlt, der Nutzen steht von vornherein weitgehend fest[759]. Ohne Wettbewerb und das experimentelle Suchverfahren des Marktes kann diese Kontrolle der Kosten von staatlicher Seite nur in Grenzen erfolgen[760]. Ein bloß simulierter und theoretisch berechneter Markt vermag die Distributionsfunktion eines realen nicht einmal annähernd zu ersetzen.
Sowohl das Price-Cap-Verfahren in § 4 IV TEntGV als auch die Berechnung der Kosten effizienter Leistungsbereitstellung nach § 3 III TEntGV verlangen einen

[756] A.A. wohl VG Köln, Urteil v. 18.12. 2000, 1 L 2484/00, S. 6; vgl. *Spoerr*, K&R 2001, 213.
[757] *Wissenschaftliches Institut für Kommunikationsdienste GmbH,* Ein analytisches Kostenmodell für das Ortsnetz, 1998; vgl. *Spoerr*, in: Trute/Spoerr/Bosch, TKG, Kommentar 2001, § 24 Rn. 24ff.
[758] *RegTP* BK 4a-00-018/Z 30.06.00, S. 27.
[759] *Ladeur,* K&R 1998, 479(481).
[760] *Ladeur* a.a.O.

Blick auf entsprechende Leistungen auf vergleichbaren Märkten. Die Vergleichbarkeit läßt sich wiederum nur in wertender Betrachtung feststellen, die jeweils mehrere Lösungen zuläßt.
Das Erfordernis wertender Entscheidung über die zukünftige Marktentwicklung setzt sich fort bei der Wahl der Methode zwischen dem Nachvollzug realer Kosten – mit den angedeuteten Schwierigkeiten der Kostenrechnung – und dem fiktiven ingenieursmäßigen Ansatz, die der Behörde im Grundsatz freisteht. Diese Wahl hat beträchtliche Folgen: Der Ingenieursansatz führt wegen seines modellhaften Ansatz zu optimalen und damit zumeist unter den realen Werten liegenden Kosten[761].
Das Erfordernis, zukünftige Entwicklungen vorherzusehen und wertend zu beeinflussen, unterscheidet die Regulierung von Zusammenschaltungsentgelten wesentlich von der Ermittlung zulässiger Preise im allgemeinen Kartellrecht[762]. Dort geschieht staatliche Preiskontrolle stets nur ausnahmsweise und im nachhinein. Das allgemeine Kartellrecht will bestehenden Wettbewerb schützen, die TKG-Regulierung muß zukünftigen Wettbewerb erst noch schaffen. Dazu bedient sie sich der Entgeltregulierung als zentraler Steuerungsgröße des Marktprozesses.
Insgesamt verlangen TEntGV und TKG der Regulierungsbehörde bei der Entgeltregulierung eine Reihe von Entscheidungen ab, ohne mehr als allgemeine Entscheidungsdeterminanten dafür zu liefern. Vielmehr steuern die Regulierungsziele des TKG die regulatorisch-wertende Entscheidung[763] der Regulierungsbehörde. Sie liefern den Schlüssel zum Verständnis des Entscheidungsfreiraums der Behörde.

761 BeckTKG-Komm/*Schuster*/*Stürmer*, 2. Auflage 2000, Anh. § 3 TEntGV Rn. 31.
762 Dazu *Becker*, K&R 1999, 112(115 ff) m.w.Nw.
763 *Spoerr*, in: Trute/Spoerr/Bosch, TKG, Kommentar 2001, § 24 Rn. 47 für den Effizienzbegriff.

Kapitel 15 Die Regulierungsziele als Gestaltungsermächtigung

Die Interpretationsoffenheit und gesteigerte Wertungsabhängigkeit verschiedener Entscheidungsdeterminanten bei der Zusammenschaltungsanordnung, insbesondere durch die Entgeltregulierung, spricht für einen Entscheidungsspielraum der Regulierungsbehörde bei der Zusammenschaltungsanordnung. Die Verknüpfung und Ausbalancierung der vielfältigen verschiedenen, teilweise gegenläufigen Interessen kann das Gesetz nicht bis ins Letzte vorab determinieren, zumal sie stark von den Umständen der konkreten Zusammenschaltung abhängen. Damit trägt das TKG der Regulierungsbehörde die Aufgabe einer komplexen, situativen Abwägung auf und räumt ihr den dafür erforderlichen Entscheidungsspielraum ein.

I. Letztenscheidungskompetenz

Die Regulierungsziele liefern das Steuerungsprogramm für die behördliche Entscheidung über die Zusammenschaltungsanordnung. Da sie Regulierung im Sinne des § 2 Nr. 13 TKG darstellt[764], muß die Regulierungsbehörde bei der wertenden Ausfüllung des Tatbestandes der § 37 I 1 TKG, § 9 IV NZV die Regulierungsziele beachten. Dazu zählen nach § 2 II Nr. 1 und 2 TKG insbesondere die Wahrung der Nutzerinteressen sowie die Sicherstellung eines funktionsfähigen und chancengleichen Wettbewerbs. Wie noch in Einzelnen zu zeigen ist, erfüllen die Regulierungsziele für die Zusammenschaltungsanordnung eine Funktion, die der unbestimmter Rechtsbegriffe mit Beurteilungsspielraum gleicht. Das rechtfertigt es, ihnen eine Ermächtigung zur Letztentscheidung über den Inhalt der Zusammenschaltungsanordnung zu entnehmen.

II. Regulierungsziele als Letztentscheidungsermächtigung

Der Typus unbestimmte Rechtsbegriffe mit Beurteilungsspielraum soll hier gesetzliche Begriffe auf der Tatbestandsseite einer Norm bezeichnen. Sie ermächtigen die Verwaltung zu gerichtlich nur begrenzt überprüfbaren Entscheidungen bei der rechtlichen Beurteilung eines Sachverhalts, also bei der Subsumtion unter die Norm. Voll überprüfbar bleiben dagegen die Auslegung dieser gesetzlichen Begriffe und die Feststellung des Sachverhalts[765].

Die Regulierungsziele sind als Rechtsbegriffe nur situativ bestimmbar. Ob eine konkrete Zusammenschaltung im Nutzerinteresse liegt, wie sie sich auf den Wettbewerb und den Universaldienst auswirkt, läßt sich nur im Einzelfall in der Gesamtschau komplexer Zusammenhänge feststellen. Auch wenn es um Rechtsbegrif-

[764] Vgl. die ausdrückliche Regelung des § 8 II 1 für die Frequenzvergabe.

[765] *Sieckmann*, DVBl 1997, 101(102) m.w.Nw.; *Maurer*, Verwaltungsrecht, Allgemeiner Teil, 13. Auflage 2000, § 7 Rn. 32; *Schultze-Fielitz*, JZ 1993, 772.

fe auf der Tatbestandsseite einer Norm geht, kann die gerichtliche Kontrolle hinsichtlich solcher rechtlich nur in groben Zügen programmierter Entscheidungen begrenzt sein. Das stellt einen gesicherten Befund[766] von Lehre[767] und Rechtsprechung[768] dar.

Das Bundesverfassungsgericht hat indes der wachsenden Anerkennung von Letztentscheidungsermächtigungen der Verwaltung durch die Verwaltungsgerichte wichtige verfassungsrechtliche Konturen verliehen. Sie werden primär von Art. 19 IV GG[769], daneben von den im Einzelfall betroffenen Grundrechten[770] bestimmt. Als Regel statuiert Art. 19 IV GG die volle Überprüfbarkeit von Verwaltungsentscheidungen. Beurteilungsspielräume und andere Ermächtigungen zur Letztentscheidung stellen als Einschränkung des Art. 19 IV GG eine rechtfertigungsbedürftige Ausnahme dar. Sie muß sich ihrerseits am Maßstab von Art. 19 IV GG und den jeweils einschlägigen Einzelgrundrechten messen lassen[771].

Die Beschränkung der gerichtlichen Kontrollbefugnis bedarf deshalb einer präzisen gesetzlichen Grundlage[772], die als konstituierende normative Ermächtigung die Reichweite des Entscheidungsspielraums bestimmt und begrenzt[773].

Die Bestimmung von Letztentscheidungsbefugnissen der Verwaltung erweist sich so als ein Problem der (gegebenenfalls verfassungskonformen) Gesetzesauslegung. Sie hat von Aufbau, Struktur und Inhalt des Entscheidungsvorgangs und von der

766 *Erichsen*, DVBl 1985, 22 (25).

767 Ausgehend von – allerdings dogmatisch nicht mehr haltbaren – Ansätzen von *Bachhof*, JZ 1955, S. 97 ff. und *Ule*, DVBl 1955, 148 ist die Existenz von Beurteilungsspielräumen anerkannt und als Kompetenzfrage eingeordnet. Vgl. nur *Schmidt-Aßmann*, in: Maunz/Dürig, GG-Kommentar, Art. 19 IV Rn. 180; *Sachs*, in: Stelkens/Bonk/Sachs, VwVfG, 5. Auflage 1998, § 40 Rn. 161 jeweils m.w.Nw.; *Bullinger*, JZ 1984, 1001(1004); *Papier*, DÖV 1986, 621(623 f.); *Herdegen*, JZ 1991, 747; *Wahl*, NVwZ 1991, 409(411); *Redeker*, NVwZ 1992, 305(306); *Ossenbühl*, in: Bender, FS Redeker, 1993, S. 55; *Schultze-Fielitz*, JZ 1993, 772; Sieckmann, *DVBl* 1997, 101; zur Entwicklung *Bachof*, JZ 1984, 1001(1003) und *Erichsen*, DVBl 1985, 22(23).

768 BVerfGE 61, 82(111); 83, 130(148); 84, 34(54); 88, 40; BVerwGE 64, 238(242); 79, 208(213); 82, 295(299 ff.); DÖV 1979, 717; 80, 113(120); 72, 282(286); 82, 270(275 f.); 94, 307(309); NVwZ 1999, 1232.

769 BVerfGE 88, 40 dazu *Schmidt-Aßmann/Groß*, NVwZ 1993, 617.

770 BVerfGE 83, 130(148); 84, 34(54) dazu *Hofmann*, NVwZ 1995, 740; BVerfGE 88, 40 (59); dazu *Schmidt-Aßmann/Groß* a.a.O.; *Schultze-Fielitz*, JZ 1993, 772; *Reidt*, DÖV 1992, 916; *Sendler*, DVBl 1994, 1989.

771 *Reidt*, DÖV 1992, 916.

772 *Sieckmann*, DVBl 1997, 101(104).

773 BVerfGE 88, 40(56 f.) unter Verweis auf BVerfGE 61, 82(111); 84, 34(50); *Schmidt-Aßmann*, in: Maunz/Dürig, GG-Kommentar, Art. 19 IV Rn. 180; *ders./Groß*, NVwZ 1993, 617(623); *Redeker*, NVwZ 1992, 305(307); *Papier*, in: ders.; FS Ule, 1987, 235(244); *Kopp/Schenke*, VwGO, 12. Auflage 2000, § 114 Rn. 24; kritisch *Ossenbühl*, in: Erichsen, Allgemeines Verwaltungsrecht, 11. Auflage 1998, § 10 Rn. 33.

Entscheidung selbst auszugehen[774]. Die Einräumung einer Befugnis zur Letztentscheidung muß dabei nicht ausdrücklich erfolgen, sondern kann sich aus dem Gesamtzusammenhang ergeben[775].
Diese Auslegung kann sich auf die überkommenen Fallgruppen des Bundesverwaltungsgerichts stützen. Als kasuistische Zusammenstellung von Erkenntnissen über die Sachgesetzlichkeiten[776], die Befugnisse zur Letztentscheidung erfordern, liefern sie der Auslegung wertvolle Hinweise auf entsprechende Ermächtigungen, die indes stets normativ vermittelt bleiben[777].
Im folgenden werden die einschlägigen Fallgruppen daraufhin durchgemustert, ob die darin festgestellten sachlichen Anhaltspunkte für die normative Einräumung einer behördlichen Befugnis zur Letztentscheidung in den Regulierungszielen des TKG Parallelen finden. Solche Gesichtspunkte können Situation, Struktur und Träger der Entscheidung liefern[778].

III. Entscheidungssituation: Prognose in § 2 II TKG

Häufig greift die Rechtsprechung zur Begründung einer behördlichen Letztentscheidungskompetenz – eines Beurteilungsspielraums – auf die besondere Entscheidungssituation bei Prognosen zurück[779]. Eine Prognose trifft eine Aussage über die Zukunft, indem sie Fakten, Gesetzlichkeiten oder Erfahrungswerte auf der Grundlage unsicherer Wahrscheinlichkeitsmaßstäbe in die Zukunft fortschreibt[780].
Die Regulierungsziele Nutzerinteresse sowie wirksamer Wettbewerb in § 2 II Nr. 1 bis 3 TKG fordern der Regulierungsbehörde eine Prognose über Auswirkungen ihrer Festlegungen auf Wettbewerb, Nutzerinteressen und Grundversorgung ab, wenn sie eine Zusammenschaltung anordnet.
Besonders deutlich tut dies das Regulierungsziel Wettbewerb. Wettbewerb stellt kein statisches Gleichgewicht her, sondern ein dynamisches System. Es ist durch eine Folge von Vorstößen eines Wettbewerbers und Verfolgungsphasen der Kon-

[774] *Redeker*, NVwZ 1992, 305(306); ähnlich *Schuppert*, DVBl 1988, 1190(1194).
[775] *Erichsen*, DVBl 1985, 22(26).
[776] Vgl. *Gerhard*, in: Schoch/Schmidt-Aßmann/Pietzner, VwGO-Kommentar, Bd. 2, Stand 2000, § 114 Rn. 58; *Schmidt-Aßmann/Groß*, NVwZ 1993, 617(622); *Maurer*, Verwaltungsrecht, Allgemeiner Teil, 13. Auflage 2000, § 7 Rn. 62 „sachbedingter Ausnahmefall"; das Bundesverfassungsgericht spricht von „Natur der Sache", z.B. BVerfGE 80, 257(266); 85, 36(58).
[777] BVerfGE 61, 82(11) „normativ eröffnete Gestaltungs-, Ermessens- und Beurteilungsspielräume"; ausdrücklich BVerwGE 94, 307(309); *Schmidt-Aßmann*, in Maunz/Dürig, GG, Art. 19 IV Rn. 180 ff. m.w.Nw.
[778] *Schuppert*, DVBl 1988, 1192(1194).
[779] BVerwGE 64, 238(242); 79, 208(213); 82, 295(299 ff.); DÖV 1979, 717; 80, 113(120); 72, 282(286); 82, 270(275 f.); NVwZ 1999, 1232.
[780] *Tettinger*, Rechtsanwendung und gerichtliche Kontrolle im Wirtschaftsverwaltungsrecht, 1980, S. 434.

kurrenten gekennzeichnet[781]. Wettbewerb muß in zeitlicher Perspektive betrachtet werden.
Für den Wettbewerb in Netzen und um Netze sind Zusammenschaltungen von wesentlicher Bedeutung[782], weil sie insbesondere im Ortsnetz heute und noch auf absehbare Zeit ein unverzichtbares Vorprodukt[783] für alle festnetzgebundenen TK-Dienstleistungen liefern, Zugang zu Endkunden öffnen und Konkurrenz erst ermöglichen. Zu welchen Bedingungen die Zusammenschaltung erfolgt, ist daher ein Schlüsselfaktor für Entwicklung, Struktur und Intensität des Wettbewerbs in diesem Bereich[784]. Das Regulierungsziel Wettbewerb verpflichtet die Regulierungsbehörde damit zu einer Prognose über die Konsequenzen ihrer Zusammenschaltungsanordnungen für den Wettbewerbsprozeß. Dem scheint inzwischen die Rechtsprechung zu folgen[785].
Das verdeutlicht insbesondere die Festlegung der Entgelte für Zusammenschaltungen marktbeherrschender Betreiber, §§ 24 ff. TKG[786]. Sie stellen den größten Aufwandsposten neu in den Markt eintretender Unternehmen dar[787]. Der Preis der angeordneten Zusammenschaltungsleistungen setzt den wesentlichen wirtschaftlichen Anreiz für Wettbewerber, eigene Netze zu errichten oder mittels Zusammenschaltung auf das Netz des marktbeherrschenden Betreibers zuzugreifen[788]. Die Regulierungsbehörde bestimmt über den Preis und andere Komponenten der Zusammenschaltungsanordnung Intensität und Struktur des Wettbewerbs.
Diese Prognose allein rechtfertigt noch keine Letztentscheidungskompetenz der Verwaltung. Die methodischen Schwierigkeiten eines verläßlichen Blicks in die Zukunft treffen die prognostizierende Verwaltung wie den kontrollierenden Richter gleichermaßen[789]. Die Unsicherheit der Zukunft genügt nicht, um eine Begrenzung gerichtlicher Kontrolle zu rechtfertigen[790]. Das Erfordernis einer Prognose bildet nur eine notwendige, keine hinreichende Bedingung für eine behördliche Ermächtigung zur Letztentscheidung. Zur Anerkennung eines auf den Prognosegehalt ge-

781 *Schmidt*, Wettbewerbspolitik und Kartellrecht, 6. Auflage 1999, S. 63.
782 TKG-Entwurf, BT-Drucks. 13/3609, S. 35.
783 Vgl. *Müller/Schuster*, MMR 1999, 507(514).
784 Vgl. Erwägungsgrund 10 der ZS-RL, Abl. EG Nr. L 199 v. 24.7.1999, S. 32; *Müller/Schuster* MMR 1999, 507(514).
785 Ausdrücklich VG Köln, Beschl. v. 24.1.2002, Az. 1 L 2574/01, S. 6.
786 Zur Prognoseentscheidung bei der Entgeltregulierung vgl. *Spoerr*, in: Trute/Spoerr/Bosch, TKG, Kommentar 2001, § 24 Rn. 34.
787 *Kommission*, Empfehlung über Zusammenschaltungsentgelte, Abl. EG Nr. L 73 v. 12.3. 1998, S. 42.
788 Vgl. *RegTP*, Öffentliche Anhörung über die regulatorische Behandlung von Verbindungsnetzen und öffentlichen Telekommunikationsnetzen im Hinblick auf die Zusammenschaltungsvorschriften des TKG, Abl. 1999, S. 739(754 ff.).
789 *Tettinger*, DVBL 1982, 421(423).
790 Anders *Badura*, JA 1984, 88(90).

stützten Entscheidungsspielraums bedarf es noch (mindestens) eines anderen legitimierenden Anhaltspunktes in den einschlägigen Rechtsvorschriften[791].

IV. Entscheidungsstruktur: planerisch-politischer Einschlag

Einen legitimierenden Anhaltspunkt für eine Letztentscheidungsbefugnis sieht die Rechtsprechung bei bestimmten Verwaltungsentscheidungen in deren planerisch-politischem Einschlag. Dadurch ermächtigt der Gesetzgeber die Verwaltung, die gesetzliche Leitentscheidungen gestaltend für den Einzelfall zu konkretisieren[792].
Das Bundesverwaltungsgericht hat einen mit Planungselementen gerechtfertigten Entscheidungsspielraum anerkannt bei der Beurteilung, ob eine einzelne Neuzulassung die Funktionsfähigkeit des Taxigewerbes bedroht[793], ob Bedarf für die Zulassung eines privaten Krankentransportdienstes besteht[794], die Erhöhung des Verwaltungsplafonds nach dem Mühlenstrukturgesetz erforderlich ist[795] sowie bei Prognosen über die Entwicklung von Wohnungsmarkt[796] und Verkehr[797].
Für das Mühlenstrukturgesetz hat das Gericht den Beurteilungsspielraum mit den für die Prognose notwendigen versorgungs- und strukturpolitischen Entscheidungen begründet und sie ausdrücklich als Aufgabe der planenden Verwaltung bezeichnet[798]. Die Entscheidungen zur Prognose über die Bedrohung der Funktionsfähigkeit des Taxigewerbes nehmen Bezug auf diese Passage und stützen den Beurteilungsspielraum auf den verkehrs- und wirtschaftspolitischen Einschlag der Entscheidungen über die Taxikonzession[799]. Für einen Beurteilungsspielraum bei der Güterverkehrsgenehmigung führt das Gericht an, das Gesetz verlange neben einer Prognose eine Abwägungsentscheidung und gebe dafür nur allgemein Ziel und Tendenz vor[800].

1. *Begriff des planerisch-politischen Einschlags*

Die Urteile bezeichnen solche Entscheidungen als *Aufgabe der planenden Verwaltung*, ohne diesen Begriff näher zu definieren. In der durchweg zustimmenden Litera-

[791] *Tettinger*, DVBl 1982, 425; *Siekmann*, DVBl 1997, 101(102); *Sachs*, in: Stelkens/Sachs/Bonk, VwVfG, 5. Auflage 1998, § 40 Rn. 200.
[792] *Bullinger*, JZ 1984, 1001(1004).
[793] BVerwGE 64, 238(242); 79, 208(213); 82, 295(299 ff.).
[794] BVerwG NVwZ-RR 2000, 212.
[795] BVerwG DÖV 1979, 716(717).
[796] BVerwGE 80, 113(120).
[797] BVerwGE 72, 282(286); 82, 270(275 f.).
[798] BVerwG DÖV 1979, 716(717).
[799] Ausdrücklich in BVerwGE 64, 238(242); darauf Bezug nehmend BVerwGE 79, 208(213) und 82, 295(299 ff.).
[800] BVerwGE 80, 270(276).

tur[801] finden sich ebenfalls keine näheren Beschreibungen. Das Gericht meint wohl eine Ähnlichkeit von Ziel und Methode der Entscheidung im Vergleich mit imperativen und außenwirksamen Planungsentscheidungen der Raum- oder Fachplanung.
Vom Ziel her bezeichnet Planung im Gegensatz zur bloßen Reaktion auf abgeschlossene Vorgänge zukunftsgerichtete Gestaltung[802], die bloß indikativ oder imperativ wirken kann[803].
Normen, die zu imperativer Planung ermächtigen, weisen eine besondere Struktur auf. Sie sind nicht konditional aufgebaut, sondern formulieren ein Finalprogramm mit einem Angebot von Zielentscheidungen[804]. Sie weisen so den Maßnahmen der Verwaltung lediglich die anzustrebende Entwicklungsrichtung zur Erreichung künftiger Ziele[805].
Methodischer Kern der imperativen Planungsentscheidung mit Außenwirkung bildet die Abwägung. Nach Ansicht des Bundesverwaltungsgerichts ergibt sich, auch unabhängig von positivrechtlicher Normierung, aus dem Wesen rechtsstaatlicher Planung für alle Bereiche der Raum- und Fachplanung das Gebot, die von der Planung berührten öffentlichen und privaten Belange gegeneinander und untereinander gerecht abzuwägen[806].
Die möglichen Rechtsformen für das Ergebnis dieser Abwägung, den rechtsverbindlichen Plan, sind mannigfaltig. Gemeinsam ist ihnen eine rechtliche Feststellungs- bzw. Gestaltungswirkung, die regelmäßig eine Vielzahl von Rechten oder Kompetenzen betrifft[807].
Diese Rechtsfolgen rechtsverbindlicher Pläne liefern die wichtigste Abgrenzung zwischen echten Planungsnormen und der Fallgruppe der Einzelentscheidung mit planerischem Einschlag. Bei letzteren bleibt der Plan als Ergebnis von Planung zunächst nur interner Handlungsmaßstab der Behörde. In dieser Funktion läßt er sich als Konzept bezeichnen[808]. Rechtsfolgen für Bürger entstehen nur indirekt auf dem Umweg über die Einzelentscheidung mit planerischem Einschlag. Ihre Summe verwirklicht die zugrundeliegende planerisch-gestaltende Entscheidung, führt aber nicht zu einem rechtsverbindlichen Plan mit Außenwirkung. Insbesondere regelt

[801] *Schmidt-Aßmann*, in: Maunz/Dürig, GG-Kommentar, Art. 19 IV Rn. 198 f.; *Sachs*, in: Stelkens/Sachs/Bonk, 5. Auflage 1998, § 40 Rn. 204; *Redeker/von Oertzen*, VwGO, 12. Auflage 1997, § 114 Rn. 23; *Obermayer*, VwVfG, 3. Auflage 1999, § 40 Rn. 75; *Tettinger*, DVBl 1982, 421(426), *Braun*, VerwArch 1985, 158(182).

[802] *Oldiges*, in: Steiner (Hrsg.), Besonderes Verwaltungsrecht, 6. Auflage 1999, S. 505; *Hoppe*, in: Isensee/Kirchhof (Hrsg.), HStR III, 1988, S. 654.

[803] *Hoppe* a.a.O., S. 661.

[804] Vgl. § 1 V BauGB, §§ 1 II, 3 Nr. 2 ROG, § 36 I SächsStrG.

[805] *Hoppe*, in: Isensee/Kirchhof (Hrsg.), HStR III, 1988, S. 662.

[806] BVerwGE 34, 301(304); 48, 56(63).

[807] Vgl. § 74 I, II VwVfG für den Planfestellungsbeschluß, § 30 I BauGB für den qualifizierten Bebauungsplan.

[808] Vgl. *Schmidt-Aßmann*, Das allgemeine Verwaltungsrecht als Ordnungsidee, 1998, S. 279.

die Einzelentscheidung nur die Rechtsposition des Adressaten. Sie hat keine umfassende, planähnliche Gestaltungs- oder Feststellungswirkung für sonstige Belange.
Eine Gemeinsamkeit begründet die zugrundeliegende Normstruktur. Zwar beruhen die Entscheidungen mit planerischem Einschlag im Gegensatz zu echten Planungsnormen auf Tatbeständen mit konditionaler Struktur. Ihre unbestimmten Gesetzesbegriffe enthalten jedoch – zumeist konkludent dem Gesetzeszweck zu entnehmende – gestalterische und damit planerische Elemente im weiteren Sinne. Die Brücke unbestimmter Rechtsbegriffe verbindet die konditionale Struktur mit dieser finalen, zukunftsgerichteten Programmierung. Nicht die Rechtsgrundlage, sondern erst die Exekutiventscheidung verdichtet sie zur Anwendungsreife und ordnet sie steuernd dem Marktgeschehen zu[809].
Deutlich wird das durch die Verknüpfung der Entscheidung des Einzelfalls mit der Prognose. Sie bezieht sich auf über den Betroffenen hinausgehende Entwicklungen[810], in deren Zusammenhang das Gesetz diese Einzelfallentscheidungen stellt. Es räumt der Verwaltung damit das Recht und die Pflicht ein, mittels der Einzelentscheidung Einfluß auf diese Entwicklung zu nehmen. Die einzelfallübergreifende Prognose liefert die Grundlage dieser zukunftsgerichteten Entscheidung. Sie ist kein Versuch wertneutraler Zukunftsbeschreibung, sondern Zieldefinition. Die planende Verwaltung versucht mit den gesetzlichen Steuerungsinstrumenten die eigene Prophezeiung zu erfüllen oder zu widerlegen.
Die wichtigste Ähnlichkeit begründet schließlich die Methode, mit der dieser gestalterische Auftrag zu erfüllen ist: Die wertende Abwägung zwischen verschiedenen Zielvorgaben. Die Rechtsprechung begründet daher die Gestaltungsfreiheit bei Einzelentscheidungen mit planerischem Einschlag gerade mit der erforderlichen Abwägung zwischen widerstreitenden Interessen, die nur nach Zielsetzung und Tendenz vorgegeben werden kann[811].
Deutlich macht das etwa die Norm des § 13 IV PBefG. Sie sieht eine Versagung der Taxikonzession vor, wenn diese die Funktionsfähigkeit des örtlichen Taxiverkehrs und damit öffentliche Verkehrsinteressen bedrohen würde. Anschließend liefert die Vorschrift eine Liste von entscheidungsrelevanten Kriterien für die Abwägung wie Nachfrage, Taxendichte und Ertragsentwicklung. Das Bundesverwaltungsgericht ordnet die Abwägung dieser Kriterien als Aufgabe der planenden Verwaltung mit politischem Einschlag ein und spricht von einem durchzuführenden Programm[812]. Die Abwägung bildet so den Kern eines planungsähnlichen Gestaltungsakts[813] und begründet eine Planungs- und Gestaltungsvollmacht[814], obwohl

809 *Tettinger*, DVBl 1982, 423(426).
810 Vgl. *Redeker/von Oertzen*, VwGO, 12. Auflage 1997, § 114 Rn. 22.
811 BVerwG 82, 270(285 f.).
812 BVerwG DVBl 1979, 716(717).
813 Vgl. *Bullinger*, JZ 1984, 1001(1008).
814 *Badura*, JA 1984, 88(90).

konditionale Normstruktur und fehlende unmittelbare Außenwirkung einen gewichtigen Unterschied zu rechtförmigen Planungsnormen begründen.
Normen mit planerisch-politischem Einschlag sind Lenkungsnormen[815]: Mit ihren unbestimmten Rechtsbegriffen erteilt der Gesetzgeber der Verwaltung einen Gestaltungsauftrag. Daraus folgt ein tragfähiges Argument für deren Befugnis zur Letztentscheidung[816]. Für Fach- und Raumplanung als zukunftsgerichtete Gestaltung ist anerkannt, daß sie nicht vollständiger gerichtlicher Ergebniskontrolle unterworfen werden kann, ohne ihren Zweck zu verfehlen. Planung ohne Gestaltungsfreiheit ist ein Widerspruch in sich[817], sie verliert ihre vom Gesetzgeber intendierte Wirksamkeit als Mittel zukunftsgerichteter, flexibler Steuerung[818]. Dieses Argument läßt sich heranziehen, um die planungsähnliche Abwägungsentscheidung der obengenannten Fallgruppe von vollständiger gerichtlicher Kontrolle auszunehmen und für sie eine behördliche Befugnis zur Letztentscheidung über die Erfüllung des gesetzgeberischen Gestaltungsauftrags anzunehmen.

2. *Regulierungsziel Wettbewerb*

Die Zusammenschaltungsanordnung fügt sich in diese Reihe der Entscheidungen mit planerischen Elementen ein, weil das TKG mit den Regulierungszielen ebenfalls ein durchzuführendes Programm vorgibt. Schon die Aufzählung der entscheidungsrelevanten Regulierungsziele in § 2 II TKG weist deutliche strukturelle Ähnlichkeit mit den Finalprogrammen von Normen auf, die zu imperativer Planung ermächtigen[819].
Der Begriff der Planung durch die Behörde erscheint zunächst als Fremdkörper in einem liberalisierten Markt[820], den vorrangig die Kräfte des Wettbewerbs gestalten sollen. Die extrem ungleichen Ausgangsbedingungen der Marktteilnehmer und der Engpaß des Ortsnetzes verhindern aber derzeit ein freies Spiel der Marktkräfte. Beides erzwingt vielmehr staatliche Steuerungseingriffe zur Herstellung von Wettbewerb. Mittelfristig soll sich diese planende Gestaltung der Wettbewerbsbedingungen durch ihren Erfolg selber überflüssig machen.

[815] Vgl. dazu *Nolte*, Beurteilungsspielräume im Kartellrecht der Europäischen Gemeinschaft und der Bundesrepublik Deutschland, 1997, S. 200 ff.

[816] Allg. *Schmidt-Aßmann*, in: Maunz/Dürig, GG-Kommentar, Art. 19 IV Rn. 198 f.; *Sachs* in: Stelkens/Sachs/Bonk, VwVfG, 5. Auflage 1998, § 40 Rn. 204; *Redeker/von Oertzen*, VwGO, 12. Auflage 1997, § 114 Rn. 23; *Obermayer*, VwVfG, 3. Auflage 1999, § 40 Rn. 75; *Tettinger*, DVBl 1982, 421(426), kritisch *Braun*, VerwArch 1985, 158(182).

[817] BVerwGE 301(304).

[818] *Franssen*, in: Festschrift für Zendler, 1987, 430(438).

[819] Vgl. § 1 V BauGB, §§ 1 II, 3 Nr. 2 ROG.

[820] *RegTP* MMR 2000, 316: „Ein regulierter Markt paßt nicht zu dem bestehenden System der freien Marktwirtschaft".

Deutlich macht diese Planungsaufgabe das Regulierungsziel Sicherstellung eines funktionsfähigen Wettbewerbs auf den Märkten der Telekommunikation in § 2 II Nr. 2 TKG. Mit diesem Begriff knüpft der Gesetzgeber an ein bestimmtes wettbewerbstheoretisches Leitbild an[821], das Konzept der „workable competition“[822]. Es versteht Wettbewerb nicht als einen definitorisch vorgegebenen Idealzustand, sondern von dessen Aufgaben her als ein organisiertes und organisatorisch gestaltbares Funktionssystem. Es erfüllt Freiheits-, Verteilungs-, Entdeckungs- und damit verbunden Fortschrittsfunktionen nur optimal, wenn funktionsfähiger Wettbewerb vorliegt[823]. Staatliche Wettbewerbsaufsicht und -politik formt dieses System entscheidend mit[824].

Bei der Zusammenschaltungsregulierung, die Wettbewerb nicht bloß schützt, sondern erst herstellen muß, kommt diesem gestaltenden Einfluß besondere Bedeutung zu. Die Befugnis zum Erlaß der Zusammenschaltungsanordnungen versetzt die Regulierungsbehörde in die Rolle des Veranstalters eines Zwangsmarktes[825] für Zusammenschaltungen. Ihre Regulierung der Zusammenschaltung erzeugt Wettbewerb überhaupt erst, erhält ihn aufrecht und kann ihn in einem bestimmte Richtung lenken. Im Kräftespiel der Wettbewerber ist der Regulierer mehr als bloß Schiedsrichter. Innerhalb des weiten gesetzlichen Rahmens schreibt er die Spielregeln und tariert die Kräfte der Mitspieler aus. Die Regulierungsbehörde spielt im Wettbewerb des Telekommunikationssektors damit auch eine politische Rolle[826].

Wie die Regulierungsbehörde ihren Auftrag erfüllen, funktionsfähigen Wettbewerb herzustellen, ist wegen der Vielfalt möglicher Entwicklungen alles andere als eindeutig. Das Ziel läßt unterschiedliche Strategien des Regulierers bei der der Gestaltung des „als-ob-Wettbewerbs“[827] zu. Die Behörde mag, vorsichtig abwartend, im Zweifel die Erhaltung und die Qualität der bestehenden Leistungen und Funktionen akzentuieren und neue Entwicklungen erst aufgreifen, wenn sich deutliche Entwicklungsalternativen herauskristallisiert haben. Andrerseits kann sie aggressiv die Marktchancen neuer Bewerber und Leistungen unterstützen. Dazwischen liegen viele Abstufungen und Variationen[828]. Der Begriff des funktionsfähigen Wettbe-

[821] *Koenig/Kühling*, WuW 2000, 596(598).

[822] *Schmidt*, Wettbewerbspolitik und Kartellrecht, 6. Auflage 1999, S. 10 f.

[823] *Immenga*, WuW 1999, 949(956); *RegTP*, Tätigkeitsbericht 1998/1999, S. 130; Schmidt a.a.O.; vgl. *Bunte*, in: Lange/Bunte, Kartellrecht, 9. Auflage 2001, Einführung Rn. 66.

[824] *Koenig/Kühling*, WuW 2000, 596(598).

[825] *Lege*, Das Öffentliche, das Private und das Soziale, in: Festschrift für Hollerbach, 2001, 385(396).

[826] Ähnlich *Leo/Schellenberg*, ZUM 1997, 188: „Politischer Gestaltungsspielraum“.

[827] Vgl. im Zusammenhang mit der Entgeltregulierung *Schuster/Müller*, MMR 1991, 128(131).

[828] *Ladeur*, K&R 1998, 479(485).

werbs in § 2 II Nr. 2 TKG räumt der Regulierungsbehörde einen weiten Gestaltungsfreiraum ein[829].
Davon geht offenbar auch die Regulierungsbehörde aus. Sie bezeichnet es als ihre Aufgabe, den Prozeß des Wettbewerbs anzustoßen, indem sie ein zukünftiges Entgeltniveau antizipiert, das in einem Markt mit funktionierendem Wettbewerb bestünde[830]. Mit Hinweis auf die anzustellenden Prognosen beansprucht die Behörde einen *Beurteilungsspielraum*[831]. Zu Recht: Der Preis bildet als wichtigstes Wettbewerbsparameter[832] die zentrale Steuerungsgröße des Marktes. Und die Vorschriften über die Preisregulierung lassen der Regulierungsbehörde erhebliche Entscheidungsfreiheit hinsichtlich der Methodenwahl und davon abhängig der Höhe der Preisfestsetzung[833].
Auch den planerischen Einschlag ihrer Entscheidung hat die Regulierungsbehörde in diesem Zusammenhang ausdrücklich anerkannt und angestrebt. Ihre Zusammenschaltungsanordnung führt ein neues System für Zusammenschaltungsentgelte ein, die sich zukünftig nicht mehr an der Entfernung, sondern der Anzahl benutzter Vermittlungsstellen orientieren. Der Regulierer senkt die Preise der Zusammenschaltung auf der Basis eines analytischen Kostenmodells. Es legt eine auf der Grundlage des existierenden Netzes optimierte Netzstruktur zugrunde[834]. Das zwingt das marktbeherrschende Unternehmen, sein Netz umzubauen, um eine effizientere Netzstruktur mit weniger Vermittlungsebenen zu schaffen. Nur so entsprechen die an einem optimierten Netz ausgerichteten regulierten Entgelte seinen realen Kosten. Die Entscheidung stellt ausrücklich ein *planungsfehlerhaftes* Verhalten der Deutschen Telekom AG fest[835]. Im Ergebnis ersetzt der Regulierer deren Planung durch eigene planerische Gestaltung. Seine regulierende Preissenkung erzwingt einen Netzumbau[836].
Selbstverständlich bleibt die Planung ihrer Netze und Dienste vorrangig Aufgabe der privaten Netzbetreiber. Nicht behördliche Planung, sondern der Wettbewerb soll dabei ihre Aktivitäten steuern. Doch solange extreme Marktungleichgewichte die Steuerungskraft von Wettbewerb schwächen, weist das TKG der Regulierungsbehörde die Aufgabe zu, die Wirkung von Wettbewerb teilweise zu simulieren. Orientiert an den Regulierungszielen können die Vorgaben der Regulierungsbehörde

829 Ähnlich *Koenig/Kühling*, WuW 2000, 596(599) für die Auslegung des Begriffs durch die Monopolkommission.
830 *RegTP* BK 4a-00-018/Z 30.06.00, S. 27.
831 *RegTP* a.a.O.
832 *Bunte*, in: Lange/Bunte, Kartellrecht, 9. Auflage 2001, Einführung Rn. 69.
833 S.o. in Kapitel 14 S. 163 ff.
834 Ausführlich unten in Kapitel 17 S. 217 ff.
835 *RegTP* BK 4a-00-018/Z 30.06.00, S. 34.
836 So der Einwand der Deutschen Telekom AG im Verfahren *RegTP* BK 4a-00-018/Z 30.06.00, S. 20; die Zulässigkeit dieses Vorgehens hält OVG Münster, Beschl. v. 3.5.2001, 13 B 69/01, MMR 2001, 548 immerhin für möglich.

den Aufbau von Netzen in eine bestimmte Richtung lenken. Das bedeutet keine Planwirtschaft, sondern eine Ersetzung fehlender oder unzureichender Marktsteuerung durch die Setzung wettbewerbssimulierender Rahmenbedingungen.
Wegen der Netzgebundenheit von Telekommunikation muß der Regulierer seine Gestaltungsaufgabe vorausschauend und längerfristig wahrnehmen. Der Aufbau neuer Netze erfordert hohe, unwiderrufliche Investitionen. Die Abwicklung von Telefonverkehr über Netze bedarf ebenfalls langfristiger Konzeption und Gestaltung der Netzarchitektur und -technik. Ohne minimale Planungssicherheit für ihr Handeln kommen die Marktteilnehmer nicht aus[837], eine völlig kasuistische und unvorhersehbare Regulierungspraxis schadet dem Wettbewerb. Setzt der Regulierer etwa durch bestimmte Preis-Parameter stärkere Anreize für Netzwettbewerb, also den Aufbau eigener Netze durch die Wettbewerber der Deutschen Telekom AG, müssen diese Anreize von einer gewissen Dauer und ihre Veränderungen soweit wie möglich absehbar sein.
Dadurch steht die Aufgabe einer gewissen Stabilität der Gestaltung in starker Spannung zur Unvorhersehbarkeit von technischen und wirtschaftlichen Entwicklungen, die auf die Märkte der Telekommunikation zurückwirken: Der Regulierer muß die Zukunft teilweise gestalten, ohne sie zu kennen. Er muß die für funktionsfähigen Wettbewerb notwendigen Marktbedingungen festschreiben, darf aber möglichst keine zu starren Festlegungen treffen, um Innovation nicht zu blockieren. Diese Unsicherheit der Entscheidung[838] läßt sich am besten durch ein konzeptgebundenes, diskursorientiertes Verfahren bewältigen[839], das möglichst viele Marktteilnehmer einbindet.

3. *Regulierungsziel Schutz von Nutzerinteressen*

Das TKG verstärkt den planend-politischen Charakter der Zusammenschaltungsentscheidung durch das Regulierungsziel der Wahrung von Nutzerinteressen auf dem Gebiet der Telekommunikation, § 2 II Nr. 1 TKG, und der Sicherstellung einer flächendeckenden Grundversorgung, § 2 II Nr. 3 TKG. Die ZS-RL verweist ebenfalls nachdrücklich – über die Interessen der unmittelbar Beteiligten Vertragspartner hinaus – auf funktionsfähigen Wettbewerb und Nutzerinteressen als Maßstäbe für eine Zusammenschaltungsanordnung [840].
Diese Ziele können sich widersprechen. Richtlinie und TKG gehen zwar grundsätzlich davon aus, daß effektiver Wettbewerb gleichzeitig den Interessen der End-

[837] *Beck/Völcker*, CR 1998, 473(483); *RegTP*, MMR 1999, 430(433) m. Anm. *Piepenbrock*, MMR 1999, 435(438).
[838] Dazu etwa *Trute*, in: Trute/Spoerr/Bosch, TKG-Kommentar, 2001, § 1 Rn. 13.
[839] Dazu unten Kapitel 16 S. 195 ff.
[840] Vgl. *RegTP*, BK 4 Az. Bk 4d-99-009/Z 01.03.99, MMR 1999, 428(429): „Die Beschlußkammer hat die Auswirkungen auf die rechtliche und tatsächliche Lage auf dem Markt für TK-Dienstleistungen zu berücksichtigen“.

nutzern am besten dient. Ihre Interessen können aber durchaus quer zu den Zielen kooperierender Zusammenschaltungspartner liegen. Ein Beispiel liefert das Gebot der möglichst weitreichenden Interoperabilität[841], also der Fähigkeit system- und netzübergreifender Kommunikation aufgrund gleicher Standards. Endnutzer benötigen sie, um ungehindert alle auf dem TK-Markt angebotenen Dienstleistungen sogar in solchen Netzen in Anspruch nehmen zu können, die mit dem Netz des gewählten Anbieters konkurrieren.
Dieser durch Interoperabilität und Zusammenschaltungspflicht gewährleistete unbegrenzte Zugriff auf die Funktionen aller Netze liegt dagegen nicht immer im Interesse von Zusammenschaltungspartnern. Interoperabilität zwingt konkurrierende Anbieter zur Kooperation und ermöglicht Nutzern, zwischen Angeboten von Konkurrenten zu wählen oder sie zu kombinieren. Für Anbieter bedeutet unbegrenzte Interoperabilität gleichzeitig unbegrenzte Konkurrenz. Für sie kommt deshalb die Einigung auf einen gemeinsamen, andere Anbieter ausschließenden Standard in Frage, also ein Vertrag zu Lasten Dritter[842]. Die Regulierungsbehörde muß dieser Gefahr strategischen Wettbewerbsverhaltens durch die Überwachung und notfalls Festlegung wettbewerbsfreundlicher Standards bei Zusammenschaltungsvereinbarungen begegnen. Damit gewährleistet sie, daß Zusammenschaltungsvereinbarungen nicht zu Lasten von Interessen solcher Wettbewerber und Nutzer geschlossen werden, die nicht an den Verhandlungen beteiligt sind.
Diese vom Gesetz verlangte Berücksichtigung von Nutzerinteressen wirft ein weiteres Problem auf. Nutzer stellen keine homogene Gruppe dar. Netzbetreiber werden sich bei der Definition der technischen Merkmale ihrer Netze eher an nachfragestarken Großkunden orientieren, da zwanzig Prozent der angeschlossenen Teilnehmer (Geschäftskunden) achzig Prozent der Einnahmen erzeugen[843]. Auf Interessen von Geschäftskunden ausgerichtete Netze und Zusammenschaltungsarrangements können für andere Nutzer nur suboptimale, etwa zu aufwendige und teure Angebote darstellen. Sie müssen deren Ausrichtung trotzdem hinnehmen und eventuell auch mitfinanzieren, weil ihnen die Marktmacht zur Erzwingung ihnen angemessener Lösungen fehlt[844]. Hier kann nur die Regulierungsbehörde durch Festsetzung bestimmter Inhalte der Zusammenschaltungsvereinbarungen gegensteuern.

4. *Ergebnis: Marktgestaltung durch Zusammenschaltungsanordnung*

Das Gesetz stellt die einzelne Zusammenschaltungsentscheidung in die größere Perspektive der Marktentwicklung aus Wettbewerber- und Nutzersicht. Die Regu-

[841] §§ 37 III S. 2, 35 II S. 2 TKG i.V.m. Art. 3 Abs. 2 ONP-Rahmen-RL.
[842] *Mansell*, The new telecommunications, 1993, S. 193.
[843] *Siegmund*, Technik der Netze, 4. Auflage 1999, S. 259.
[844] Vgl. *Mansell*, The new telecommunications, 1993, S. 199.

lierungsziele des § 2 II TKG liefern insofern durchaus heterogene Maßstäbe[845]. Die Beurteilung, wie die Regulierungsziele sichergestellt werden können, hängt in hohem Maß von Wertungen und Gewichtungen ab[846]. Bei der Zusammenschaltungsanordnung überträgt das TKG der Regulierungsbehörde wie bei einer Planungsentscheidung die Gewichtung und Abwägung[847] ihrer Belange anhand der konkreten Situation. Ansatzweise teilt inzwischen auch die Rechtsprechung diese Sicht[848].

Die Regulierungsbehörde bewegt sich bei der Anordnung der Zusammenschaltung in einem komplexen Geflecht widerstreitender, zum Teil höchst gemeinwohlrelevanter Interessen, die sie ausgleichen muß. Das verleiht ihrer Entscheidung politisches Gepräge. Beleg dafür liefert die direkte Anbindung der Regulierungsbehörde an die Kontrolle durch einen Beirat aus Abgeordneten von Bundestag und Bundesrat nach §§ 67 und 69 TKG. Er kann nach § 69 Nr. 3 TKG Maßnahmen zur Umsetzung der Regulierungsziele und zur Sicherstellung des Universaldienstes beantragen und wirkt nach § 69 Nr. 1 TKG bei der Ernennung des Präsidenten und Vizepräsidenten der Behörde mit. Diese Intensivierung direkter parlamentarischen Steuerung ermöglicht eine Rücknahme gerichtlicher Kontrolle der Regulierungsbehörde, fordert sie sogar. Jedenfalls eine vom Beirat nach § 69 Nr. 3 TKG verlangte und von der Regulierungsbehörde durchgesetzte Regulierungsentscheidung darf wegen ihres politischen Charakters keiner gerichtlichen Vollkontrolle unterliegen

Dieser Schlußfolgerung kann bezüglich der Regulierungsziele vorsichtig verallgemeinert werden: Bei bestimmten, generell bedeutsamen Regulierungsentscheidungen haben die Regulierungsziele politischen Charakter im Sinne einer zukunftsgewandten Gemeinwohlentscheidung. Insoweit muß die gerichtliche Kontrolldichte beschränkt werden.

Beides, der planerisch-gestaltende Charakter[849] und die politische, durch Anbindung an den Parlementsausschuß belegte Rolle der Behörde sprechen dafür, daß das TKG der Regulierungsbehörde bei Erlaß der einzelnen Anordnung eine Letztentscheidungsbefugnis über den Inhalt der Zusammenschaltungsanordnung einräumt.

Durch diese Steuerungsaufgabe und -möglichkeit ähnelt die Zusammenschaltungsentscheidung den angeführten Entscheidungen im Wirtschaftsverwaltungsrecht mit planerisch-politischem Einschlag, für die von der Rechtsprechung Letztentscheidungsermächtigungen der Exekutive angenommen werden.

Die Zusammenschaltungsregulierung stellt gleichwohl einen neuen Typ behördlicher Wirtschaftssteuerung dar. Die Regulierungsbehörde besitzt erheblich mehr Einflußmöglichkeiten, als andere Gesetze mit wirtschaftslenkendem Inhalt sie vor-

845 *Koenig*, K&R 2001, 41(49) für die Versteigerung von TK-Lizenzen nach § 11 TKG.
846 *Koenig* a.a.O.
847 Vgl. *Spoerr*, MMR 2000, 675(677).
848 VG Köln, Beschl. v. 24.1.2002, Az. 1 L 2574/01, S.4.
849 Für die Entgeltregulierung *Ladeur*, K&R 1998, 479(482).

sehen. Sie bestimmt alle wesentlichen Paramenter des Zusammenschaltungsmarkts: Preis, technische Zusammenschaltungsbedingungen. Auch die Lizenzvergabe gehört in diese Reihe[850].
Außerdem richtet sich ihre Steuerung nicht auf Begrenzung des Marktes. Klassische Formen der Entscheidungen mit planerischem Einschlag begrenzen aus Gemeinwohlerwägungen die Anzahl der Marktteilnehmer oder die Produktion. Die Regulierung der Zusammenschaltung soll Wettbewerb und Marktwachstum ermöglichen. Ihre Planung richtet sich weniger auf die Ergebnisse des Wettbewerbsprozesses, sondern auf sein Funktionieren. Sie soll trotz tatsächlicher Machtungleichgewichte gleiche Wettbewerbsbedingungen schaffen und dabei einer Vielzahl unterschiedlicher Interessen und wichtigen Gemeinwohlinteressen Rechnung zu tragen. Ihre Marktordnungsentscheidung dient gleichzeitig der Sicherstellung von Gruppeninteressen[851].
Diese komplexe[852] Steuerungsaufgabe geht über die begrenzten Ziele der aufgezählten Entscheidungen mit planerischem Einschlag hinaus, für die ein Gestaltungsspielraum anerkannt ist. Zum Teil läßt sich die Regulierung kaum noch als einfacher Gesetzesvollzug verstehen, sondern als Ausdruck einer Abstimmung unterschiedlicher Interessen im Rahmen der Regulierungsziele[853]. Daraus resultiert eine hohe Komplexität der Entscheidung. Die Dynamik des Regelungsfeldes sorgt für zusätzliche Unsicherheit der Entscheidungsbedingungen. Daher muß die Regulierungsbehörde erst recht über einen Entscheidungsfreiraum bei der Gestaltung der Rahmenbedingungen des TK-Marktes verfügen. Beim Versuch, diese Entscheidung im Einzelnen nachzuvollziehen und einer vollständigen Kontrolle zu unterwerfen, stieße die Rechtsprechung an ihre Funktionsgrenzen[854].
Andrerseits müssen der weitreichende Entscheidungsspielraum und die damit verbundene Unsicherheit eingehegt und kontrolliert werden. Das geschieht am besten durch ein Verfahren, das die Darstellung und Berücksichtigung aller betroffenen Interessen sicherstellt, sowie durch eine konzeptuelle Selbstbindung der Regulierungsbehörde[855].

V. Entscheidungsträger

Ein weiteres Argument für eine Letztentscheidungsbefugnis der Regulierungsbehörde liefert die Entscheidungsstruktur bei der Zusammenschaltungsanordnung.

[850] Für die Lizenzversteigerung *Koenig*, K&R 2001, 41(49).
[851] Vgl. *Schmidt-Aßmann*, Das Allgemeine Verwaltungsrecht als Ordnungsidee, 1998, S. 263.
[852] Oder auch „*komplexe Verwaltungsentscheidung*", vgl. *Bullinger*, JZ 1984, 1008.
[853] *Trute*, in: Trute/Spoerr/Bosch, TKG-Kommentar, 2001, § 2 Rn. 19.
[854] Für diese Begründung von Beurteilungsspielräumen allgemein BVerfGE 84, 35(50) unter Berufung auf *Schmidt-Aßmann* in: Maunz/Dürig, GG-Berufung, Art. 19 IV Rn. 184.
[855] Ausführlich unten in Kapitel 16 S. 204 ff.

Allgemein kann die spezifische Entscheidungsstruktur einen Beurteilungsspielraum rechtfertigen, wenn zur Prognose in einem speziellen Verfahren getroffene, wertende Entscheidungen von sachverständigen und unabhängigen Kollegialorganen treten[856]. Dann liegt es nahe, daß das Gesetz Freiraum für die Entfaltung besonderen Sachverstands der Verwaltung schaffen will[857].
Das soll etwa für die Beurteilung der Eignung eines Bewerbers zum Börsenhandel gelten[858]. Die erforderlichen Prognose über seine Bewährung im Börsenhandel übertrage das Gesetz dem Börsenvorstand als sachverständig und repräsentativ zusammengesetztem, unabhängigem Kollegialorgan. Dessen Entscheidung sei im Blick auf seine Zusammensetzung und Fachkompetenz letztverbindlich[859].
Eine andere Ermächtigung zur Letztentscheidung hat das Bundesverwaltungsgericht bei der Beurteilung der Eignung eines Architekten durch einen unabhängigen, fachkundigen Ausschuß aus vier Berufskollegen und einem Volljuristen angenommen[860].
Weiter findet sich diese Kombination von Prognose und einem besonders strukturierten Gremium in der Entscheidung über den landeskulturellen Wert einer zur Eintragung angemeldeten Sorte[861]. Dabei soll entscheidend für einen Beurteilungsspielraum sprechen, daß die prognostische Einschätzung über den zu erwartenden züchterischen Fortschritt von fachkundigen Sortenausschüssen in einem justizähnlichen Verfahren getroffen werde[862].
Die Beschlußkammern der Regulierungsbehörde erfüllen wesentliche Kriterien, mit denen die Rechtsprechung Letztentscheidungen von Kollegialgremien im Bereich der Exekutive rechtfertigt. Die Entscheidungen führen repräsentative Zusammensetzung, Sachkunde, Unabhängigkeit und ein justizähnliches Verfahren an.

1. *Sachkunde*

Das erste Kriterium, repräsentative Zusammensetzung, spielt für die Beschlußkammern der Regulierungsbehörde keine Rolle. Das Kriterium Sachkunde erfüllen sie indes, wenn auch auf andere Weise, als gesetzliche Vorbilder für mit Letztentscheidungskompetenz ausgestattete Gremien.
§ 73 IV TKG verlangt von den Mitgliedern die Befähigung für den höheren Verwaltungsdienst und überläßt ihre Bestimmung im übrigen dem Bundesministerium

[856] *Sachs* in: Stelkens/Sachs/Bonk, VwVfG, 5. Auflage 1998, § 40 Rn. 209; *Redeker/von Oertzen*, VwGO, 12. Auflage 1997, § 114 Rn. 20; *Obermayer*, VwVfG, 3. Auflage 1999, § 40 Rn. 72; *Tettinger*, DVBl 1982, 421(426).
[857] *Bullinger*, JZ 1984, 1001(1008).
[858] BVerwGE 72, 195 ff.
[859] BVerwGE 72, 200 ff.
[860] BVerwGE 59, 213(218).
[861] BVerwGE 62, 330.
[862] BVerwGE a.a.O., S. 339.

für Wirtschaft. Der Gesetzgebers beabsichtigte, durch das Absehen von der Anforderung besonderer juristischer Qualifikation den Kreis der möglichen Beschlußkammermitglieder für kompetente Kandidaten zu erweitern[863]. Da freilich diese besondere Qualifikation von der Auswahlentscheidung des Bundeswirtschaftsministeriums abhängt, ermöglicht das TKG Sachkunde der Beschlußkammern selber nur, ohne sie zu erzwingen.

Es unterscheidet sich damit von den gesetzlichen Absicherungen für Sachkunde in vergleichbaren Konstellationen. Über die Eignung eines Börsenmaklers ließ das Gesetz zum Zeitpunkt des Bundesverwaltungsgerichtsurteils nur von Berufs wegen Fachkundige urteilen[864]. Für die Entscheidung über Weizensorten verlangte es ausdrücklich besondere Sachkunde oder die Befähigung zum höheren Richteramt[865]. Die Zulassung zum Archiktektenbüro war Architekten und einem Volljuristen übertragen[866].

Andrerseits fordert § 70 TKG eine fortlaufende wissenschaftliche Beratung der Regulierungsbehörde. Nach Absatz 1 der Vorschrift kann die Behörde jederzeit zur Vorbereitung ihrer Entscheidungen eine wissenschaftliche Kommission einsetzen. Nach Absatz 2 erhält die Behörde zudem fortlaufend wissenschaftliche Unterstützung bei der Erfüllung ihrer Aufgaben. Diese Beratung leistet in der Praxis vor allem das Wissenschaftliche Institut für Kommunikationsdienste GmbH (WIK), das etwa das analytische Kostenmodell für die Zusammenschaltung entwickelt hat[867]. Damit erzwingt das TKG die Sachkunde zwar nicht bei der Besetzung der Behörde, sichert sie dagegen institutionell sowohl ad hoc als permanent durch den § 70. Diese Festschreibung externer wissenschaftlicher Beratung dürfte einer Verpflichtung der Beschlußkammermitglieder zur Sachkunde zumindest gleichwertig sein, zumal zusätzlich eine Sachkunde fördernde Besetzungspraxis des Wirtschaftsministeriums unterstellt werden kann.

Die derart abgesicherte Sachkunde der Regulierungsbehörde liefert deshalb ein erstes Argument für eine Letztentscheidungskompetenz[868].

[863] BeckTKG-Komm/*Kerkhoff*, 2. Auflage 2000, § 73 Rn. 25; TKG-Entwurf, BR-Drs. 80/96, S. 51.

[864] Vertreter der zum Börsenbesuch zugelassenen Geschäftsinhaber oder Geschäftsleiter, der Kursmakler, der freien Makler, sowie sonstige zum Besuch der Börse zugelassene Handelsteilnehmer.

[865] BVerwGE 62, 330(339).

[866] BVerwGE 59, 213(218).

[867] Dazu Kapitel 17 S. 217 ff.

[868] Einen stärkeren Akzent auf die Sachkunde legt das OVG Münster, NVwZ 2000, 706 und MMR 1999, 553.

2. *Unabhängigkeit und justizähnliches Verfahren*

Die Unabhängigkeit der Spruchkammern läßt sich von vornherein verneinen, wenn sie im Einzelfall weisungsunterworfen sind. Die Regulierungsbehörde ist nach § 66 I TKG eine Bundesoberbehörde im Geschäftsbereich des Bundesministeriums für Wirtschaft. Nach § 66 V TKG sind die allgemeinen Weisungen des Ministeriums im Bundesanzeiger zu veröffentlichen.

Dieser Wortlaut ist für gegensätzliche Deutung offen. Entweder erlaubt er nur allgemeine Weisungen, die einzelne Entscheidungen der Beschlußkammern nicht unmittelbar betreffen. Genausogut läßt der Wortlaut einen erst-recht-Schluß zu, danach müßte das Gesetz neben den weitreichenderen allgemeinen Weisungen erst recht Einzelweisungen zulassen.

Wie die historische und systematische Betrachtung ergibt, schließt das TKG jedoch Einzelweisungen an die Beschlußkammern aus.

Nach dem Willen des Gesetzgebers sollten die Beschlußkammern ihre Tätigkeit möglichst unabhängig von tagespolitischen Entscheidungen ausüben[869]. Allgemein wollte der Gesetzgeber der Erfüllung dieses Ziels mit dem Ausschluß des Widerspruchsrecht nach § 80 I TKG und mit der Zuschreibung des Status einer selbständigen Bundesoberbehörde näherkommen[870]. Eine solche Selbständigkeit ist aber nur relativ aufzufassen, angesichts der organisatorischen und funktionellen Abhebung vom vorgeordneten Ministerium und von bundeseigenen Mittel- oder Unterbehörden[871]. Sie steht stets im Spannungsfeld zum Demokratieprinzip, das eine ministerialfreie Verwaltung grundsätzlich verbietet.

Den Nachweis für eine weitreichende, wenn auch nicht vollständige sachliche Unabhängigkeit, die eine Einzelweisung ausschließt, hat *Oertel*[872] geführt. Seine erste Argumentationskette knüpft an der Struktur der Beschlußkammern an. Der Gesetzgeber hat die Beschlußkammern als gesetzliches Modell in § 73 TKG festgelegt und sie zum Organ bestimmt. Damit hat er mit Bedacht den institutionellen Gesetzesvorbehalt ausgefüllt, der einschlägig ist, wenn ein Organ weisungsfrei gestellt werden soll[873]. Das Gesetz bezeichnet die Beschlußkammerleitung zudem als „Vorsitzenden" und räumt ihm so eine gewisse eigene Organisationsgewalt ein, die typisch für weisungsunabhängige Organe ist.

Die Kammern sind als Kollegialorgane ausgestaltet, § 73 II TKG, besetzt mit einem Vorsitzenden und zwei Beisitzern. Das ermöglicht eine wechselseitige Balance gleichberechtigter Entscheidungsträger durch gremieninternen Diskurs. Weisungs-

[869] TKG-Entwurf, BT-Drucks. 13/3609, S. 51; Ausschußbericht, BT-Drucks. 13/4864 (neu), S. 72.

[870] Ausschußbericht a.a.O.

[871] *Lerche*, in: Maunz/Dürig, GG-Kommentar, Art. 87 Rn. 184 m. w. Nw.

[872] Dazu und dem folgenden überzeugend *Oertel*, Die Unabhängigkeit der Regulierungsbehörde, 2000, S. 398 ff.

[873] *Oertel*, Die Unabhängigkeit der Regulierungsbehörde, 2000, 403.

freiheit kann als gewollte Regelfolge kollegialer Struktur angesehen werden[874]. Ihr Funktionsprinzip steht in scharfem Gegensatz zum dezisionistischen Prinzip hierarchischer Entscheidung, das Einzelweisungen durchsetzen würden.
Für die Mitglieder der Beschlußkammer verzichtet das TKG auf das im GWB[875] zu findende Erfordernis der Eignung zum Richterdienst. Die im Gesetzentwurf noch enthaltene Vorschrift, Kammermitglieder müßten Beamte auf Lebenszeit sein, ist entfallen[876]. Diese Öffnung für andere Mitglieder als Lebenszeitbeamte schafft Distanz zwischen den Beschlußkammern und der das hierarchische Prinzip stützenden, laufbahnorientierten Beamtenschaft[877].
Für die Weisungsfreiheit spricht weiter, daß die Beschlußkammern in einem justizähnlichen[878], transparenten Verfahren entscheiden. Es wird von Amts wegen oder auf Antrag der Beteiligten eingeleitet, § 74 I TKG, und verbindet so das verwaltungsverfahrensrechtliche Amtsprinzip mit der gerichtsprozessualen Parteidisposition[879]. Die Beschlußkammern verhandeln öffentlich, § 75 III S. 1 TKG. Sie haben den Beteiligten Gelegenheit zur Stellungnahme zu geben, § 74 II TKG. Das Gesetz räumt den Kammern Ermittlungs- und Beschlagnahmebefugnisse ein[880], die es der übrigen Behörde vorenthält. Selbst das förmliche Verwaltungsverfahren kennt keine vergleichbar weitreichenden Befugnisse.
Die Mitglieder der Beschlußkammer haben gleiches Stimmrecht, die kollegiale Verfassung sorgt für eine interne Balance und wirkt einer Neigung zugunsten des regulierten Unternehmens entgegen[881]. Diesem auf Förmlichkeit und Durchsichtigkeit angelegten Beschlußkammerverfahren widerspräche eine Entscheidung durch geheime Weisung. Die Veröffentlichung von Einzelweisungen sieht das TKG nicht vor, das spricht dafür, das Gesetz selbst halte eine Einzelweisung für ausgeschlossen[882].
Mögliche Einwände aus dem Demokratieprinzip, dessen Sicherung das Prinzip hierarchischer Verwaltung dient, widerlegt die Funktion der Kollegialstruktur. Sie zwingt zum Diskurs und zur Austragung des Arguments, was einer Festlegung auf Sonderinteressen entgegenwirkt. Eine Anbindung an parlamentarische Kontrolle wird im übrigen dadurch garantiert, daß der Präsident der Behörde und der Wirt-

[874] *Oertel*, Die Unabhängigkeit der Regulierungsbehörde, 2000, S. 399
[875] § 53 IV GWB.
[876] TKG-Entwurf, BT-Drucks. 13/3609, § 70 IV 4.
[877] *Oertel*, Die Unabhängigkeit der Regulierungsbehörde, 2000, S. 402.
[878] *Lerche*, in: Maunz/Dürig, GG-Kommentar, Art. 87 f Rn. 112; *Gramlich*, CR 1998, 463(469); TKG-Entwurf, BR-DS 80/96, S.51; BeckTKG-Komm/*Kerkhoff*, 2. Auflage 2000, § 73 Rn. 17.
[879] *Oertel*, Die Unabhängigkeit der Regulierungsbehörde, 2000, S. 175.
[880] § 76 II verweist auf die ZPO-Vorschriften über Augenschein, Zeugen, Sachverständige, § 77 I ermöglicht die Beschlagnahme.
[881] *Oertel*, Die Unabhängigkeit der Regulierungsbehörde, 2000, S. 175.
[882] *Oertel*, a.a.O., S. 401.

schaftsminister allgemeine Weisungen erteilen können[883], § 66 V TKG. Zudem unterliegt die Regulierungsbehörde unmittelbarer parlamentarischer Kontrolle, weil § 69 TKG sie zu Bericht und Auskunft an den aus Abgeordneten von Bundesrat und Bundestag gebildeten Beirat verpflichtet. Diese direkte parlamentarische Kontrolle ermöglicht es, das Prinzip hierachischer Verwaltung, das ebenfalls der Anbindung der Verwaltung ans Parlament dient, zu lockern und Einzelfallweisungen auszuschließen.

Aus der Systematik des TKG ergibt sich somit, daß die Beschlußkammern in größtmöglicher fachlicher Unabhängigkeit frei von Einzelweisungen entscheiden können[884], die ihr objektive, gesetzmäßige Entscheidungen ermöglichen[885].

Solange der Bund allerdings die Anteilsmehrheit an der Deutschen Telekom AG hält, bleibt ein Rest an Zweifel an der tatsächlichen Unabhängigkeit der Regulierungsbehörde, weil Mitspieler meist schlechte Schiedsrichter sind[886]. Eine vollständige Veräußerung des Bundesanteils schüfe hier die wünschenswerte Klarheit.

Neue Nahrung erhielten solche Zweifel durch den überraschenden Rücktritt des als wettbewerbsfreundlich geltenden Präsidenten der Regulierungsbehörde, der teilweise auf politischen Druck zurückgeführt wird. Bald nach seinem Rücktritt wurden aus der Regierungspartei erste Forderungen nach Lockerung der Regulierung für die Deutsche Telekom AG laut. Die Wirkung eventueller politischer Pressionen auf den Regulierer lassen sich vorerst aber nicht nachweisen[887]. Nach der hier vertretenen Ansicht sind sie, soweit es die Beschlußkammern angeht, wegen des Ausschlusses von Einzelweisungen ohnehin kaum möglich, zumal bislang auch noch keine allgemeinen Weisungen veröffentlicht wurden.

3. *Gewichtung der Kriterien*

Für die Entscheidung über die Zusammenschaltungsanordnung erfüllt die Beschlußkammer der Regulierungsbehörde sowohl das Kriterium der Unabhängigkeit, eines justizähnlichen Verfahrens sowie der besonderen Sachkunde. Von den Kriterien der Rechtsprechung für eine durch die Entscheidungsstruktur gerechtfertigte Letztentscheidungskompetenz fehlt damit nur die repräsentative Zusammensetzung.

[883] Zu ihrem Umfang, *Oertel*, a.a.O, S. 406 ff.

[884] *Oertel*, Die Unabhängigkeit der Regulierungsbehörde, 2000, S. 405; ähnlich *Holznagel/Enaux/Nienhaus*, Grundzüge des Telekommunikationsrechts, 2. Auflage 2001, S. 41; *Eschweiler*, K&R 1998, 530(533); a.A. *Windthorst*, CR 1997, 340(342); BeckTKG-Komm/*Geppert*, 2. Auflage 2000, § 66 Rn. 20.

[885] So auch *Windthorst* a.a.O.

[886] *Windthorst*, CR 1997, 340(342); vgl. Die Welt v. 9.11. 2000, „Müller will Telekom beschützen".

[887] Vgl. die offenbar notwendigen beruhigenden Worte des scheidenden Präsidenten *Scheuerle* im Abl. RegTP 24/2000 (Deckblatt).

Damit kommt es entscheidend auf die Gewichtung dieser Kriterien bei der Legitimierung exekutivischer Letztentscheidung an. Sie hat im Lichte der Ratio von Beurteilungsspielräumen zu erfolgen. Nach dem verfassungsrechtlichen Konzept des Verhältnisses von Verwaltung und Gerichtsbarkeit liegt die Letztentscheidungskompetenz grundsätzlich bei der Gerichtsbarkeit[888] indes nicht unabänderlich. Sachgesetzlichkeiten[889] können eine Veränderung der regelmäßig von Verfassungs wegen gebotenen funktionalen Zuordnung von Rechtsprechung und Verwaltung erfordern, soweit der Gesetzgeber sie anerkannt hat.

Das Kriterium der Sachkunde stellt für die Zusammenschaltungsanordnung keine solche Sachgesetzlichkeit dar. Die Zuweisung einer den Einzelfall übersteigenden planerisch-prognostischen Abwägung an ein besonders konstitutiertes Fachgremium mag zwar für einen Kompetenzvorsprung sprechen. Sie bedingt eine erhöhte Richtigkeitsgewähr der Entscheidung und streitet daher für einen Beurteilungsspielraum[890].

Angesichts der von § 70 TKG hergestellten Verknüpfung der Beschlußkammern mit externem Sachverstand sind sie ein solches Fachgremium. Mit der Einholung externer wissenschaftlicher Beratung dürfte sich zudem die Erwartung verbinden, daß eine neben die Äußerungen der Verfahrensbeteiligten gestellte Expertenmeinung zur Objektivierung der Entscheidungsfindung führen kann[891]. Das spricht ebenfalls dafür, die gerichtliche Kontrolle der so gewonnenen Entscheidung zu lockern.

Trotzdem kann die Sachkunde isoliert gesehen einen Beurteilungsspielraum nicht begründen[892]. Soweit eine Entscheidung nicht auf einer unvertretbaren, persönlichen Wertung beruht, ändern sachliche Schwierigkeiten nichts an der vollen Nachprüfbarkeit, da sich das Gericht die erforderliche Sachkunde notfalls durch Sachverständige verschaffen muß. Ein aus der Komplexität des Sachverhalts folgendes Erfordernis besonderer Sachkunde allein rechtfertigt keine Annahme eines Beurteilungsspielraums[893]. Auch der für Prognosen erforderliche Sachverstand ist nicht bei der Verwaltung monopolisiert[894]. Einen Entscheidungsfreiraum der Regulierungsbehörde hauptsächlich mit ihrem Status als fachkundige Verwaltungsbehörde zu rechtfertigen, überzeugt deshalb nicht restlos[895].

888 *Erichsen*, DVBl 1985, 22(26).
889 BVerfGE 80, 257(266); 85, 36(58): „Natur der Sache“.
890 *Schulze-Fielitz*, JZ 1993, 772(779).
891 BeckTKG-Komm/*Geppert*, 2. Auflage 2000, § 70 Rn. 2.
892 Anders wohl OVG Münster NVwZ 2000, 706 und MMR 1999, 553.
893 BVerfGE 88, 40(58); BVerwG 94, 307(311).
894 *Erichsen*, DVBl 1985, 22(26); vgl. BVerfGE 88, 40(58).
895 OVG Münster NVwZ 2000, 706; MMR 1999, 553; RegTP BK 4a-00-018/Z 30.06.00, S. 27 „*fachkundige Behörde*“; wie hier *Rickert*, NVwZ 2000, 639(640); allgemein BVerfGE 84, 34(49 f.); vgl. Kapitel 16 S. 182 f.

Maßgebliche Bedeutung kommt dagegen dem Umstand zu, daß die Zusammenschaltungsanordnung durch ein weisungsfreies Kollegialorgan in justizförmigen Verfahren getroffen wird. Die Festlegung der Beurteilungsspielräume betrifft die Funktionsabgrenzung von Exekutive und Judikative. Sie muß deshalb funktionellrechtliche Erwägungen berücksichtigen, darunter die Organadäquanz. Für den Umfang der Kompetenzen eines Organs kommt es (auch) darauf an, ob dieses Organ nach seiner Ausstattung, seinen Ressourcen und dem von ihm praktizierten Verfahren in der Lage ist, die in Rede stehende Funktion überhaupt und eventuell sogar besser als andere Organe wahrzunehmen[896].

Die von Art. 19 IV GG regelmäßig verlangte gerichtliche Vollkontrolle erhält ihre Berechtigung und Legitimation aus der erhöhten Richtigkeitsgewähr einer Entscheidung durch unabhängige Richter in einem Verfahren, das auf Schutz und Durchsetzung individueller Rechte zugeschnitten ist. Die Unabhängigkeit der Gerichte gibt daneben eine über die Richtigkeitsgewähr hinausgehende Sicherung, daß die Entscheidung im Einzelfall nicht durch unsachgemäße, parteiliche Erwägungen beeinflußt wurde[897]. Ordnet der Gesetzgeber beim Gesetzesvollzug eine Entscheidung durch weisungsfreie Kollegialorgane in justizförmigem Verfahren an, dann spricht diese besondere organisatorische Struktur der Entscheidungsinstanz[898] wegen der damit verbundenen „richterähnlichen"[899] Gewähr der Neutralität und Überparteilichkeit für die teilweise Übertragung der Rechtsschutzfunktion auf die Exekutive. Solche besonderen Verfahrensvorschriften zur Rechtswahrung, insbesondere durch weisungsfreie Kollegialorgane, sind deshalb ein positiver Hinweis auf die Einräumung eines Beurteilungsspielraums[900].

Die Bedeutung des justizförmigen Verfahrens belegt schließlich die ZS-RL. Sie schreibt dem Regulierer in Art. 9 V die Rolle eine Streitschlichters zu. Die Richtlinie orientiert sich dabei im Einklang mit den GATS-Vorgaben sichtbar am Vorbild der amerikanischen Independent Agencies, die teilweise judikative Funktionen besitzen[901]. Eine vergleichbar weitreichende Übertragung der Rechtsprechungsfunktion auf die deutsche Regulierungsbehörde schließen Art. 19 IV und 92 GG aus. Das Richtlinienvorbild liefert immerhin ein weiteres Argument, um vom justizförmigen

[896] *Wahl*, NVwZ 1991, 409(411); kritisch *Sieckmann*, DVBl 1997, 101(102).

[897] Vgl. BVerfGE 88, 40(57); *Sieckmann*, DVBl 1997, 101(107).

[898] Vgl. *Sieckmann*, a.a.O.; *Schmidt-Aßmann/Groß*, NVwZ 1993, 617(623); *Tettinger*, DVBl 1992, 423(425); *Erichsen*, DVBl 1985, 22(26); *Breuer*, AöR 101(1976), 46(76 ff.); *Badura*, in: Festschrift für Bachof, 1984, S. 169(177).

[899] Vgl. *Ossenbühl*, DÖV 1972, 401(404).

[900] Vgl. *Gerhard*, in: Schoch/Schmidt-Aßmann/Pietzner, VwGO-Kommentar, Bd. 2, Stand 2000, § 114 Rn. 58; *Sieckmann*, DVBl 1997, 101(102); *Schmidt-Aßmann/Groß*, NVwZ 1993, 617(623); *Tettinger*, DVBl 1992, 423(425); *Erichsen*, DVBl 1985, 22(26); *Breuer*, AöR 101(1976), 46(76 ff.); *Badura*, in: Festschrift für Bachhof, 1984, S. 169(177).

[901] *Lepsius*, Verwaltungsrecht unter dem Common Law, 1997, S. 204; *Eisenblätter*, Regulierung in der Telekommunikation, 2000, S. 204 f.

Verfahren der Regulierungsbehörde auf die gesetzliche Einräumung eines gerichtsfreien Beurteilungsspielraums zu schließen.

VI. Zuordnung der Letztentscheidungskompetenz

Insgesamt begründen Entscheidungssituation und Struktur bei der Zusammenschaltungsanordnung in Verbindung mit den Regulierungszielen einen Entscheidungsfreiraum der Regulierungsbehörde. Er ergibt sich auch ohne ausdrückliche Normierung aus § 37 I 1 TKG und den Regulierungszielen sowie Zusammenhang, Sinn und Zweck der Regelung[902]. Nur mit Hilfe dieses Freiraums kann die Handlungsform des Verwaltungsakts für die Zusammenschaltungsanordnung in der besonderen Regelungssituation einer Marktordnungsentscheidung handhabbar gemacht werden. Sie hat Wettbewerbs- und Nutzerschutz gleichzeitig zu dienen[903] und stellt durch ihren Zukunftsbezug und ihre enge Verbindung zu technischer Innovation in besonderem Maße eine Entscheidung unter Ungewissheitsbedingungen dar[904].
Bislang wurde dieser Entscheidungsfreiraum der Kategorie des Beurteilungsspielraum angenähert, zu dem er funktionelle Ähnlichkeiten aufweist. Wie im folgenden zu zeigen ist, läßt er sich freilich nicht eindeutig den bekannten Kategorien behördlicher Letztentscheidungsbefugnis zuordnen.

1. *Planung*

Die finale Formulierung nähert § 2 II TKG durch seine Aufzählung verschiedener, miteinander zu optimierender Ziele strukturell Planungsnormen an. Der Einfluß der Regulierungsziele verleiht dadurch der nach § 37 I 1 TKG grundsätzlich konditional formulierten Zusammenschaltungsanordnung planerisch-gestaltende Züge[905]. Die Herausforderung liegt darin, das Zusammenspiel der planungsähnlichen Norm des § 2 II TKG mit dem konditional formulierten § 37 I TKG zu erfassen. Die Annahme eines Planungsermessens böte eine eindeutige Lösung für das Problem des Gestaltungsspielraums. Bei final formulierten Plangesetzen verliert die Unterscheidung zwischen Ermessen und unbestimmtem Rechtsbegriff ihren Sinn[906]. Trotzdem kann der Gestaltungsspielraum der Regulierungsbehörde nicht als Pla-

[902] Wie hier *Leo/Schellenberg*, ZUM 1997, 188(196) „politischer Gestaltungsspielraum“; *Ladeur*, in: Hoffmann/Riem, Innovation und Telekommunikation, 2000, S. 72 spricht von Wertungsfreiheit; vgl. RegTP BK 4a-00-018/Z 30.06.00, S. 27; a.A. *Eisenblätter*, Regulierung in der Telekommunikation, 2000, S. 275: Kein Beurteilungsspielraum.

[903] Vgl. *Schmidt-Aßmann*, Das allgemeine Verwaltungsrecht als Ordnungsidee, 1998, S. 263.

[904] *Ladeur*, Innovation durch Regulierung, in: Hoffmann/Riem, Innovation und Telekommunikation, 2000, S. 74.

[905] Dazu oben in Kapitel 15 S. 171 ff.

[906] *Maurer*, Allgemeines Verwaltungsrecht, 13. Auflage 2000, § 7 Rn. 63.

nungsermessen eingeordnet werden. Das verhindert schon die fehlende, einem Plan vergleichbare Rechtswirkung.

2. *Regulierungsermessen*

Als mögliche Kategorien bleiben unbestimmter Rechtsbegriff und Ermessen. Zwischen beiden zu entscheiden setzt voraus, die Regulierungsziele entweder dem Tatbestand oder der Rechtsfolgenseite der Zusammenschaltungsanordnung zuzuordnen. Das fällt schwer. Das TKG stellt die Regulierungsziele als programmatische Zielvorgabe seinen spezielleren Vorschriften voran. Die Regulierungsziele sind demnach bei der Anwendung des § 37 I TKG zu beachten. Möglich wäre einerseits ihre Einordnung als ungeschriebene Tatbestandsmerkmale des § 37 I TKG, andrerseits als inhaltliche Maßstäbe für die Zusammenschaltungsanordnung, also auf der Rechtsfolgenseite.

Ursache dieser Unklarheit sind die Richtlinienvorgaben, die das TKG mit den Regulierungszielen nachzeichnet. Der einschlägige Art. 9 ZS-RL stellt die wichtigsten vom TKG aufgegriffenen Regulierungsziele[907] in Absatz eins gesondert den speziellen Kompetenzen der Regulierungsbehörde voran, wiederholt und erweitert sie dann als Gesichtspunkte, die bei einer Entscheidung über Zusammenschaltung zu berücksichtigen sind[908]. Die Differenzierung zwischen (Rechtsfolge)Ermessen und Beurteilungsspielräumen auf der Tatbestandsseite findet sich im richtliniengeprägten § 2 TKG nicht. Denn das europäische Recht kennt diese Unterscheidung nicht[909], sondern geht von einem einheitlichen, weiten Gestaltungsspielraum der Verwaltung aus. Im Fall eines indirekten Vollzugs von europäischem Recht können Zweck und Grenzen des Ermessens im Sinne des § 40 VwVfG der europäischen Ermessensnorm entnnommen werden[910].

Deshalb erscheint es vorzugswürdig, die Regulierungsziele als Zweck des Ermessens der Regulierungsbehörde im Sinne der §§ 40 VwVfG, 114 VwGO zu verstehen[911] und damit auf der Rechtsfolgenseite anzusiedeln. § 37 I TKG enthält eine Ermächtigung zu einheitlicher Ermessensbetätigung, die sich an den Regulierungs-

[907] „Die Regulierungsbehörden berücksichtigen ... die Notwendigkeit, eine zufriedenstellende Ende-zu-Ende Kommunikation sicherzustellen, ... einen wettbewerbsorientierten Markt zu fördern, ...einen Universaldienst zu entwickeln."

[908] Art. 9 V ZS-RL nennt die Interessen der Benutzer und der Öffentlichkeit, die Förderung innovativer Marktangebote, die Förderung des Wettbewerbs und des Universaldienstes.

[909] Dazu allgemein *Sachs*, in: Stelkens/Sachs/Bonk, VwGO, 5. Auflage 1998, § 40 Rn. 18 m.w.Nw. und 25; *Schwarze*, Europäisches Gemeinschaftsrecht, Bd. I, 1988, S. 280 ff; *Von Danwitz*, Verwaltungsrechtliches System und Europäische Integration, 1996, S. 184.

[910] *Sachs* a.a.O., § 40 Rn. 10; vgl. *Brenner*, Der Gestaltungsauftrag der Verwaltung in der EU, 1996, S. 399 ff.(412).

[911] § 114 VwGO verweist auf die gesetzliche Ermessensermächtigung, *Schmidt-Aßmann/Groß*, NVwZ 1993, 617(623).

zielen zu orientieren hat[912]. Das TKG nutzt damit die gängige Gesetzgebungstechnik, Ermessen durch die Angabe von Zielbestimmungen einzuräumen und zu strukturieren[913]. Mit der Besonderheit, daß diese Ziele ihrerseits eine Befugnis zur Letztentscheidung enthalten und das Ermessen damit ausweiten. Die Regulierungsziele ähneln dabei durch ihren planend-politischen Charakter einem Beurteilungsspielraum. Davon geht auch die Regulierungsbehörde für die Festlegung der Zusammenschaltungsentgelte bei einer Zusammenschaltungsanordnung, also auf der Rechtsfolgenseite, zu Recht aus[914].

Die Regulierungsziele prägen demnach die Ausübung des Ermessens bei der Zusammenschaltungsanordnung[915]. Sie steuern die hoheitliche Vertragsgestaltung als rechtsschöpferische Konkretisierung der Anordnungsbefugnis und nehmen die Abwägung der Regulierungsbehörde von detailscharfer gesetzlicher Steuerung aus. Damit ermöglichen die Regulierungsziele der Behörde die zukunftsgerichtete Gestaltung der Marktbedingungen.

Nur diese Zuordnung harmoniert mit dem von dieser Arbeit entwickelten System des ONP-Anspruchs. Der Numerus Clausus seiner tatbestandlichen Voraussetzungen läßt sich dem Gesetz abschließend entnehmen. Die zu seiner Durchsetzung erfolgte Zusammenschaltungsanordnung darf keine zusätzlichen Voraussetzungen aufstellen. Deshalb können die Regulierungsziele nicht der Tatbestandsseite der Befugnisnorm des § 37 TKG zugeordnet werden. Andrerseits muß der Inhalt der Anordnung den Regulierungszielen nach den Vorgaben der ZS-RL und dem TKG Rechnung tragen. Das kann dann nur noch bei der Ermessensbetätigung geschehen.

Ein systematisches Argument für die Zuordnung der Regulierungsziele zur Rechtsfolgenseite des § 37 I TKG liefert § 8 II 1 TKG. Die Vorschrift regelt die Lizenzvergabe und verpflichtet die Regulierungsbehörde ausdrücklich, bei der Vergabe die Regulierungsziele zu beachten. Genau wie die Entscheidung über das *Ob* der Zusammenschaltung muß die Lizenzvergabe aber als gebundene Entscheidung ausgestaltet sein. Denn potentielle Lizenznehmer haben nach den europarechtlichen Vorgaben[916] einen Anspruch auf Lizenzerteilung, wenn die vom Gesetz abschlie-

[912] Für einen speziellen Koppelungstatbestand der Abgabenordnung entschieden vom GemSOBG, abgedruckt in BVerwGE 39, 355, 363 ff. unter Berufung auf *Forsthoff*, Verwaltungsrecht, 10. Auflage 1974, § 5 S. 95; dazu *Kopp/Schenke*, VwGO, 12. Auflage 2000, § 114 Rn. 33; *Redeker*, DÖV 1971, 757.

[913] Vgl. *Bullinger*, JZ 1984, 1001(1004).

[914] *RegTP* BK4a-00-018/Z 30.06.00, S. 27.

[915] *RegTP* a.a.O., S. 28; schwächer *Koenig/Kühling*, WuW 2000, 598(598 f.) für die Auslegung des § 81 III 1 TKG: Regulierungsziele liefern *teleologische Auslegungsdirektiven*.

[916] Art. 7 der Richtlinie 97/13/EG, Abl. EG Nr. L 117 v. 7.5.1997, S. 15 gestattet den MS nur zu abschließend aufgezählten Zwecken, den Betrieb von TK-Diensten von einer Erlaubnis abhängig zu machen, insbesondere zum Schutz grundlegender Anforderungen im Sinne des ONP-Konzepts.

ßend aufgezählten Ausschlußgründe, insbesondere zum Schutz der grundlegenden Anforderungen im Sinne der ONP-Grundsätze, nicht vorliegen[917]. Die Regulierungsbehörde kann § 8 II 1 TKG nur Folge leisten, indem sie die Regulierungsziele auf der Rechtsfolgenseite berücksichtigt. Aus systematischen Gründen muß die Zusammenschaltungsanordnung genauso verfahren.
Durch ihre Zuordnung zur Rechtsfolgenseite können die Regulierungsziele indes nach gängiger Überzeugung nicht mehr als unbestimmte Rechtsbegriffe mit Beurteilungsspielraum eingeordnet werden[918]. Es würde den Rahmen dieser Untersuchung sprengen, diese etablierte strikte Trennung zwischen Ermessen auf der Rechtsfolgenseite und Beurteilungsspielräumen im Tatbestand einer Norm generell in Frage zu stellen[919]. Zumindest auf der Rechtsfolgenseite der Zusammenschaltungsanordnung geht das TKG über diesen dogmatischen Bestand jedenfalls hinweg. Es verquickt Elemente verschiedener Letztentscheidungsbefugnisse zu einem neuartigen, weiten Gestaltungsspielraum der Verwaltung[920]. Typologisch ist er zwischen einfachem Ermessen und weitem planerischen Gestaltungsfreiraum (Planungsermessen) einzuordnen. Er soll hier mit dem Begriff Regulierungsermessen umschrieben werden[921]. Es stellt eine Mischform von Ermessen und unbestimmten Rechtsbegriffen dar. Letztere weisen Parallelen zu Beurteilungsspielräumen auf, indem sie den Regulierer mit zukunftsgerichteter Gestaltung beauftragen. Damit weist das Regulierungsermessen über die klassischen Formen des Verwaltungsvollzugs weit hinaus[922].

917 TKG-Entwurf, BT-Drucks. 13/3609, S. 38; *Leo/Schellenberg*, ZUM 1998, 188(189); BeckTKG-Komm/*Schütz*, 2. Auflage 2000, § 8 Rn. 1 f.

918 Vgl. etwa *Maurer*, Allgemeines Verwaltungsrecht, 13. Auflage 2000, § 7 Rn. 26 ff; *Kopp/Schenke*, VwGO, 12. Auflage 2000, § 114 Rn. 33.

919 Dazu etwa *Schulze-Fielitz*, in: *Dreier*, Grundgesetz-Kommentar, 1998, Art. 20 Rn. 126; *ders.*, JZ 1993, 772(774), *Starck*, in: FS Sendler, 1991, S. 167(169), *Herdegen*, JZ 1991, 747; ähnlich *Bullinger*, JZ 1984, 1004; *Schmidt-Eichstaedt*, DVBl 1985, 654(649).

920 Ähnlich *Spoerr*, MMR 2000, 675(677): Weit gehender Ermessens- und Beurteilungsspielraum.

921 Vgl. allgemein *Trute*, TKG-Kommentar, 2001, § 1 Rn. 13: Regulierungsspielraum.

922 Vgl. *Manssen*, in: ders., TKG-Kommentar, 1999, § 3 Rn. 18.

Kapitel 16 Regulierungskonzept und Diskursverfahren

Das letzte Kapitel hat eine normative Befugnis der Regulierungsbehörde zur Letztentscheidung nachgewiesen. Daran knüpft sich die Frage, welchen Bindungen der Regulierer bei der Ausübung dieser Befugnis unterliegt und wie sie gerichtlich überprüft werden können. Die Frage des Kontrollmaßstabs ist keineswegs theoretischer Natur, weil die Deutsche Telekom AG und ihre Wettbewerber vor den Verwaltungsgerichten eine Vielzahl von Verfahren gegen Entscheidungen der Regulierungsbehörde angestrengt haben[923].

Die Ausübung der Ermächtigung zur Letztentscheidung in § 2, 37 I TKG verquickt verschiedene Elemente administrativer Gestaltungsfreiheit. Zu ihrer Überprüfung können nur Regeln für die Kontrolle administrativer Letztentscheidungsbefugnisse herangezogen werden, die einheitlich für die verschiedenen Arten dieser Befugnisse gelten. Nicht zuletzt der europarechtliche Hintergrund der Anordnungsbefugnis legt diese Angleichung der gerichtlichen Kontrolle auf der Tatbestandsseite mit der gerichtlichen Ermessensüberprüfung auf der Rechtsfolgenseite nahe[924].

Gemeinsame Regeln für administrative Letztentscheidungsbefugnisse lassen sich aus einer vergleichenden Gesamtschau der Kontrollregeln für Beurteilungsspielräume sowie Handlungs- und Planungsermessen gewinnen. Die von der Judikatur formulierten Kontrollfragen bei Beurteilungsermächtigungen und die Maßstäbe des § 114 VwGO formen ein einheitliches Grundmuster für die Kontrolle von Letztentscheidungsbefugnissen[925]. Es beläßt elementare rechtsstaatliche Anforderungen an eine Kompetenzausübung unter vollständiger gerichtlicher Kontrolle und nimmt davon die Zonen der Kompetenz aus, in denen es um eine gesetzlich nicht endgültig gesteuerte Abwägung geht[926].

Für die Zusammenschaltungsanordnung stößt indes die Orientierung an der ex-post-Kontrolle von gesetzesakzessorischem Verwaltungsvollzug an sachbedingte Grenzen. Der Regelungsbereich verändert sich in Abhängigkeit von technischer Innovation laufend und schnell. Der Regulierer muß seine zukunftsgerichteten Gestaltungsentscheidungen notwendigerweise auf begrenzter und unsicherer Wissensbasis treffen und dabei komplexe unterschiedliche Interessen einbeziehen. Es bietet sich daher an, die Entscheidung der Behörde zusätzlich durch ein Verfahren zu legitimieren, das Wissen und Willen der Regelungsadressaten und sonstiger Betroffener einbindet und mit Elementen einer konzeptionellen Selbststeuerung der Behörde verknüpft. Ansätze dazu lassen sich in der Regulierungspraxis zunehmend

923 Überblick bei *Scherer*, NJW 2000, 772 und *Müller / Schuster*, MMR 1999, 507.

924 Dazu allgemein *Brenner*, Der Gestaltungsauftrag der Verwaltung in der EU, 1998, S. 399(412); ähnlich *Kopp/Schenke*, VwGO, 12. Auflage 2000, § 114 Rn. 33.

925 Dazu und zum folgenden allgemein *Schmidt-Aßmann/Groß*, NVwZ 1993, 617(623).

926 *Schmidt-Aßmann/Groß* a.a.O.

nachweisen. Im Gegenzug kann die gerichtliche Kontrolle auf eine Überprüfung von Form und Verfahren zurückgenommen werden.
Voll überprüfbar bleibt die richtige Auslegung des Tatbestands der Zusammenschaltungsanordnung (I). Im übrigen steht der Behörde ein weiter Regulierungsspielraum zu, den sie sich allerdings durch ein ergebnisoffenes Verfahren und eine umfassende Begründung verdienen muß (II). Idealerweise mündet das Verfahren in einem Vorgehenskonzept der Behörde, das die Abwägungen offen legt, die ihren Entscheidungen zugrunde liegen und die Entscheidungspraxis möglichst verstetigt(III). Gelingt diese Eigensteuerung, dann reduziert sich entsprechend das Ausmaß der verbleibenden Kontrolle. Ohne Diskurs und Konzept muß andrerseits die Abwägung verschiedener Interessen bei der Zusammenschaltungsanordnung so weit wie möglich überprüft werden(IV).

I. Tatbestand der Letztentscheidungsbefugnis

Wie für jeden Eingriffstatbestand gelten für Letztentscheidungsbefugnisse der Vorbehalt und der Vorrang des Gesetzes[927]. Die Auslegung der Letztentscheidungsbefugnis unterliegt ebenso wie ihre Übereinstimmung mit der sonstigen Rechtsordnung voller gerichtlicher Überprüfung. Ihr Tatbestand muß exakt erkannt und in den Grenzen zulässiger Interpretation richtig angewendet werden[928]. Die auf der Grundlage korrekter Subsumtion zwischen mehreren zulässigen Optionen gewählte Handlungsvariante muß die Grenzen des Ermächtigungstatbestands, den Vorrang anderer einschlägiger Gesetze sowie der Verfassung einhalten[929]. Die korrekte Anwendung des Rechtsgrundlage der Zusammenschaltungsanordnung erfordert eine zutreffende Unterscheidung zwischen den voll überprüfbaren gesetzlichen Tatbestandsmerkmalen und den Elementen der Letztentscheidungsbefugnis. Keinen Entscheidungsspielraum bei der Zusammenschaltungsanordnung lassen die Begriffe Netz, Zusammenschaltung, Netzbetreiber und die ONP-Anspruchsgrenzen wie Netzintegrität. Ob ein Sachverhalt diese Begriffe erfüllt und einen Zusammenschaltungsanspruch begründet, läßt sich eindeutig beantworten und gerichtlich nachvollziehen. Der Tatbestand der §§ 35 II, 37 I S. 2 und 3 TKG i.V.m. § 9 NZV unterliegt insoweit vollständiger Kontrolle.

[927] *Gerhard*, in: Schoch/Schmidt-Aßmann/Pietzner, VwGO-Kommentar, Bd. 2, Stand 2000, § 114 Rn. 4.

[928] Vgl. BVerwG 59, 213(218); 60, 245(246); 62, 330(340); 72, 195(201); *Obermayer*, VwVfG, 3. Auflage 1999, § 40 Rn. 80; *Schmidt-Aßmann* in: Maunz/Dürig, GG-Kommentar, Art. 19 IV Rn. 192.

[929] Für das Ermessen *Maurer*, Verwaltungsrecht, 13. Auflage 2000, § 7 Rn. 20; *Ossenbühl* in: Erichsen, Allgemeines Verwaltungsrecht, 11. Auflage 1998, § 10 Rn. 17 *Ermessenüberschreitung*, Andere Einteilungen bei Alexy, JZ 1986, 701(702 f.); für den Beurteilungsspielraum *Schenke*, Bonner Kommentar, Zweitbearbeitung 1982, Art. 19 Abs. 4, Rn. 375: „Beurteilungsüberschreitung".

Daß die Regulierungsbehörde dieser Abschichtung folgt, läßt sich aus ihren äußerst knapp und apodiktisch begründeten Anordnungen nicht entnehmen. Ihren Entscheidungsmaßstab umschreibt die Behörde so: Die Anordnung sei inhaltlich so auszugestalten, wie dies im Verhältnis der Parteien rechtlich geboten, zweckmäßig und angemessen sei[930]. Eine klare Trennung zwischen den Voraussetzungen der Anordnungen und dem einer Letztentscheidungsbefugnis unterliegendem Anordnungsinhalt ist daraus nicht ersichtlich. Wenn die Behörde lakonisch angibt, sie habe die Wirkung ihrer Entscheidung auf den Markt für TK-Dienstleistungen zu berücksichtigen[931] oder wenn sie gelegentlich die Interessen des durch die Anordnung Begünstigen kurz würdigt[932], kann daraus ebenfalls nicht eindeutig auf eine Erkenntnis und Wahrnehmung des durch die Regulierungsziele eingeräumten Gestaltungsspielraums geschlossen werden. Andrerseits hat die Behörde neuerdings im Zusammenhang mit der Festlegung von Entgelten für eine konkrete angeordnete Zusammenschaltung ausdrücklich und in der Sache zutreffend einen Gestaltungsspielraum angenommen[933], den sie als Beurteilungsspielraum bezeichnet.
Anders als die Auslegung des Tatbestands sind die Regulierungsziele nur eingeschränkt überprüfbar. Auch für sie gibt es allerdings nur eine, nicht mehrere vertretbare Auslegungen[934]. Lediglich die Frage, ob ein Sachverhalt unter den richtig erkannten Rechtsbegriff fällt, ist Gegenstand wertender Beurteilung[935]. Sie läßt mehrere Antworten zu und eröffnet die Letztentscheidungsbefugnis.
Somit unterliegen die Auslegung der Regulierungsziele Wettbewerbssicherung und Nutzerinteresse voller gerichtlicher Kontrolle[936]. Die Gestaltungsfreiheit der Regulierungsbehörde setzt erst bei der Frage ein, ob eine bestimmte inhaltliche Gestaltung der Zusammenschaltungsanordnung den Regulierungszielen Wettbewerb und Nutzerinteressen hinreichend Rechnung trägt. Denn die zur Beantwortung dieser Frage erforderliche komplexe Einzelfallabwägung läßt sich angesichts der vagen gesetzlichen Vorgaben durch § 37 I 1 TKG, § 9 IV NZV und die Regulierungsziele inhaltlich nur sehr begrenzt nachprüfen.
Bei der Inhaltskontrolle der Zusammenschaltungsanordnung darf das Gericht daher nicht seine eigene Entscheidung an die Stelle der Behörde setzen, sondern höchstens den Vorgang der Abwägung der vielschichtigen Interessen bei der Zusammenschaltungsanordnung kontrollieren. Den Schwerpunkt rechtsstaatlicher

930 *RegTP* BK 4 d-99-009/Z 1.3.99 *First Telekom*, MMR 1999, 428.
931 *RegTP* a.a.O.
932 *RegTP* BK 4-98-015/Z 23.7.98, S. 8.
933 *RegTP* BK 4 a-00-018/Z 30.06.00, S. 27.
934 Es geht nicht um ein (Rechts)Erkenntnis- sondern ein Zuständigkeitsproblem, anders die Vertretbarkeitslehre von *Ule*, Gedächtnisschrift für Jellinek, 1955, S. 309 f.; zust. *Schmidt-Eichstaedt*, DVBl 1985, 645(649).
935 Allgemein *Papier*, in: Festschrift für Ule, 1987, 235(242).
936 Vgl. BVerwGE 72, 195(210).

Bindung der Regulierungsbehörde vermitteln indes Form und Verfahren der Zusammenschaltungsanordnung .

II. Anforderungen an das Regulierungsverfahren

Die weitreichende Befugnis der Behörde zur Letztentscheidung schlägt sich in den Verfahrensanforderungen nieder. Der Regulierer muß sich das Recht der Letztentscheidung durch ein diskursorientiertes Verfahren verdienen[937], dessen objektive und transparente Struktur willkürliches Handeln trotz teilweiser Letztentscheidungskompetenz ausschließt[938]. Gleichzeitig muß er mit einer weitgespannten Informationsgewinnung der Komplexität seiner marktgestaltenden Regulierungsentscheidung unter den Bedingungen der Ungewissheit zukünftiger technischer und wirtschaftlichen Entwicklungen gerecht werden[939].

1. *Tatsachenermittlung*

Orientiert am Zweck der Ermächtigung muß die Regulierungsbehörde die relevanten Interessen ermitteln. Bei der Zusammenschaltungsanordnung hat sie demnach insbesondere die Zusammenschaltungsrechte aus §§ 35 ff. TKG sowie die Regulierungsziele des § 2 II TKG zu beachten. Die Behörde muß ihrer Entscheidung einen vollständig, richtig und sorgfältig ermittelten Sachverhalt zugrunde legen. Ob sie von zutreffenden Werten, Daten und Zahlen ausgegangen ist, kann das Gericht nachprüfen[940].

Diese Ermittlungspflicht der Regulierungsbehörde kann weit über die unmittelbar beteiligten und in ihren Rechten betroffenen Netzbetreiber hinausreichen, wenn die einzelne Zusammenschaltungsanordnung sich erheblich auf Wettbewerb oder Nutzer auswirkt.

Preise oder sonstige Zusammenschaltungsbedingungen können die Lage der Wettbewerber verbessern oder verschlechtern. Das kann sie etwa zum Aufbau paralleler Netzstrukturen zwingen oder den Anreiz dazu beseitigen. Die Festlegung von Netzstandards oder Netzarchitektur vermag bestimmten Nutzergruppen mehr zu schaden oder zu nützen als anderen.

Das verpflichtet den Regulierer zu einem planvoll geordnetem Vorgehen bei der Informationsgewinnung und -verarbeitung[941]. Es stellt die vollständige Ermittlung und Darstellung aller betroffenen Interessen sicher und erhöht die Richtigkeitsgewähr der Entscheidung. Einen wichtigen Beitrag zur ausreichenden Informations-

[937] Vgl. *Schulze-Fielitz*, JZ 1993, 772(776); ähnlich *Bullinger*, JZ 1984, 1001(1009).

[938] *Stelkens*, in: Stelkens/Sachs/Bonk, VwVfG, 5. Auflage 1998, § 39 Rn. 26.

[939] *Ladeur*, Innovation durch Regulierung, in: Hoffmann/Riem, Innovation und Telekommunikation, 2000, S. 73.

[940] Vgl. BVerwGE 64, 238(242); *Redeker/von Oertzen*, VwGO, 12. Auflage 1997, § 114 Rn. 28.

[941] *Schmidt-Aßmann*, in: Isensee/Kirchhoff (Hrsg.), HdStR III, 1988, § 70 Rn. 1 ff.

gewinnung und damit zum Ausgleich fehlender gerichtlicher Vollkontrolle leistet das justizähnliche Verfahren der §§ 74 ff. TKG. Seine Beteiligungsvorschriften bedürfen daher einer weiten Auslegung (dazu sogleich).
Ein Diskursmodell des Zusammenschaltungsverfahrens, das bereits vorhandene Ansätze der Regulierungspraxis weiterführt, sollte gegebenenfalls das justizähnliche Verfahnren vervollständigen (dazu unter b) auf S. 200 ff.).

a) Erweiterter Kreis der Beteiligten am justizähnlichen Verfahren

Die in §§ 74 ff. TKG vorgesehene Beteiligung der Netzbetreiber am Verfahren, der Untersuchungsgrundsatz und die Möglichkeit der Beweiserhebung nach ZPO-Regeln müssen sicherstellen, daß der relevante Sachverhalt und die betroffenen Rechte vollständig ermittelt werden.
Die Regulierungsziele fordern, auch jenseits des Eingriffs in subjektive öffentliche Rechte vielfältige und gegenläufige Interessen von Wettbewerbern und Nutzern in die Abwägung einzustellen. Die der Behörde mit dieser Abwägung eingeräumte Gestaltungsfreiheit bedarf der Bindung durch Anforderungen an die prozedurale Rationalität. Sie hat den planerisch gestaltenden Charakter der Entscheidung offenzulegen und die Interessenten ausreichend zu beteiligen[942].
Besondere Beachtung verdient die Vorschrift des § 74 II Nr. 3 TKG. Sie ermöglicht auf Antrag die Beiladung weiterer Personen und Personenvereinigungen, deren Interessen die Entscheidung berührt. Dafür genügt eine irgendwie geartete Auswirkung auf die Position des Dritten[943]. Anders als § 65 VwGO und § 13 II S. 1 VwVfG verlangt § 74 TKG nicht die Beeinträchtigung rechtlicher Interessen, setzt also keinen Einfluß des Verfahrens auf die Rechtslage des Beigeladenen voraus[944]. Das TKG zieht den Kreis der möglichen Beteiligten gegenüber der einfachen Beiladung in VwVfG und VwGO erheblich weiter[945].
Das TKG geht sogar über die Regelung des § 54 II Nr. 3 GWB hinaus, der für eine Beiladung eine Beeinträchtigung *erheblicher* Interessen verlangt. Für § 74 II Nr. 3 TKG genügt es schon, wenn die Entscheidung überhaupt Interessen im Zusammenhang mit den Regulierungszielen berührt[946]. Das könnten solche der Wettbewerber an funktionsfähigem Wettbewerb sein oder der Nutzer an flächendeckender, bezahlbarer Grundversorgung und Interoperabilität, § 2 II Nr. 1 bis 3 TKG. Die Behörde muß erheblich mehr Interessen berücksichtigen als nur diejenigen der Adressaten der Zusammenschaltungsanordnung. Sie darf die Erwei-

[942] Vgl. *Ladeur*, K&R 1998, 479(482).
[943] OVG Münster, MMR 1999, 556.
[944] Für § 65 VwGO *Kopp/Schenke*, VwGO, 12. Auflage 2000, § 65 Rn. 9.
[945] BeckTKG-Komm/*Kerkhoff*, 2. Auflage 2000, § 74 Rn. 28; *Weber/Rommersbach*, in Manssen(Hrsg), TKG-Kommentar, 1999, § 74 Rn. 32.
[946] *Weber/Rommersbach* a.a.O.

terung des Beteiligtenkreises dabei nicht auf Wettbewerber beschränken. Verbraucherinteressen stehen in der Werteskala der Regulierungsziele an erster Stelle. Die im GWB umstrittene Frage der Beiladungsfähigkeit von Verbrauchern und Verbraucherverbänden[947] muß im TKG bejaht werden[948]. Mit seiner europarechtlich zwingend vorgeschriebenen Betonung der Verbraucherinteressen unterscheidet sich das TKG erheblich vom GWB. Sein Regelungsinhalt kann nicht auf Schutz der Wettbewerbsfreiheit reduziert werden.

Erst recht kommt es für eine Verfahrensbeteiligung nicht auf die Einräumung individueller Rechte der Verbraucher an[949]. Das TKG setzt auf der Stufe des Interessenschutzes an, das zu berücksichtigende Abwägungsmaterial beinhaltet mehr als die betroffenen individuellen Rechte. Es fordert eine ausreichende Berücksichtigung von Nutzerinteressen bei Zusammenschaltungsanordnungen. Gerade diese Dimension scheint die Regulierungspraxis zu vernachlässigen. Unter den Zusammenschaltungsanordnungen der Regulierungsbehörde findet sich bislang keine mit Verbraucherbeteiligung.

b) Diskursmodell der Zusammenschaltungsanordnung

Die besonderen rechtlichen und tatsächlichen Rahmenbedingungen der Zusammenschaltungsanordnung legen es nahe, den Weg zu ihrem Inhalt nicht auf einer Einbahnstraße vom Regulierer zu den Anordnungsadressaten, sondern in einem ergebnisoffenen Diskurs aller Betroffenen zu suchen, also in einer kooperativen Regulierung[950]. Dafür sprechen praktische und rechtliche Argumente.

Bereits für die Tatsachenfeststellung ist der Regulierer auf eine Zusammenarbeit mit den Regelungsadressaten angewiesen, die über das Maß eines normalen Verwaltungsverfahrens hinausgeht. Das Regulierungsmodell erzeugt eine wechselseitige Abhängigkeit des Regulierers und der Regulierungsadressaten. Letztere brauchen den Regulierer zum Schutz und zur Durchsetzung ihrer Rechte. Der Regulierer seinerseits ist auf Information und Mitarbeit der Regelungsadressaten angewiesen. Denn die neuartige Materie der Zusammenschaltung unterliegt raschen Wandelungen im Rhythmus technischer Innovation und wirtschaftlicher Entwicklung. Selbst der bei der Behörde konzentrierte Sachverstand reicht angesichts dieser Ungewißheit und Wandelbarkeit der Marktbedingungen nicht für eine abschließende Ermittlung und Entscheidung aus. Ohne das Savoir-Faire und die detaillierten Informationen von Anwendern und Nutzern kann die Regulierungsbehörde keine problemadäquate Lösung von Zusammenschaltungsfragen finden.

[947] BeckTKG-Komm/*Kerkhoff*, 2. Auflage 2000, § 74 Rn. 27 m.w. Nw.

[948] Wie hier *Weber/Rommersbach*, in Manssen(Hrsg), TKG-Kommentar, 1999, § 74 Rn. 32, a.A. BeckTKG-Komm/*Kerkhoff* a.a.O.

[949] So aber *Kerkhoff* a.a.O.

[950] *Ladeur*, Innovation durch Regulierung, in: Hoffmann/Riem, Innovation und Telekommunikation, 2000, S. 72.

Schon die Betrachtung vom Vorgang der Tatsachenermittlung her spricht dafür, die Letztentscheidung nicht der Behörde allein, sondern dem Ergebnis ihres offenen Diskurses mit den Anordnungsadressaten und sonstigen Betroffenen zu übertragen.
Für eine solches Diskursmodell lassen sich außerdem rechtliche Gründe benennen. Das TKG beauftragt den Regulierer mit einzelfallübergreifender Gestaltung. Es verweigert ihm aber weitgehend die Kompetenz zu generellen Festlegungen von Zusammenschaltungsregeln, sieht man von der indirekten Gestaltung des Grundangebots ab. Wichtige Weichen für das Zusammenschaltungsregime muß der Regulierer daher im Rahmen von Einzelfallentscheidungen stellen. Der für solche Grundfragen des Zusammenschaltungsregimes erforderliche vielschichtige und zukunftsgewandte Interessenausgleich verlangt eine prozedurale, auf Offenlegung von Ungewißheit und Alternativen angelegte Rationalität[951].
Mindestens dann, wenn einzelne Zusammenschaltungsanordnungen Grundpfeiler des Zusammenschaltungsregimes errichten, entweder durch erstmalige Festlegung oder Änderung wichtiger, wiederkehrender Inhalte von Anordnungen, sollten sie daher durch öffentliche Konsultationsverfahren im Diskurs mit Netzbetreibern, Nutzern und Sachverständigen vorbereitet werden[952].
Ein solches Diskursmodell isoliert die streitigen Punkte der Zusammenschaltungsanordnung im Dialog der Beteiligten, hellt sie mehr durch Argumente auf als durch endgültige Feststellung. Sie gibt die statische Betrachtung unter Richtigkeits- und Kontrollgesichtspunkten teilweise auf[953] zugunsten einer dynamischen Betrachtung. Damit bleibt Raum, um technisch und wirtschaftlich verwurzelte Ungewißheit zu bewältigen und dem planend-politischen Charakter der Regulierung Rechnung zu tragen. Der Regulierer muß indes stets das normative Gewissen der Diskurses bleiben. Die Gemeinwohlziele des § 2 II TKG kann er nicht zur Disposition stellen, nur den Weg zu ihrer Durchsetzung und Abstimmung mit Privatinteressen.
Dieses Diskursmodell verleiht seinen Ergebnissen Legitimation durch das Verfahren, den Prozeß des Verhandelns und der Abwägung unterschiedlicher Interessen, der gleichzeitig die Akzeptanz der Entscheidung erhöhen kann[954]. Damit drängt seine partizipatorische Legitimation die im Verwaltungsverfahren sonst vorherrschende selbstreferenzielle Definition öffentlicher Interessen zurück. Bei ihr entscheiden die Beteiligten nicht mit, sondern liefern nur Informationen über die zu koordinierenden Interessen[955].

[951] *Ladeur*, K&R 1998, 479(485).
[952] Vgl. *Ladeur*, Innovation durch Regulierung, in: Hoffmann/Riem, Innovation und Telekommunikation, 2000, S. 73; *Bock/Völcker*, CR 1998, 473(482 f.).
[953] *Schmidt-Aßmann/Groß*, NVwZ 1993, 617(623) im Anschluß an BVerfGE 85,36(58).
[954] Dazu *Koenig/Kühling*, MMR 2001, 80(83).
[955] *Ladeur*, K&R 1998, 479(485); *ders.*, Innovation durch Regulierung, in: Hoffmann/Riem, Innovation und Telekommunikation, 2000, S. 74.

Unter anderem das Demokratieprinzip legt eine solche akzeptanzfördernde Ausgestaltung des Verwaltungsverfahrens nahe[956]. Sie könnte im Bestimmtheitsgebot und Wesentlichkeitsgrundsatz begründete Zweifel an der Zulässigkeit des weiten behördlichen Entscheidungsspielraums ausräumen[957]. Denn je mehr sich das Verwaltungsverfahren durch ergebnisoffene Einbeziehung unterschiedlicher Interessen einem Gesetzgebungsverfahren annähert, umso weitgehender kann auf die derivative Legitimation der Verwaltungsentscheidung durch präzise Programmierung per Parlamentsgesetz verzichtet werden[958]. Hier zeigen sich Übereinstimmungen zum amerikanischen Modell der „regulation", dessen rule-making ebenfalls wesentlich das Ergebnis eines Aushandlungsprozeß der Beteiligten darstellt[959]. Gleichzeitig setzt das Demokratieprinzip dieser Entscheidungsdelegation Grenzen. Partizipatorische Elemente erlauben es, die vom TKG über die Regulierungsbehörde zum Gesetzgeber geknüpfte Kette zu lockern, zerreißen darf sie nicht[960]. Das verhindern die allgemeine Weisungsbefugnis des Wirtschaftsministeriums und die Verordnungsbefugnis der Bundesregierung für die Einzelheiten der Zusammenschaltungsanordnung nach § 35 V TKG.

Für größtmögliche Transparenz und Beteiligung der betroffenen Kreise lassen sich noch weitere Gründe anführen. Sie erleichtern es der Regulierungsbehörde, Entscheidungen im Nutzerinteresse gegen unternehmerische Partikularinteressen durchzusetzen[961]. Transparenz schützt schließlich vor möglicher gesetzwidriger Einflußnahme interessierter Akteure.

Eine Vernetzung privater und behördlicher Information entspricht dem europäischen Modell der Zusammenschaltung, das die privatautonome Problemlösung bevorzugt. Nicht zuletzt der neue Rechtsrahmen für die Zusammenschaltung verpflichtet den Regulierer bei Entscheidungen über Netzzugang ausdrücklich zu Konsultationen mit allen interessierten Parteien, zur Veröffentlichung des Verfahrens sowie generell zu Transparenz[962].

Ziel des Diskurses ist idealerweise die Festlegung eines behördlichen Handlungskonzepts, mit dem sich die Behörde einerseits längerfristig selber bindet und allen Beteiligten dadurch Rechts- und Planungssicherheit verschafft und das sie andrer-

956 Allgemein *Schmidt-Aßmann* in: Isensee/Kirchhof (Hrsg.), HStR III, 1988, § 70 Rn. 3 ff.

957 Vgl. *Trute*, in: Trute/Spoerr/Bosch, TKG-Kommentar, 2001, § 1 Rn. 14.

958 Vgl. *Lepsius*, Verwaltungsrecht unter dem Common Law, 1997, S. 194.

959 Vgl. dazu *Eisenblätter*, Regulierung in der Telekommunikation, 2000, S. 245 ff.

960 Vgl. BVerfGE 83, 60(75); 93, 37(67).

961 *Bock/Völcker*, CR 1998, 473(483).

962 Richtlinie des Europäischen Parlaments und des Rates über einen gemeinsamen Rechtsrahmen für elektronische Kommunikationsnetze und –dienste (neue Rahmenrichtlnie), 2000/0184(COD), Art. 6.

seits im Diskurs mit den Beteiligten ständig überprüft, um es wechselnden Umständen anpassen zu können[963].
Beispielhaft für ein diskursorientiertes Vorgehen ist die Verfahrensweise der britischen Regulierungsbehörde OFTEL[964]. Sie legt die künftige Regulierungspolitik in einem frühen Verfahrensstadium offen und stellt sie zur öffentlichen Diskussion. In mehreren Runden können alle interessierten Parteien, darunter Konsumenten, die jeweiligen Absichten konsultieren und die eingegangenen Kommentare bewerten. Dabei greift die Behörde intensiv auf das Internet zurück. In diesem Konsultationsprozeß gefundene Einsichten legt OFTEL seiner Regulierungspraxis zugrunde.
Auf diese Weise bindet der britische Regulierer ein Höchstmaß an externer Sachkompetenz in seine Entscheidung ein und steigert deren Akzeptanz. Marktteilnehmer können ihrerseits versuchen, im Diskurs die Entwicklung der Regulierung zu beeinflussen und ihre Investitionsentscheidungen rechtzeitig daran ausrichten.

c) Praxis der Regulierungsbehörde

Deutliche Züge eines solchen Diskursmodells zeigt die Anhörung der Regulierungsbehörde zu wichtigen Voraussetzungen der Zusammenschaltungsanordnung, wie den Begriffen des TK-Netzes, der grundlegenden Anforderungen im Sinne der ONP-Grundsätze, sowie der Struktur der Zusammenschaltungsentgelte[965]. Diese Anhörung sammelt technische und wirtschaftliche Argumente der Markteilnehmer. Sie befaßt sich insbesondere mit den Auswirkungen auf den Wettbewerb[966]. Die Anhörung fand losgelöst von konkreten Zusammenschaltungsverfahren statt, die Behörde hat die Ergebnisse späteren Anordnungen zugrunde gelegt.
Ähnlich ging die Einführung eines analytischen Kostenmodells für das Ortsnetz vonstatten. Es war zunächst Gegenstand einer öffentlichen Diskussion[967], um dann in die Anordnungen der Behörde einzugehen[968]. Vergleichbare Anhörungen finden sich zunehmend in anderen Bereichen der Regulierung[969]. Eine bemerkenswerte

963 Vgl. *Ladeur*, Innovation durch Regulierung, in: Hoffmann/Riem, Innovation und Telekommunikation, 2000, S. 72 f

964 Vgl. etwa die Richtlinien für Zusammenschaltungen des britischen Regulierers in Internet unter http://www.oftel.gov.uk; allgemein *Koenig/Kühling*, MMR 2001, 80(83).

965 *RegTP*, Öffentliche Anhörung über die regulatorische Behandlung von Verbindungsnetzen und öffentlichen Telekommunikationsnetzen im Hinblick auf die Zusammenschaltungsvorschriften des TKG, Abl. 1999, 739 ff.

966 *RegTP* a.a.O., S. 754.

967 Vgl. *RegTP*, Mitteilung Nr. 568/1999, Abl. 23/99. S. 4117.

968 Erstmals in *RegTP* BK 4a-00-018/Z 30.06.00.

969 Vgl. etwa das Konzept für einen internationalen Tarifvergleich für Mietleitungen, Abl. 2000, 590 sowie das Eckpunktepapier der Regulierungsbehörde zur zukünftigen Behandlung der Marktabgrenzung, http://www.regtp.de/.

Ausnahme bildet die Festlegung der Bedingungen für die Versteigerung von UMTS-Lizenzen[970].

Zumindest partiell nähert sich damit die Regulierungsbehörde offenbar einem Diskursmodell an. Allerdings verzichtet sie darauf, in ihren Entscheidungen eine klare Strategie zu formulieren oder auf ein strategisches Konzept zu verweisen. Der Prozeß des Verhandelns und Abwägens bleibt weitgehend im Dunkeln. Überhaupt keine Beteiligung finden Verbraucher. Das legt den Eindruck nahe, daß die erfolgten Anhörungen eher der Informationssammlung der Regulierungsbehörde als einem ergebnisoffenen Diskurs gedient haben.

Zudem verzichtet die Regulierungsbehörde bislang darauf, ihre Beschlüsse im Internet zu verbreiten. Diese Veröffentlichung wäre ohne viel Aufwand möglich, wie das Beispiel der österreichischen Regulierungsbehörde belegt. Da der deutsche Regulierer generell keine gezielte Veröffentlichungspolitik betreibt, entscheiden derzeit der Zufall und die Interessen der beteiligten Anwälte, ob und welche Entscheidungen veröffentlicht werden. Das leistet der allgemeinen Transparenz der Regulierung nicht gerade Vorschub[971].

d) Einwände der Rechtsprechung

Eine unnötige Hürde für den Regulierungsdiskurs hat indes das OVG Münster errichtet. Das Gericht gesteht dem marktbeherrschenden Netzbetreiber ein weitreichendes Recht auf Geheimhaltung seiner Betriebs- und Geschäftsunterlagen zu. Das wirkt sich vor allem im Verfahren der Entgeltregulierung aus. Durch die Rechtsprechung des OVG Münster bleibt den Wettbewerber hier sowohl im Verwaltungs- als auch im Gerichtsverfahren die Einsicht in die Kostenunterlagen der Deutschen Telekom AG verwehrt[972]: Der Regulierer muß die Unterlagen demnach vor den Wettbewerbern verschlossen halten, auch die Gerichte dürfen sie nur „in-camera"[973] überprüfen. Dabei soll schon die abstrakte Beschreibung einer speziellen Kostenberechnungsmethode ein Betriebs- und Geschäftsgeheimnis darstellen[974]. Die Gehörs- und Akteneinsichtsrechte der am Verfahren beteiligten Wettbewerber stehen hinter den angeblich grundrechtlich geschützten Geheimhaltungsinteressen der Deutschen Telekom AG zurück. Grundrechte als Argument überzeugen indes in dieser Konstellation kaum, weil die Deutsche Telekom AG einer gesteigerten

[970] *RegTP* Vfg. 14/2000, Abl. 2000, 564 ff.

[971] Die Möglichkeit der Einsichtnahme in Bonn nach § 6 IV NZV ersetzt die Veröffentlichung schon deshalb nicht, weil sich die Hinweise auf Zusammenschaltungsanordnungen im Amtsblatt der Regulierungsbehörde auf den Tenor beschränken, dem die Relevanz der Anordnung nicht anzusehen ist.

[972] Etwa OVG Münster NVwZ 2001, 820; zu Recht kritisch VG Köln, Beschl. v. 11.2.2001, 1 K 1148/99.

[973] Dazu BVerfGE 101, 106; vgl. jetzt die Neuregelung in § 99 Abs. 2 VwGO.

[974] OVG Münster RTKom 2001, 168.

Sozialbindung unterliegt[975]. Die Aussage schließlich, dem TKG ließe sich nicht entnehmen, dass öffentlichen Interessen an der effektiven Durchführung eines telekommunikationsrechtlichen Entgeltregulierungsverfahrens gegenüber dem Geheimnisanspruch überwiegendes Gewicht zukomme[976], erscheint gewagt. Denn die Geheimhaltung der Kostenunterlagen unterläuft ein wesentliches Anliegen des TKG, das damit europäische Vorgaben umsetzt, nämlich den offenen Regulierungsdiskurs[977]. Dabei könnte es die Sachkompetenz der Wettbewerber dem Regulierer und den Gerichten wesentlich erleichtern, die Kostenkalkulationen der Deutschen Telekom AG nachzuvollziehen und zu bewerten.

2. *Begründung*

Einen weiteren Dreh- und Angelpunkt bildet die Begründung. Sie ist grundsätzliches Erfordernis des Rechtsstaatsprinzips[978], weil eine tragfähige und nachvollziehbare Begründung staatlicher Eingriffsentscheidungen für deren Legitimation, Akzeptanz und gerichtliche Kontrolle unerläßlich ist. Gleichzeitig dient sie der Selbstkontrolle der Verwaltung[979].

Die Rechtsprechung ermittelt den genauen Umfang der Begründungspflicht einzelfallabhängig anhand der Besonderheiten des einzelnen Rechtsgebiets, der Art des in Frage stehenden Eingriffs, der maßgeblichen Gründe und der betroffenen (Grund)rechte[980].

Für den erforderlichen Begründungsumfang der Zusammenschaltungsanordnung spielt ihr Charakter als teilweise Letztentscheidung der Regulierungsbehörde die entscheidende Rolle. Eine eingeschränkte gerichtliche Kontrollmöglichkeit bei Ermächtigungen zur Letztentscheidung verstärkt die rechtsstaatlichen Funktionen der Begründungspflicht. Mit abnehmender Vollzugssteuerung des Verwaltungshandelns durch geringere inhaltliche Determinierung kommt der Entscheidungsbegründung ein eigener, qualitativ anderer Rechtswahrungsauftrag zu[981]. Um effektiven Rechtsschutz sicherzustellen, muß die Entscheidung desto eingehender be-

975 Dazu bereits oben unter Kapitel 10 S. 104.

976 OVG Münster RTkom 2001, 168.

977 Vgl. dazu jetzt Art. 6 Richtlinie des EP und des Rates über einen gemeinsamen Rechtsrahmen für elektronische Kommunikationsnetze und –dienste (neue Rahmenrichtlinie), 2000/0184 (COD)

978 BVerfGE 6, 32(44); 40, 286; 49, 66; *Stern*, Staatsrecht, Bd. I, 2. Auflage 1994, § 20 IV 4; *Koenig*, AöR 117(1992), 513(519); *Schmidt-Aßmann*, in: ders./Schoch/Pietzner, VwGO-Kommentar, Stand 2000, Bd. 1 Einl. Rn. 206 f.; *Stelkens*, in: Stelkens/Sachs/Bonk, VwVfG, 5. Auflage 1998, § 39 Rn. 2; abweichend *Dolzer*, DÖV 1995, 9(13).

979 Ausführlich *Stelkens* a.a.O., § 39 Rn. 6 ff.

980 BVerwGE 22, 217; 38, 194; 57, 6; 71, 72; 79, 71.

981 *Schwab*, DÖD 1994, 80(81).

gründet werden, je weiter die gerichtliche Kontrolldichte eingeschränkt und je größer deshalb der behördliche Handlungs- und Gestaltungsspielraum ist[982].

Speziell für die Zusammenschaltungsanordnung ergibt sich daraus: Neben einer richtigen Auslegung des Tatbestandes und der mit ihm verbundenen Letztentscheidungsermächtigung müssen aus ihrer Begründung zutreffende und vollständige Sachverhaltsermittlungen zu entnehmen sein[983]. Besonders wichtig ist die Darstellung des Abwägungsprozesses mit seinen wesentlichen Erwägungen[984]. Die Begründung hat die Gewichtung und Abwägung der widerstreitenden Belange in wesentlichen Zügen darzulegen.

Bei der Zusammenschaltungsanordnung muß die Regulierungsbehörde zum einen offenlegen, wie sie im konkreten Fall die Interessen der Anordnungsadressaten einstuft und unter Berücksichtigung der grundrechtlichen Vorgaben und des ONP-Anspruchs auf Zusammenschaltung zum Ausgleich bringt. Zum anderen bedarf es der Darlegung, welches Regulierungsziel sie wie durch ihre Entscheidung betroffen sieht, wie sie die unterschiedlichen betroffenen Belange Dritter im konkreten Fall gewichtet und welchen sie warum Vorrang einräumt.

In Bezug auf dieses Begründungserfordernis zeigen die Anordnungen der Regulierungsbehörde die größten Defizite. Die Begründungen bleiben generell bruchstückhaft und apodiktisch. Die Ermittlung und Abwägung der betroffenen Interessen läßt sich selbst in Hinblick auf die Adressaten nicht immer erkennen oder nachvollziehen. Konkrete Auswirkungen auf weitere Betroffene, insbesondere Nutzer, erwähnt die Behörde nicht. Der Regulierer spielt mit verdeckten Karten und legt weder Wertungen im konkreten Fall noch ein generelles Konzept offen, das die Anforderungen an die Abwägung im Einzelfall reduzieren könnte. Damit verfehlt er die gesteigerten Begründungsanforderungen behördlicher Letztentscheidungen.

III. Konzeptpflicht als Element der Selbststeuerung

Neben diesen formellen Anforderungen an Verfahren und Begründung kann ein Regulierungskonzept als Instrument der Eigensteuerung[985] des Regulierers einen entscheidenden Beitrag leisten, um mit dem Regulierungsermessen verbundene Entscheidungsbefugnis der Behörde rechtsstaatlich abzusichern und die damit verbundene Unsicherheit zu reduzieren.

Einen normativen Anknüpfungspunkt für eine Konzeptsteuerung liefert der Wortlaut des TKG in § 81 II. Danach veröffentlicht die Behörde in ihrem Amtsblatt

982 Für die Beurteilungsermächtigung *Stelkens*, in: Stelkens/Sachs/Bonk, VwVfG, 5. Auflage 1998, § 39 Rn. 26, 30; BVerwGE 91, 262(265).

983 Vgl. BVerwGE 72, 195(201).

984 *Schwab*, DÖD 1994, 80(81); zum Planungsrecht BVerwGE 75, 214(239 f.).

985 Vgl. *Trute*, in: Trute/Spoerr/Bosch, TKG-Kommentar, 2001, § 1 Rn. 16.

fortlaufend Verwaltungsgrundsätze. Das Gesetz verpflichtet sie also, die Maßstäbe und Leitlinien ihrer Regulierung offen zu legen.
Mit Blick auf System und Zweck des TKG verdichtet sich diese Informations- zu einer Konzeptpflicht. Das Gesetz räumt dem Regulierer das abwägungsgeprägte Regulierungsermessen ein, um ihn zu einzelfallübergreifender Gestaltung bei der Zusammenschaltungsanordnung zu ermächtigen. Diesen Gestaltungsauftrag kann die Behörde nur erfüllen, indem sie ihre Einzelfallentscheidungen durch ein Konzept[986] überformt[987].

1. *Begriff des Konzepts*

Der zur Beschreibung des gestaltenden Regulierungshandelns benutzte Topos des planerisch-politischen Einschlags beschreibt die Fremdsteuerung durch Regulierungshandeln, seine Wirkung nach außen. Konzept und planerisch-politischer Einschlag bilden die Kehrseiten derselben Entscheidung. Der Begriff des Konzepts bezeichnet den Vorgang der Selbststeuerung[988]. Er nimmt die internen Handlungsmaßstäbe der Regulierung in den Blick.
Das Konzept ist dem Steuerungszusammenhang von Gesetz und Einzelentscheidung auf einer mittleren Ebene einzuziehen[989]. Es hat die Regulierungsstrategie der Behörde für die Gestaltung des Zusammenschaltungsmarkts zu formulieren, um daraus generelle Leitlinien sowie Maßstäbe für Zusammenschaltungsanordnungen abzuleiten. Dafür hat sie die in den Regulierungszielen enthaltene Ermächtigung zur Letztentscheidung einzelfallübergreifend und zukunftsorientiert auszufüllen. Ziel ist es, solche Umstände und Maßstäbe zu umreißen, die für die Einzelentscheidung generell und prinzipiell ausschlaggebend sein sollen[990]. Darauf hin muß die Behörde die einzelne Anordnung ausrichten.

2. *Erhöhte Legimitation und Systemgerechtigkeit*

Das Konzept stellt die Überlegungen der Behörde zur Zusammenschaltungsregulierung dar und eröffnet den Diskurs über ihre Strategie. Ein Konzept könnte so das Diskursmodell der Zusammenschaltung sinnvoll ergänzen und vervollständigen, das die Behörde bereits jetzt in Ansätzen praktiziert[991], ohne es bis zur Formulierung einer klaren Strategie zu führen. Insbesondere müßte die Regulierungsbe-

[986] *Schmidt-Aßmann*, Das allgemeine Verwaltungsrecht als Ordnungsidee, 1998, S. 279; *Müller*, Konzeptbezogenes Verwaltungshandeln, 1991.
[987] Zum Begriff der Überformung *Trute*, Vorsorgestrukturen und Luftreinhalteplanung im Bundesimmissionsschutzgesetz, 1989, S. 300 f.
[988] *Schmidt-Aßmann*, Das allgemeine Verwaltungsrecht als Ordnungsidee, 1998, S. 279.
[989] *Trute*, Vorsorgestrukturen und Luftreinhalteplanung im Bundesimmissionsschutzgesetz, 1989, S. 301.
[990] Vgl. *Hoppe*, DVBl 1971, 474(477).
[991] Dazu unten in Kapitel 16 S. 200 ff.

hörde alle Betroffenen in die Konzeptentwicklung einbeziehen. Dieses an Anforderungen des Demokratiegebots ausgerichtete Verfahren wäre durch die teilweise Rückbindung an den Willen der Normadressaten geeignet, rechtsstaatliche Bedenken gegen den weiten Entscheidungsspielraum der Regulierungsbehörde bei der einzelnen Zusammenschaltungsanordnung abzuschwächen. Die Eigensteuerung durch Behörde und Regelungsadressaten vervollständigt damit die wegen der Komplexität und Situationsabhängigkeit der erforderlichen Marksteuerung nur noch in Umrissen mögliche gesetzliche Steuerung der Zusammenschaltung. Der vielstrapazierte Begriff der regulierten Selbstregulierung erscheint insofern als vertretbare Beschreibung dieses Vorgangs[992].

Legt die Behörde ihrer Regulierungspraxis ein solches Konzept zugrunde, dann erhöht sie die Rationalität der einzelnen, gesetzlich nur schwach vorgezeichneten Zusammenschaltungsentscheidung[993]. Ein Konzept vermittelt den Entscheidungen der Behörde Ordnung, Durchschaubarkeit und Stimmigkeit[994]. Gleichzeitig entlastet es einzelne Zusammenschaltungsverfahren von technischen Fragen[995]. Ansätze einer solchen Abschichtung liefert die von der Regulierungsbehörde durchgeführte Anhörung zum Begriff des Netzbetreibers, die sich in einer verbindlichen Definition des Netzbetreibers niedergeschlagen hat[996].

Weiter läßt sich die Konzeptpflicht im Postulat der Systemgerechtigkeit verorten, das aus dem Gleichheitssatz folgt[997]. Das Konzept könnte die gemeinwohlorientierte systematische Ordnung des Marktes für Zusammenschaltungen, die der Behörde mittels einer Vielzahl von Zusammenschaltungsanordnungen obliegt, durch eine Art. 3 I GG gerecht werdende Anordnungspraxis sichern.

Die selbstformulierten Handlungsmaßstäbe hätten die Rechtsnatur von Verwaltungsvorschriften. Sie sind nach § 81 II TKG zu veröffentlichen und binden die Regulierungsbehörde auf der Grundlage des Gleichheitssatzes und rechtstaatlichen Vertrauensschutzes[998].

Auf die so erzeugte und offen gelegte Selbstbindung an ein strategisches Konzept könnten sich die Marktteilnehmer einrichten. Damit trügen andere Prinzipien die Bindung durch ein allgemeines Handlungskonzept mit, die sich mit dem Gleichbehandlungsgebot überlagern: Rechtssicherheit, Vertrauensschutz, das Verbot des

[992] *Hoffmann-Riem*, DVBl 1999, 125.

[993] Dazu *Schmidt-Aßmann*, Das allgemeine Verwaltungsrecht als Ordnungsidee, 1998, S. 279.

[994] *Schmidt-Aßmann* Das allgemeine Verwaltungsrecht als Ordnungsidee, 1998, S. 279.

[995] *Trute*, Vorsorgestrukturen und Luftreinhalteplanung im Bundesimmissionsschutzgesetz, 1989, S. 301.

[996] *RegTP*, Öffentliche Anhörung über die regulatorische Behandlung von Verbindungsnetzen und öffentlichen Telekommunikationsnetzen im Hinblick auf die Zusammenschaltungsvorschriften des TKG, Abl. 1999, 739 ff.

[997] *Hoppe*, DVBl 1974, 474(477); kritisch *Peine*, Systemgerechtigkeit, 1985; BVerwG NVwZ 1988, 144; NVwZ-RR 1992, 360.

[998] Vgl. *Sachs*, in: Stelkens/Sachs/Bonk, VwVfG, 5. Auflage 1998, § 40 Rn. 218.

venire contra factum proprium und die Pflicht zu konsequentem und folgerichtigem Verhalten[999].
Das Konzept würde zudem die Forderung der ZS-RL nach zukunftsgerichteter, genereller Gestaltung der Zusammenschaltungsbedingungen durch die Regulierungsbehörde erfüllen. Bislang verwirklicht sie der Kompetenzrahmen des TKG nur ungenügend, weil das TKG die Steuerungskompetenzen der Behörde auf die einzelne Zusammenschaltungsanordnung beschränkt und ihr kaum Möglichkeiten zur generellen ex-ante Festsetzung von Zusammenschaltungsregeln gewährt. Die Praxis der Regulierungsbehörde, die selbst die bescheidenen Gestaltungsmöglichkeiten des TKG nicht voll ausnutzt, verstärkt dieses Defizit[1000].
Ein Konzept wäre deshalb wegen des Gewinns an Rechtsstaatlichkeit, demokratischer Legitimation und der besseren Umsetzung des europäischen Regulierungsmodells wünschenswert und naheliegend. In Verbindung mit § 81 II TKG folgt daraus die Konzeptpflicht[1001]. Die Kehrseite einer Bindung durch Konzepterstellung bildet eine weitgehende Konzeptfreiheit, die das Ausmaß gerichtlicher Überprüfung einschränkt (dazu sogleich).
Die Praxis der Regulierungsbehörde weist bereits deutliche Ansätze für eine solche Konzepterstellung im Diskurs auf[1002]. Sie sollen in Übereinstimmung mit europäischen Entwicklungen[1003] künftig verstärkt werden: Die Regulierungsbehörde will ihre Festlegungen über den Begriff der Marktbeherrschung nach einem ergebnisoffenen Diskurs mit allen interessierten Parteien zu Leitlinien ausformulieren[1004], um diese als Basis für ihre zukünftige Regulierungspraxis zu nutzen.

[999] Allgemein *Ossenbühl*, Verwaltungsvorschriften und Grundgesetz, 1968, S. 542.
[1000] Dazu ausführlich oben in Kapitel 13 S. 147 ff.
[1001] Für gesetzgeberische Konzeptpflichten BVerfGE DVBl 2000, 42(43); SächsVerfGH, SächsVbl 1999, 237(238); 1999, 243; *Trute*, JbSächsOVG 3, 21(25).
[1002] Vgl. etwa *RegTP*, Öffentliche Anhörung über die regulatorische Behandlung von Verbindungsnetzen und öffentlichen Telekommunikationsnetzen im Hinblick auf die Zusammenschaltungsvorschriften des TKG, Abl. 1999, 739 ff.; Konzept für einen internationalen Tarifvergleich für Mietleitungen, Abl. RegTP 2000, 590; Aufruf zur Kommentierung über Verwaltungsvorschriften im Bereich Kostenrechnung, Abl. RegTP 2000, 2871.
[1003] Der Entwurf der Zugangsrichtlinie, KOM(2000)384 endgültig, Art. 8 ff. i.V.m. Art. 14 des Entwurfs der Rahmenrichtlinie, KOM(2000)393 endgültig führt den derzeitigen Ansatz weiter. Grundlage der Feststellung von Marktmacht bildet eine von der Behörde nach Vorgaben der Europäischen Kommission durchgeführte Marktanalyse. An die Feststellung besonderer Marktmacht kann der Regulierer verschieden Regulierungsmaßnahmen knüpfen.
[1004] Vgl. die Eckpunkte für ein Konzept zur künftigen sachlichen und räumlichen Abgrenzung von Märkten, http://www.regtp.de/.

IV. Kontrolle des Abwägungsvorgangs

1. *Konzeptfreiheit*

Idealerweise befolgt die Behörde ihre Konzeptpflicht und legt ihren Einzelentscheidungen ein vorab veröffentlichtes, schlüssiges Gesamtkonzept zugrunde, das unter Beachtung der Verfahrensregeln als Ergebnis des legitimationsvermittelnden Diskurses entstanden ist. Der durch den partizipatorischen und transparenten Diskurs und ein bindendes Konzept erfolgte Gewinn an Legitimation und Rechtsstaatlichlichkeit rechtfertigt einen Verzicht auf die Abwägungskontrolle im Einzelfall. Gegenstand gerichtlicher Kontrolle bilden in diesem Fall nur noch die Tatsachenermittlung und das Verfahren bei der Konzepterstellung[1005]. Die Überprüfung der einzelnen Entscheidungen erfolgt lediglich auf Einhaltung des Konzepts sowie auf solche Teile, die das Konzept wegen der Besonderheit des Sachverhalts nicht erfassen kann. Eine Abweichung bildet ein Indiz für eine Verletzung des Art. 3 I GG, die Widerlegung bedürfte erhöhten Begründungsaufwands[1006], die Einhaltung des Konzepts begründet dagegen eine Vermutung für die Rechtmäßigkeit der Zusammenschaltungsanordnung.

Entsprechend eingeschränkt sind die Begründungsanforderungen, wenn die Behörde ein Konzept zugrundelegt. Dann genügt es, wenn die Behörde darlegt, warum der konkrete Fall keine Abweichung vom Gesamtkonzept erfordert. Andrerseits ergeben sich aus Abweichungen von diesem Gesamtkonzept erhöhte Begründungslasten[1007].

2. *Abwägung*

Verzichtet die Behörde auf ein im Diskurs entstandenes Konzept oder deckt ein solches Konzept nicht alle Fragen der einzelnen Zusammenschaltung ab, so kann sie nicht in den Genuß einer Rücknahme gerichtlicher Kontrolle kommen. Fehlt ein Konzept, so muß die Abwägung der verschiedenen betroffenen Interessen bei der Zusammenschaltungsanordnung überprüft werden[1008]. Diese Konstellation entspricht der derzeitigen Praxis.

Diese Vorgangsüberpüfung der Zusammenschaltungsanordnung muß dann die Kontrollmodi verschiedener behördlicher Entscheidungsspielräume kombinieren und allgemeine Regeln für eine Abwägungskontrolle anwenden[1009].

[1005] Ähnlich *Trute*, in: Trute/Spoerr/Bosch, TKG-Kommentar, 2001, § 1 Rn. 19.

[1006] Vgl. *Trute*, JbSächsOVG 3, 21(39).

[1007] Vgl. *Trute* a.a.O.

[1008] Speziell für die Entgeltregulierung *Spoerr*, in: Trute/Spoerr/Bosch, TKG, Kommentar, § 2001, § 24 Rn. 58ff.

[1009] *Gerhard*, in: Schoch/Schmidt-Aßmann/Pietzner, VwGO-Kommentar, Stand 2000, § 113 Rn. 20 und § 114 Rn. 4.

Abwägung setzt immer einen Bereich der Nichtentscheidung durch das Gesetz voraus[1010], das insoweit die Letztentscheidung an die Verwaltung überträgt. Sie bildet das gemeinsame Element verschiedener Arten behördlicher Letztentscheidungsrechte. Die gemeinsame Struktur von Abwägungsentscheidungen erlaubt es, ein übergreifendes Überprüfungsschema zu benennen, das sich am ausdifferenziertesten Kontrollraster für Abwägungsvorgänge, dem des Planungsrechts[1011], orientieren kann[1012]. Seine Grundgedanken gelten für jede Abwägung[1013].

Die Anwendung dieses für alle Formen administrativer Letztentscheidungsbefugnisse anwendbaren Prüfrasters zur Abwägungskontrolle[1014] muß dem Umstand Rechnung tragen, daß die Zusammenschaltungsentscheidung in der Spanne der Abwägungstypen eine Zwischenform[1015] der Steuerung und Abwägung darstellt, weil sie Elemente des Ermessens, unbestimmter Rechtsbegriffe und einen planendpolitischen Einschlag vereint.

Geht es nur darum, die Rechtspositionen der beiden beteiligten Netzbetreiber abzuwägen und zu schonendem Ausgleich zu bringen, dann nähert sich die Anordnung einer einfachen Ermessensentscheidung an. Das verengt den Entscheidungsspielraum der Behörde. Sie darf keine Rechtspositionen der Anordnungsadressaten völlig außer Acht lassen oder unverhältnismäßig einschränken. Die Behörde muß nach § 9 IV NZV die Grundrechte aus den Art. 12 und 14 GG in ihre Abwägung einstellen.

Eine wichtige Vorgabe liefert der ONP-Anspruch auf Zusammenschaltung, der höchstens verhältnismäßige Einschränkungen zuläßt. Ihn hat die Entscheidung primär durchzusetzen. Der Schutz von Drittinteressen erweitert die Möglichkeit, die Rechte der Adressaten einzuschränken. Sie dürfen ihm jedoch nicht vollständig untergeordnet werden.

Zielt die Abwägung dagegen zusätzlich darauf ab, einzelfallübergreifend Interessen im polygonalen Interessengeflecht zwischen Adressaten, Nutzern und weiteren Wettbewerbern nach dem Steuerungsprogramm der Regulierungsziele auszubalancieren, so erweitert sich der Entscheidungsspielraum der Behörde. Denn diese komplexere Abwägung erfordert die Zusammenstellung des Abwägungsmaterials,

[1010] *Trute*, Vorsorgestrukturen und Luftreinhalteplanung im Bundesimmissionsschutzgesetz, 1998, S. 284 f.

[1011] Grundlegend BVerwGE 34, 301(309); 45, 309(312 ff.); dazu *Brohm*, Öffentliches Baurecht, 1997, § 13 Rn. 15 ff.

[1012] *Gerhard*, in: Schoch/Schmidt-Aßmann/Pietzner, VwGO, Stand 2000, Bd. 2, § 114 Rn. 7; *Kopp/Schenke*, VwGO, 12. Auflage 2000, § 114 Rn. 35 ff.; zum Planungsrecht BVerwG 45, 309, (312 ff), *Brohm* a.a.O., § 13 Rn. 15.

[1013] *Alexy*, JZ 1986, 701(711).

[1014] *Gerhard*, in: Schoch/Schmidt-Aßmann/Pietzner, VwGO, Stand 2000, § 114 Rn. 7; *Schmidt-Aßmann/Groß*, NVwZ 1993, 617(624); *Herdegen*, JZ 1991, 747 ff.

[1015] Dazu *Trute*, Vorsorgestrukturen und Luftreinhalteplanung im Bundesimmissionsschutzgesetz, 1989, S. 294 f.

die Formulierung und Gewichtung von Zielen sowie die Aufstellung eines strategischen Modells[1016]. Das rückt eine solche Abwägung qualitativ in die Nähe einer planerischen Entscheidung[1017]. Echtes Planungsermessen erlaubt im Gegensatz zum einfachen Ermessen eine vollständige Kompensation bestimmter Interessen durch die Verfolgung anderer Belange[1018]. In dieser Konstellation sind im Verhältnis der Drittinteressen untereinander und zu den Interessen der Zusammenschaltungsadressaten deshalb weitreichende Kompensationen zulässig. Sie können bis zum völligen „Wegwägen" eines Drittbelangs reichen. Eine solche Entscheidung der Regulierungsbehörde kann nur am Maßstab rechtsstaatlicher Vernünftigkeit überprüft werden. Eine Abwägung hat stattzufinden und darf die eingestellten Belange jeweils für sich nicht fehlgewichten. Der die Entscheidung tragende Vergleich der einzelnen Belange darf schließlich nicht außer Verhältnis stehen zur ihrer Bedeutung, wie sie sich richtig gewichtet darstellt[1019].

Was die betroffenen Drittinteressen von Nutzern und Wettbewerbern angeht, muß die Abwägung alle aufgrund der Regulierungsziele als Abwägungsdirektiven[1020] zu berücksichtigenden Belange aufgreifen und angemessen berücksichtigen. Je ausgeprägter die planerischen, über den Einzelfall hinausweisenden Züge sind, weil die Anordnung auf Interessen von Nutzern und Wettbewerbern einwirkt, desto weiter reicht dabei die Gestaltungsfreiheit der Regulierungsbehörde.

1016 *Ladeur*, K&R 1998, 479(485) für die Entgeltregulierung.

1017 Oben unter Kapitel 15 S. 173 ff.

1018 Vgl. *Hoppe*, DVBl 1974, 644; *Oldiges*, in: Steiner (Hrsg.), Besonderes Verwaltungsrecht, 6. Auflage 1999, S. 505; *Brohm*, Öffentliches Baurecht, 1997, S. 166; *Wahl*, DVBl 1982, 51(55); *Weyreuther* DÖV 1977, 419 ff.

1019 *Gerhard*, in: Schoch/Schmidt-Aßmann/Pietzner, VwGO, Stand 2000, Bd. 2, § 114 Rn. 7

1020 Vgl. *Spoerr*, in: Trute/Spoerr/Bosch, TKG, Kommentar, 2001, § 24 Rn. 59 für die Entgeltregulierung.

Kapitel 17 Anwendungsbeispiele

Wie ein Blick auf wichtige Verfahren der Regulierungsbehörde belegt, wird die Praxis den Anforderungen des TKG noch nicht immer gerecht. Die Entwicklung weist aber in Richtung auf eine Verstärkung konzept- und diskursorientierter Regulierung.

I. Beispiel 1: Die Migrationsregel

Unter dem Aspekt des Gestaltungsspielraums sowie der Begründungsusancen der Regulierungsbehörde besonders relevant erscheint der Streit um die sogenannte Migrationsregel. Mit dieser Regel zwingt die Deutsche Telekom AG kleine Zusammenschaltungspartner vertraglich, die Zahl ihrer Zusammenschaltungspunkte zu erhöhen, also ihr Netz auszubauen, sobald die Verkehrsmenge einen Schwellenwert überschreitet[1021].

1. *Tatbestand der Ermächtigung*

Im Präzedenzfall der EconoPhone GmbH[1022] hat die Regulierungsbehörde die Migrationsregel akzeptiert und angeordnet. Sie sieht darin keine Zugangsbeschränkung und keine Einschränkung des ONP-Rechts. Daher lässt sie die Frage offen, ob die beantragte Zusammenschaltung die Netzintegrität verletzt. Darin liegt der entscheidende Schwachpunkt der Entscheidung, denn die Migrationsregel stellt eine Zugangsbeschränkung dar.

Selbst bei positiver Feststellung einer Verletzung der Netzintegrität hätte die Behörde nach der hier vertretenen Ansicht die Migrationsregel nicht anordnen dürfen, weil sie die Rechte der Zusammenschaltungsberechtigten unverhältnismäßig einschränkt.

Der Tatbestand der Befugnis zur Letztentscheidung unterliegt vollständiger gerichtlicher Überprüfung. Zum Tatbestand gehört die Frage, wie weit der ONP-Anspruch reicht, wann eine Zugangsbeschränkung vorliegt und durch grundlegende Anforderungen gerechtfertigt ist. Die Behörde besitzt insofern keinen Gestaltungsspielraum bei der Anwendung dieser Begriffe. Sie hätten vielmehr klar definiert und überprüft werden müssen. Die *EconoPhone*-Anordnung krankt deshalb bereits an einer ungenügenden Erfassung des Tatbestandes der Letztermächtigung.

[1021] Zur inhaltlichen Problematik oben in Kapitel 11 S. 118 ff.

[1022] *RegTP* BK 4 c-99-008/Z 25.2.99 *EconoPhone GmbH*, MMR 1999, 430(433), vgl. auch RegTP BK 4 d-99-009/Z 01.03.99, MMR 1999, 428.

2. *Abwägung und Begründung*

Selbst wenn man den Ausgangspunkt der Regulierungsbehörde akzeptierte und in der Migrationsregel nur eine Regelung der Modalitäten der Zusammenschaltung sieht, bleibt die Anordnung kritikwürdig. Die Entscheidung der Behörde erfordert eine umfassende Abwägung der Interessen der beteiligten Netzbetreiber, die auf einen fairen Ausgleich abzielt (vgl. Art. 9 V ZS-RL). Sie muß die Regulierungsziele berücksichtigen. Daraus folgt ein weiter Gestaltungsspielraum der Behörde, den umfangreiche Verfahrens- und Begründungserfordernisse rechtsstaatlich eingrenzen.

Diese formellen Anforderungen erfüllt die *EconoPhone*-Entscheidung kaum. Ansatzweise erkennt die Behörde diesen Gestaltungsspielraum. Sie will berücksichtigen, wie sie ihre Anordnung auf die rechtliche und tatsächliche Lage auf dem Markt für TK-Dienstleistungen auswirkt, insbesondere auf die Situation der Wettbewerber[1023].

Dieses Bekenntnis zur einer umfassenden Abwägung bleibt aber folgenlos. Die erforderliche Zusammenstellung und Gewichtung der unterschiedlichen Interessen scheint kaum auf. Für die Migrationsregel führt die Regulierungsbehörde die Vermeidung von Investitionskosten für den marktbeherrschenden Betreiber und die Planungssicherheit für die anderen Marktteilnehmer ins Feld. Diese knappe Auflistung einiger erheblicher Belange genügt nicht. Die Berücksichtigung der wirtschaftlichen Interessen der Deutsche Telekom AG wirft bereits Zweifel auf, weil die ONP-Grundsätze eine Beschränkung des Zugangsrechts aus wirtschaftlichen Erwägungen gerade verbieten. Vor dem Hintergrund des Art. 14 I GG mag diese Berücksichtigung aber noch hingenommen werden.

Die Anordnung läßt jedoch die Erörterung der Auswirkungen auf die Antragstellerin vermissen. Die Entscheidung zwingt sie zu Investitionen zum Netzausbau und verschlechtert ihre Wettbewerbsposition gegenüber der Deutschen Telekom AG.

Erst recht fehlt die Prognose, wie sich die mit dieser Entscheidung eingeläutete generelle Durchsetzung der Migrationsregel auf das Regulierungsziel Wettbewerbssicherung auswirkt. Dazu wäre die Einbeziehung zumindest der Argumente aus den schriftlichen Äußerungen der Beigeladenen[1024] hilfreich gewesen. Der Verweis auf die regulatorische Anhörung der Behörde zum Thema Netze weist in diese Richtung, genügt freilich aufgrund seiner Pauschalität nicht. Insgesamt bleibt unklar, welches strategische Konzept die Regulierungsbehörde ihrer Entscheidung zugrunde legt, wie sie die Regulierungsziele bei der Entscheidung über die Migrationsregel zuordnet, gewichtet und in eine langfristige Planung einordnet.

[1023] *RegTP* BK 4 c-99-008/Z 25.2.99 *EconoPhone GmbH*, MMR 1999, 430(433).

[1024] Auf ihren Antrag hatte die Regulierungsbehörde 44 Unternehmen am Verfahren beteiligt.

Überhaupt keine Erwähnung finden die Interessen der Nutzer. Bei der in Rede stehenden Qualitätseinbuße könnte daran gedacht werden, sie gegen die Vorteile für Verbraucher abzuwägen, die gesteigerter Wettbewerb schafft.

II. Beispiel 2: Die Festsetzung der Zusammenschaltungsentgelte

Als zweites Beispiel dafür, wie die Regulierungsbehörde ihren Gestaltungsspielraum wahrnimmt, soll die für den Wettbewerb zentrale Regelung der Zusammenschaltungsentgelte betrachtet werden.

1. *Benchmarking-Verfahren*

Mit ihrer Entscheidung vom 23.12.1999[1025] hat die Regulierungsbehörde den Preis für Zusammenschaltungen mit der die Deutsche Telekom AG als marktbeherrschendem Unternehmen im Verfahren der Entgeltregulierung festgesetzt. Maßstab für die Zusammenschaltungsentgelte bildeten die Kosten effizienter Leistungsbereitstellung[1026].

Nach Ansicht der Regulierungsbehörde waren die von der Deutsche Telekom AG angewandte Kalkulationsmethodik und die vom Unternehmen vorgelegten Kostenunterlagen nur sehr bedingt aussagefähig und insgesamt ungeeignet, die tatsächlichen Kosten nachzuweisen. Daher griff die Behörde auf das Vergleichsmarktverfahren nach § 3 III TEntGV zurück und stützte sich dafür auf die Studie einer Unternehmensberatung. Diese Studie vergleicht die Zusammenschaltungsentgelte der Deutschen Telekom AG mit denen in zehn anderen europäischen Ländern, deren Märkte aufgrund desselben europäischen Rechtsrahmens dem deutschen Markt ähneln. Die Regulierungsbehörde setzte den Preis für Zusammenschaltungsentgelte in der Mitte eines Korridors zwischen dem Durchschnitt der besten (billigsten) drei und dem Durchschnitt aller untersuchten Märkte fest.

Das ist bemerkenswert, weil die Regulierungsbehörde die Empfehlung der Kommission über Zusammenschaltungsentgelte[1027] ignoriert hat. Da eine Kostenberechnung nach dem Ingenieursansatz – für ein fiktives, optimales Netz – bisher wegen ihre Komplexität nirgends durchgeführt wird, rät die Kommission dazu, die langfristigen Zusatzkosten für die Leistungsbereitstellung nach der Richtgröße der sogenannten „besten gegenwärtigen Praxis" festzulegen. Danach sind die Zusammenschaltungsentgelte am Durchschnitt der niedrigsten Preise auf Vergleichsmärkten auszurichten.

[1025] *RegTP* BK 4 e-99-042/Z 15.10.99, MMR 2000, 233 m. Anm. *Schuster*.

[1026] §§ 39 i.V.m. 27 I Nr. 1 TKG i.V.m. § 3 TentGV.

[1027] Vgl. *Kommission*, Empfehlung 98/195/EG zur Zusammenschaltung in einem liberalisierten Telekommunikationsmarkt, Abl. EG Nr. L 73 vom 12.3.1998, S. 42; kritisch auch *Esser-Wellié*, CR 2000, 301(303).

Das entspricht dem Sinn und Zweck der Entgeltregulierung. Die Ermittlung langfristiger Zusatzkosten zielt auf die Festsetzung kostenorientierter Preise. Sie simuliert die Wirkung von Wettbewerb, der tatsächlich fehlt oder nur begrenzt wirkt und im Idealfall strenge Kostenorientierung von selbst herbeiführen würde. Je niedriger die Preise auf einen Vergleichsmarkt, desto näher liegen sie an den Kosten und desto mehr hat sich dieser Markt effektivem Wettbewerb angenähert.

Deswegen überrascht es, daß die Regulierungsbehörde bei ihrer Entgeltfestsetzung nicht die drei effizientesten Vergleichsmärkte als alleinigen Maßstab, sondern nur als Obergrenze des Korridors gewählt hat, in dem sie den Preis der Zusammenschaltung festgelegt hat. Die knappe Begründung, wegen der früheren Liberalisierung seien die drei Länder mit den effizientesten Märkten nicht vergleichbar, trägt nicht. Die Entgeltregulierung soll Wettbewerbswirkungen simulieren. Gerade weil die Marktöffnung der Länder mit der besten gegenwärtigen Praxis am weitesten fortgeschritten ist, macht sie das zu tauglichen Richtgrößen für wettbewerbsnahe Entgelte.

Angesichts der wenigen gesetzlichen Vorgaben hat die Regulierungsbehörde bei der Entgeltregulierung einen weiten Gestaltungsspielraum[1028]. Vom Ergebnis her kann die Festlegung der Zusammenschaltungsentgelte unterhalb der besten gegenwärtigen Praxis schwerlich als rechtswidriges Abwägungsergebnis angesehen werden.

Bei der Ausübung dieser Ermächtigung zur Letztentscheidung hätte die Behörde die Regulierungsziele zugrundelegen, eine Prognose über die Wirkungen ihrer Entscheidung auf diese Ziele treffen und die vielfältigen beteiligten Belange abwägen müssen. Das macht ihre knappe Begründung höchst angreifbar. Wegen der entscheidenden Bedeutung der Zusammenschaltungspreise für den Wettbewerb hätte das Regulierungsziel Wettbewerb eine umfassende Ermittlung und Darstellung der Wettbewerbspositionen beider Seiten erfordert[1029]. Wichtig wäre eine Prognose über die Auswirkung der erfolgten Festlegung auf den Wettbewerb gewesen, vor allem im Vergleich zur ***besten gegenwärtigen Praxis***[1030].

Die Festlegung in der Mitte des Preiskorridors stellt einen Kompromiß zwischen den Interessen der Deutschen Telekom AG und ihren Wettbewerbern dar[1031]. Dieser Kompromißcharakter hätte offengelegt und argumentativ abgesichert werden müssen. Stattdessen läßt sich der Regulierer selbst bei dieser für den Wettbewerb zentralen Entscheidung nicht in die Karten schauen und behält die verfolgte Strategie für sich. Gerade bei der Ausübung des Gestaltungsspielraums – der Preisfest-

1028 Ausführlich oben in Kapitel 16 S. 195 ff.; *Schuster*, MMR 2000, 243: „Großer Ermessensspielraum".

1029 Dazu oben in Kapitel 15 S. 171 ff.

1030 Vgl.dazu jetzt Kommission, Empfehlung zur Zusammenschaltung – Zusammenschaltungsentgelte - vom 22.2.2002, Abl. EG Nr. L 58 v. 28.2.2002, S. 56, die den Maßstab der besten gegenwärtigen Praxis nicht mehr empfiehlt.

1031 *Schuster*, MMR 2000, 243.

setzung – fehlt die rechtsstaatlich unerläßliche, tragfähige Begründung, obwohl der weite Gestaltungsspielraum sie besonders dringend macht.

2. *Analytisches Kostenmodell*

Diese Zugrundelegung eines nach dem Durchschnitt europäischer Märkte berechneten Mittelwerts für Zusammenschaltungsentgelte hat die Regulierungsbehörde inzwischen zugunsten eines analytischen Kostenmodells aufgegeben[1032]. Die Neufestsetzung erfolgte zulässigerweise in einer Zusammenschaltungsanordnung[1033].
An die Stelle des Referenzwerts europäischer Vergleichsmärkte setzt der Regulierer die Kosten für die Nutzung eines effizient betriebenen Netzes auf der Grundlage der Netzstruktur der Deutschen Telekom AG. Sie orientieren sich nicht an der durch die Zusammenschaltungsleistung überbrückten Entfernung, die für die tatsächlichen Kosten nicht ausschlaggebend ist, sondern an der Zahl der genutzten Netzelemente. Im Ergebnis senkt das die Entgelte für die Zusammenschaltung im EU-Vergleich in den unteren Bereich[1034], nachdem sie vorher deutlich darüber gelegen hatten.
Diese Entscheidung korrigiert die angreifbare Vorgängerentscheidung in Ergebnis und Begründung. Die Regulierungsbehörde erkennt ihren Gestaltungsspielraum an. Die Entscheidung habe Prognosecharakter, weil sie nicht den status quo der bestehenden Netzstrukturen nachbilde, sondern durch ihre Orientierung der Kosten am heutigen Stand der Technik zu aktuellen Preisen die für die Zukunft als langfristig dauerhaft erwartete Netzarchitektur zugrunde lege[1035].
Diese Prognose begründet die Behörde ausführlich und überzeugend, insbesondere legt sie das zugrundeliegende Datenmaterial und die Kalkulationsmethode dar[1036].
Die Behörde bezeichnet es als ihre Aufgabe, den Prozeß des Wettbewerbs anzustoßen, indem sie ein zukünftiges Entgeltniveau antizipiert, das in einem Markt mit funktionierendem Wettbewerb bestünde[1037]. Sie spricht ausdrücklich von einem *planungs*fehlerhaften Verhalten der Deutschen Telekom AG[1038], das sie teilweise durch eigene Planung ersetzt. Durch durch niedrigere Preise zwingt sie der Deutschen Telekom AG eine andere Netzstruktur auf. Damit erkennt sie der Sache

[1032] *RegTP* BK 4a-00-018/Z 30.06.00; das entspricht der neuen Empfehlung der Kommission zur Kostenrechnung, Abl. EG Nr. L 58 v. 28.2.2002, S. 56.
[1033] Dazu in Kapitel 14 S. 163 ff.; ablehnend VG Köln, MMR 2001, 410; OVG Münster, MMR 2001, 548.
[1034] *RegTP* BK 4a-00-018/Z 30.06.00, S. 39.
[1035] *RegTP* a.a.O., S. 28.
[1036] Vgl. im Einzelnen *RegTP* BK 4a-00-018/Z 30.06.00, S. 30-39.
[1037] *RegTP* a.a.O., S. 27.
[1038] *RegTP* BK 4a-00-018/Z 30.06.00, S. 34.

nach den planerischen Einschlag der Zusammenschaltungsanordnung an[1039], den sie mit dem Begriff des Beurteilungsspielraums umschreibt.
Zudem berücksichtigt die Entscheidung die Auswirkungen auf das künftige Zusammenschaltungsregime und den Zusammenschaltungsmarkt in Deutschland[1040], wie vom TKG gefordert. Durch die an den tatsächlich beanspruchten Netzelementen orientierte Entgeltstruktur werde die Entscheidung der Konkurrenten zwischen Realisierung einer eigenen Netzstruktur oder dem Einkauf von Zusammenschaltungsleistungen möglichst wenig verzerrt und der Wettbewerb bestmöglich gefördert[1041].
Mit einbezogen werden die Ergebnisse der von der Behörde durchgeführten öffentlichen Diskussion um das neue Kostenmodell[1042]. Damit nähert sie sich den Anforderungen an ein Diskursmodell der Zusammenschaltung an.
Insgesamt markiert die Entscheidung einen erfreulichen Schritt zu einer ausreichend begründeten und methodisch einwandfreien Entscheidungspraxis der Regulierungsbehörde. Mit ihrer klaren Abschichtung und Benennung des Gestaltungsspielraums, der Anerkennung prognostisch-planender Elemente sowie der detaillierten Begründung unter Einbeziehung der Ergebnisse der öffentlichen Diskussion über das analytische Kostenmodell nähert sich die Regulierungsbehörde damit den oben idealiter benannten Anforderungen an das Regulierungsermessen an.
Die von der Rechtsprechung an der Entscheidung der Regulierungsbehörde geäußerte Kritik überzeugt nicht. Insbesondere die Ansicht des OVG Münster, das nicht dem Regulierer, sondern dem regulierten Unternehmen einen Entscheidungsspielraum zubilligt[1043], lässt sich mit den Normen und der Zielsetzung des TKG schwerlich vereinbaren[1044]. Die Regulierungsbehörde hat ihre EBC-Entscheidung deshalb zu Recht – wenn auch in abgewächter Form - wiederholt[1045].

III. Regulierung und Anordnung der Zusammenschaltung

Die Beschreibung des Entscheidungsmaßstabs der Regulierungsbehörde bei der Zusammenschaltungsanordnung fördert einen eigenständigen Gehalt der Regulierung zutage. Auf der Linie der europäischen Vorgaben erteilt das TKG der Behörde für Zusammenschaltungsanordnungen den Auftrag, im Rahmen einzelner Zu-

[1039] Ausführlich in Kapitel 15 auf S. 173 ff.
[1040] *RegTP* BK 4a-00-018/Z 30.06.00, S. 44.
[1041] *RegTP* BK 4a-00-018/Z 30.06.00, S. 44.
[1042] Vgl. *RegTP* Mitteilung Nr. 568/1999, Abl. 23/99, S. 4117.
[1043] OVG Münster MMR 2001, 548.
[1044] Vgl. die fundierte Kritik von *Koenig/Braun*, MMR 2001, 363; deutliche Kritik auch von der Monopolkommission, Wettbewerbsentwicklung bei Telekommunikation und Post 2001, S. 76, Rn. 106.
[1045] Im Eilrechtsschutz hat das VG Köln diese erneute Entgeltregulierung auf EBC-Basis zunächst gebilligt: VG Köln, Beschl. v. 25.2.2002, Az. 1 L 2712/02.

sammenschaltungen die Marktbedingungen zukunftsgerichtet und gemeinwohlorientiert zu gestalten. Verorten lassen sich dieser Auftrag und die korresponiderende Befugnis in den Regulierungszielen[1046] in Verbindung mit den Vorschriften über die Zusammenschaltung, insbesondere der Preisgestaltung.

Das Gesetz räumt dem Regulierer zur Erfüllung seiner Steuerungsaufgabe einen weiten Gestaltungsspielraum (Regulierungsermessen) ein, wie eine Anwendung anerkannter Kriterien für behördliche Entscheidungsfreiräume zeigt. Er setzt sich zusammen aus Elementen des Ermessens, Beurteilungsspielräumen ähnelnden unbestimmten Rechtsbegriffen und planerischen Elementen.

Grundlage bildet die von den Regulierungszielen geforderte Prognose über die Wirkung der Zusammenschaltungsanordnung auf Markt und Nutzer. Die Unabhängigkeit der Beschlußkammern, die sich zumindest für die Einzelentscheidung über die Zusammenschaltung nachweisen läßt, verstärkt diesen Entscheidungsfreiraum. Zusätzliches Fundament bildet die der Behörde gesetzlich abverlangte multipolare, planend-gestalterische Interessenabwägung. Regulierung der Zusammenschaltung bedeutet also eine planerisch-gestaltende Entscheidung einer unabhängigen Behörde mit weitem Regulierungsermessen.

Als Korrelat zum weitreichenden Gestaltungsspielraum bei der Abwägung folgt das Erfordernis eines transparenten, auf umfassende Darstellung der beteiligten Interessen angelegten Verfahrens. Es vermittelt der Entscheidung zusätzliche Legitimation.

Um die Unsicherheit zu reduzieren, die sich mit dem weiten Gestaltungsspielraum verbindet, und die rechtsstaatlich nicht unbedenklich erscheint, muß die Behörde unter Beteiligung der Betroffenen ein bindendes Regulierungskonzept erstellen. Es legt die Leitlinien ihrer Gestaltung der Marktbedingungen für die Zukunft fest. Das verleiht einzelnen Entscheidungen gesteigerte Rationalität und vermindert die Begründungsanforderungen im Einzelfall.

Zusammen mit einem diskursorientierten Verfahren kann diese Selbststeuerung durch ein Konzept den weiten Gestaltungsspielraum bei der Zusammenschaltungsanordnung rechtsstaatlich absichern. Mit den am herkömmlichen Gesetzesvollzug orientierten Maßstäben einer allgemeinen Abwägungskontrolle ist die Anordnung dagegen schwer in den Griff zu bekommen[1047].

Die praktische Umsetzung dieser Vorgaben durch die Regulierungsbehörde ist (noch) nicht über alle Zweifel erhaben. Sie betrachtet in ihren Anordnungen regelmäßig nur die Interessen des Anordnungsgegners. Die Interessen weiterer Wettbewerber und erst recht der Nutzer werden bestenfalls knapp erwähnt und als Argumentationshilfe genutzt, jedoch nicht im Rahmen einer umfassenden Betrachtung

[1046] Vgl. *Trute*, in: Trute/Spoerr/Bosch, TKG, Kommentar, 2001, § 1 Rn. 10.

[1047] Vgl. *Spoerr*, in: Trute/Spoerr/Bosch, TKG, Kommentar, 2001, § 11 Rn. 73 für den Ersatz materiellrechtlicher Programmierung durch verfahrensrechtliche Programme bei der Lizenzvergabe.

dargestellt oder abgewogen. Entwicklungen zu einem konzept- und diskursorientierten Handeln sind aber deutlich zu erkennen.

Dritter Teil: Rechtsfolgen der Anordnung

Kapitel 18 Die angeordnete Zusammenschaltung

Die Anordnung der Zusammenschaltung ist ein Verwaltungsakt. Davon zu trennen ist ihr Ergebnis, die angeordnete Zusammenschaltung, die das Rechtsverhältnis zwischen den beteiligten Netzbetreibern regelt. Literatur und Regulierungsbehörde beurteilen die Rechtsnatur dieses Rechtsverhältnisses unterschiedlich. Sie hat Bedeutung für Bestand und Fehlerregeln der angeordneten Zusammenschaltung. Drei Konstruktionen werden vorgeschlagen.

Erstens: Die Anordnung erzeugt auch im Verhältnis zwischen den Netzbetreibern nur öffentlich-rechtliche Rechtsfolgen (These vom öffentlich-rechtlichen Zusammenschaltungsverhältnis). Dieser Auffassung folgt die Regulierungsbehörde[1048]. Die Anordnung bewirkt danach eine öffentlich-rechtliche Pflicht der Adressaten, ihre Netze zusammenzuschalten. Befolgen die Adressaten die Anordnung, dann schließen sie noch nicht automatisch einen privatrechtlicher Vertrag. Vielmehr bleibt es zunächst bei einem öffentlich-rechtlichen Zusammenschaltungsverhältnis.

Nach dieser Konstruktion sind Fehler bei Entstehung und Abwicklung der Zusammenschaltungsanordnung nach öffentlichem Recht zu behandeln. Zahlungsverzug oder Pflichtverletzungen eines Zusammenschaltungspartners geben dem anderen Teil kein Recht auf Kündigung oder Schadensersatz. Nach Ansicht der Regulierungsbehörde widersprächen solche Rechte der Rechtsnatur der Anordnung[1049]. Sie will bei Leistungsstörungen gegebenenfalls ihre Anordnung widerrufen.

Die zweite mögliche Konstruktion bietet die These vom diktierten Vertrag. Danach erzeugt die Anordnung unmittelbar zivilrechtliche Wirkungen. Mit diesem Begriff hat erstmals *Nipperdey* einen Vertrag beschrieben, den unmittelbar ein Verwaltungsakt begründet, ohne daß übereinstimmende Willenserklärungen der Beteiligten erforderlich wären[1050]. Generell entsteht ein diktierter Vertrag als Ergebnis von Konstellationen, in denen ein Beteiligter seiner Pflicht zum Vertragsschluß nicht nachkommt. Der Verwaltungsakt stellt einen Quasivollstreckungsakt dar, die Verwaltungsbehörde tritt an die Stelle des Gerichts. Der diktierte Vertrag verwirklicht und gestaltet den Vertragsschluß unmittelbar. Die Bezeichnung als diktierter Vertrag

[1048] So die ständige Anordnungspraxis der Behörde etwa in RegTP BK 4-98-011/Z 2.7.98 S. 12; ebenso BK 4d-98-020/Z 21.08.98, S. 16; BK 4 98-006/Z 10.06.98, S. 16; BK 4c-99-052/Z 02.11.99; zustimmend *Riehmer*, MMR 1998, 59(62).

[1049] *RegTP* BK 4-98-011/Z 2.7.98 S. 12; BK 4d-98-020/Z 21.08.98, S. 16; BK 4 98-006/Z 10.06.98, S. 16; BK 4c-99-052/Z 02.11.99.

[1050] *Nipperdey*, Kontrahierungszwang und diktierter Vertrag, 1920, insbesondere S. 135 ff.

weist auf den öffentlich-rechtlichen Entstehungsgrund und das Nacheinander von Hoheitsakt und zivilrechtlichem Vertrag hin[1051].
Als dritte Möglichkeit kann die Anordnung die öffentlich-rechtliche Pflicht der Betroffenen begründen, einen zivilrechtlichen Nachvertrag[1052] abzuschließen (Kombinationstheorie). Danach erzeugt der Verwaltungsakt zivilrechtliche Folgen nur mittelbar, durch die nachvollziehende Einigung der Adressaten. Der Geltungsgrund des Vertragsverhältnisses beruht auf dem Verwaltungsakt, ohne mit ihm identisch zu sein. Vielmehr geht die causa des Vertragsverhältnisses über den Verwaltungsakt hinaus und bleibt ohne zivilrechtliche Einigung unvollständig[1053]. Dem entspricht die Ansicht von *Busche*[1054]. Danach stellt die Anordnung der Zusammenschaltung einen rechtlich bindenden Schiedsspruch dar. Er verpflichtet die Parteien zum Abschluß eines zivilrechtlichen Vertrags.

I. Öffentliches oder privates Recht

Die erste wichtige Weichenstellung bildet die Zuordnung der Rechtsfolgen der Anordnung zwischen den beteiligten Netzbetreibern zum öffentlichen oder privaten Recht. Ist die Zusammenschaltungsanordnung ein privatrechtsgestaltender Verwaltungsakt[1055]?
Das Verwaltungsverfahrensgesetz schließt eine unmittelbar oder mittelbar privatrechtsgestaltende Wirkung von Verwaltungsakten nicht aus. Das folgt aus § 35 VwVfG und speziell für die Zusammenschaltungsanordnung aus den §§ 37, 73 I 2 TKG. Die Zusammenschaltungsanordnung nach § 37 TKG stellt als einseitig verbindliche Maßnahme einen Verwaltungsakt dar, § 73 I 2 TKG.
Für einen Verwaltungsakt genügt es, daß die Behörde aufgrund öffentlich-rechtlicher Befugnisse handelt[1056], die Wirkungen ihres Handelns können im Zivilrecht eintreten. Wie ZS-RL und TKG belegen, nutzt das TKG diese Möglichkeit und ermächtigt die Regulierungsbehörde zur Privatrechtsgestaltung durch Hoheitsakt.

[1051] *Nipperdey* a.a.O, S. 129.
[1052] Begriff stammt von *Loeber*, Der hoheitliche gestaltete Vertrag, 1969, S. 263
[1053] *Loeber* a.a.O., S. 242 ff.
[1054] *Busche*, Privatautonomie und Kontrahierungszwang, 1999, S. 623.
[1055] Dazu etwa *Manssen*, Privatrechtsgestaltung durch Hoheitsakt, 1994; *Schmidt*, Privatrechtsgestaltung durch Verwaltungsakt, 1976, S. 108 m.w.Nw.
[1056] *Kopp/Ramsauer*, VwVfG, 7. Auflage 2000, § 35 Rn. 32.

1. *Argumente aus Wortlaut und Systematik*

a) Richtlinie

Wortlaut und System der ZS-RL verlangen, daß die Regulierungsbehörde ihre Ziele durch (Mit)Gestaltung privater Zusammenschaltungsverträge verfolgt. Zur Zusammenschaltung Verpflichtete *müssen* eine Zusammenschaltung mit Netzbetreibern *aushandeln*, denen die Richtlinie ein Recht auf Zusammenschaltung gibt. Im Kontext dieser Verhandlungen *stellt* die Regulierungsbehörde eine adäquate Zusammenschaltung *sicher*[1057].

Private Verträge sind das Kerninstrument der Richtlinie, um ihre Regulierungsziele zu erreichen. Sie stehen unter dem Vorbehalt der Überwachung und des Einschreitens der Regulierungsbehörde[1058]. Diese kann mittels umfassender Befugnisse den Abschluß privater Verträge erzwingen, den Inhalt gestalten und eine Änderung abgeschlossener Verträge durchsetzen[1059]. Dabei kann sie selber den ZS-Parteien Vertrags*bedingungen* auferlegen[1060].

Das Wirkungsfeld regulierungsbehördlicher Anordnungen sind nach dem Konzept der Richtlinie stets private Verträge. Zusammen mit der ausdrücklich gewährten Kompetenz zur Festlegung einzelner Vertragsbedingungen spricht das nachdrücklich dafür, als Ergebnis der Zusammenschaltungsanordnung durch die Regulierungsbehörde Privatrecht anzunehmen.

b) §§ 36, 37 TKG

In dieselbe Richtung weist das TKG. In § 36 nutzt das Gesetz, vergleichbar mit anderen Regelungen von Zugangsansprüchen zu netzgebundener Infrastruktur[1061], den Begriff *Zusammenschaltung* als Kurzform für den Abschluß eines Zusammenschaltungsvertrags und dessen Durchführung. Nach § 37 TKG ordnet die Regulierungsbehörde die *Zusammenschaltung* an. Der Regelungszusammenhang legt nahe, Zusammenschaltung in § 37 TKG genauso wie in § 36 TKG zu lesen. Im Zusammenhang gelesen bedeutet Anordnung der Zusammenschaltung demnach die Anordnung eines privatrechtlichen Vertrags über die Zusammenschaltung.

Weitere Normen des TKG bestätigen diese These. Nach § 39 TKG finden auf die Durchführung der angeordneten Zusammenschaltung die allgemeinen Vorschriften für Entgeltregulierung Anweisung. Dieser Verweis macht keinen Sinn, wenn

[1057] Erwägungsgrund 12 ZS-RL, Abl. EG Nr. L 199 v. 26.7. 1997, S. 32.
[1058] Erwägungsgrund 5 ZS-RL, a.a.O.
[1059] Art. 9 RL 97/33/EG a.a.O., ausführlich oben in Kapitel 13 S. 143 ff.
[1060] Vgl. etwa Art. 9 II, III und V ZS-RL sowie den Kommissionsentwurf, KOM 379(95), S. 8.
[1061] Dazu oben in Kapitel 12 S. 127 ff.

§ 37 I TKG lediglich die technische Seite der Zusammenschaltung meint[1062], nicht auch die wirtschaftlichen Festlegungen eines privatrechtlichen Vertrags.
Nach §§ 6 V, 9 IV 2 NZV kann die Regulierungsbehörde bestimmen, daß ein marktbeherrschender Netzbetreiber den Inhalt einer Zusammenschaltungsanordnung als Grundangebot in seine allgemeinen Geschäftsbedingungen aufnehmen muß. Diese Vorschrift ergibt nur Sinn, wenn eine Zusammenschaltungsanordnung vertragliche Regelungen enthält, die zum Inhalt eines neuen Vertragsangebots gemacht werden können.
Nach § 36 III S. 3 TKG müssen Zusammenschaltungsanordnungen den Maßstäben des § 35 II TKG entsprechen. § 35 II TKG regelt die Anwendung von ONP-Grundsätzen auf Vereinbarungen über Netzzugang. Ordnet das TKG somit die Anwendung inhaltlicher Maßstäbe für Verträge auf die Zusammenschaltungsanordnung an, so muß das Ergebnis der Anordnung ebenfalls ein Vertrag sein.
Systematisch erscheint es ebenfalls folgerichtig, als Rechtsfolge der Anordnung einen privatrechtlichen Vertrag anzunehmen. Nach Wortlaut und System von Richtlinie und TKG gewähren § 35 I S. 2 TKG und § 36 TKG das Recht auf Abschluß eines zivilrechtlichen Vertrags über eine Netzzusammenschaltung[1063]. Die Anordnung der Zusammenschaltung nach § 37 I TKG setzt dieses Recht aus § 36 TKG gegenüber dem verpflichteten Netzbetreiber durch. Das Ergebnis dieser zwangsweisen Durchsetzung der Pflicht zum Vertragsschluß muß ein zivilrechtlicher Vertrag sein. Mit einem öffentlich-rechtlichen Zusammenschaltungsverhältnis bekämen die Träger des Rechts etwas anderes und weniger, als ihnen gesetzlich zusteht.
Die Verleihung von Zusammenschaltungsrechten dient der Erreichung der Regulierungsziele, insbesondere der Sicherstellung chancengleichen und funktionsfähigen Wettbewerbs nach § 2 II Nr. 2 TKG. Deshalb erscheint es schwer vorstellbar, daß Richtlinie und das TKG den zur Zusammenschaltung Berechtigten lediglich nicht voll durchsetzbare Rechte verleihen. Nimmt man ein bloß öffentlich-rechtliches Zusammenschaltungsverhältnis an, müßte neben der Anordnungsbefugnis der Behörde noch eine Klage auf Abschluß des zivilrechtlichen Vertrags zum Zivilgericht zulässig sein. Das widerspricht dem ersichtlich auf schnelle Durchsetzung der Zusammenschaltungsansprüche angelegten System, das die Regulierungskompetenzen bei der Regulierungsbehörde bündelt.
Dasselbe Verständnis des TKG fordert das System der ZS-RL. Im TKG fehlen die abgestuften Befugnisse der Regulierungsbehörde zur Vertragsgestaltung. Entgegen der Richtlinie verschieben §§ 36, 37 TKG den Schwerpunkt behördlichen Handelns zur Durchsetzung öffentlicher Interessen von der ex-ante Förderung und Mitgestaltung privater Verhandlungen zur nachträglichen Intervention. Die Annahme eines öffentlich-rechtlichen Zusammenschaltungsverhältnisses als Regelfolge regulierungsbehördlichen Handelns würde dieses Umsetzungsdefizit nur noch

1062 *Koenig/Loetz*, K&R 1999, S. 302.
1063 Ausführlich s.o. in Kapitel 12 S. 127 ff.

verstärken. Die Auslegung der §§ 36, 37 TKG muß widerspiegeln, daß die Richtlinie sich in der Hauptsache behördlich gesteuerter und überformter privatrechtlicher Vereinbarungen bedient, um Zusammenschaltungsrechte und andere Regulierungsziele sicherzustellen. Deshalb muß das TKG als Regelfolge ebenfalls einen zivilrechtlichen Vertrag vorsehen.

Zu beachten ist schließlich die Vorgängerregelung der ZS-RL, Art. 4 a der RL 96/19/EG, an deren Wortlaut sich §§ 36, 37 TKG – eigentlich zu Unrecht – orientieren[1064]. Danach soll die Entscheidung über die Zusammenschaltung die notwendigen finanziellen und betrieblichen (Vertrags)bedingungen und Anforderungen für eine solche Zusammenschaltung festlegen. Die Richtlinienregelung, die sich das TKG zum Vorbild genommen hat, sieht also eine unmittelbare Festlegung von Vertragsbestandteilen vor. Da diese Rechtsfolge mit dem geltenden Rechtsrahmen der ZS-RL übereinstimmt, darf Art. 4 a RL 96/19/EG hier ausnahmsweise als Auslegungshilfe herangezogen werden. Die Vorschrift liefert einen weiteren Beleg für die unmittelbare zivilrechtliche Wirkung der Zusammenschaltungsentscheidung.

2. *Allgemeine Abgrenzungslehren*

Trotz des generell begrenzten heuristischen Werts der gängigen Abgrenzungstopoi[1065] von öffentlichem und privatem Recht kann die angeordnete Zusammenschaltung, also das Rechtsverhältnis zwischen den Adressaten einer Anordnung der Regulierungsbehörde, anhand dieser Abgrenzungstopoi begrifflich dem Privatrecht zugeordnet werden.

Öffentliches Recht ist das Sonderrecht des Staates im Unterschied zum Privatrecht, dem Verkehrsrecht für jedermann. Öffentliches Recht liegt deshalb vor, wenn eine Rechtsnorm einen Träger öffentlicher Gewalt als solchen verpflichtet oder berechtigt[1066]. Um solches Sonderrecht handelt es sich jedenfalls, wenn die Beteiligten des Rechtsverhältnisses sich in einem Verhältnis von Über-Unter-Ordnung gegenüberstehen, das von einseitig verbindlichen Regelungen beherrscht wird[1067].

Bei der Zusammenschaltungsanordnung sind zwei Ebenen zu unterscheiden: Die Rechtsbeziehungen zwischen der Behörde und den Adressaten der Zusammenschaltungsanordnung einerseits, jene zwischen den Adressaten andrerseits[1068]. Die Anordnung ergeht im Über-Unter-Ordnungsverhältnis zwischen Regulierungsbehörde und Netzbetreibern als Verwaltungsakt. Das Rechtsverhältnis zwischen Behörde und Adressaten der Anordnung gehört eindeutig zum öffentlichen Recht.

[1064] Laut Ausschuß für Post und Telekommunikation, BT-Drucks. 13/4864, S. 71 war „vor allem Artikel 1 Nr. 6 (Art. 4 a) der kürzlich in Kraft getretenen Richtlinie 96/19 EG zu beachten".

[1065] Vgl. nur *Manssen*, Privatrechtsgestaltung durch Hoheitsakt, 1994, S. 92.

[1066] Modifizierte Subjektstheorie, *Maurer*, Verwaltungsrecht, 13. Auflage 2000, § 3 Rn. 14 ff.

[1067] *Maurer* a.a.O., Rn. 16.

[1068] *Trute*, in: Trute/Bosch/Spoerr, TKG, Kommentar, 2001, § 37 Rn. 19 f.

Das sagt noch nichts über die Rechtsnatur des Rechtsverhältnisses zwischen den Adressaten. Die Zuordnung ihrer gegenseitigen Rechte und Pflichten zu einer privatrechtlichen oder öffentlich-rechtlichen Norm stellt das eigentliche Problem dar. Die Anordnung verbindet die Netzbetreiber zu einem Zusammenschaltungsverhältnis. Es verpflichtet sie, ihre Netze zu verbinden und gegen Entgelt Zusammenschaltungsleistungen zu erbringen. Diese Art von Leistungsrechten zwischen Privaten gehört typischerweise zum Zivilrecht. Die entsprechenden Pflichten zur Leistung und Rechte zur Gegenleistung sind subjektive, aber keine subjektiv-öffentlichen Rechte. Solche können nur gegen den Staat oder andere Träger hoheitlicher Gewalt bestehen[1069]. Das spricht gegen ein öffentlich-rechtliches Rechtsverhältnis zwischen den Anordnungsadressaten.

3. *Multipolares Verwaltungsrechtsverhältnis*

Die angeordnete Zusammenschaltung läßt sich auch nicht als multipolares Verwaltungsrechtsverhältnis[1070] beschreiben, was für ihre öffentlich-rechtliche Rechtsnatur spräche. Dafür dürfte indes die Zusammenschaltungsanordnung keine unmittelbare gegenseitige Verpflichtung und Berechtigung der Netzbetreiber erzeugen. Keiner der beiden Netzbetreiber hätte ein Recht auf Erbringung der Zusammenschaltungsleistungen unmittelbar gegen den anderen Netzbetreiber. Vielmehr bestünden die jeweiligen Leistungsrechte nur gegenüber der Regulierungsbehörde.
Um sie durchzusetzen, müßte die Behörde gegenüber dem jeweils verpflichteten Zusammenschaltungspartner tätig werden. Die Zusammenschaltungspartner wären mangels gegenseitiger Rechte und Pflichten auf die Behörde angewiesen, um ihr Rechtsverhältnis zu gestalten und durchzuführen.
Für die angeordnete Zusammenschaltung und die Abwicklung der resultierenden Leistungsbeziehungen fehlt im TKG indes eine Ordnungsnorm, um die kollidierenden Privatinteressen zu gewichten und in ein Konfliktschlichtungsprogramm einzuordnen[1071]. Die Regulierungsbehörde wäre überfordert, müßte sie die technisch und kommerziell komplizierten Leistungsbeziehungen zwischen Netzbetreibern verwalten. Sie lassen sich vielmehr nur in direkter Kommunikation zwischen den Beteiligten verwirklichen, nicht auf dem Umweg über die Behörde. Zur privatautonomen Feinsteuerung[1072] paßt behördliches Dazwischentreten genausowenig wie die spezifische behördliche Handlungsrationalität der Grundrechtsbindung. Fragen wie Verzug, Leistungsstörungen, Kündigungsrechte beantwortet nur das Privatrecht. Wie §§ 62 ff. VwVfG exemplarisch belegen, muß das Verwaltungsrecht zu ihrer Lösung auf das Zivilrecht zurückgreifen.

[1069] *Maurer*, Verwaltungsrecht, 13. Auflage 2000, § 8 Rn. 1 ff.
[1070] Vgl. *Schmidt-Preuß*, Kollidierende Privatinteressen im Verwaltungsrecht, 1992, S. 138 f.
[1071] Dazu *Schmidt-Preuß*, Kollidierende Privatinteressen im Verwaltungsrecht, 1992.
[1072] *RegTP* BK 4 98-006/Z 10.6. 98, S. 16; BK 4d-98-020/Z 21.8. 98, S. 16.

Das liegt an der unterschiedlichen Funktion zivilrechtlicher Verträge einerseits und multipolarer Verwaltungsrechtverhältnisse andrerseits. In einem multipolaren Verwaltungsrechtsverhältnis vermag ein Privater seine Interessen nur auf Kosten eines anderen Privaten durchzusetzen[1073]. Diese Beschreibung trifft nur auf die Zusammenschaltungsanordnung zu, mit der die Regulierungsbehörde das ONP-Recht auf Abschluß eines Zusammenschaltungsvertrags durchsetzt. Diese Durchsetzung richtet sich nach öffentlichem Recht.

Verträge sind dagegen regelmäßig auf Koordinierung privater Interessen zu beiderseitigem Vorteil angelegt. Die Netzbetreiber führen die angeordnete Zusammenschaltung aus, indem sie Leistungen gegen Entgelt austauschen, also wechselseitig profitieren. Dafür müssen vertragliche Grundsätze gelten. Zumindest wenn die diktierte Regelung auf einen dauernden Leistungsaustausch abzielt, wie im Fall der Zusammenschaltungsanordnung, bieten allein privatrechtliche Handlungsformen die passenden Regelungen, um die Leistungsbeziehungen zwischen den gleichgeordneten Parteien abzuwickeln[1074]. Ein öffentlich-rechtliches Zusammenschaltungsverhältnis mit einer komplizierten Abwicklung über das Dreieck vermag das flexible Vertragsverhältnis nicht zu ersetzen[1075].

Für ältere Formen hoheitlich angeordneter Leistungsbeziehungen zwischen Privaten erkennen Rechtsprechung[1076] und Literatur[1077] deshalb an, daß nur privatrechtliche Regeln das Rechtsverhältnis, zufriedenstellend ausformen können, das die Anordnung zwischen den Privaten schafft.. Insbesondere die Erfüllungshandlungen können durch hoheitliche Anordnung nicht ersetzt, sondern müssen unter Gleichgestellten, also privatrechtlich vollzogen werden[1078]. Moderner formuliert ist die regulative Feinsteuerung der Austauschbeziehungen zwischen Privaten Aufgabe des Privatrechts, mag der Vertrag auch hoheitlich geschaffen sein.

Die hier zitierte teilweise Jahrzehnte alte Literatur zeugt vom Ausnahmecharakter diktierter Verträge in einer auf Vertragsfreiheit gegründeten Rechtsordnung. Als typisches Instrument für Not und Nachkriegszeiten schlummerte diese dogmatische Figur bislang wohlverwahrt im Archiv der Rechtsgeschichte. Im Rahmen einer funktionierenden Marktwirtschaft genügten weniger eingriffsintensive Arten der Wirtschaftslenkung.

Das spricht indes nicht grundsätzlich dagegen, den diktierten Vertrag als Beschreibung der Zusammenschaltungsanordnung zu reaktivieren. Sie tritt ebenfalls in einer

[1073] *Schmidt-Preuß*, Kollidierende Privatinteressen im Verwaltungsrecht, 1992, S. 9.

[1074] *Nipperdey*, Kontrahierungszwang und diktierter Vertrag, 1920, S. 129.

[1075] So aber ausdrücklich *RegTP* BK 4a-00-018/Z 30.06.00, S. 27.

[1076] OGHBrZ 2, 352(355); 4, 188(190); BGH MDR 1952, 155; BGH LM 1 zu § 284.

[1077] *Nipperdey*, Kontrahierungszwang und diktierter Vertrag, 1920; *Flume*, BGB AT, 3. Auflage 1979, § 3 Nr. 9, Staudinger/*Dilcher*, BGB, 12. Auflage 1987, Vorbem. zu §§ 145 ff. Rn. 19; *Huber*, DÖV 1956, 355(356); *Genzmer*, DJZ 1922, 346(350).

[1078] BGH LM 1 zu § 284.

tiefgreifenden Umbruchssituation vom Monopol zum Wettbewerb auf, zu deren Bewältigung die herkömmlichen Instrumente nachträglicher Wettbewerbsaufsicht nicht ausreichen. Die für den diktierten Vertrag angeführten Erwägungen lassen sich daher grundsätzlich auf die angeordnete Zusammenschaltung übertragen[1079].
Die entgegenstehende Anordnungspraxis der Regulierungsbehörde, die wohl ein multipolares Verwaltungsrechtsverhältnis annimmt, ist nicht haltbar. Ihre Ablehnung von Regelungen über zivilrechtliche Kündigung und Schadensersatz und der Umweg über den Widerruf der Anordnung bei Leistungsstörungen überzeugt nicht.

4. *Teilanordnung und nachträgliche Einigung*

Die Anwendung von öffentlichem Recht auf die angeordnete Zusammenschaltung ist unpraktikabel, wenn die Behörde nur eine Teilanordnung trifft und die übrigen Fragen der Zusammenschaltung privatrechtlicher Regelung überläßt. Das ist grundsätzlich zulässig[1080], wie schon der Wortlaut des § 37 II TKG – „soweit" – zeigt.
Die Aufspaltung einer der Sache nach einheitlichen Rechtsbeziehung in einen von Vertragsregeln und einen vom öffentlichen Recht regierten Teil läßt sich nicht handhaben. Die begünstigte Partei müßte den angeordneten Teil auf dem Umweg über die Behörde durchsetzen, den ausgehandelten Teil vor dem Zivilgericht. Ausgehandelter und angeordneter Teil bilden freilich eine Einheit und sollten nicht auf verschiedene Rechtswege aufgespalten werden[1081].
Probleme erzeugt ebenfalls die nachträgliche Einigung der Parteien über die Zusammenschaltung, § 37 II TKG[1082]. Anordnungen sind danach nur zulässig, solange und soweit sich die Parteien nicht einigen. Bei nachträglicher Einigung verlangt das Gesetz ein Zurücktreten der behördlichen Anordnung. Der von der Regulierungsbehörde gewählte Widerruf bei vertraglicher Einigung führt zu Unklarheiten und Überschneidungen bei der Koordination von öffentlichem und privatem Recht. Zumindest während die Behörde den Widerruf prüft, existieren zwei sich möglicherweise widersprechende Regelungen der Zusammenschaltung, obwohl das TKG ausdrücklich der Einigung zwischen den Parteien Vorrang einräumt.
Dazu droht Rechtswegekonkurrenz. Die Wirksamkeit des Widerrufs wäre vor dem Verwaltungsgericht, Rechte aus der inzwischen geschlossenen Vereinbarung dagegen vor dem Zivilgericht geltend zu machen. Den Widerrufsvorbehalt durch eine auflösende Bedingung zu ersetzen, hilft nicht weiter. Eine auflösende Bedingung

1079 Vgl. *Koenig/Loetz*, K&R 1999, 298; *Großkopf*, Die Vertragsfreiheit bei der Netzzusammenschaltung, 1999, S. 57; a.A. *Riehmer*, MMR 1998, 59(63).

1080 BeckTKG-Komm/*Piepenbrock*, 2. Auflage 2000, § 37 Rn. 7; *Trute*, in: Trute/Bosch/Spoerr, TKG, Kommentar, 2001, § 37 Rn. 9.

1081 *Koenig/Loetz*, K&R 1999, 298(303).

1082 *Koenig/Loetz* a.aO.

würde das Verhältnis zwischen den Parteien mit der Unsicherheit des Bedingungseintrittes belasten.

5. *Zwischenergebnis*

§§ 35 I 2, 36, 37 TKG enthalten die Pflicht zum Abschluß eines privatrechtlichen Vertrages. Das Ergebnis der Durchsetzung dieser Pflichten durch die Regulierungsbehörde muß ebenfalls ein privatrechtliches Rechtsverhältnis sein[1083]. Die Annahme eines öffentlich-rechtlichen Zusammenschaltungsverhältnisses würde die Pflicht zum Vertragsschluß aus §§ 35 I 2, 36 TKG nur unzureichend umsetzen. Sie begegnet zudem einer Reihe von grundsätzlichen und praktischen Bedenken.

II. Verbindlicher Schlichtungsspruch oder diktierter Vertrag

Steht damit das Ergebnis der hoheitlichen Anordnung, ein zivilrechtlicher Vertrag, fest, muß der Weg dahin noch näher beschrieben werden, unmittelbar über den diktierten Vertrag oder mittelbar über den verbindlichen Schiedsspruch.

1. *Europarechtliche Vorgaben*

Die Richtlinie unterscheidet die Festlegung einzelner Vertragsklauseln, die Herbeiführung eines Zusammenschaltungsvertrages und die Anordnung der Zusammenschaltung außerhalb von Vertragsverhandlungen[1084]. Hinsichtlich der Gestaltung einzelner Vertragsbestandteile trifft die Richtlinie eine weitere Unterscheidung. Bestimmte Punkte[1085] kann die Regulierungsbehörde bloß thematisch *vorgeben*, die Zusammenschaltungsvereinbarungen *müssen* diese Punkte dann *abdecken*. Durch thematische Vorgaben gestaltet die Regulierungsbehörde die Verträge damit bloß mittelbar. Legt die Regulierungsbehörde dagegen *spezifische Zusammenschaltungsbedingungen*, also einzelne Vertragsklauseln, fest, so sind diese von einer oder beiden Parteien *einzuhalten*.

[1083] Allgemein *Nipperdey*, Kontrahierungszwang und diktierter Vertrag, 1920, S. 135 ff.; *Palandt*/Heinrichs, 59. Auflage 2000, Einf. 8 von § 145; BGH LM 1 zu § 284; einschränkend *Mannheim*, PrVBl 43, 255; *Genzmer*, DJZ 1922, 346 ff.; für die angeordnete Zusammenschaltung *Koenig/Loetz*, K&R 1999, S. 298 ff.; *Spoerr*, MMR 2000, 677(678); *Manssen*, in: *ders.*, TKG-Kommentar, 1999, § 37 Rn. 6; BeckTKG-Komm/*Piepenbrock*, 2. Auflage 2000, § 37 Rn. 11; *Trute*, in: Trute/Bosch/Spoerr, TKG, Kommentar 2001, § 37 Rn. 20, für privatrechtsgestaltende Wirkung auch *Leo/Schellenberg*, ZUM 1997, 188(195); für die Parallelnorm des § 14 V AEG *Frotscher/Krämer*, NVwZ 2000, 24(30); a.A. *RegTP* BK 4-98-011/Z 2.7.98 S. 12 st. Beschlußpraxis; *Riehmer*, MMR 1998, 59(62).

[1084] Dazu oben Kapitel 13 S. 139 ff.

[1085] Engl „issues“, franz. „questions“.

Insgesamt überwiegen im Richtlinienwortlaut Formulierungen, nach denen die Behörde unmittelbar Verträge gestaltet, wenn sie konkrete Vertragsklauseln festlegt oder einen Vertragsschluß herbeiführt.

2. *Systematische Argumente*

Die bloß mittelbare Vertragsgestaltung will *Busche*[1086] dem Wortlaut von § 9 NZV entnehmen. Danach müssen die Netzbetreiber einer Anordnung der Behörde innerhalb von drei Monaten nachkommen. Dieses Verständnis des Wortlauts ist indes nicht zwingend. Zusammenschaltungen durchzuführen, erfordert erheblichen technischen und administrativen Aufwand[1087]. Versteht man die Anordnung als zivilrechtlichen Vertrag, dann trägt § 9 V NZV diesen Umsetzungserfordernissen Rechnung und legt eine Abschluß- und Durchführungsfrist für den nach § 37 TKG angeordneten Vertrag fest.

Aus §§ 36, 37 TKG ergeben sich weitere Argumente für eine unmittelbare Rechtsgestaltung durch die Anordnung. § 37 I TKG ermächtigt die Regulierungsbehörde nur zu einer Anordnung, soweit und solange die Beteiligten keine Zusammenschaltungsvereinbarung treffen. Die Vorschrift geht von einer Alternativität von Vertragsschluß und Anordnung aus. Die Anordnung ersetzt den Vertragsschluß, solange sich die Parteien nicht einigen. Das widerspricht der Annahme eines Nacheinander von Anordnung und Vertragsschluß aufgrund eines verpflichtenden Nachvollzugs der Anordnung durch Parteivereinbarung. Damit würde die Anordnung nach § 37 II TKG in dem Moment unzulässig, in dem die Beteiligten sie nachvollziehen; ein ungereimtes Ergebnis.

Gegen die Annahme einer bloß mittelbaren Gestaltung stehen schließlich Sinn und Zweck der Anordnungsbefugnis. Das Instrument der Zusammenschaltungsanordnung spiegelt die Grundsatzentscheidung des Gesetzgebers für eine zügige Ermöglichung des Netzzugangs und damit des Marktzutritts neuer Telekommunikationsanbieter wider[1088]. Diesem Ziel wird nur eine unmittelbare Gestaltung durch die Zusammenschaltungsanordnung gerecht. Die Anordnungskompetenz des § 37 TKG steht am Ende erfolgloser Verhandlungen über eine Zusammenschaltung. Es erscheint als zweckwidrige Verzögerung, nach der Anordnung ein erneutes Eintreten in Verhandlungen anzunehmen mit dem Ziel, die angeordnete Regelung vertraglich nachzuvollziehen. Diese Konstruktion böte dem zur Zusammenschaltung verpflichteten Netzbetreiber die Möglichkeit, den Vollzug der Zusammenschaltung durch Verweigerung der erforderlichen Willenserklärung zum Vertragsschluß weiter zu verzögern. Das widerspricht der Konzeption des TKG. Sie strebt eine rasche und effiziente Durchsetzung des Rechts auf Netzzugang an. Das unterscheidet sie von anderen netzgebundenen

[1086] *Busche*, Privatautonomie und Kontrahierungszwang, 1999, S. 623.
[1087] BeckTKG-Komm/*Piepenbrock*, 1. Auflage 1998, § 37 Rn. 6.
[1088] *Koenig/Loetz*, K&R 1999, 298 ff.

Das unterscheidet sie von anderen netzgebundenen Wirtschaftsbereichen wie Bahn, Strom oder Gas. Das Fehlen einer speziellen, auf Antrag zum Einschreiten verpflichteten Regulierungsbehörde verlagert die Entscheidung über den Netzzugang dort auf die Judikative und „entschleunigt" dadurch die Durchsetzung von Zugangsrechten erheblich[1089].

Zudem verleiht das TKG der Regulierungsbehörde außer der Kompetenz des § 37 TKG keine Zwangsmittel, um einen Schiedsspruch über den Netzzugang durchzusetzen. Nimmt man an, die Zusammenschaltungsanordnung schüfe nur einen verbindlichen Schiedsspruch, dann müßte die Behörde insoweit auf das allgemeine Verwaltungsvollstreckungsrecht zurückgreifen. Der durch die Anordnung Begünstigte besäße in der Zwischenzeit weiterhin kein vertragliches Recht auf Zusammenschaltung und bliebe auf die Initiative der Behörde angewiesen.

Dieses Problem läßt die Einordnung der Zusammenschaltungsanordnung als verbindlichen Schiedsspruch[1090] ungelöst. Sie verschleiert sogar das Vollstreckungsproblem, weil die Zusammenschaltungsanordnung gerade nicht dieselbe Wirkung wie ein Schiedsspruch hat. Er wirkt gemäß § 1055 ZPO zwischen den Parteien wie ein rechtskräftiges Urteil, ihm kommt deshalb auch die Wirkung des § 894 ZPO zu. Ein Schiedsspruch nach § 1055 ZPO würde deshalb unmittelbar einen Vertrag zwischen den Zusammenschaltungspartnern in Kraft setzen können. Dieser direkte Weg über § 894 ZPO ist der Zusammenschaltungsanordnung mangels Verweis auf diese Vorschrift verschlossen. Für sie bleibt es, nimmt man nur eine mittelbare Wirkung an, beim Vollstreckungsproblem.

Deshalb erscheint es systematisch allein konsequent, die Regelungen der §§ 36, 37 TKG als abschließende Kompetenz zur Durchsetzung des Kontrahierungszwangs anzusehen. Ihre Ausübung erzeugt unmittelbar einen Vertrag.

§ 37 I TKG verleiht der Regulierungsbehörde damit die Kompetenz zur unmittelbaren Gestaltung privatrechtlicher Rechtsverhältnisse über die Netzzusammenschaltung. Die Anordnung der Zusammenschaltung ist ein privatrechtsgestaltender Verwaltungsakt, die angeordnete Zusammenschaltung ein diktierter Vertrag.

III. Regulierung und Rechtsfolgen der Zusammenschaltungsanordnung

Wie die Normanalyse gezeigt hat, sehen ZS-RL und TKG vor, daß die Regulierung der Zusammenschaltung privatrechtliche Folgen zeitigt. Sie macht sich die Rationalität privatautonomen Handelns zur Verfolgung von Gemeinwohlzielen zunutze. Regulierung der Zusammenschaltung bedeutet also Einwirkung auf ein von privatrechtlicher Logik geprägtes Handlungsfeld, die private Selbststeuerung so weit wie

[1089] *Theobald/Zenke*, WuW 2001, 19(24).

[1090] *Busche*, Privatautonomie und Kontrahierungszwang, 1999, S. 623; ähnlich OVG Münster NVwZ 2000, 706: Vermittler- und Streitschlichterrolle.

möglich akzeptiert und zu erhalten versucht. Sie steht für eine ausgewogene Balance der gegenseitigen Auffangordnungen.

Diesem dem Gesetz klar zu entnehmenden Konzept widerspricht die ständige Praxis der Regulierungsbehörde, Zusammenschaltungsanordnungen nur öffentlichrechtliche Folgen zuzuschreiben. Sie verschiebt die Balance zugunsten öffentlichrechtlicher Handlungsformen und stört damit die durch die Regulierung angelegte Balance. Wiederum zeigt sich die Schwierigkeit des Verwaltungsrechts, die neuartigen Handlungsformen und Wirkungsweisen der Regulierung zu rezipieren.

Kapitel 19 Rechtsgeschäftliche Änderung

Die Zusammenschaltungsanordnung befindet sich als privatrechtsgestaltender Verwaltungsakt an der Nahtstelle zwischen öffentlichem und privatem Recht. Ihre Rechtsfolge, die angeordnete Zusammenschaltung, tritt auf dem Gebiet des Privatrechts ein. Verträge über Zusammenschaltungen sind Dauerschuldverhältnisse, dasselbe gilt für die angeordnete Zusammenschaltung als diktierter Vertrag. Als privatrechtliches Schuldverhältnis zwischen den Netzbetreibern unterläge er deren Dispositionsfreiheit, falls dem nicht die Zusammenschaltungsanordnung entgegensteht.

I. Erledigung des VA bei Anordnung

Die Frage nach dem Verhältnis von Zusammenschaltungsanordnung zur Vertragsfreiheit der Netzbetreiber stellt sich nur, wenn die Zusammenschaltungsanordnung überhaupt über den Zeitpunkt hinaus fortbesteht, in dem sie die angeordnete Zusammenschaltung als diktierten Vertrag in Kraft gesetzt hat.

Dagegen wird eingewandt, ein privatrechtsgestaltender Verwaltungsakt verbrauche sich mit der Gestaltung der Privatrechtslage (Konsumtionsthese[1091]). Das hieße, der die Zusammenschaltung anordnende Verwaltungsakt wäre im Moment der Entstehung des diktierten Vertrags im Sinne des § 43 II VwVfG erledigt. Der Regelungsgehalt der Anordnung beschränkte sich darauf, als Äquivalent des vertragsstiftenden Konsenses den zivilrechtlichen Vertrag in Kraft zu setzen.

Andrerseits könnte der vertragsbegründende Verwaltungsakt als Rechtsgrund (causa im Sinne des § 812 I 1 BGB) weiterbestehen, der die Vermögensverschiebung im Rahmen des durch ihn begründeten zivilrechtlichen Vertrags rechtfertigt[1092] (Fortbestandsthese[1093]).

Zum Beleg der Konsumtionsthese führt *Schmidt*[1094] die Behandlung des Geltungsgrundes bei herkömmlichen zivilrechtlichen Verträgen an. Der durch korrespondierende Willenserklärungen geschlossene Vertrag benötige die causa übereinstimmender Willenserklärungen allein zu seiner Entstehung. Danach existiere er selbständig weiter, unabhängig vom Fortbestand der Willensübereinstimmung. Dasselbe müsse gelten, wenn ein Verwaltungsakt korrespondierende Willenserklärungen als Geltungsgrund des Vertrags ersetze. Auch dann gelte das einmal durch Verwal-

[1091] *Bengel*, Der privatrechtsgestaltende Verwaltungsakt, 1968, S. 162; *Loeber*, Der hoheitlich gestaltete Vertrag, 1969, S. 267; *Totzek*, DÖV 1953, 721; *Eyermann/Fröhler*, VwGO, 4. Auflage 1956, § 42 Rn. 4.

[1092] Vgl. Palandt/*Thomas*, 59. Auflage 2000, § 812 Rn. 68.

[1093] *Loeber*, Der hoheitlich gestaltete Vertrag, 1969, S. 273 insbesondere Fn. 162.

[1094] *Schmidt*, Unmittelbare Privatrechtsgestaltung durch Verwaltungsakt, 1976, S. 186.

tungsakt in Kraft gesetzte Rechtsverhältnis zwischen Privaten unabhängig vom Fortbestand des geltungsbegründenden Verwaltungsakt weiter.

Dieser Analogieschluß vom privatautonomen Vertragsschluß auf die den privatautonomen Begründungsakt ersetzende hoheitliche Anordnung überzeugt nicht. Ein privatautonom abgeschlossener Vertrag fordert und rechtfertigt die Vermögensverschiebung zwischen Parteien, weil die Rechtsordnung den übereinstimmenden Willenserklärungen der Parteien Geltung zuschreibt. Nach dem System der §§ 145 ff BGB kommt es, insoweit ist *Schmidt* noch zuzustimmen, nicht mehr auf den Fortbestand der Willensübereinstimmung der Vertragsparteien an, sobald der Vertrag einmal rechtswirksam ist.

Das kann aber nicht für die Zusammenschaltungsanordnung gelten. Korrespondierende Willenserklärungen einerseits, ein sie ersetzender Verwaltungsakt andrerseits, folgen unterschiedlichen Regeln und lassen sich nicht vergleichen. Ersetzt ein privatrechtsgestaltender Verwaltungsakt korrespondierende Willenserklärungen als Geltungsgrund, kommt ihm trotzdem nicht die dauerhafte Geltungsanordnung der §§ 145 ff. BGB für zivilrechtliche Verträge zugute. Sie beruht auf der Anerkennung der Privatautonomie im Fall korrespondierender Willenserklärungen. Dieser Geltungsgrund läßt sich auf die einseitige hoheitliche Anordnung nicht übertragen.

Der Verwaltungsakt, der den zivilrechtlichen Vertrag in Kraft setzt, ist trotz seiner zivilrechtlichen Gestaltungswirkung nur nach öffentlichem Recht rechtsverbindlich. Er gilt also nur, weil und solange ihn die gesetzliche Ermächtigungsnorm des § 37 I TKG und die konkrete Anordnung mit Rechtsgeltung versehen. Wie sich aus § 37 II TKG ergibt, geht das Gesetz von einem rechtlichen Fortbestand der Anordnung aus. Sie ist zulässig, *solange* die Beteiligten keine Vereinbarung treffen, bis dahin besteht sie also weiter.

Die Dauerwirkung der Anordnung folgt auch aus ihrem Zweck. Ein Zusammenschaltungsvertrag hat den dauerhaften Austausch von Zusammenschaltungsleistungen zum Inhalt. Die Zusammenschaltungsanordnung nach § 37 I TKG setzt einen solchen auf Dauer angelegten Vertrag in Geltung und macht ihn für die betroffenen Netzbetreiber rechtsverbindlich. Die Anordnung muß daher solange wirken, wie ihre zivilrechtlichen Rechtsfolgen die Adressaten verpflichten sollen. Andernfalls fände der zivilrechtliche Leistungsaustausch ohne rechtlichen Grund statt. Der Zusammenschaltungsanordnung kommt daher eine Doppelnatur zu. Trotz ihrer ausschließlich zivilrechtlichen Folgen ist sie als Dauerverwaltungakt zu qualifizieren, der zivilrechtlich den Rechtsgrund im Sinne des § 812 I 1 BGB für die angeordnete Zusammenschaltung darstellt.

II. Einvernehmliche Änderung

Besteht somit die Zusammenschaltungsanordnung nach In-Kraft-Setzen der angeordneten Zusammenschaltung fort, so muß geklärt werden, ob die Netzbetreiber sie einvernehmlich ändern können oder nicht.

1. *Anordnungen zur Durchsetzung von Zusammenschaltungsrechten*

Nach § 37 II TKG ist eine Zusammenschaltungsanordnung nur zulässig, *solange* die Beteiligten keine Vereinbarung treffen. Der Wortlaut spricht für eine Abänderbarkeit des durch die Anordnung geschaffenen Privatrechtsverhältnisses. Die Anordnung gilt nur solange, bis die Netzbetreiber eine andere Vereinbarung schließen[1095]. Der Zweck der Zusammenschaltungsanordnung besteht darin, die Zusammenschaltungsrechte schnell und wirksam durchzusetzen. Wie insbesondere aus den Vorgaben des ONP-Konzepts folgt, sind die Zusammenschaltungsrechte als individuelle Ansprüche auf Abschluß von Verträgen ausgestaltet[1096]. Um diese Ansprüche durchzusetzen, ersetzt die Zusammenschaltungsanordnung die erforderliche Willenseinigung und schafft damit den Geltungsgrund des privatrechtlichen Zusammenschaltungsvertrags. Schließen dagegen die Netzbetreiber selbständig einen solchen Zusammenschaltungsvertrag, so erreichen sie damit den Zweck der Zusammenschaltungsanordnung, die Zusammenschaltung zwischen Berechtigtem und Verpflichtetem vertraglich zu regeln. Das Regulierungskonzept bevorzugt, wann immer möglich, den freiwilligen Vertragsschluß als Steuerungsmittel, weil er Raum für privatautonome Optimierung des Interessenausgleichs läßt. Das spricht für eine freie Abänderbarkeit der Zusammenschaltungsanordnung durch gemeinsamen Vertragsschluß der Parteien, soweit die Anordnung nur der Durchsetzung eines Zusammenschaltungsrechts dient.

Diese Begründung läßt sich verfassungsrechtlich absichern. Die grundrechtliche Garantie der Vertragsfreiheit aus Art. 2 I GG[1097] gebietet generell den Vorrang privatautonomer Gestaltung vor öffentlich-rechtlichen Eingriffsregelungen. Eine privatrechtsgestaltende Hoheitstätigkeit ist nur in dem Rahmen zulässig, wie dies die zugrundeliegenden Interessen erfordern[1098]. Auch Art. 87 II GG fordert eine möglichst marktkonforme Regulierung und damit einen größtmöglichen Vorrang priva-

[1095] Wie hier BeckTKG-Komm/*Piepenbrock*, 2. Auflage 2000, § 37 Rn. 11; *Manssen*, in: *ders.*, TKG-Kommentar, 1999, § 37 Rn. 6; *Etling-Ernst*, TKG-Kommentar, 2. Auflage 2000, § 37 Rn. 9; allgemein *Schmidt*, Unmittelbare Privatrechtsgestaltung durch Verwaltungsakt, 1976, S. 180; *Loeber*, Der hoheitlich gestaltete Vertrag, 1969, S. 297; a.A. *Tschentscher*, BB 1997, 2437(2439).

[1096] S. o. Kapitel 12 S. 127 ff.

[1097] Für die Zusammenschaltungsanordnung *Gramlich*, CR 1997, 65(71); allgemein *Busche*, Privatautonomie und Kontrahierungszwang, 1999, S. 13 ff.; *Manssen*, Privatrechtsgestaltung durch Hoheitsakt, 1994, S. 287.

[1098] *Manssen* a.a.O.

ter Selbststeuerung[1099]. Die angeordnete Zusammenschaltung darf deshalb gemäß dem Übermaßverbot die Privatautonomie beider Zusammenschaltungspartner nicht weiter einschränken, als es die Erzwingung des Vertragsschlusses erfordert.

Die Durchsetzung des Kontrahierungszwangs erfordert es nicht, den zur Zusammenschaltung Verpflichteten stärker an die diktierte Regelung zu binden, als an einen freiwillig mit dem Begünstigten abgeschlossenen Vertrag. Dasselbe gilt für die Bindung des durch die Anordnung Begünstigten. Der Kontrahierungszwang soll seine Vertragsfreiheit gerade schützen, die Zusammenschaltungsanordnung diesen Schutz wirksam durchsetzen.

Der Inhaber eines Zusammenschaltungsrechts kann auf dessen behördliche Durchsetzung von vornherein verzichten. Genauso muß er im nachhinein auch ohne behördliche Intervention wirksam von der zur Durchsetzung getroffenen Regelung abweichen können, wenn er sich mit dem Zusammenschaltungspartner anders einigt.

Aus der vollstreckungsähnlichen Funktion der angeordneten Zusammenschaltung folgt ein weiteres Argument für die Möglichkeit, die Regelungswirkung durch Parteivereinbarung zu beseitigen. Die Zusammenschaltungsanordnung setzt die Kontrahierungszwänge aus §§ 35 I 2, 36 TKG durch. Dafür ersetzt sie die zum Vertragsschluß an sich erforderlichen Willenserklärungen. Insofern drängt sich die Parallele zu § 894 ZPO auf. Die Ersetzung einer privatrechtlichen Willenserklärung durch Urteil wirkt überhaupt erst mit Rechtskraft des Urteils, § 894 ZPO. Damit kommt ihr an sich die Unabänderlichkeit und Rechtsbeständigkeit eines rechtskräftigen Urteils zu. Trotzdem steht außer Frage, daß Parteien, die auf der Grundlage der durch § 894 ZPO ersetzten Willenserklärung einen Vertrag geschlossen haben, diesen jederzeit durch privatautonome Einigung ändern oder aufheben können. Was für ein rechtskräftiges Urteil gilt, muß sich erst recht auf einen Verwaltungsakt übertragen lassen, der weniger Bestandsfestigkeit beanspruchen kann als ein Gerichtsurteil[1100].

Gegen eine Erledigung der Anordnung im Moment rechtsgeschäftlicher Einigung der Parteien sprechen auch keine Argumente der Rechtssicherheit und -klarheit. Nimmt man freie Abänderbarkeit an, wissen die Beteiligten eventuell nach neuem Vertragsschluß nicht, woran sie sind und ob ihre Einigung die behördliche Anordnung wirksam beseitigt hat. Insofern besteht aber kein qualitativer Unterschied zur Rechtsunsicherheit bei jedem Abänderungsvertrag. Im Interesse der Privatautonomie nimmt die Rechtsordnung dieses Maß an Unsicherheit hin. Zudem besteht die Möglichkeit, daß die Regulierungsbehörde durch feststellenden Verwaltungsakt den Wegfall der angeordneten Regelung zugunsten der vertraglichen Einigung feststellt. Die tatsächliche Möglichkeit dazu besteht unter anderem deshalb, weil nach § 6 I NZV jedenfalls Vereinbarungen, an denen ein marktbeherrschender Betreiber

[1099] Dazu oben Kapitel 8 S:77 ff.

[1100] *Maurer*, Verwaltungsrecht Allgemeiner Teil, 13. Auflage 2000, §§ 11 Rn. 1 ff.

beteiligt ist, der Regulierungsbehörde unverzüglich nach ihrem Abschluß zu melden sind.
Insbesondere die von Verfassungs wegen gebotene möglichst weitreichende Schonung der Privatautonomie verlangt deshalb, daß sich die Netzbetreiber durch nachträgliche Einigung über die Anordnung hinwegsetzen können. Die Netzbetreiber müssen die Festlegungen der Regulierungsbehörde nachbessern können, weil deren Interessenausgleich niemals so gut gelingen wird wie durch privates Aushandeln. Die hoheitliche Anordnung klärt die Streitpunkte und räumt damit nur die Hindernisse für privatautonome Lösungen zur Seite. Sie muß als optimales Mittel zum Interessenausgleich auch ohne behördliches Dazwischentreten immer möglich bleiben.

2. *Rechtsfolge der nachträglichen Einigung*

Zweck der Zusammenschaltungsanordnung im Interesse eines Netzbetreibers ist es, ein Recht auf Vertragsschluß durchzusetzen. Eine Einigung zwischen den Netzbetreibern läßt diesen Regelungszweck entfallen und führt zur Erledigung der Zusammenschaltungsanordnung[1101]. Eine gesonderte Aufhebung durch die Regulierungsbehörde ist weder nötig noch, wegen der Erledigung, möglich.
Die entgegenstehende ständige Praxis der Behörde koppelt die Beseitigung der Anordnung an einen Widerruf, der in der Anordnung vorbehalten wird[1102]. Das macht die Geltung des nachträglich privatautonom vereinbarten Zusammenschaltungsvertrags von einer behördlichen Entscheidung abhängig und steht nicht im Einklang mit dem Vorrang privatautonomer Vereinbarung, der dem TKG, der ZS-RL und Art. 2 I GG zu entnehmen ist.

3. *Anordnungen im Nutzerinteresse*

Nach dem gerade zu § 37 II 1 TKG Gesagten scheinen die Adressaten der Zusammenschaltungsanordnung jede darin getroffene Festlegung einvernehmlich abändern zu können. Ziel einer Zusammenschaltungsanordnung kann es allerdings auch sein, die Interessen der nicht an der Vereinbarung beteiligten Nutzer zu wahren, eventuell sogar gegen beide Adressaten der Anordnung. Die Kompetenz dazu enthalten in europarechtskonformer Auslegung §§ 2 II Nr. 1, 37 I TKG, § 9 IV NZV[1103]. In einem solchen Fall unterscheidet sich die Interessenlage grund-

[1101] *Trute*, in: Trute/Bosch/Spoerr, TKG, Kommentar, 2001, § 37 Rn. 21; allgemein *Sachs*, in: Stelkens/Bonk/Sachs, 5. Auflage 1998, § 43 Rn. 202; ähnlich *Etling-Ernst*, TKG-Kommentar, 2. Auflage 2000, § 37 Rn. 9; BeckTKG-Komm/*Piepenbrock*, 1. Auflage 1998, § 37 Rn. 11; a.A: *Koenig/Loetz*, K&R 1999, 298(304).

[1102] *RegPT* BK 4 98-006/ Z 10.6.98 S. 3; BK 4 d-98-020/Z 21.08.98 S. 4; BK 4c-99-052/Z 02.11.99, S. 7.

[1103] Vgl. nur Art. 9 VI RL 97/33/EG, Abl. EG L Nr. 199 v. 26.7.1997, S. 32.

legend von der Konstellation, in der die Regulierungsbehörde Zusammenschaltungsrechte eines Netzbetreibers gegen einen anderen Netzbetreiber durchsetzt. Auf sein Zusammenschaltungsrecht kann der Begünstigte im Einvernehmen mit dem Verpflichteten jederzeit verzichten. Trifft die Behörde dagegen eine Anordnung im Nutzerinteresse, so können die betroffenen Netzbetreiber davon nicht abweichen.

Das TKG legt dieses systematisch allein folgerichtige Ergebnis in § 37 II S. 2 TKG fest. Danach bleibt § 36 TKG unberührt, auch wenn die Netzbetreiber eine Zusammenschaltung vereinbaren. § 36 S. 2 TKG verpflichtet die Netzbetreiber, Nutzerinteressen zu berücksichtigen, in dem sie die Kommunikation von Nutzern ermöglichen und verbessern. Hat die Regulierungsbehörde Nutzerinteressen in ihrer Zusammenschaltungsanordnung konkretisiert, stehen sie nicht zur Disposition der Vertragsparteien.

Bei der Anordnung im Nutzerinteresse handelt es sich um ein durch Verwaltungsakt konkretisiertes Verbot der Vertragsänderung im Sinne des § 134 BGB[1104]. Ein anderslautender Zusammenschaltungsvertrag kann die Festlegungen der Regulierungsbehörde nicht außer Kraft setzen, weil er insoweit wegen Verstoßes gegen § 134 BGB nichtig ist.

III. Einseitige Vertragsbeendigung oder -abänderung

Schwieriger zu klären als die Frage der beiderseitigen ist die Frage der einseitigen Vertragsbeendigung, etwa durch außerordentliche Kündigung aus wichtigem Grund. Für die einvernehmliche Vertragsänderung gibt § 37 II TKG das Ergebnis vor, hinsichtlich der einseitigen Vertragsbeendigung schweigt das Gesetz.

Durch Verwaltungsakt begründete Verträge können grundsätzlich durch Kündigung oder Rücktritt frei beendet werden[1105]. Auch Autoren, die aufgrund der fehlenden Willenseinigung beim diktierten Rechtsverhältnis den Vertragsbegriff ablehnen, wenden die zivilrechtlichen Regeln auf das Rechtsverhältnis zumindest entsprechend an[1106].

Auf die angeordnete Zusammenschaltung als diktierten Vertrag sind die Regeln des Zivilrechts über Vertragsbeendigung anzuwenden. Das gilt aber nur, wenn die gesetzliche Rechtsgrundlage des Kontrahierungszwangs und der zu seinem Vollzug erlassene Verwaltungsakt die Vertragsbeendigung nicht spezieller regeln.

[1104] Ein Verbot kann sich aus dem Normzusammenhang ergeben, Palandt/*Heinrichs*, 59. Auflage 2000, § 134 Rn. 3.

[1105] *Schmidt*, Unmittelbare Privatrechtsgestaltung durch Hoheitsakt, 1976, S. 180; *Nipperdey*, Kontrahierungszwang und diktierter Vertrag, 1920, S. 135 ff.

[1106] *Vykydal*, Der kartellrechtliche Kontrahierungszwang, 1996, S. 37; Staudinger/*Dilcher*, BGB, 12. Auflage 1987, Rn. 12 vor § 145 m.w.Nw.

Das TKG sieht die beiderseitige Vertragsbeendigung in § 37 II TKG vor. Eine darüber hinausgehende Regelung der einseitigen Vertragsbeendigung steht in § 37 III 2 TKG, der für die inhaltlichen Anforderungen der Zusammenschaltungsanordnungen auf § 35 II TKG und damit auf die ONP-Grundsätze verweist. Danach darf der Verpflichtete, soweit es sich um einen marktstarken Netzanbieter handelt, den Vertragsschluß nur aus abschließend aufgezählten Gründen nichtwirtschaftlicher Art ablehnen. Ob ein marktbeherrschender Netzbetreiber den Abschluß eines Zusammenschaltungsvertrags verweigert, oder ihn später wieder kündigt, macht für den Vertragspartner keinen Unterschied. Frei kündigen kann ein Netzbetreiber, dem die Behörde nach ONP-Grundsätzen zur Zusammenschaltung gezwungen hat, den diktierten Vertrag deshalb nicht.

Differenzierter muß das Ergebnis ausfallen, wenn der zur Zusammenschaltung gezwungene marktstarke Netzbetreiber nach allgemeinen zivilrechtlichen Regeln kündigen könnte, etwa wegen Zahlungsverzugs oder sonstiger Pflichtverletzungen des Vertragspartners. Dann muß sich der marktstarke Netzbetreiber von der diktierten Vereinbarung lösen können. Ein einseitiges Kündigungsrecht kann die ONP-Grundsätze nicht verletzen. ZS-RL und TKG wollen primär die Steuerungsressource des Privatrechts nutzen, um gemeinwohlorientierte Zusammenschaltungen sicherzustellen. Zentrales Element privatrechtlicher Steuerung bildet ein Interessenausgleich derart, daß erhebliche Vertragsverletzungen einer Seite die andere Seite zur Kündigung berechtigen. Das Kündigungsrecht bei Vertragsverletzungen drückt das Prinzip wechselseitiger Verpflichtung aus. Auf der Grundlage des Synallagmas verpflichtet sich jede Seite und leistet nur, weil der Kontrahent als gleichwertig betrachtete Gegenleistungen erbringt. Eine dauerhafte vertragswidrige Enttäuschung dieser Erwartung muß zur Kündigung berechtigen, sonst ist ein gerechter Interessenausgleich nicht gewahrt.

Diesen Interessenausgleich zwischen Privaten haben die ONP-Grundsätze gar nicht im Auge. Ihre Rechtsgrundlage bildet die Dienstleistungsfreiheit. Die Anwendung der ONP-Grundsätze auf Private läßt sich nur dadurch rechtfertigen, daß die Mitgliedstaaten zur Beseitigung von Marktmachtungleichgewichten verpflichtet sind, um die Dienstleistungsfreiheit der Marktbürger zu sichern. Diese Argumentation versagt aber bei der Anwendung von ONP-Grundsätzen auf die Abwicklung der aufgrund des Kontrahierungszwangs begründeten Rechtspflichten. Insbesondere stehen sich in diesen privaten Rechtsbeziehungen die Netzbetreiber gleichberechtigt gegenüber. Die Dienstleistungsfreiheit verlangt und rechtfertigt nicht, die mitgliedstaatlichen Regeln über einseitige Vertragsbeendigung aufgrund von Störungen der vertraglichen Äquivalenz wie Vertragsbruch, Verzug oder verschuldeter Schlechtleistung für die Zusammenschaltung einzuschränken. Diese Regeln sind umgekehrt unverzichtbar, um das Funktionieren eines privatrechtlich organisierten funktionierenden Dienstleistungs- und Gütermarktes zu gewährleisten. Die ONP-Regeln schließen damit nur eine freie Kündigung aus, modifizieren aber nicht die sonstigen zivilrechtlichen Regeln über Vertragsbeendigung. Regelt deshalb die Zusammenschaltungsanordnung das Recht der Kündigung der angeordneten Zusammenschaltung überhaupt nicht, dann gelten die zivilrechtlichen Kündigungsregeln für Dauerschuldverhältnisse. Andernfalls muß jedenfalls eine außerordentliche Kündigung aus wichtigem Grund möglich sein.

Kapitel 20 Behördliche Aufhebung

Nachdem feststeht, daß die Adressaten das Vertragsverhältnis der angeordneten Zusammenschaltung diese einvernehmlich und bei Vertragsverletzungen zusätzlich einseitig beenden können, stellt sich die Frage nach einer Aufhebung der Anordnung durch die Behörde.

I. Ausschluß der Aufhebung

Die allgemeinen Regeln des Verwaltungsverfahrensgesetzes, darunter die Vorschriften über die Bestandskraft von Verwaltungsakten, § 43 ff. VwVfG, sind grundsätzlich auf die Tätigkeit der Regulierungsbehörde als Verwaltungsbehörde des Bundes anwendbar, § 1 Nr. 1 VwVfG. Entgegenstehende Bestimmungen des TKG könnten allerdings die Vorschriften des VwVfG verdrängen, § 1 I VwVfG, soweit das TKG eine entsprechende Zielsetzung erkennen ließe[1107]. Für einen solchen Vorrang spezialgesetzlicher Normen genügt es, wenn die spezialgesetzliche Regelung ersichtlich als abschließend konzipiert ist[1108].
Die Anwendung von §§ 48, 49 VwVfG könnte unter zwei Gesichtspunkten ausgeschlossen sein. Zum einen, wenn die privatrechtsgestaltende Wirkung einer Rücknahme mit Wirkung für die Vergangenheit grundsätzlich entgegensteht (dazu sogleich 1), zum anderen, wenn die Anordnung als sogenannter „streitschlichtender Verwaltungsakt" eine endgültige, unwiderrufliche Entscheidung über den Zusammenschaltungsanspruch bezweckte (2).

1. *Aufgrund privatrechtsgestaltender Wirkung*

a) Anwendbarkeit von § 48 VwVfG

Schon das Reichsgericht hat die These von der erhöhten Bestandskraft privatrechtsgestaltender Verwaltungsakte entwickelt, im Zusammenhang mit behördlichen Genehmigungen für Grundstücksauflassungen[1109]. Seien den Beteiligen einmal Rechte und Pflichten aus dem durch Genehmigung wirksam gewordenen Rechtsgeschäft erwachsen, erscheine eine nachträgliche Rücknahme durch die Behörde ausgeschlossen, weil dadurch unerträgliche Rechtsunsicherheit entstünde.
Die ältere Literatur hat diese Ansicht für privatrechtsgestaltende Verwaltungsakte verallgemeinert, stets unter Verweis auf die ansonsten entstehende Rechtsunsicher-

[1107] *Sachs,* in: Stelkens/Bonk/Sachs, VwVfG, 5. Auflage 1998, § 48 Rn. 9.
[1108] BVerwG NVwZ 1987, 488.
[1109] RGZ 103, 104(107); JW 25, 1117.

heit[1110]. Diese ausschließliche Betonung der Rechtssicherheit war allerdings nur gerechtfertigt, solange die frühere Verwaltungsrechtslehre von der freien Abänderbarkeit von Verwaltungsakten ausging und deshalb allein ein Ausschluß jeder Rücknahme überhaupt Vertrauensschutz als subjektive Ausprägung der Rechtssicherheit sicherstellen konnte[1111].
Dagegen erlaubt die geltende Fassung von § 48 I VwVfG, den Vertrauensschutz des Privatrechtsverkehrs angemessen zu berücksichtigen. Die Behörde hat bei ihrer Entscheidung über die Rücknahme den allgemeinen, im Rechtsstaatsprinzip wurzelnden Grundsatz des Vertrauensschutzes zu beachten. Sie muß von einer Rücknahme absehen, wenn das schutzwürdige Vertrauen des Bürgers überwiegt[1112].
Ein vollständiger Ausschluß der Rücknahme privatrechtsgestaltender Verwaltungsakte läßt sich deshalb nicht annehmen. Die privatrechtsgestaltenden Wirkung eines Verwaltungsakts führt nicht zwangsläufig zu absolut zu schützendem Vertrauen in seinen Bestand[1113]. Die pauschale Annahme einer rechtskraftähnlichen Bestandskraft privatrechtsgestaltender Verwaltungsakte würde sonst selbst in Fällen, in denen einem hohen öffentlichen Interesse an der Aufhebung keine oder schwache private Interessen an seinem Fortbestand gegenüberstehen, die Aufhebung ausschließen. Das Moment von Rechtssicherheit und daraus abgeleitetem Vertrauensschutz[1114] kann aber nicht schon deshalb absoluten Rang in der Bewertung erfahren, weil es für den Privatrechtsverkehr in Anspruch genommen wird. Der Sicherheit der Rechtsbeziehungen bei öffentlich-rechtlicher Gestaltung von Privatrechtsverhältnissen gebührt grundsätzlich kein höherer Rang als bei Gestaltung öffentlich-rechtlicher Rechtsbeziehungen durch Verwaltungsakt[1115]. Es ist zu undifferenziert, den Ausschluß der Rücknahme pauschal mit Rechtssicherheit und Vertrauensschutz zu begründen[1116].
Im Fall der Zusammenschaltungsanordnung läßt sich die mit einem Ausschluß der Rücknahme angestrebte absolute Bestandskraft wegen § 50 VwVfG ohnehin nicht erreichen. Ficht der durch die Anordnung belastete Netzbetreiber die Zusammenschaltung an, so kann das Verwaltungsgericht die Anordnung ohne Rücksicht auf

[1110] *Forsthoff*, Verwaltungsrecht, 10. Auflage 1973, S. 270; *Ossenbühl*, Die Rücknahme fehlerhafter begünstigender Verwaltungsakte, 1956, S. 129 sowie die Nachweise bei *Steiner*, DVBl 1970, 34(36) Fn. 42; vgl. *Kopp/Ramsauer*, VwVfG, 7. Auflage 2000, § 48 Rn. 15.

[1111] So zu Recht *Steiner*, DVBl 1970, 34(37).

[1112] *Maurer*, in: Isensee/Kirchhoff(Hrsg.), HStR III, 1988, § 60 Rn. 74; *Stelkens*, in: Stelkens/Bonk/Sachs, VwVfG, 5. Auflage 1998, § 48 Rn. 37 ff. m. w. Nw. in Rn. 45.

[1113] BVerwGE 54, 262.

[1114] Dazu *Maurer*, in: Isensee/Kirchhoff(Hrsg.), HStR. III, 1988, § 60 Rn. 74 Rn. 72.

[1115] *Steiner*, DVBl 1970, 36(38).

[1116] *Manssen*, Privatrechtsgestaltung durch Hoheitsakt, 1994, S. 297.

Vertrauensschutzerwägungen aufheben. Die Rücknahme der Zusammenschaltungsanordnung mit Wirkung für die Vergangenheit ist grundsätzlich zulässig[1117].

b) § 48 II 1 VwVfG

Ist somit die grundsätzliche Anwendbarkeit von § 48 VwVfG geklärt, kommt als nächstes für den Fall einer rechtswidrigen Anordnung die Anwendung der Spezialregel des § 48 II 1 VwVfG in Frage.
Die Zusammenschaltungsanordnung ist ein begünstigender Verwaltungsakt mit Doppelwirkung. Sie begünstigt den Netzbetreiber, dessen Recht auf Vertragsschluß sie durchsetzt und belastet spiegelbildlich den Anspruchsgegner. Weil die Anordnung uno actu belastet und begünstigt, darf sie nur nach den Grundsätzen für die Rücknahme begünstigender Verwaltungsakte zurückgenommen werden[1118].
§ 48 II 1 VwVfG greift trotzdem nicht, weil die Anordnung keine öffentliche Leistung gewährt. Sie setzt nur das Recht auf Abschluß eines Zusammenschaltungsvertrags durch, das seinerseits zum Privatrecht zählt. Die Rechtsdurchsetzung ist ebenfalls keine öffentliche Leistung. Zwar setzt die Zusammenschaltungsanordnung einen privatrechtlichen Vertrag in Kraft und schafft damit die Voraussetzung für den Erhalt von Zusammenschaltungsleistungen. Sie sind aber weder auf Geld- noch auf teilbare Sachleistungen gerichtet. Zudem bezieht sich der Begriff Geld- oder Sachleistungen nur auf öffentliche Leistungen, wie Subventionen oder Sozialleistungen[1119]. Zusammenschaltungsleistungen gewährt ein privater Netzbetreiber nach Privatrecht. Die Leistungen Privater fallen nicht unter § 48 II 1 VwVfG, selbst wenn die Zustimmung oder Genehmigung der Behörde die Voraussetzungen für diese Leistungen schaffen[1120]. Damit beurteilt sich die Rücknahme nach § 48 I, III bis V VwVfG.

c) Ausschluß nach Vertrauensschutzgesichtspunkten

Da § 48 II 1 VwVfG nicht greift, bleibt es bei Ermessenentscheidung nach § 48 I VwVfG. Bei rechtsgestaltenden Verwaltungsakten muß die Behörde die Auswirkungen einer Aufhebung auf andere Rechtsverhältnisse in ihre Ermessenserwägun-

[1117] *Manssen* a.a.O.; *Steiner*, DVBl 1970, 36 ff. m.w.Nw.; *Kopp/Ramsauer*, VwVfG, 7. Auflage 2000, § 48 Rn. 15; für die Bodenverkehrsgenehmigung BVerwGE 54, 257 ff.; 48, 87 ff.; allgemein *Sachs*, in: Stelkens/Sachs/Bonk, VwVfG, 5. Auflage 1998, § 48 Rn. 102; *Meyer*, in: Knack, VwVfG, 7. Auflage 2000, § 48 Rn. 49; a.A. für die Auflassungsgenehmigung noch RGZ 102, 104; ähnlich OGHBZ Köln, DNotZ 50, 429 f.

[1118] Allgemein für Verwaltungsakte mit Doppelwirkung *Kopp/Ramsauer*, VwVfG, 7. Auflage 2000, § 48 Rn. 68; *Sachs*, in: Stelkens/Bonk/Sachs, VwVfG, 5. Auflage 1998, § 48 Rn. 130.

[1119] *Kopp/Ramsauer* a.a.O., Rn. 75; *Sachs*, in: Stelkens/Bonk/Leonhardt, 5. Auflage 1998, § 48 Rn. 88.

[1120] *Kopp/Ramsauer*, VwVfG, 7. Auflage 2000, § 48 Rn. 75; a.A. OVG Berlin E 18, 178(179 f.).

gen einbeziehen[1121]. Bei privatrechtsgestaltenden Verwaltungsakten ist stets der im konkreten Fall erforderliche Vertrauensschutz zu ermitteln und gegen das öffentliche Interesse an der Aufhebung abzuwägen[1122].
Die möglichen Konstellationen lassen sich in zwei Kategorien verschiedener Intensität aufteilen, je nachdem, ob nur der Adressat des privatrechtsgestaltenden Verwaltungsakts, außer ihm noch sein Vertragspartner, oder weitere unbeteiligte Dritte von einer Rücknahme betroffen sind.
Soweit nur der Adressat eines begünstigenden, privatrechtsgestaltenden Verwaltungsakts von der Aufhebung betroffen ist, der wie die Zusammenschaltungsanordnung nicht unter § 48 II VwVfG fällt, zeichnet § 48 III VwVfG das Ergebnis vor. Von Ausnahmefällen abgesehen kann der Verwaltungsakt gegen eventuelle Entschädigung auch mit Wirkung für die Vergangenheit zurückgenommen werden. Auch der Charakter der angeordneten Zusammenschaltung als Dauerschuldverhältnis schließt ihre Rücknahme mit Wirkung für die Vergangenheit nicht aus. Ihre rückwirkende Aufhebung beseitigt den Rechtsgrund der angeordneten Zusammenschaltung nach § 812 I 1 BGB, die Beteiligten haben ihre Leistungen ohne rechtlichen Grund erbracht. Den nötigen Vertrauensschutz schafft indes das Zivilrecht über die Figur des fehlerhaft wirksamen Dauerschuldverhältnisses[1123], das eine Rückabwicklung nur mit Wirkung für die Zukunft erlaubt. Die Anwendung dieser Rechtsfigur ist hier gerechtfertigt, weil sich der Austausch von Zusammenschaltungsleistungen und die Netzverbindung kaum in natura rückabwickeln lassen.
Betrifft der Verwaltungsakt Dritte, so kann und muß die Abwägung nach § 48 I 1 VwVfG ihr schützwürdiges Vertrauen auf den Bestand des Verwaltungsaktes berücksichtigen[1124], was die Rücknahme indes nicht grundsätzlich ausschließt.
Im Fall der Zusammenschaltungsanordnung sind unmittelbare Interessen Dritter am Fortbestand der Anordnung kaum ersichtlich. Die Wirksamkeit von Kundenverträgen mit den zusammengeschalteten Netzbetreibern bleibt von der Rücknahme der Anordnung unberührt. Der zur Zusammenschaltung berechtigte Netzbetreiber muß sich umgehend um einen neuen Zusammenschaltungsvertrag bemühen, den die Behörde notfalls durch eine – diesmal rechtmäßige – Zusammenschaltungsanordnung zu schaffen hat. In der Vergangenheit abgewickelte Geschäftsbeziehungen zwischen Netzbetreibern und Dritten berührt die Rücknahme der Zusammenschaltungsanordnung ohnehin nicht.
Bei der Frage des zu gewährenden Vertrauensschutzes muß die Abwägung schließlich die spezifischen Zwecke der privatrechtsgestaltenden Regelung berücksichti-

1121 *Meyer*, in: Knack, VwVfG, 7. Auflage 2000, § 48 Rn. 49; *Bengel*, Der privatrechtsgestaltende Verwaltungsakt, 1968, S. 163.; *Sachs*, in: Stelkens/Sachs/Bonk, VwVfG, 5. Auflage 1998, § 48 Rn. 102.

1122 *Steiner*, DVBl 1970, 36(38).

1123 Palandt/*Heinrichs*, 59. Auflage 2000, Rn. 29 vor § 145.

1124 Vgl. BVerwG NJW 1969, 339.

gen[1125]. Die Zusammenschaltungsanordnung soll den raschen und effizienten Marktzutritt neuer Netzbetreiber in einem sich rasch ändernden Wettbewerbsumfeld sichern. Sie ist nur solange zulässig, wie die beteiligten Netzbetreiber keine Vereinbarung treffen. Nach der hier vertretenen Ansicht können sie einvernehmlich eine Erledigung der Anordnung herbeiführen. Die Zusammenschaltungsanordnung ist damit vom Gesetz nicht „für die Ewigkeit" gedacht. Insgesamt schließt ihre Eigenschaft als privatrechtsgestaltender Verwaltungsakt eine behördliche Aufhebung auch rückwirkend nicht aus.

d) Widerruf nach § 49 VwVfG

Da die Zusammenschaltungsanordnung insgesamt als begünstigender Verwaltungsakt zu behandeln ist, kann eine rechtmäßige Anordnung nur bei Vorliegen eines Widerrufsgrundes und mit Wirkung für die Zukunft widerrufen werden. Die Regulierungsbehörde versieht ihre Anordnungen regelmäßig mit einem Widerrufsvorbehalt, nach der hier vertretenen Ansicht allerdings überflüssigerweise, weil es bei Einigung der Adressaten eines Widerrufs nicht mehr bedarf[1126].

2. *Als „streitschlichtender Verwaltungsakt"*

Eine weitere einschlägige Fallgruppe, die eine Anwendung der Aufhebungsregeln ausschließen können soll, wird unter dem Stichwort streitschlichtender Verwaltungsakt zusammengefaßt[1127]. Damit hat das Bundesverfassungsgericht einen feststellenden Verwaltungsakt bezeichnet, dessen Sinn und Zweck darin besteht, ***endgültig*** über einen geltend gemachten Anspruch zu entscheiden. Insbesondere das prozeßähnliche Verwaltungsverfahren sollte einen solchen Verwaltungsakt, so urteilte das Gericht 1953, als einen „Akt der Rechtsfindung" einem richterlichen Urteil annähern und ihm eine „materieller Rechtskraft wesensverwandte Beständigkeit" verleihen[1128].

Daraus wird bis heute abgeleitet, streitentscheidende Verwaltungsakte unterlägen nicht den Aufhebungsregeln der §§ 48, 49 VwVfG[1129]. Begründet wird diese Ansicht außer mit Sinn und Zweck des streitschlichtenden Verwaltungsakts, eine endgültige Klärung herbeizuführen[1130], mit den Grundsätzen von Rechtssicherheit und

[1125] BVerwGE 48, 87(93) für die Bodenverkehrsgenehmigung.

[1126] Dazu oben Kapitel 19 S.237.

[1127] Speziell für die Zusammenschaltungsanordnung *Koenig/Loetz*, K&R 1999, 298 ff.; unter Berufung auf *Andreae*, Der streitentscheidende Verwaltungsakt, 1996; allgemein BVerfGE 2, 280(291 ff.); *P. Stelkens/U. Stelkens*, in: Stelkens/Bonk/Sachs, VwVfG, 5. Auflage 1998, § 35 Rn. 146; *Hennecke*, in: Knack, VwVfG, 7. Auflage 2000, § 35 Rn. 92; *Wolff/Bachof/Stober*, Verwaltungsrecht Bd. 2, 6. Auflage 2000, § 46 Rn. 10 ff.

[1128] BVerfGE 2, 290(293 f.).

[1129] So die Nachweise in Fn. 1127.

[1130] *P. Stelkens/U. Stelkens*, in: Stelkens/Bonk/Sachs, VwVfG, 5. Auflage 1998, § 35 Rn. 146.

Vertrauensschutz. Der für Gerichte geltende Gedanke der Innenbindung, § 318 ZPO, verpflichte auch streitentscheidende Verwaltungsbehörden. Er verhindere die freie Aufhebbarkeit des streitentscheidenden Verwaltungsaktes. Wo die Verwaltung nicht zweckbestimmt, sondern rechtsschlichtend tätig sei, trete der Gedanke der Rechtssicherheit in den Vordergrund. Dem entspreche ein erhöhter Vertrauensschutz der Betroffenen. Mit der Aufhebung des streitentscheidenden Verwaltungsaktes brauche niemand zu rechnen, den nötigen Rechtsschutz könnten Gerichte bieten. Wegen des Grundsatzes des Vertrauensschutzes seien die §§ 48, 49 VwVfG auf streitentscheidende Verwaltungsakte nicht anwendbar[1131].

Nur auf den ersten Blick paßt die Definition des streitentscheidenden Verwaltungsakts auf die Zusammenschaltungsanordnung[1132]. Die Regulierungsbehörde entscheidet in einem justizähnlichen Verfahren als Dritte über die Zusammenschaltungsrechte zwischen zwei Netzbetreibern. Die Tatsache, daß der Verwaltungsakt privatrechtsgestaltend und nicht nur feststellend wirkt, schließt einen streitschlichtenden Verwaltungsakt noch nicht aus[1133].

Trotzdem kann die Zusammenschaltungsanordnung nicht in die Fallgruppe der streitschlichtenden Verwaltungsakte eingeordnet werden. Gegen eine Ähnlichkeit mit Akten materieller Rechtsprechung spricht zunächst, daß die Regulierungsbehörde nicht als neutraler Dritter über die Zusammenschaltung entscheidet, sondern zugleich öffentliche Interessen wahrnimmt[1134], die den Interessenausgleich zwischen den Netzbetreibern überformen können. Das Gesetz beauftragt die Behörde nicht in erster Linie mit der Lösung vergangener Konflikte, sondern mit zukunftsgerichteter, planender Gestaltung. Nach Sinn und Zweck der §§ 36, 37 II TKG soll sie dabei gerade nicht *endgültig* über den Zusammenschaltungsanspruch entscheiden[1135].

Erstens ermöglicht § 37 II TKG Netzbetreibern, einvernehmlich die angeordnete Zusammenschaltung zu ändern. Damit können sie eine Erledigung der Zusammenschaltungsanordnung herbeiführen. Zweitens verbietet das TKG weder ausdrücklich noch konkludent einen erneuten Antrag auf Anordnung einer Zusammenschaltung, um eine vorher ergangene Anordnung abzuändern. Es überdehnt die zulässigen Methoden der Gesetzesinterpretation, analog zum Einwand rechtskräftiger Entscheidung, einen solchen Ausschlußgrund zu konstruieren. Drittens paßt das statische Konzept einer endgültigen Entscheidung über das Zusammenschaltungsrecht nicht in ihr sachliches Umfeld. Mögliche Inhalte eines Zusammenschaltungs-

1131 *Andreae*, Der streitentscheidende Verwaltungsakt, 1986, S. 159 ff.

1132 Bejahend *Koenig/Loetz*, K&R 1999, 298 ff.

1133 *P. Stelkens/U. Stelkens*, in: Stelkens/Bonk/Sachs, VwVfG, 5. Auflage 1998, § 35 Rn. 146; *Andreae*, Der streitentscheidende Verwaltungsakt, 1986, S. 80.

1134 Vgl. *Wolff/Bachof/Stober*, Verwaltungsrecht Bd. 2, 6. Auflage 2000, § 46 Rn. 11.

1135 Vgl. *Sachs*, in: Stelkens/Bonk/Sachs, VwVfG, 5. Auflage 1998, § 48 Rn. 55 u. 102.

anspruchs verändern sich laufend, bedingt durch rasanten technischen Fortschritt und in Fluß geratene Marktverhältnisse.

3. *Ergebnis*

Eine rechtswidrige Anordnung kann nach § 48 I 1 VwVfG zurückgenommen werden, gegebenenfalls mit Ausgleich des Vermögensschadens nach § 48 III 1 VwVfG. Möglich ist auch ein Widerruf, wenn ein Grund dafür vorliegt.

II. Folgen für den diktierten Vertrag

1. *Aufschiebende Wirkung*

Klagen gegen die Zusammenschaltungsanordnung haben nach § 80 II TKG von Gesetzes wegen keine aufschiebende Wirkung, allerdings ist eine Anordnung der aufschiebenden Wirkung durch das Gericht denkbar, § 80 V 1 VwGO. Interessant ist, wie sich die aufschiebende Wirkung für die Zusammenschaltungsanordnung auf den zivilrechtlichen Vertrag auswirkt, dessen Rechtsgrund sie bildet.
Generell hemmt die aufschiebende Wirkung eines Rechtsbehelfs lediglich den Vollzug eines Verwaltungsakts, nicht seine Wirksamkeit[1136]. Die aufschiebende Wirkung erreicht somit eine Vollzugshemmung unter Einschluß des Gebrauchmachens von Rechtsgestaltungen[1137]. Zivilrechtlich gesehen läßt die Anordnung der aufschiebenden Wirkung den Rechtsgrund der angeordneten Zusammenschaltung nicht entfallen, Rechte und Pflichten aus dem diktierten Vertrag bestehen fort. Die Suspendierung der Wirksamkeit des öffentlich-rechtlichen Geltungsgrunds muß jedoch ihren Niederschlag im angeordneten Vertrag finden. Weder Nichtigkeit noch volle Wirksamkeit werden dieser Forderung gerecht. Zivilrechtlich läßt sich das zeitweise Verbot des Gebrauchmachens von vertraglichen Rechten und Pflichten nur mit dem Institut der schwebenden Unwirksamkeit bewältigen[1138]. Die angeordnete Zusammenschaltung ist dann aufgrund der aufschiebenden Wirkung zunächst unwirksam. Sie kann aber noch wirksam werden, wenn die Klage rechtskräftig abgewiesen wird oder die aufschiebende Wirkung auf andere Weise entfällt.

[1136] BVerwGE 13, 1(5); 66,222 st. Rspr.; *Hufen*, Verwaltungsprozeßrecht, 4. Aufl.2000, § 32 Rn. 3.
[1137] *Hufen* a.a.O.
[1138] Dazu allgemein Palandt/*Heinrichs*, 59. Auflage 2000, Rn. 31 vor § 104.

2. *Rücknahme oder gerichtliche Aufhebung der Anordnung*

Eine behördliche Rücknahme der Anordnung oder ihre Kassation im Wege einer Anfechtungsklage entzieht dem Zusammenschaltungsvertrag seinen Geltungsgrund. Das ähnelt der Konstellation, in der Parteien eines frei ausgehandelten Vertrages ihre Willenserklärungen durch Anfechtung nachträglich vernichten. Die Wirkung, sofortige Beendigung des Vertragsverhältnisses, muß identisch sein. Besonderheiten ergeben sich, weil der Zusammenschaltungsvertrag ein Dauerschuldverhältnis darstellt. Hier bietet wiederum die Rechtsfigur des fehlerhaft wirksamen Dauerschuldverhältnisses angemessene Lösungen[1139].

[1139] Allgemein Palandt/*Heinrichs*, 59. Auflage 2000, Rn. 31 vor § 104.

Kapitel 21 Rechtsschutzfragen

I. Recht auf Anordnung der Zusammenschaltung

Der zur Zusammenschaltung Berechtigte kann auf Anordnung der Zusammenschaltung klagen[1140], ihm steht ein entsprechendes subjektiv-öffentliches Recht zu. Erforderlich für das Vorliegen eines subjektiven öffentlichen Rechts ist allgemein, daß ein Rechtssatz des öffentlichen Rechts zumindest auch dem Schutz von Individualinteressen zu dienen bestimmt ist[1141]. In der Verpflichtungskonstellation muß dafür objektiv ein Rechtssatz die Verwaltung zu einem Tun, Dulden oder Unterlassen verpflichten, dem subjektiv ein Anspruch des Berechtigten entspricht[1142]. Das ist durch Auslegung zu ermitteln.

Primär entscheidet also der Wortlaut der §§ 36, 37 I TKG i.V.m. § 5 NZV. Einigen sich Netzbetreiber demnach nicht über eine Zusammenschaltung, dann ordnet die Regulierungsbehörde nach § 37 I TKG die Zusammenschaltung an, wenn einer der Beteiligten sie anruft. Nach dem Wortlaut handelt es sich bei § 37 I TKG um eine gebundene Entscheidung ohne Ermessen für die Regulierungsbehörde (*ordnet an*). Die objektive Verpflichtung liegt vor.

Sie begründet auch ein subjektives Recht. Die Norm spricht nicht ausdrücklich von einem Anspruch des zur Zusammenschaltung Berechtigten, ihr Wortlaut liefert dafür aber verschiedene Anhaltspunkte. Einen stellt das Erfordernis der Anrufung dar. Generell spricht die Verleihung einer Antragsbefugnis dafür, daß die beantragte Entscheidung zumindest auch den Interessen des Antragstellers Rechnung tragen soll. Der TKG-Gesetzgeber etwa ging davon aus, daß im Verfahren vor der Regulierungsbehörde nur antragsbefugt sein sollte, wer in eigenen subjektiven Rechten betroffen ist[1143]. Die Pflicht der Regulierungsbehörde, die Anrufungsgründe zu beachten, § 9 III NZV, verstärkt die Wirkung der Antragsbefugnis als Indiz[1144] für ein subjektives öffentliches Recht.

Das System von TKG und ZS-RL spricht ebenfalls für ein subjektives Recht auf Durchsetzung der Zusammenschaltungsrechte gegen die Behörde. Die Befugnisse der Regulierungsbehörde versetzen sie in eine Reservestellung, die ihr erlaubt, den Abschluß von Zusammenschaltungsvereinbarungen zu fördern und notfalls zu er-

[1140] Allgemein *Bengel*, Der privatrechtgestaltende Verwaltungsakt, 1968, S. 180.

[1141] *Kopp/Schenke*, VwGO, 12. Auflage 2000, § 42 Rn. 48; *Wolff/Bachof/Stober*, Verwaltungsrecht I, 11. Auflage 1999, § 43 I 3 Rn. 12 ff.

[1142] Vgl. *Wahl/Schütz*, in: Schoch/Schmidt-Aßmann/Pietzner, VwGO, Bd. 1, Stand 2000, § 43 Rn. 53.

[1143] BT-Drucks. 13/3609 S. 52 Erläuterung zu § 71 der Entwurfsfassung.

[1144] Für Indizwirkung von Beteiligungsrechten *Wolff/Bachhof/Stober*, Verwaltungsrecht I, 11. Auflage, § 43 I 4 Rn. 35.

zwingen und damit Zusammenschaltungsrechte durchzusetzen. Diese Reservestellung stärkt die Verhandlungsmacht anderer Netzbetreiber gegenüber marktstarken Netzbetreibern. Sie würde ihren Effekt weitgehend einbüßen, wenn nicht sicher wäre, daß die zur Zusammenschaltung Berechtigten den Vertragsschluß durch die Behörde erzwingen könnten, weil sie kein Recht auf deren Einschreiten hätten. Es entspricht vielmehr dem Grundgedanken des Regulierungskonzepts, dem Einsatz privater Interessendurchsetzung zur Verfolgung von Regulierungszielen, wenn die Steuerungsressource Eigennutz über subjektive Rechte geschützt wird.
Funktionell vollstreckt die Erzwingung des Vertragsschlusses durch die Behörde den Kontrahierungszwang, dem zusammenschaltungspflichtige Netzbetreiber unterliegen[1145]. Ohne die Sonderform der behördlichen Anordnung obläge es den Gerichten, die Rechte auf Vertragsschluß durchzusetzen. Ihnen gegenüber hätten die Netzbetreiber aufgrund des Justizgewährleistungsanspruchs ein Recht auf Durchsetzung ihrer Ansprüche. Die Vorverlagerung des Rechtsschutzes auf die Behörde dient der effektiveren und schnelleren Durchsetzung der Rechte. Sie darf deshalb den Rechtsschutz nicht verringern und muß ein subjektives Recht auf Anordnung vorsehen.
Nach Wortlaut und Systematik des Gesetzes haben Netzbetreiber ein subjektives Recht auf Anordnung der Zusammenschaltung nach § 37 I TKG[1146], den sie gegebenenfalls mit einer Verpflichtungsklage nach § 42 I VwGO oder in Ausnahmefällen, die eine Vorwegnahme der Hauptsache rechtfertigen, mit einer einstweiligen Anordnung gemäß § 123 VwGO durchsetzen können.

II. Schutz gegen die Anordnung

Die Zusammenschaltungsanordnung ist ein Verwaltungsakt, §§ 37 I, 73 I 2 TKG, mit zivilrechtlichen Rechtsfolgen. Als Rechtsgrund des zivilrechtlichen Dauerschuldverhältnisses besteht er nach der Anordnung fort[1147], deshalb ist eine Anfechtung grundsätzlich möglich.

1. *Anfechtung durch belasteten Netzbetreiber*

Gegen die Anordnung selber kann der von ihr zur Zusammenschaltung verpflichtete Netzbetreiber Anfechtungsklage erheben. Seine Klagebefugnis im Sinne von § 42 II VwGO folgt daraus, daß ihn der aufgezwungene Vertragsschluß in seinem Recht auf Eigentum und Berufsfreiheit, jedenfalls in seiner Privatautonomie verletzen kann. Ein Vorverfahren schließt § 80 I TKG aus. Hebt das Verwaltungsgericht die Zusammenschaltungsanordnung auf, dann fällt damit ex tunc der Rechtsgrund

[1145] Oben in Kapitel 12 S. 127 ff
[1146] So auch *RegPT* BK 4d-98-039/Z 10.11.98, S. 5; *Tschentscher/Neumann*, BB 1997, 2437(2438).
[1147] Nachweis oben in Kapitel 19 S. 233ff

der angeordneten Zusammenschaltung weg. Das Leistungsverhältnis zwischen den Netzbetreibern hat dann ohne rechtlichen Grund stattgefunden. Die damit verbundenen Probleme muß das Zivilrecht bewältigen, insbesondere über die Figur des fehlerhaft wirksamen Dauerschuldverhältnisses.

2. *Anfechtung durch begünstigten Netzbetreiber*

Der Netzbetreiber, der die Zusammenschaltungsanordnung beantragt hat und dessen Zusammenschaltungsrechte sie durchsetzt, kann ebenfalls dagegen klagen. Wendet sich der Begünstigte gegen Festsetzungen, etwa im Drittinteresse, genügt die Anfechtungsklage, soweit eine isolierte Anfechtung der Belastungen nicht daran scheitert, daß diese untrennbar mit den begünstigenden Regelungen verbunden sind. Seine Klagebefugnis ergibt sich schon aus der möglichen Verletzung seiner Vertragsfreiheit.
Will er dagegen eine weitergehende Zusammenschaltungsanordnung erreichen, als die Regulierungsbehörde ihm bislang gewährt hat, dann muß er sie mit einer Verpflichtungsklage erstreiten. Seine Klagebefugnis folgt dann aus § 36 I oder 35 II 1 TKG und den darin enthaltenden subjektiven Rechten auf Durchsetzung der Zusammenschaltung.

III. **Rechte Dritter**

1. *Anfechtung durch Nutzer*

Nutzer haben keinen Anspruch auf Abschluß eines Zusammenschaltungsvertrags zwischen Netzbetreibern. Allerdings muß die Regulierungsbehörde bei der Entscheidung über die Ausgestaltung der Anordnung das Regulierungsziel der Nutzerinteressen aus § 2 II Nr. 1TKG berücksichtigen.
Ein Klagerecht der Nutzer wegen fehlender Berücksichtigung ihrer Interessen bei der Ausübung des Regulierungsermessens erscheint kaum vorstellbar[1148]. Denn ein Recht auf fehlerfreie Ermessensausübung besteht – ebenso wie ein Recht auf Ausfüllung eines Beurteilungsspielraums – nur, wenn die in Frage stehende Entscheidung jedenfalls im Ergebnis materielle subjektive Rechte des Klägers berührt[1149]. Auch unter Berücksichtigung der Stellung des Regulierungsermessens zwischen Ermessen und Beurteilungsspielraum setzt seine klageweise Überprüfung durch Andere als die Adressaten die Möglichkeit einer Verletzung subjektiver öffentlicher Rechte voraus.
§ 9 IV NZV verpflichtet entsprechend die Regulierungsbehörde, die Interessen der Nutzer als eigenständiges Regulierungsziel zu beachten, wenn sie die Zusammen-

[1148] Allgemein *Kopp/Ramsauer*, VwVfG, 7. Auflage 2000, § 40 Rn. 32.
[1149] BVerwGE 45, 199; 51, 267; 69, 259; *Kopp/Schenke*, VwGO, 12. Auflage 2000, § 42 Rn. 93.

schaltung anordnet. Dabei dürften etwa Fragen der Interoperabilität eine Rolle spielen, also die Einhaltung solcher technischen Mindestspezifikationen von Endgeräten und Übertragungsmodi, die das Angebot und die Wahlmöglichkeiten der Nutzer bestimmen[1150].

Allerdings dürfte sich der gesetzlich vorgesehene Interessenschutz für Nutzer generell nicht zu einem klagebewehrten subjektiv-öffentlichen Recht verdichten, weil §§ 2 II Nr. 1, 37 I TKG, 9 IV NZV nicht individualschützend ausgestaltet sind.

Das zeigt zunächst der Wortlaut, der keine individualisiert berechtigende Formulierungen aufweist[1151]. Regulierungsziel in § 2 II TKG, § 9 IV NZV ist nicht der Schutz einzelner Verbraucher, sondern der Verbraucherschutz schlechthin als Ziel der staatlichen Gemeinschaft. Grundsätzlich bezweckt das Regulierungsverfahren nicht den Schutz individueller Kunden, sondern den lediglich öffentlichen Belang Verbraucherschutz[1152]. Nach § 9 IV NZV hat die Regulierungsbehörde Interessen von Nutzern zu berücksichtigen. Nutzer sind nach § 3 Nr. 11 TKG alle Nachfrager nach TK-Dienstleistungen. Würde § 9 IV NZV jedem Nutzer ein Klagerecht einräumen, liefe das praktisch auf eine Popularklage hinaus, die § 42 II VwGO ausschließt[1153].

Entscheidend für die Individualisierung eines zu schützenden Interesses ist die Abgrenzbarkeit eines zu schützenden Personenkreises. Die betreffende Norm muß die Art der Verletzung und den Kreis der geschützten Personen hinreichend klarstellen und abgrenzen[1154]. Wo es an jeder Bestimmtheit eines Kreises in ihrer Individualität geschützter Personen fehlt, dient der Rechtssatz nur dem Allgemeininteresse[1155]. § 9 IV NZV bestimmt keinen Kreis geschützter Personen innerhalb der praktisch mit der Allgemeinheit identischen Gruppe der Nutzer.

Dazu verbindet hier das Rechtsverhältnis Behörde, Netzbetreiber und Nutzer zu einem multipolaren Verwaltungsrechtsverhältnis. In einem solchen horizontalen Verhältnis ist drittschützende Wirkung nur dann angelegt, wenn die Gesetzesbestimmungen private Interessenkollisionen durch Postulate der Zuordnung, Verträglichkeit und Abstimmung benachbarter Nutzungen regeln und zu einem Ausgleich bringen[1156]. Insbesondere wo das Gesetz konfliktschlichtend die aktiven Gestaltungsinteressen mit den passiven Verschonungsinteressen oder konkurrierende Zu-

[1150] Zum Begriff vgl. *Bruns*, Die Sicherstellung öffentlicher Aufgaben im Bereich der Telekommunikation, 1999, S. 62 u. 71, vgl. auch Art. 9 III ZS-RL, Abl. EG Nr. L 199 v. 26.7. 1997, S. 32.

[1151] Vgl. *Schmidt-Aßmann* in: Maunz/Dürig, GG-Kommentar, Art. 19 IV Rn. 137 f.

[1152] So zu Recht OVG Münster, MMR 1999, 554 für das Verfahren der Entgeltregulierung.

[1153] Dazu allgemein *Hufen*, Verwaltungsprozeßrecht, 4. Auflage 2000, § 14 Rn. 72.

[1154] *Kopp/Schenke*, VwGO, 12. Auflage 2000, § 42 Rn. 48 m.w.Nw.; vgl. BVerwGE 101, 157.

[1155] *Schmidt-Aßmann*, in Maunz/Dürig, GG-Kommentar, Art 19 IV Rn. 139, insbesondere die Nachweise in Fn. 54.

[1156] *Wahl/Schütz*, in: Schmidt-Aßmann/Schoch/Pietzner, VwGO, Stand 2000, Bd. 1, § 42 II Rn. 50.

gangsinteressen in sein Entscheidungsprogramm aufnimmt, gewichtet und horizontal ausgleicht, ergeben sich subjektive Rechte[1157]. Diese für die herkömmlichen privaten Interessenkonflikte entwickelten Richtsätze passen nicht auf das Verhältnis von Nutzern zu Anbietern, das regelmäßig weder wechsel- noch kehrseitig ausgestaltet ist.
Eine individualschützende Wirkung von §§ 9 IV NZV, 2 II TKG ist nur ganz ausnahmsweise denkbar, wenn die Anwendung der Norm im Einzelfall ergibt, daß eine bestimmte Gruppe oder einzelne Nutzer sich durch ihre Interessenbetroffenheit von der Allgemeinheit unterscheiden lassen. Da zusätzlich eine Dreieckskonstellation vorliegt, kann das nur der Fall sein, wenn die speziellen Interessen der Nutzer so gelagert sind, daß sie mit den Interessen der Netzbetreiber rivalisieren, etwa weil sie zu ihnen in einem Verhältnis der Kehr- oder Wechselseitigkeit stehen. Nutzer können aus § 9 IV NZV klagebefugt sein, wenn auf der Hand liegt, warum gerade sie nachhaltig und individualisierbar von der konkreten Zusammenschaltungsanordnung betroffen sind[1158]. Das mag in ganz außergewöhnlichen Konstellationen vorkommen, etwa, wenn die Zusammenschaltungsanordnung technische Konfigurationen oder eine bestimmte Netzarchitektur vorschreibt, die für genau bestimmbare Nutzer besonders gravierende Nachteile bringen. Liegt eine solche Berührung subjektiver Rechtspositionen durch die Zusammenschaltungsanordnung vor, können Nutzer deren ausreichende und angemessene Berücksichtigung bei der Ausübung des Regulierungsermessens verlangen. Die Klagebefugnis nach § 42 II VwGO für Nutzer ist insgesamt nicht völlig ausgeschlossen, sie dürfte aber praktisch nicht vorkommen.
Eine Zusammenschaltungsanordnung kann über den Einzelfall hinausweisende prognostisch-planerische Elemente enthalten. Im Planungsrecht entspricht dem Gebot gerechter Abwägung aller planbetroffenen Belange, das alle zu berücksichtigenden Rechtspositionen und auch sonstige rechtlich geschützte Interessen erfaßt[1159], eine Klagebefugnis aller Personen, deren Belange die Behörde bei ihrer Entscheidung zu ermitteln und zu berücksichtigen hatte[1160]. Trotz der Ähnlichkeiten in der Entscheidungsstruktur lassen sich diese Grundsätze zur Ermittlung der Klagebefugnis im Planungsrecht aber nicht auf die Zusammenschaltungsanordnung übertragen. Denn sie setzt die planungsähnliche Gestaltung der Regulierungsbehörde nicht in die Rechtsform eines nach außen verbindlichen Planes um, dafür fehlt eine mit einem rechtsförmigen Plan vergleichbare Gestaltungswirkung.

[1157] *Wahl/Schütz* a.a.O.

[1158] Dazu *Wahl/Schütz*, in: Schmidt-Aßmann/Schoch/Pietzner, VwGO, Stand 2000, Bd. 1, § 42 II Rn. 166 ff.

[1159] BVerwGE 90, 96(101).

[1160] *Kopp/Schenke*, VwGO, 12. Auflage 2000, § 42 Rn. 91.

2. *Anfechtung durch andere Netzbetreiber*

Nicht an der Zusammenschaltung beteiligte Netzbetreiber haben keine Klagebefugnis, weil sich zu ihren Gunsten keine Schutznorm ermitteln läßt. Anders als die Nutzer in § 2 II Nr. 1 erwähnt sie das TKG in § 2 II Nr. 2 nicht, der nur vom Wettbewerbsschutz, nicht vom Schutz einzelner Wettbewerber spricht. Genausowenig erwähnt § 9 IV NZV dritte Netzbetreiber.

3. *Ergebnis*

Effektiv schützt das TKG nur die Interessen der an der Zusammenschaltung beteiligten Netzbetreiber. Ihre individuellen Zusammenschaltungsrechte, die letztlich im ONP-Konzept begründet sind, können sie mit Hilfe der Regulierungsbehörde effektiv durchsetzen und notfalls gerichtlich schützen lassen. Nutzer, denen die Regulierung im Ergebnis eigentlich dienen sollte, profitieren von den Zusammenschaltungsanordnungen nur als Rechtsreflex. Ihre Interessen sind bis auf den Ausnahmefall handgreiflicher Betroffenheit nicht klagebewehrt und zu ihrer Durchsetzung auf die Aufmerksamkeit der Regulierungsbehörde angewiesen. Dasselbe gilt für die Interessen von nicht an der Zusammenschaltung beteiligten Wettbewerbern.

Kapitel 22 Ergebnisse in Thesen

1. Telekommunikation kann als netzgebundene Dienstleistung vorerst nur mit Einschränkungen dem freien Spiel von Marktkräften überlassen werden. Wirtschaftliche Besonderheiten von Netzen erzeugen zumindest im Ortsnetzbereich monopolistische Strukturen, die ohne klar definierte und effizient durchgesetzte Zugangsansprüche eine optimale Entwicklung des TK-Marktes verhindern[1161].
2. Die Regulierung der Zusammenschaltung in Deutschland ist nur vor ihrem europäischen Hintergrund verständlich. Die Marktöffnung erfolgte europarechtlich auf zwei Achsen: Der schrittweisen Abschaffung staatlicher Sonderrechte (Liberalisierung) und der Festlegung wirksamer Zugangsregeln zu TK-Netzen und Diensten (Harmonisierung).
3. Kern des europäischen Marktöffnungsprogramms bilden die ONP-Grundsätze, die den Zugang zu Netzen und Diensten regeln. Sie bilden die Grundlage der Zusammenschaltungsrechte nach §§ 35 I S. 3 und 36 TKG. Die ONP-Grundsätze haben sich von einem begrenzten Instrument zur Verhinderung des Mißbrauchs staatlicher Monopole zu einer umfassenden System von Zugangsrechten zur gesamten TK-Infrastruktur entwickelt. Sie werden von der unabhängigen Regulierungsbehörde im Kontext privater Verhandlungen durchgesetzt[1162].
4. Rechtsgrundlage der ONP-Grundsätze bildet die europäische Dienstleistungsfreiheit. Aus der strukturellen Verknüpfung mit der Dienstleistungsfreiheit ergibt sich der Anspruchscharakter der ONP-Rechte sowie die hohen Anforderungen an ihre Beschränkung. Sie dürfen nur mit Erwägungen des Allgemeinwohls nicht wirtschaftlicher Art begründet werden und müssen verhältnismäßig sein[1163].
5. Im Vergleich zu Zugangsansprüchen nach europäischem Wettbewerbsrecht erweisen sich die ONP-Rechte gegenüber wettbewerbsrechtlichen Ansprüchen wegen des höheren Gemeinwohlbezugs als ein aliud[1164].
6. Regulierung in der Telekommunikation dient der Bewältigung einer europarechtlich erzwungenen Verschiebung staatlicher Aufgaben von der Leistung zur Gewährleistung[1165].
7. Verfassungsrechtliches Paradigma für diesen Aufgabenwechsel liefert Art. 87 f GG. Die einfachgesetzliche Regulierung der Zusammenschaltung

[1161] Dazu in Kapitel 2 S. 10 ff.
[1162] Dazu in Kapitel 3 S. 26 ff.
[1163] Dazu in Kapitel 5 S. 48 ff.
[1164] Dazu in Kapitel 6 S. 58 ff.
[1165] Dazu in Kapitel 4 S. 29 ff.

im TKG gestaltet den verfassungsrechtlichen Auftrag des Art. 87 f I GG näher aus. Die Regulierungsziele des TKG präzisieren und erweitern die verfassungsrechtlichen Vorgaben, indem sie die Wahrung von Nutzerinteressen noch vor die Sicherung von Universaldienst und Wettbewerb stellen[1166].

8. Durch die Ausrichtung auf Gemeinwohlziele binden Verfassung und TKG Zusammenschaltung im öffentlichen Interesse ein. Das Primat privatrechtlicher Handlungsformen strukturiert und begrenzt diese Einbindung.
9. Regulierung darf nur höchst behutsam am Vorbild der amerikanischen „regulation" gemessen werden. Diese geht von grundsätzlich anderen verfassungsrechtlichen Strukturprinzipien als das TKG aus und kann deshalb nicht unbesehen zur Erklärung von Strukturen des TKG herangezogen werden. Sie liefert andrerseits wertvolle Hinweise zum Verständnis von Regelungen des TKG[1167].
10. Die Voraussetzungen des Anspruchs auf Zusammenschaltung sind weit zu fassen, das erfordern die europäischen Vorgaben sowie Sinn und Zweck. Auch Vermittlungsnetze und Netze mit einer Vermittlungsstelle fallen unter den Netzbegriff des TKG[1168].
11. Das Kriterium der Marktbeherrschung folgt im TKG (noch) kartellrechtlichen Maßstäben. Seine Bestimmung stellt eine gerichtlich voll überprüfbare Subsumtion dar. Die ZS-RL und noch stärker der neue europäische Rechtsrahmen räumen dagegen der Behörde einen Einschätzungsspielraum ein[1169].
12. Das TKG verpflichtet jeden Netzbetreiber zur Zusammenschaltung und verleiht ihm ein korrespondierendes Recht[1170]. Diese weitreichenden Zusammenschaltungspflichten können vor grundrechtlichen Maßstäben bestehen. Voraussetzung ist, daß dem Zusammenschaltungspflichtigen Eigentumsnutzung und Berufsausübung nicht unzumutbar erschwert werden[1171].
13. Die grundlegenden Anforderungen im Sinne der ONP-Grundsätze bilden negative Tatbestandsmerkmale des Zusammenschaltungsanspruchs. Sie rechtfertigen eine Beschränkung des Zusammenschaltungsanspruchs, die allerdings verhältnismäßig sein muß[1172].
14. Netzintegrität umfaßt außer dem Bestand die ordnungsgemäße Funktion des Netzes. Funktionsstörungen durch eine Zusammenschaltung rechtfertigen trotzdem nicht automatisch eine Zugangsbeschränkung. Ausbaumaßnahmen

[1166] Dazu in Kapitel 8 S. 77 ff.
[1167] Dazu in Kapitel 7 S. 72 ff.
[1168] Dazu in Kapitel 9 S. 89 ff.
[1169] Dazu in Kapitel 9 S. 94 ff.
[1170] Dazu in Kapitel 9 S. 93 ff.
[1171] Dazu in Kapitel 10 S. 103 ff.
[1172] Dazu in Kapitel 11 S. 117 ff.

des Zusammenschaltungspflichtigen auf Kosten des Anspruchstellers können ein milderes Mittel zum Schutz der Netzintegrität sein[1173].

15. Das Recht auf Zusammenschaltung stellt einen entwicklungsoffenen Zugangsanspruch zu allen netzgebundenen Formen elektronischer Kommunikation dar.
16. Kern des Zusammenschaltungsrechts im TKG bildet die Pflicht des Anspruchsgegners, eine Zusammenschaltung mit dem Berechtigten auszuhandeln. Der Inhaber des Anspruchs auf Zusammenschaltung hat ein Recht auf Abschluß eines privatrechtlichen Vertrags, das Zusammenschaltungsrecht schafft einen Kontrahierungszwang. Marktbeherrschende Anspruchsgegner müssen diesen Vertrag zu ONP-Bedingungen, insbesondere kostenorientiert, abschließen[1174].
17. Den Anspruch auf Vertragsschluß setzt die Regulierungsbehörde im Kontext privater Vertragsverhandlungen durch. Das europarechtliche Regulierungsmodell errichtet eine flexible Auffangordnung für den primären Steuerungsmechanismus privater Vertragsverhandlungen. Das TKG vergröbert dieses differenzierte Steuerungsinstrumentarium, indem es den Schwerpunkt auf nachträgliche Intervention legt und der Behörde Rechtssetzungsbefugnisse vorenthält[1175].
18. Die verminderten Gestaltungsmöglichkeiten verursachen ein funktionelles Defizit der TKG-Regulierung. Es zeigt sich insbesondere in der fehlenden Möglichkeit, Drittinteressen in Zusammenschaltungsverhandlungen einzufädeln[1176]. Eine unmittelbare Anwendung der ZS-RL kann die Lücken des TKG nicht füllen, weil sie europarechtlich unzulässig ist.
19. Bei der Durchsetzung des Anspruchs auf Abschluß eines Zusammenschaltungsvertrags besitzt die Regulierungsbehörde kein Entschließungsermessen. Der Anspruchsinhaber hat ein Recht auf Handeln der Behörde, die aber an seine Anrufung nicht gebunden ist[1177].
20. Die Zusammenschaltungsanordnung ersetzt die vertragliche Einigung zwischen den Netzbetreibern, deshalb steht der Behörde ein Entscheidungsspielraum zu. Ihn strukturieren die ONP-Grundsätze und die Regulierungsziele des § 2 II TKG.
21. Regulierung der Zusammenschaltung bedeutet planungsähnliche Gestaltung des Zusammenschaltungsmarktes mit weitem Gestaltungsspielraum. Die Regulierungsbehörde hat eine Befugnis zur Letztentscheidung, die sich aus der erforderlichen Prognose mit politisch-planerischen Elementen, der wei-

[1173] Dazu in Kapitel 11 S. 120 ff.
[1174] Dazu in Kapitel 12 S. 129 ff.
[1175] Dazu in Kapitel 12 S. 139 ff.
[1176] Dazu in Kapitel 13 S. 150 ff.
[1177] Dazu in Kapitel 14 S. 162 ff.

sungsfreien Entscheidung der Beschlußkammern in justizförmigem Verfahren und den Regulierungszielen ergibt[1178].

22. Die Regulierungsbehörde muß sich ihren Gestaltungsspielraum mit einer für Drittinteressen offenen, diskursorientierten Verfahrensgestaltung und einer umfassenden Begründung verdienen. Solche Handlungskonzepte lassen sich in der Praxis der Regulierungsbehörde bereits nachweisen[1179].

23. Die gerichtliche Überprüfung umfaßt die Voraussetzungen des Zusammenschaltungsanspruchs. Auf der Rechtsfolgenseite muß sie sich im wesentlichen auf das Verfahren der Tatsachenermittlung und die Begründung beschränken. Insbesondere ein regulatorisches Konzept unterliegt wegen seiner zusätzlichen Legitimation durch Verhandlung nur diesem eingeschränkten Prüfungsmaßstab. Bei Fehlen eines Konzepts muß der Abwägungsvorgang nachvollzogen werden, der den Kern der Zusammenschaltungsanordnung bildet[1180].

24. Wichtige Leitentscheidungen der Regulierungsbehörde zeigen Mängel in Verfahren, Begründung und Abwägung. Sie berücksichtigen Drittinteressen nicht ausreichend, weisen andrerseits zunehmend Züge konzept- und diskursorientierten Handelns auf[1181].

25. Die Zusammenschaltungsanordnung hat unmittelbar privatrechtsgestaltende Wirkung, die Regulierungsbehörde diktiert einen Vertrag. Die Zusammenschaltungsanordnung als Verwaltungsakt bildet den Rechtsgrund der angeordneten Zusammenschaltung als zivilrechtlichem Vertrag[1182].

26. Die Adressaten der angeordneten Zusammenschaltung können ohne Beteiligung der Regulierungsbehörde den diktierten Vertrag ändern oder aufheben. Dadurch erledigt sich der zugrundeliegende Verwaltungsakt der Zusammenschaltungsanordnung. Die entgegenstehende Praxis der Behörde ist eine unverhältnismäßige Einschränkung der Privatautonomie[1183].

27. Die Zusammenschaltungsanordnung genießt als Rechtsgrund der angeordneten Zusammenschaltung keinen erhöhten Bestandsschutz. Dafür spricht weder ihre privatrechtsgestaltende Wirkung noch ihre Eigenschaft als streitschlichtender Verwaltungsakt[1184].

28. Die Adressaten der Zusammenschaltungsanordnung können gegen die Anordnung klagen. Nutzern und dritten Netzbetreibern fehlt die Klagebefugnis, weil die Zusammenschaltungsanordnung zwar ihren Interessen Rechnung

[1178] Dazu in Kapitel 15 S. 169 ff.
[1179] Dazu in Kapitel 16 S. 206 ff.
[1180] Dazu in Kapitel 16 S. 210 ff.
[1181] Dazu in Kapitel 17 S. 213 ff.
[1182] Dazu in Kapitel 18 S. 221 ff.
[1183] Dazu in Kapitel 19 S. 233 ff.
[1184] Dazu in Kapitel 20 S. 241 ff.

tragen muß, sie aber keine korresondierenden subjektiven öffentlichen Rechte besitzen[1185].

[1185] Dazu in Kapitel 21 S. 249 ff.

Schlußbemerkung

Die Detailanalyse der Zusammenschaltungsanordnung zeugt von Schwierigkeiten des deutschen Verwaltungsrechts, das flexible Regulierungsmodell der ZS-RL vollständig zu rezipieren. Trotz der Möglichkeit, diese Regulierung der Zusammenschaltung teilweise mit bekannten dogmatischen Figuren zu beschreiben, stellt sie eine bedeutsame Weiterentwicklung verwaltungsrechtlicher Handlungsformen dar. Das zeigt die Ergänzung gesetzlicher Steuerung durch Elemente der Eigensteuerung, die Regulierer und Regulierungsadressaten gemeinsam entwickeln, in einzelfallübergreifenden Konzepten. Ihre Legimitation schöpfen sie wesentlich aus dem Diskursverfahren der Zusammenschaltung. Die verbleibenden Rezeptionsprobleme bei der Übertragung des europäischen Regulierungsmodells lassen sich durch eine Ausschöpfung der vom TKG eingeräumten Spielräume lösen.

Der Einfluß des Europarechts bildet einen maßgeblichen Gestaltungsfaktor für das deutsche Telekommunikationsrecht. Seine Kombination weitreichender behördlicher Eingriffe mit privater Selbststeuerung erweist sich als dogmatisch innovativ und praktisch wirksam. Mit dem Rückgriff auf privates und öffentliches Recht als ausbalancierte gegenseitige Auffangordnungen ermöglicht es die Regulierung des TKG dem Verwaltungsrecht, zumindest für die Zusammenschaltung, die Folgeprobleme der Privatisierung staatlicher Leistungserbringung zu lösen.

Der Wettbewerb auf den deutschen Telekommunikationsmärkten, der sich zunächst vielversprechend entwickelt hatte, befindet sich trotzdem offenbar in einer kritischen Phase. Das marktbeherrschende Unternehmen spielt auf Zeit und nutzt dabei geschickt alle Möglichkeiten gerichtlichen Rechtsschutzes. Die praktische Wirksamkeit der Regulierung steht und fällt mit der gerichtlichen Kontrolle. Sie bedarf deshalb besonderen Fingerspitzengefühls und Gespürs für die europarechtlich geforderte effiziente Marktöffnung durch Regulierung.

Verzeichnis der zitierten europäischen Quellen

I. Richtlinien und Dokumente der Kommission

1. Richtlinie 88/301/EWG der Kommission vom 16.5.1988 über den Wettbewerb auf dem Markt für Telekommunikations-Endgeräte, Abl. EG Nr. L 131 v. 27.05.1988, S. 73.
2. Richtlinie 90/388/EWG der Kommission vom 28.6.1990 über den Wettbewerb auf dem Markt für Telekommunikationsdienste (**Wettbewerbs-RL**), Abl. EG Nr. L 192 v. 24.7.1990, S. 10.
3. Richtlinie 94/46/EG der Kommission vom 13.10.1994 zur Änderung der Richtlinien 88/301/EWG und 90/387/EWG, insbesondere betreffend die Satelliten-Kommunikation, Abl. EG Nr. L 268 v. 19.10.1994, S. 15.
4. Richtlinie 95/51/EG der Kommission vom 18.10.1995 zur Änderung der Richtlinie 90/388/EWG hinsichtlich der Aufhebung der Einschränkungen bei der Nutzung von Kabelfernsehnetzen für die Erbringung bereits liberalisierter Telekommunikationsdienstleistungen, Abl. EG Nr. L 256 v. 26.10. 1995, S. 49.
5. Vorschlag für eine Richtlinie über Zusammenschaltung in der Telekommunikation im Hinblick auf die Sicherstellung eines Universaldienstes und der Interoperabilität durch Anwendung der Grundsätze für einen offenen Netzzugang, KOM(95)379 endg.
6. Richtlinie 96/2/EG der Kommission vom 16.1.1996 zur Änderung der Richtlinie 90/388/EWG betreffend die mobile Kommunikation und Personal Communications, Abl. EG Nr. L 20 v. 26.1.1996, S. 59.
7. Richtlinie 96/19/EG der Kommission vom 13.3.1996 zur Änderung der Richtlinie 90/388/EWG hinsichtlich der Einführung vollständigen Wettbewerbs auf den Telekommunikationsmärkten, Abl. EG Nr. L 74 v. 22.3.1996, S. 13.
8. Mitteilung, Entwicklung neuer Rahmenbedingungen für elektronische Kommunikationsinfrastrukturen und zugehörige Dienste, KOM(1999)539.
9. Mitteilung der Kommission über die Anwendung der Wettbewerbsregeln auf Zugangsvereinbarungen im Telekommunikationsbereich, 98/C 265/02, Abl. EG L 265 v. 22.8.1998, S. 2.
10. Grünbuch über die Entwicklung des gemeinsames Marktes für Telekommunikationsdienstleistungen und Telekommunikationsgeräte, KOM (87)280 endg., BT-Drs. 11/930.
11. Grünbuch über Liberalisierung der Telekommunikationsinfrastruktur und der Kabelfernsehnetze, Teil I, KOM(94)440 endg., Teil II KOM(94)682.
12. Grünbuch der Kommission über die Entwicklung des Gemeinsamen Marktes für Telekommunkationsdienstleistungen und Telekommunikationsgeräte, KOM(87(290) endg., BT-Drs. 11/930.

13. Sechster Bericht der Kommission über die Umsetzung des Reformpakets für den Telekommunikationssektor, KOM(2000)814.

II. Richtlinien des Rates und des EP

1. Richtlinie 90/387/EWG des Rates vom 28.6.1990 zur Verwirklichung des Binnenmarktes für Telekommunikationsdienste durch Einführung eines offenen Netzzugangs (**ONP-Rahmen-RL**), Abl. EG Nr. L 192 v. 24.7.1990, S. 1; ersetzt durch Richtlinie des Europäischen Parlaments und des Rates über einen gemeinsamen Rechtsrahmen für elektronische Kommunikationsnetze und –dienste (**neue Rahmen-RL**), verabschiedete Fassung: 2000/0184(COD).
2. Richtlinie 92/44/EWG des Rates vom 5.6.1992 zur Einführung des offenen Netzzugangs bei Mietleitungen (**Mietleitungs-RL**), Abl. EG Nr. L 165 v. 19.6.1992, S. 27; geändert durch Richtlinie 97/51/EG des Rates und des Europäischen Parlaments, Abl. EG Nr. L 295 v. 29.10.1997, S. 23.
3. Richtlinie 97/13/EG des Europäischen Parlaments und des Rates vom 10.4.1997 über einen gemeinsamen Rahmen für Allgemein- und Einzelgenehmigungen, Abl. EG Nr. L 117 v. 7.5.1997, S. 15.
4. Richtlinie 97/33/EG des Europäischen Rates und des Parlaments vom 30.6.1997 über die Zusammenschaltung in der Telekommunikation im Hinblick auf die Sicherstellung eines Universaldienstes und der Interoperabilität durch Anwendung der Grundsätze für einen offenen Netzzugang (**ZS-RL**), Abl. EG Nr. L 199 v. 26.7.1997, S. 32; hinsichtlich der Übertragbarkeit von Nummern und der Betreibervorauswahl geändert durch Richtlinie 98/16/RG des Europäischen Parlaments und des Rates vom 24.9.1998, Abl. EG Nr. L 268 v. 24.10.1998, S. 37; ersetzt durch Richtlinie des Europäischen Parlaments und des Rates über den Zugang zu elektronischen Kommunikationsnetzen und zugehörigen Einrichtungen sowie deren Zusammenschaltung (**Zugangs-RL**), endgültige Fassung: KOM(2000)384; die wesentlichen Zusammenschaltungsregeln bleiben aber zunächst in Kraft.
5. Richtlinie 95/62/EG des Europäischen Parlaments und des Rats vom 13.12.1995 zur Einführung des offenen Netzzugangs beim Sprachtelefondienst (**Sprachtelefondienst-RL a.F.**), Abl. EG Nr. L 321 v. 30.12.1995, S. 6; geändert durch Richtlinie 98/10/EG des Europäischen Parlaments und des Rates vom 26.2.1998 über die Anwendung des offenen Netzzugangs (ONP) beim Sprachtelefondienst und den Universaldienst im Telekommunikationsbereich in einem wettbewerbsorientierten Umfeld, Abl. EG Nr. L 101 v. 1.4.1998, S. 24 (**Sprachtelefondienst-RL n.F.**).
6. Rat der Europäischen Gemeinschaften, „Zur Prüfung der Lage im Bereich der Telekommunikation und zu den notwendigen künftigen Entwicklungen

in diesem Bereich“, Entschließung 93/C 213/01, Abl. Nr. C 231 v. 6.8.1993, S. 1.

Literaturverzeichnis

Alexy, Robert: Ermessensfehler, JZ 1986, 701.

– Theorie der Grundrechte, 3. Auflage 1996.

Andreae, Martin: Der streitentscheidende Verwaltungsakt, 1986.

Arnbak, Jens u.A.: Network Interconnection in the Domain of ONP – Study for DG XIII of the European Commission, Wissenschaftliches Institut für Kommunikationsdienste, 1994.

Bach, Albert: Direkte Wirkungen von EG-Richtlinien, JZ 1990, 1108.

Bachof, Otto: Beurteilungsspielraum, Ermessen und unbestimmter Rechtsbegriff im Verwaltungsrecht, JZ 1955, 97.

– Ermessen und unbestimmter Rechtsbegriff im Verwaltungsrecht, in: Wege zum Rechtsstaat, Ausgewählte Studien zum öffentlichen Recht, 1979.

Badura, Annuschka / Schneider, Ralf: Interconnection - der Anspruch auf Netzzusammenschaltung in der Praxis, RTkom 1999, 161.

Badura, Peter: Rechtsschutz im Verwaltungsstreitverfahren, JA 1984, 88.

Bartosch, Andreas: Europäisches Telekommunikationsrecht im Jahr 1998 und 1999, EuZW 1999, 421 und 2000, 389.

Becker, Lutz: Die technische Realisierung von Interkonnektivität, in: Jahrbuch für Telekommunikation, 1995, S. 151(153).

– Entgeltregulierung im TKG unter besonderer Berücksichtigung kartellrechtlicher Preiskontrollinstrumentarien, K&R 1999, 112.

Bengel, Manfred: Der privatrechtgestaltende Verwaltungsakt, 1968.

Berger, Ernst-Georg: Netzbetreiber und Zusammenschaltung im Telekommunikationsrecht, CR 1999, 222(226).

- Netzzusammenschaltungen von Telekommunikationsunternehmen im nationalen, europäischen und internationalen Regelungszusammenhang, 2000.

Blankart, Charles/Knieps, Günther: Netzökonomik, 1991.

Bleckmann, Albert/Pieper, Ulrich: Maastricht, die grundgesetzliche Ordnung und die „Superrevisionsinstanz" - Die Maastricht-Entscheidung des Bundesverfassungsgerichts, RIW 1993, 997.

– Europarecht, 6. Auflage, 1997.

Bock, Matthias/Völcker, Sven B.: Regulatorische Rahmenbedingungen für die Zusammenschaltung von TK-Netzen, CR 1998, 473.

Braun, Wilfried: VerwArch 1985, Offene Kompetenznormen - ein geeignetes und zulässiges Regulativ im Wirtschaftsverwaltungsrecht? Neues zur Rollenverteilung zwischen Exekutive, Legislative und Judikative im wirtschaftsgestaltenden Sozialstaat, VerwArch. 1985, 158.

Brenner, Michael: Der Gestaltungsauftrag der Verwaltung in der EU, 1996.

Breuer, Rüdiger: Direkte und indirekte Rezeption technischer Regeln durch die Rechtsordnung, AöR 1976, 46.

Brohm, Winfried: Öffentliches Baurecht, 1997.

Büchner, Wolfgang u.A.: Beck´scher TGK Kommentar, 1. Auflage 1997, 2. Auflage 2000.

Bullinger, Martin: Das Ermessen der öffentlichen Verwaltung, JZ 1984, 1001 .

Burchardt, Friedrich: Die Kompetenzen der EG-Kommission nach Art. 90 III EWGV, Anmerkungen zum Urteil des EuGH vom 19.03.1991 zur Telekommunikationsendgeräte-Richtlinie, EuZW 1991, 339.

Busche, Jan: Privatautononmie und Kontrahierungszwang, 1999

Bydlinski, Franz: Grundfragen des Kontrahierungszwangs, AcP 180(1980), S. 1(15f.)

Calliess, Christian / *Ruffert*, Matthias (Hrsg.): Kommentar des Vertrages über die Europäische Union und des Vertrages zur Gründung der Europäischen Gemeinschaften, 1999.

Caspar, Johannes: Nationale Grundrechtsgarantien und sekundäres Gemeinschaftsrecht, DÖV 2000, 349.

Claasen, Claus-Dieter: Zur Bedeutung von EWG-Richtlinien für Privatpersonen, EuZW 1993, 83.

Dahlke-Piel, Susanne / *Dürr*, Hans-Jochen: Baurecht für Sachsen, 1996.

Deselaers, Wolfgang: Die „Essential Facilities" – Doktrin im Lichte des Magiell-Urteils des EuGH, EuZW 1995, 563.

Dolzer, Rudolf: Kommentar zum Bonner Grundgesetz, Stand 2000.

Dreher, Die Verweigerung des Zugangs zu einer wesentlichen Einrichtung als Mißbrauch der Marktbeherrschung, DB 1999, 833(835)

Dreier, Horst (Hrsg.): Grundgesetz Kommentar, Band 1, 1996.

Ehle, Dirk: Anmerkung zu EuGH, Urteil v. 26.11.1998 - Rs. C-7/97 - (Mißbrauch einer marktbeherrschenden Stellung), EuZW 1999, 89(90).

Eifert, Martin: Grundversorgung mit Telekommunikationsdienstleistungen im Gewährleistungsstaat, 1998.

Eisenblätter, Tanja: Regulierung in der Telekommunikation, 2000

Engel, Stefan / *Knieps*, Günther: Die Vorschriften des Telekommunikationsgesetzes über den Zugang zu wesentlichen Leistungen – Rechtsgutachten für die Deutsche Telekom AG, 1998.

Erichsen, Hans-Uwe: Die sog. unbestimmten Rechtsbegriffe als Steuerungs- und Kontrollmaßgaben im Verhältnis von Gesetzgebung, Verwaltung und Rechtsprechung, DVBl. 1985, 22.

Eschweiler, Wilhelm: Regulierung der Telekommunikation und erste Entscheidungspraxis der Regulierungsbehörde für Post und Telekommunikation, K&R 1998, 530.

Esser-Wellié, Michael: Anmerkung zu RegTP BK 4e-99-042, CR 2000, 301.

Ettling-Ernst, Martina: Telekommunikationsgesetz Kommentar, 1. Auflage 1996, 2. Auflage 1999.

Ewenz-Sandten, Rolf: Anmerkung zu Europäischer Gerichtshof, Urteil v. 17.11.1992, verbundene Rechtssachen, - Rs C-271/90, C-281/90, C-289/90 - , (Königreich Spanien, Königreich Belgien, Italienische Republik/Kommission), ArchivPT 1993, 69.

Eyerman, Erich / *Fröhler*, Ludwig: Verwaltungsgerichtsordnung Kommentar, 4. Auflage 1956.

Fehling, Michael: Mitbenutzungsrechte Dritter bei Schienenwegen, Energieversorgungs- und Telekommunikationsleitungen vor dem Hintergrund staatlicher Infrastrukturverantwortung, AöR 121(1996), 59.

Flume, Werner: Bürgerliches Gesetzbuch Allgemeiner Teil, 3. Auflage 1979.

Folke, Gunnar: Self - restraints der Rechtsprechung -Überlegungen zur Kontrolldichte in der Verfassungs- und Verwaltungsgerichtsbarkeit-, DVBl. 1988, 1191 .

Forsthoff, Ernst: Verwaltungsrecht, 10. Auflage 1974.

Franssen, Eberhardt: (Un)bestimmtes zum unbestimmten Rechtsbegriff; in: Fürst, Walter(Hrsg.): Festschrift für Wolfgang Zeidler, 1987, S. 430.

Fritsch, Michael/*Wein*, Thomas/*Ewers*, Hans-Jürgen: Marktversagen und Wirtschaftspolitik : mikroökonomische Grundlagen staatlichen Handelns, 2. Auflage 1996.

Frotscher, Werner, *Kramer*, Urs: Sechs Jahre nach der Bahnreform – Das Allgemeine Eisenbahngesetz auf dem Prüfstand, NVwZ 2001, 24.

Fuhr, Karl-Michael*Kerkhoff*, Bärbel, Entgelte für die Gewährung von Netzzugang gemäß § 39 TKG, NJW 1997, 3209.

Geiger, Rudolf: Grundgesetz und Völkerrecht, 2. Auflage 1994.

– Vertrag über die Europäische Union und Vertrag zur Gründung der Europäischen Gemeinschaft, 3. Auflage 2000.

Geis, Max-Emanuel: Die Anerkennung des „besonderen pädagogischen Interesses" nach Art.7 Abs.5 GG - Ein Beitrag zur Dogmatik des Beurteilungsspielraums, DÖV 1993, 22 .

Genzmer, Erich: Der Zwangsmietvertrag, DJZ 1922, 346.

Gerpott, Thorsten J.: Konsequente Fortsetzung der marktmachtsymmetrischen Regulierung von TK-Netzbetreibern, MMR 2000, 191(193)

– Wettbewerbsstrategien im Telekommunikationsmarkt, 2. Auflage, 1997.

Grabitz, Eberhard/*Hilf*, Meinhard: Das Recht der Europäischen Union, Band 1, EUV/EGV Amsterdamer Fassung, Stand Oktober 2000; Maastrichter Fassung, Stand Oktober 2000.

Gramlich, Ludwig: Entwicklungen der staatlichen Wirtschaftsaufsicht: Das Telekommunikationsrecht als Modell?, VerwArch 88(1997), S. 598.

– Rechtsfragen bei Zusammenschaltungsvereinbarungen, CR 1997, 65.

– Ohne Regulierung kein Wettbewerb. Zum Start der Regulierungsbehörde für Telekommunikation und Post, CR 1998, 463.

– Von der Postreform zur Post-Neuordnung. Zur erneuten Novelle des Post- und Telekommunikationswesens, NJW 1994, 2785.

Grimm, Dieter: (Hrsg.) Staatsaufgaben, 1994.

Groeben, Hans von der / Thiesing, Jochen / Ehlermann, Claus-Dieter: Kommentar zum EWG-Vertrag, Vierte Auflage 1991.

Großkopf, Volker / *Ritgen*, Klaus: Entgeltregulierung nach dem Telekommunikationsgesetz, CR 1998, 86.

– Die Vertragsfreiheit bei der Netzzusammenschaltung, 1998, S. 18

Grzeszick, Bernd: Versteigerung knapper Telekommunikationslizenzen, DVBl 1997, 878.

Gusy, Christoph, Anmerkung zu BVerfG Beschluß v. 27.11.1990 - 1 BvR 402/87, JZ 1991, 470.

Haar, Brigitte: Marktöffnung in der Telekommunikation, 1995.

Hallenga, Reiner: Europarechtlicher Vorgaben für die Liberalisierung von Telekommunikationsnetzmärkten und die Umsetzung in nationales Recht, ArchivPT 1996, 239.

Haneklaus, Winfried: Direktwirkung von EG-Richtlinien zu Lasten einzelner?, DVBl 1993, 129.

Hatzopoulos, Vassilis: L'Open Network Provision moyen de la dérégulation, Révue trimestrielle du Droit Européen 30(1), 1994, 63.

Hefekäuser, Hans-Willi / Dreier, Christoph: Der gesetzliche Rahmen für Netzzugang und Netzzusammenschaltungen, CR 1997, 110(111);

– MMR aktuell 5/1998, S. VIII.

Hellermann, Johannes: Der paradigmatische Streit um den entbündelten Zugang zu Teilnehmeranschlußleitungen, Anmerkung zu VG Köln, Urt. v. 05.11.1998 - 1 K 5929/97, NVBl 2000, 41(42).

Herdegen, Matthias: Beurteilungsspielraum und Ermessen im strukturellen Vergleich, JZ 1991, 747.

– Europarecht, 2. Auflage, 1999.

Hermes, Georg: Staatliche Infrastrukturverantwortung, 1998.

Hirsch, Günther: Der EuGH im Spannungsverhältnis zwischen Gemeinschaftsrecht und nationalem Recht, NJW 2000, 1817.

Hoffmann-Riem, Wolfgang (Hrsg.): Innovation und Telekommunikation, 2000.

– Telekommunikationsrecht als europäisiertes Verwaltungsrecht, DVBl 1999, 125.

– / *Schmidt-Aßmann*, Eberhardt: Öffentliches Recht und Privatrecht als wechselseitige Auffangordnungen, 1996.

Hofmann, Christian: Der Beitrag der neueren Rechtsprechung des BVerfG zur Dogmatik des Beurteilungsspielraums, NVwZ 1995, 740 .

Holthoff, Frank / *Paulus*, Melanie: Wettbewerb auf TK- und Postmärkten, MMR 2000, 187(189).

Holzhäuser, Michael: Besonderer Netzzugang: Das Verhältnis von § 33 und § 35 TKG, MMR 2000, 466.

Holznagel, Bernd/ *Enaux*, Christoph / *Nienhaus*, Christian: Grundzüge des Telekommunikationsrechts, 2001.

Huber, Ernst Rudolf: Über den Rechtsweg für Klagen aus „Übernahmeverträgen" der Einfuhrlenkung, DÖV 1956, 355(356).

Huber, Peter-Michael: Das Kooperationsverhältnis zwischen BVerfG und EuGH in Grundrechtsfragen, EuZW 1997, 517.

Hufen, Friedhelm: Verwaltungsprozeßrecht, 4. Auflage 2000.

Immenga, Ulrich: Relevante Märkte und Marktbeherrschung in der Regulierungspraxis, MMR 2000, 196.

– / *Mestmäcker*, Hans-Joachim: Kommentar zum Kartellgesetz, 2. Auflage, 1992.

Isensee, Josef / *Kirchof*, Paul: Handbuch des Staatsrechts der Bundesrepublik Deutschland, Band III – Das Handeln des Staates, 1988.

– Band VI – Freiheitsrechte, 1989.

Jaensch, Michael: Die unmittelbare Drittwirkung von Grundfreiheiten, 1996.

Jansen, Bernhard: Die Anwendung der Wettbewerbsregeln auf das Monopol nationaler Fernmeldedienste für Telekommunikations-Endgeräte, Anmerkung zu EuGH, U. v. 19.03.1991, NJW 1991, 3062.

Jarass, Hans: Elemente einer Dogmatik der Grundfreiheiten, EuR 1995, 202(209).

Kaufmann, Donatus: Rechtsanspruch auf Zugang zu Mehrwertdiensten im Rahmen einer Netzzusammenschaltung mit dem marktbeherrschenden Netzbetreiber, CR 1998, 728.

Kemmler, Anne: Telekommunikationsgesetz (TKG) – Einführung und Stand der Umsetzung, ArchPT 1996, 321.

Kingreen, Thorsten: Die Struktur der Grundfreiheiten des Europäischen Gemeinschaftsrechts, 1999.

– / *Störmer*, Rainer: Die subjektiv-öffentlichen Rechte des primären Gemeinschaftsrechts, EuR 1998, 263.

Klimisch, Annette / *Lange*, Markus: Zugang zu Netzen und anderen wesentlichen Einrichtungen als Bestandteil der kartellrechtlichen Mißbrauchsaufsicht, WuW 1998, 15.

Klodt, Henning u.A.: Wettbewerb und Regulierung in der Telekommunikation, 1995.

Knack, Hans Joachim: Verwaltungsverfahrensgesetz Kommentar, 7. Auflage 2000.

Koenig, Christian: Die Versteigerung der UMTS-Lizenzen auf dem Prüfstand des deutschen und europäischen Telekommunikationsrechts, K&R 2001, 41.

– Rechtsnatur und Inhalt der Zusammenschaltungsanordnung nach § 37 TKG, K&R 1999, 298.

– Telekommunikationsrecht in Europa, EuZW 1998, 655.

- Der Begründungszwang in mehrpoligen Verwaltungsrechtsverhältnissen am Beispiel umweltrelevanter Entscheidungen, AöR 1992, 513.

– / *Braun*, Jens-Daniel: Element Based Charging Ante Portas: Die Regulierung der Zusammenschaltungsentgelte am Scheideweg, MMr 2001, 563.

– / *Loetz*, Sascha: Die Bedeutung der Essential facilities-Doktrin für den Zugang zu Netzinfrastrukturen im europäischen Telekommunikationsrecht, EWS 2000, 377.

/ *Kühling*, Jürgen: Funktionsfähiger Wettbewerb und Regulierungsbedarf auf den Telekommunikationsmärkten, WuW 2000, 596.

dies: Reformansätze des deutschen Telekommunikationsrechts in rechtsvergleichender Perspektive, MMR 2001, 80.

– / *Neumann*, Andreas: Zusammenschaltungs-Entgeltregulierung unterhalb der Schwelle „beträchtlicher Marktmacht?“, RTkom 2000, 27.

König, Klaus: Privatisierung und staatliche Regulierung : Bahn, Post und Telekommunikation, Rundfunk, 1997.

– / *Theobald*, Christian: Liberalisierung und Regulierung netzgebundener Güter und Dienste, in: Grupp, Klaus(Hrsg.): Festschrift für Blümel 1999, S. 277.

Kopp, Ferdinand / *Ramsauer*, Ulrich: Verwaltungsverfahrensgesetz, 7. Auflage, 2000.

– / *Schenke*, Wolf-Rüdiger: Verwaltungsgerichtsordnung, 12. Auflage, 2000.

Kort, Michael: Schranken der Dienstleistungsfreiheit im europäischen Recht, JZ 1996, 132.

Krämer, Ludwig: Zur innerstaatlichen Wirkung von Umweltrichtlinien der EWG, WiVerw 1990, 138.

Kruse, Jörn: Vertikale Integration als Wettbewerbsproblem, in ders.(Hrsg.): Festschrift für Ingo Schmidt, 1997, S. 247.

Ladeur, Karl-Heinz: Regulierung nach dem TKG, K&R 1998, 471.

Lampert, Thomas: Der Begriff der Marktbeherrschung als geeignetes Kriterium zur Bestimmung der Normadressaten für das sektorspezifische Kartellrecht nach dem TKG?, WuW 1998, 27(29).

Lange, Otto: Die behördliche Genehmigung und ihre zivilrechtlichen Auswirkungen, AcP 152(1952/1953), 241.

Langeheine, Bernd: Rechtsangleichung unter Art. 100 a EWGV – Harmonisierung vs. nationale Schutzinteressen, EuR 1988, 235(239).

Langen, Eugen / *Bunte*, Hermann-Josef: Kommentar zum deutschen und europäischen Kartellrecht, 9. Auflage 2001.

Lege, Joachim: Das Öffentliche, das Private und das Soziale, in: Festschrift für Hollerbach zum 70. Geburtstag, 2001, S. 384.

Lenz, Carl Otto / *Borchardt*, Klaus-Dieter: Kommentar zu dem Vertrag zur Gründung der Europäischen Gemeinschaften, in der durch den Amsterdamer Vertrag geänderten Fassung, 2. Auflage, 1999.

Leo, Hubertus / *Schellenberg*, Martin: Die Regulierungsbehörde für Telekommunikation und Post, ZUM 1997, 188.

Lepsius, Oliver: Verwaltungsrecht unter dem Common Law, 1997.

Loeber, Dietrich: Der hoheitlich gestaltete Vertrag, 1969.

Mannheim, Erich: Der Zwangsvertrag als neue Rechtsform, Preußisches Verwaltungsblatt 43(1922), 255.

Mansell, Robin: The new telecommunications, 1993.

Manssen, Gerrit: Privatrechtsgestaltung durch Hoheitsakt, 1994.

– Telekommunikationsgesetz Kommentar, 1999.

Markter, Kurt: Die Anwendung des US-amerikanischen Monopolisierungsverbots auf Verweigerungen des Zugangs zu „wesentlichen Einrichtungen", in: Immenga, Ulrich, Festschrift für Mestmäcker zum siebzigsten Geburtstag, 1996, 661.

– Die Verweigerung des Zugangs zu „wesentlichen Einrichtungen" als Problem der kartellrechtlichen Mißbrauchsaufsicht, WuW 1995, 560.

Märkl, Peter N.: Netzzusammenschaltung in der Telekommunikation, 1998.

Maunz, Theodor / *Dürig*, Günther, Grundgesetz Kommentar, 7. Auflage 1991.

Maurer, Hartmut: Allgemeines Verwaltungsrecht, 13. Auflage 2000.

Mayer, Franz: Grundrechtsschutz gegen europäische Rechtsakte durch das BVerfG: Zur Verfassungsmäßigkeit der Bananenmarktordnung, EuZW 2000, 685.

Mélin-Soucramanien, Ferdinand: Les pouvoirs spéciaux conférées à la Commission en matière de concurrence par l´article 90, § 3 di Traité de Rome, Révue du Marché Commun et de L´Union europèene, N° 382, 1994, S. 601.

Monopolkommission, Wettbewerb auf Telekommunikations- und Postmärkten, Sondergutachten, 2000.

Moritz, Hans-Werner: Liberalisierung des internationalen Handels mit Basistelekommunikationsdienstleistungen. Die rechtliche Relevanz der WTO-Vereinbarung, MMR 1998, 393.

Müller, Andreas: Konzeptbezogenes Verwaltungshandeln, 1992.

Müller, Ulf / *Schuster*, Fabian: 18 Monate Regulierungsbehörde – eine kritische Bestandsaufnahme, MMR 1999, 507.

Müller-Graff, Peter-Christian: Die Rechtsangleichung zur Verwirklichung des Binnenmarktes, EuR 1989, 106.

Neugärtner, Ilka / *Puth*, Sebastian: Die Wirkung der WTO-Übereinkommen im Gemeinschaftsrecht - Anmerkung zu: EuGH, U. v. 23.11.1999 - Rs. C-149/96 - , JuS 2000, 640.

Nipperdey, Hans-Carl: Kontrahierungszwang und diktierter Vertrag, 1920.

Nolte, Norbert: Das Recht auf Netzzugang nach dem Telekommunikationsgesetz, BB 1996, 2629.

– Beurteilungsspielräume im Kartellrecht der Europäischen Gemeinschaft und der Bundesrepublik Deutschland, 1997.

Obermayer, Klaus: Kommentar zum Verwaltungsverfahrensgesetz, 3. Auflage 1999.

Oertel, Klaus: Die Unabhängigkeit der Regulierungsbehörde nach §§ 66 TKG, 2000.

Oppermann, Thomas: Europarecht, 2. Auflage 1999.

Ossenbühl, Fritz: Die Rücknahme fehlerhafter begünstigender Verwaltungsakte, 1956

– Gedanken zur Kontrolldichte in der verwaltungsgerichtlichen Rechtsprechung, in: Bender, Bernd(Hrsg.): Festschrift für Konrad Redeker, Rechtsstaat zwischen Sozialgestaltung und Rechtsschutz, 1993, S. 55.

– Verwaltungsvorschriften und Grundgesetz, 1968.

– Zur Renaissance der administrativen Beurteilungsermächtigung, DÖV 1972, 401.

Paehlke-Gärtner, Cornelia: Gerichtlicher Grundrechtsschutz gegen sekundäres Gemeinschaftsrecht, VBlBW 2000, 13.

Palandt, Otto: Kommentar zum BGB, 59. Auflage 2000.

Papier, Hans-Jürgen: Direkte Wirkung von Richtlinien der EG im Umwelt- und Technikrecht, DVBl 1993, 809.

– Durchleitungen und Eigentum, BB 1997, 1213.

– Verwaltungsverantwortung und gerichtliche Kontrolle, in: Blümel, Willi: Verwaltung im Rechtsstaat, Carl-H. Ule 1987, 235.

– Zur verwaltungsgerichtlichen Kontrolldichte, DÖV 1986, 621 .

Paulweber, Michael: Regulierungszuständigkeiten in der Telekommunikation, 1999.

Peine, Franz-Josef: Systemgerechtigkeit, 1985

Piepenbrock, Hermann-Josef: Anmerkung zu RegTP, Az. BK 4 c-99-008/Z 25.2.99 EconoPhone GmbH, MMR 1999, 433.

Pieroth, Bodo / *Schlink*, Bernhardt, Grundrechte, 16. Auflage 2000.

Pietzcker, Jost; Anmerkung zur Entscheidung des BVerfG zu Art. 12 I, 19 IV GG Beschluß vom 17. 1991 (Az. BvR 1529/84 u. 138/87).

Redeker, Konrad: Verfassungsrechtliche Vorgaben zur Kontrolldichte verwaltungsgerichtlicher Rechtsprechung, NVwZ 1992, 305 .

– / *von Oertzen*, Hans-Joachim: Verwaltungsgerichtsordnung Kommentar, 12. Auflage 1997.

– / *Reidt*, Olaf: Behördlicher Beurteilungsspielraum und Grundrechtsschutz, DÖV 1992, 916 .

Rickert, Beate: Migrationspflicht bei Überschreiten des Schwellenwertes von 48, 8 Erlang, NVwZ 2000, 639(640).

Riehmer, Klaus W.: Konfliktlösung bei Netzzugang und Zusammenschaltung in der Telekommunikation, MMR 1998, 59 .

– EG-Wettbewerbsrecht und Zugangsvereinbarungen in der Telekommunikation. Die neue Mitteilung der Europäischen Kommission, MMR 1998, 355.

Rittner, Fritz: Wettbewerbs- und Kartellrecht, 6.Auflage 1999.

Rottmann, Michael: Zu den verfassungsrechtlichen Aspekten der Postreform II, ArchivPT 1994, 193(194).

Rozek, Jochen: Die Unterscheidung von Eigentumsbindung und Enteignung, 1998.

Ruffert, Matthias: Regulierung im System des Verwaltungsrechts, AöR 124(1999), 236.

Sachs, Michael: Grundgesetz Kommentar, 2. Auflage 1999.

Salje, Peter: Marktbeherrschung auf Telekommunikations-Märkten, K&R 1998, 331.

Sauter, Wolf: The system of Open Network Provision Legislation and the Future of European Telecommunications Regulation, in: Scott (Hrsg.), The future of EC-Telecommunication Laws, 1996.

Scherer, Joachim: Entwicklungslinien des Telekommunikationsrechts, CR 2000, 35(40)

– Telecommunication Laws in Europe, Vierte Auflage 1998.

– Das Bronner-Urteil des EuGH und die Essential-facilities-Doktrin im TK-Sektor, MMR 1999, 315.

– Das neue Telekommunikationsgesetz, NJW 1996, 2953.

Scherzberg, Arno: Die innerstaatlichen Wirkungen von EG-Richtlinien, Jura 1993, 225.

Schindler, Katharina: Wettbewerb in Netzen, 1998.

Schink, Alexander: Folgen der EG-Rechtswidrigkeit der Übergangsvorschriften zum UVP-Gesetz, NVwZ 1995, 953.

Schmidt, Ingo: Wettbewerbspolitik und Kartellrecht, 6. Auflage 1999.

Schmidt, Lutz: Unmittelbare Privatrechtsgestaltung durch Verwaltungsakt, 1976.

Schmidt, Reiner: Öffentliches Wirtschaftsrecht, Allgemeiner Teil, 2. Auflage 1990.

Schmidt, Susanne K.: Liberalisierung in Europa, 1998.

Schmidt, Ingo: Wettbewerbspolitik und Kartellrecht, 6. Auflage 1999.

Schmidt-Aßmann, Eberhard: Das Allgemeine Verwaltungsrecht als Ordnungsidee, 1998.

– Der Grundrechtsschutz gemischt-wirtschaftlicher Unternehmen nach Art. 19 Abs. 3 GG, Betriebsberater, Beilage 34 zu Heft 27, 1990.

– Funktionen der Verwaltungsgerichtsbarkeit, in Erichsen, Hans-Uwe: System des verwaltungsgerichtlichen Rechtsschutzes, Festschrift für Christian-Friedrich Menger, 1985, S. 235.

– Kommentierung zu Art. 19 IV in: Maunz, Theodor/ Dürig, Günther, Grundgesetz Kommentar, 7. Auflage 1991.

– / *Groß*, Thomas: Zur verwaltungsgerichtlichen Kontrolldichte nach der Privatgrundschul-Entscheidung des BverwG, NVwZ 1993, 617 .

Schmidt-Bleibtreu, Bruno/*Klein*, Franz: Kommentar zum Grundgesetz, 9. Auflage 1999.

Schmidt-Eichstaedt, Gerd: Der Konkretisierungsauftrag der Verwaltung beim Vollzug öffentlich-rechtlicher Normen, DVBl. 1985, 645.

Schmidt-Preuß, Matthias: Kollidierende Privatinteressen im Verwaltungsrecht, 1992.

– Verfassungskonflikt um die Durchleitung?, RdE 1996, 1.

Schneider, Jens-Peter: Liberalisierung der Stromwirtschaft, 1999.

Schnelle, Ulrich: Die Öffnung von leistungsnotwendigen Einrichtungen für Dritte und der Schutz des Eigentums, EuZW 1994, 556.

Schoch, Gerhardt/*Schmidt-Aßmann*, Eberhardt/ *Pietzner*, Rainer: VwGO Kommentar, Stand 2000.

Schroeder, Dirk: Telekommunikationsgesetz und GWB, WuW 1999, 14 .

Schulze-Fielitz, Helmuth: Neue Kriterien für die verwaltungsgerichtliche Kontrolldichte bei der Anwendung unbestimmter Rechtsbegriffe, JZ 1993, 772.

Schuppert, Gunnar Folke: Self-restraints der Rechtsprechung. Überlegungen zur Kontrolldichte in der Verfassungs- und Verwaltungsgerichtsbarkeit, DVBl. 1988, 1191.

Schuster, Fabian: Anmerkung zu RegTP, Entsch. v. 23.12.1999 - BK 4 e-99-042/E 15.10.99 – Netzzusammenschaltungsentgelte 2000, MMR 2000, 243.

Schwab, Siegfried: Die Begründung bei Ermessens- und Beurteilungsentscheidungen, DÖD 1994, 80 .

Schwarze, Jürgen: Europäisches Gemeinschaftsrecht, Band I, 1988.

Scheitzer, Michael: Staatsrecht III – Staatsrecht, Völkerrecht, Europarecht, 7. Auflage 2000.

Seidl-Hohenveldern, Ignaz / *Stein*, Torsten: Völkerrecht, 10. Auflage 2000.

Selmayr, Martin / *Prowald*, Nicola: Abschied von den "Solange"-Vorbehalten. Die wahre Bedeutung des „Kooperationsverhältnisses" des BVerfG zum EuGH, DVBl 1999, 269.

Selmer, Peter: Die Gewährleistung des unabdingbaren Grundrechtsstandards durch den EuGH, 1998.

Sendler, Horst: Die neue Rechtsprechung des Bundesverfassungsgerichts zu den Anforderungen an die verwaltungsgerichtliche Kontrolle, DVBl 1994, 1089.

Sieckmann, Jan-R.: Beurteilungsspielräume und richterliche Kontrollkompetenzen, DVBl. 1997, 101 .

Siegmund, Gerd: Technik der Netze, 4. Auflage 1999.

Speyer, Stefan: Anwendung der „Cassis-de-Dijon"-Doktrin und Spaltbarkeit reglementierter Tätigkeiten als neue Etappen der Dienstleistungsfreiheit (Anmerkung zum Urteil des EuGH vom 25.06.1991 in der Rs - C-76/90 - Säger/Dennemeyer), EuZW 1991, 588.

Spoerr, Wolfgang, Zusammenschaltung und offener Netzzugang, MMR 2000, 677.

– Zusammenschaltung und TK-Entgeltregulierung in der Krise?, Kommunikation und Recht 2001, 213.

– / Deutsch, Markus: Das Wirtschaftsverwaltungsrecht der Telekommunikation – Regulierung und Lizenz als neue Schlüsselbegriffe des Verwaltungsrechts?, DVBL 1997, 302.

Staudinger , Julius von,/ *Beitzke* , Günther, Kommentar zum BGB, 12. Auflage 1987.

Steiner, Udo(Hrsg.), Besonderes Verwaltungsrecht, 6. Auflage 1999.

– Bindungswirkung und Bestandskraft der fingierten Bodenverkehrsgenehmigung. Zugleich ein Beitrag zur Lehre vom Verwaltungsakt, DVBl 1970, 3.

Stelkens, Udo / *Sachs*, Michael / *Bonk*, Heinz-Joachim: Verwaltungsverfahrensgesetz – Kommentar, 5. Auflage 1998.

Stern, Klaus: Das Staatsrecht der Bundesrepublik Deutschland, Band 3 Erster Halbband, 1988.

– / *Dietlein*, Johannes: Netzzugang im Telekommunikationsrecht. Zur verfassungsrechtlichen Problematik eines „entbündelten" Zugangs zu den Teilnehmeranschlußleitungen, ArchivPT 1998, 309 und 1999, 1.

Streinz, Rudolf, Europarecht, 3. Auflage 1996.

Tettinger, Peter J.: Rechtsanwendung und gerichtliche Kontrolle im Wirtschaftsverwaltungsrecht, 1980.

– Überlegungen zu einem administrativen „Prognosespielraum", DVBl 1982, 421.

Theobald, Christian: Wettbewerb in Netzen, WuW 2000, 231.

– / *Zenke*, Ines: Der Zugang zu Strom und Gasnetzen: Eine Rechtsprechungsübersicht, WuW 2001, 19.

Traugott, Rainer: Zu Abgrenzung von Märkten, WuW 1998, 929.

Trautwein, Thomas: Dienstleistungsfreiheit und Diskriminierungsverbot im Europäischen Gemeinschaftsrecht, Jura 1995, 191.

Trute, Hans-Heinrich: Die Verwaltung und das Verwaltungsrecht zwischen gesellschaftlicher Selbstregulierung und staatlicher Steuerung, DVBl 1996, 950.

– Vorsorgestrukturen und Luftreinhalteplanung im Bundesimmissionsschutzgesetz, 1998.

– Öffentlich-rechtliche Rahmenbedingungen einer Informationsordnung, VVdStRL (57) 1998, 217(267).

– Verfassungsrechtliche Rahmenbedingungen der kommunalen Neugliederung und ihre verfassungsgerichtliche Kontrolle, Jahrbücher des Sächsischen Oberverwaltungsgerichts 3, S. 21.

– / *Spoerr*, Wolfgang / *Bosch*, Wolfgang: Kommentar zum Telekommunikationsgesetz, 1. Auflage 2001.

Tschentscher, Thomas / *Neumann*, Holger: Aktuelle Probleme telekommunikationsrechtlicher Regulierungsverfahren – Verfahrensfragen, Mißbrauchsaufsicht, Entbündelung, BB 1997, 2437.

Ule, Carl Hermann: Rechtsstaat und Verwaltung, VerwArch 1985, 1.

– Ermessen und unbestimmter Rechtsbegriff, DVBl 1955, 148.

Ulmen, Winfried / *Gump*, Thomas Klaus: Die neue Regulierungsbehörde für Telekommunikation und Post, CR 1997, 396.

Van Miert, Karel: Probleme der wettbewerblichen Öffnung von Märkten mit Netzstrukturen aus europäischer Sicht. Das Beispiel der Telekommunikation, WuW 1998, 7.

Voigt, Rüdiger(Hrsg.), Abschied vom Staat – Rückkehr zum Staat?, 1993.

Von Arnauld, Andreas: Grundrechtsfragen im Bereich von Postwesen und Telekommunikation, DÖV 1998, 437.

Von Dannwitz, Thomas: Verwaltungsrechtliches System und Europäische Integration, 1996.

Von Münch, Ingo/*Kunig*, Philipp, Grundgesetz Kommentar, Band 1, 5. Auflage, 1999.

Vykydal, Sven: Der kartellrechtliche Kontrahierungszwang, 1996.

Wahl, Rainer: Genehmigung und Planungsentscheidung, Überlegungen zu zwei Grundmodellen des Verwaltungsrechts und zu ihrer Kombination, DVBl. 1982, 51.

– Risikobewertung der Exekutive und richterliche Kontrolldichte - Auswirkungen auf das Verwaltungs- und das gerichtliche Verfahren, NVwZ 1991, 409 .

Wegmann, Winfried: Regulierte Marktöffnung in der Telekommunikation, 2001

Wein, Thomas: Wäre weniger mehr – Reformbedarf für die Missbrauchsaufsicht über die Deutsche Telekom?, WuW 2000, 1187.

Weißhaar, Volker / *Koenig*: Michael: Anspruch auf Netzzugang und – zusammenschaltung im Lichte des EU-Rechts, MMR 1998, 475.

Weizäcker, Carl Christian von: Wettbewerb in Netzen, WuW 1997, 572.

Weyreuther, Felix: Die Bedeutung des Eigentums als abwägungserheblicher Belang bei der Planfeststellung nach dem Bundesfernstraßengesetz, DÖV 1977, 419.

Wichert-Nick, Dorothea von: Wettbewerb im lokalen Telekommunikationsmarkt: Zwischen sektorspezifischer Regulierung und allgemeinem Wettbewerbsrecht, 1999.

Wieland, Joachim: Der Wandel von Verwaltungsaufgaben als Folge der Postprivatisierung, Die Verwaltung 28(1995).

– / *Enderle*, Bettina: Rechtsprobleme der Netzzusammenschaltung, MMR 1999, 379.

Windisch, Rupert: Privatisierung natürlicher Monopole, 1987

Windthorst, Kay: Der Universaldienst im Bereich der Telekommunikation, 2000.

– Regulierungsansätze im deutschen und US-amerikansichen Telekommunikationsrecht (II), CR 1997, 340.

Wolff, Hans J. / Bachhof, Otto / Stober, Rolf: Verwaltungsrecht I, 11. Auflage 1999.

– Band 2, 6. Auflage 2000.

Zuck, Rüdiger / *Lenz*, Christofer: Verfassungsrechtlicher Rechtsschutz gegen Europa, NJW 1997, 1193.

Dresdner Schriften zum Öffentlichen Recht

Herausgegeben von Jochen Rozek

Band 1 Matthias Röhl: Die Regulierung der Zusammenschaltung. Voraussetzungen und Rechtsfolgen der Zusammenschaltungsanordnung nach §§ 35, 36, 37 Telekommunikationsgesetz durch die Regulierungsbehörde für Telekommunikation und Post. 2002.

Kolibri 360 GmbH
Ferdinand-Jühlke-Straße 7
99095 Erfurt, Deutschland
produktsicherheit@kolibri360.de

Druck:
CPI Druckdienstleistungen GmbH
im Auftrag der
Kolibri 360 GmbH
Ferdinand-Jühlke-Str. 7
99095 Erfurt